Franz Kurowski

Genua
aber war
mächtiger

Franz Kurowski

Genua aber war mächtiger

Geschichte einer Seemacht

Universitas

Bildnachweis:

Bilderdienst Süddeutscher Verlag, München (1)
Archiv für Kunst und Geschichte, Berlin (2)

© 1983 by Universitas Verlag, München
Alle Rechte vorbehalten
Schutzumschlag: Christel Aumann, München
Abbildung »Convegno Navale« mit freundlicher
Genehmigung des Museo Navale, Genua-Pegli
Satz und Druck: Jos. C. Huber KG, Dießen
Buchbinder: Thomas Buchbinderei, Augsburg
Printed in Germany
ISBN: 3-8004-1036-2

Inhaltsverzeichnis

Genua – Von der Legende zur Geschichte 9
Ligurien und die Ingauni – Rom und Genua 9
Die Sarazenen kommen 18
Genua und die Kreuzzüge 24
Pisa kontra Genua 29

Genua wird die Stadt der Städte 31
Die Ordnung des Staatswesens 31
Die Mauren kommen als Seeräuber 33
Friedrich I. – Barbarossa – kommt 37
Genuas Entwicklung im Innern 44
Barbarossas Versprechungen 46
Es geht um Sardinien 48
Vom dritten Kreuzzug zum Popolo di Genova 54
Neuerliche pisanische Herausforderung 55
Aufstände auf Kreta und Genuas Anteil daran 57
Genuas Kampf im Innern 62

Genua, der lombardische Bund und Friedrich II. 67
Friedrich II. und Genua 67

Genua auf dem Wege zum Höhepunkt der Macht 83
Die genuesische Regierungsform 83
Die genuesische Verfassung in ihrer Weiterentwicklung –
Genuesische Adelsfamilien 85
Der Capitano del Comune e del Popolo 90
Genuas Einsatz in Sardinien 92
Genua und die Griechen des Ostreiches 93
Revolution und Neuorganisation in Genua 97
Die Kämpfe nach außen 100
Um Korsika gegen Pisa 106
Der Kampf der Flotten 109

Genuas weiterer Weg nach oben 115
Der große Widersacher 115
Der Friedensvertrag mit Pisa 116
Genua und Venedig – Krieg bis aufs Messer 122
Die Seeschlacht von Cùrzola 125
Genua, Opizzino Spinola und Barnaba Doria 128
Die Belagerung von Genua 133
Genua bis zum Waffenstillstand 142
Vereint gegen Aragonien 144
Genua im Innern – »Wir wollen einen Dogen!« 146

Genua als Weltmacht in Übersee und Europa 151
Die Festigung des Dogats – Simone Boccanegra regiert . . . 151
Der neue Doge 154
Genuas Streitkräfte im Südosten 157
Seekrieg gegen Venedig 162
Aufruhr in Genua gegen die Visconti 172
Simone Boccanegra zum zweiten Male Doge 172
Von Gabriele Adorno bis Domenico da Campofregoso . . . 175
Venedig greift ein 178

Duell der Seestädte 181
Seegeplänkel gegen Venedig 181
Der Kampf um Venedig – bis zum Lido di San Nicolò 183
Carlo Zeno kommt 190
Das Ende in Chioggia 193

Genua und das Dogenkarussell 197
Der Doge Niccolò Guarco 197
Der König von Frankreich als neuer Herr der Superba 205
Buccicaldos Auslandseinsätze 209
Das zweite Dogenkarussell 212
Korsisches Intermezzo 218
In den Fängen Mailands 222
Ein Notar wird Admiral 225
Freiheit für Genua 227
Genua wird französisch 230
Kampf gegen Frankreich und Mailand 233
Der neue Feind heißt Mailand 236
Ein Erzbischof als Doge in Genua 238

Genua und der Welthandel ... 243
Vom Ost- zum Westhandel ... 243
Kultur und Kunst in Genua ... 247
Andrea Doria als Bauherr und Mäzen ... 255
Anbruch des 16. Jahrhunderts in Genua ... 257

Genuas goldenes Zeitalter ... 265
Zeit schnellen Wandels ... 265
Andrea Doria befreit Genua vom französischen Joch ... 272
Genuas neue Zeit – Die Alberghi ... 275
Genuas größte Zeit ... 278
Die Verschwörung der Fieschi in Genua ... 286
Weitere Verschwörungen in Genua ... 290
Philipp und Andrea Doria ... 293
Letzter Kampf Dorias gegen die Seeräuber ... 294
Kampf um Korsika ... 295

Genuas Niedergang ... 299
Genua als Reichsfeind ... 299
Kämpfe im Innern ... 301
Die Verschwörungen des Coronato, Vasallo und Leveratto ... 303
Genuas Krieg gegen Savoyen ... 306
Kunst und Bautätigkeit in Genua – Öffentliche Arbeiten ... 310
Vier Verschwörungen in Genua ... 313
Der zweite Krieg gegen Savoyen ... 317

La Superba – Das Ende einer Stadtrepublik ... 323
Der lange Krieg auf Korsika ... 323
Genuas Staatsverfassung zur Zeit der Kämpfe auf Korsika ... 328
Kampf gegen Österreich – Ein Junge mit Namen Balilla ... 329
Weiterer Kampf auf Korsika ... 333
Streiflichter bis zum Ende ... 335

Anlagen ... 341
Die Dogen Genuas und Liguriens ... 341
Das neue Matrikul Liguriens ... 349
Quellen- und Literaturverzeichnis ... 351
Danksagung ... 354

Genua – Von der Legende zur Geschichte

Ligurien und die Ingauni. – Rom und Genua

Ligurien, das Land zwischen Apennin und Alpen im Norden und dem im Süden abschließenden Meer, mit der Stadt Genua als Zentrum, mit vielen Küsten- und Hafenstädten, Felsennestern und Burgen nach Südwesten und Südosten, war schon in vorgeschichtlicher Zeit von Menschen bewohnt. Die archäologische Forschung hat die ersten Höhlenmenschen an der Westküste Liguriens in die Zeit um 200 000 vor Christus zurückdatiert. Diese vorgeschichtlichen Jäger waren aus dem Rhônetal heruntergekommen. Sie besetzten eine Reihe bekannter und viele heute noch unbekannter Höhlen; beispielsweise jene von Balzi Rossi bei Ventimiglia. Von dort aus brachen sie zu ihren Zügen nach Norden auf. Diese Bewegungen sind seit 36 000 vor Christus bestätigt worden.
In der Höhle der Madonna dell' Arma, in Bussana di San Remo wurden Spuren vorzeitlicher Menschen gefunden und noch weiter nach Nordosten fand man die gleichen Spuren in der Höhle von Colombo di Toirano, in der Grotte der Basura, sowie in weiteren Höhlen im Raume Finale Ligure.
Das Hinterland von Albenga, insbesondere das Val Pennavaira, wurde in der folgenden Übergangszeit von Jägern aufgesucht, ebenso die Grotte bei Colombi auf der Insel Palmira.
In der Kupfer- und Bronzezeit, etwa ab 2800 vor Christus, dem Ausgang des Kulturbeginns in Ligurien, begannen die Menschen dieses Gebietes mit ihrer künstlerischen Tätigkeit. In den Meeralpen, insbesondere in den Tälern die den Monte Bego umgeben (dieses Gebiet ist seit 1947 französisch), wurden über 50 000 prähistorische Felsgravierungen gefunden, deren Mittelpunkt »das Tier mit den großen Hörnern« ist. Dies ist das bedeutendste schriftliche Vermächtnis der ligurischen Menschen, das sie als Viehzüchter und Bauern ausweist.
Gleichzeitig damit wurden im Osten Liguriens, auf den Hügeln der Lunigiana beispielsweise, zahlreiche Stelen aus Stein aufgerichtet, die Gottheiten dieses Gebietes darstellen. Es sind dies sowohl männliche, als auch weibliche Abbildungen.
In den Räumen des westlichen Liguriens, in den Tälern von Nervia, Argentina, Pennavaira und anderen, wurden in Höhlen angelegte Grabstätten gefunden, in denen viele Grabbeigaben aus der antiken Bronzezeit Aufschluß über Gewohnheiten und Gebräuche dieser Ligurer vermitteln.

Dieses so umrissene Ligurien reichte bedeutend weiter, als jenes Gebiet, das heute mit Ligurien bezeichnet wird. Es begann im Südwesten in Katalonien, durchlief die französische Mittelmeerküste und endete in den Alpentälern Nordwestitaliens, mit Ausläufern bis ins Tessin hinein.

Durch das Eindringen vieler anderer Völker in diesen Raum wurde Ligurien mehr und mehr verkleinert, bis es die heutige Größe erreichte, die von Ventimiglia im Südwesten über den nördlichen Drehpunkt Genua und von dort nach Südosten bis La Spezia hinunterführt.

Aus der Eisenzeit sind viele Feuerbestattungs-Gräber in den ligurischen Küstenorten bei Chiavari, Ameglia und Genua gefunden worden. Auf den Höhen hinter den Küsten wiederum wurden aus Steinblöcken – den Castellari oder Burgsteinen – Kastelle errichtet.

Aus dieser Eisenzeit datieren zwar bereits die frühesten schriftlichen Zeugnisse über Ligurien, doch der Beginn der antiken ligurischen Geschichtsschreibung ist zweifellos die Gründung Marseilles um 600 vor Christus durch griechische Kolonisten, die erstmals wirkliche Geschichte niederschrieben.

Kurz darauf setzte die erste Invasion der Kelten in Richtung Poebene ein, die um 400 vor Christus ihren Höhepunkt fand. Die Kelten stießen zunächst auf die Etrusker, die dem ersten Ansturm der Eindringlinge zum Opfer fielen. Die Ligurer aber in der unwirtlichen Gebirgsgegend und in den felsigen Meeresbuchten, vor allem um das heutige Genua herum, konnten sich vor den Eindringlingen schützen und ihre Unabhängigkeit bewahren.

Im Südwesten dieses Gebietes Ligurien lag an der Küste der Herrschaftssitz Albium Ingaunum. Dies bedeutet, daß die Stadt der Wohnsitz der Ingauni, eines ligurischen Volkes war, das seit Anbeginn in diesem Raum gelebt hatte.

Die Gründung dieser Stadt geht auf das 6. bis 4. vorchristliche Jahrhundert zurück. In dieser Zeit waren die Ligurer dieses Gebietes der heutigen westlichen Riviera bereits auf dem Wege eine starke Marine aufzubauen, die mit der griechischen Flotte in Marseille zu konkurrieren verstand und schließlich den griechischen Schiffen Paroli bieten konnte, die bis dahin das Mittelmeer beherrscht hatten.

Von diesem Zeitpunkt an stellten die Ingauni die ersten Piratenflotten und verübten die ersten Akte der Seeräuberei im Mittelmeer.

Zwischen Finale Ligure und San Remo beherrschten die Ingauni das gesamte Gebiet und ihre Gegner waren Ventimiglia im Süden und Savona nördlich von ihnen. Die Ingauni legten die ersten Kastelle und Befestigungen an.

Eine andere Stadt kam noch hinzu, die bereits zu dieser Zeit eine ganz besondere Bedeutung besaß: Genua. Von hier aus gingen die Stabilisierungsbestrebungen aus. Die Fabel berichtet, daß Giano, der König der Ureinwohner dieses Gebietes, Gründer dieser Stadt und zugleich ihr Namensgeber gewesen sei. Wenigstens wird dies aus frühen römischen Dokumenten deutlich, die Giano als Gründer Genuas bezeichnen.

Diejenigen aber, die sich nicht von solchen Sagen leiten ließen und auf logische und vernunftsgemäße Klärung bestanden, wiesen darauf hin, daß der Name Genua aus der keltischen Sprache stamme und daß dieses Wort frei übersetzt Eingang oder Zugang bedeute. Zugang deswegen, weil Genua genau im Mittelpunkt des großen Bogens liegt, den das Ligurische Meer bildet, und daß allein von diesem Mittelpunkt der Bucht aus der Handel ebenso wie die Menschen aus ganz Oberitalien Zugang nach Ligurien, rechts und links dieses Einganges, fanden.

Sie, die Ureinwohner des gesamten Gebietes, lebten damals bereits von Genua, wenn auch von den Ligurern selbst keine schriftlichen Unterlagen über diese Stadt, die ihr Zentrum war, auf uns gekommen sind.

Es wird berichtet, daß Herkules aus Griechenland mit einem Heer nach Ligurien kam und daß er dort an seinen im Kampf gegen die Ligurer erlittenen Verletzungen gestorben, und sein Heer geschlagen worden sei. Darüber hinaus sollen die Ligurer Äneas im Krieg gegen die Etrusker geholfen und in diesem Ringen auch Lazio erobert haben.

Alle diese Sagen und mündlichen Überlieferungen wurden später schließlich abgelöst durch geschichtlich fundierte Berichte. Es waren die Römer, die diese Berichte verfaßten. Als Rom stark genug geworden war, um seine Expansionsbestrebungen nach Südwesten und hinüber nach Afrika einzuleiten, trat Ligurien auch in die Geschichtsschreibung ein.

Im Ersten Punischen Krieg (264–241 v. Chr.) gegen die Karthager oder Punier standen die Ligurer mit Ausnahme von Genua auf der Seite der Karthager. Sie überfielen Etrurien und wurden im Gegenzug durch die Truppen des römischen Konsuls Sempronius Gracchus angegriffen. Danach kamen die Legionen des Cornelius Lentulus. Ihnen gelang es, die Ligurer erstmals zu besiegen. Den zweiten Siegeszug führte Quintus Fabius Maximus und im dritten Einfall nach Ligurien führte Furius Filus die römischen Soldaten an.

Bis dahin hatten die ligurischen Völker einzeln für sich gegen die Eindringlinge gekämpft. Doch diese Feldzüge zeigten ihnen, daß sie nur vereint diesem Ansturm würden standhalten können. So kam es zur ersten Einigungsbewegung, und als der Zweite Punische Krieg begann, hatten die Römer auch gegen die vereinigten Stämme der Ligurer zu kämpfen.

Die ligurischen Volksstämme kämpften auch während des Zweiten Punischen Krieges (218–201 v. Chr.) auf der Seite der Karthager und der Gallier aus Marseille. Einige kleinere Gruppen ligurischer Streitkräfte zogen von Süden in Richtung Poebene, um Hannibal, der 218 die Alpen überschritt, die Römer in der Poebene zum Kampf stellte und bei Ticinus und Trebis gegen sie känpfte, zu Hilfe zu eilen.

Nur Genua stellte sich abermals auf die Seite der Römer und diesmal beteiligte man sich sogar am Kampf.

Die ersten Siege Hannibals und die Berufung von Hasdrubal, Hannibals Bruder, nach Italien ließ die vielen von Rom unterjochten Völker ihre Chance zum Gelingen eines Aufstandes erkennen. Sie versuchten vom Kriegsglück Hannibals zu profitieren.

Als dann aber Hasdrubal am Metaurus bei Sena Gallica 207 von den Römern entscheidend geschlagen wurde und den Tod fand, war der Zweite Punische Krieg bereits entschieden, wenn auch Hannibal nun seinen dritten Bruder Mago zur Hilfe rief und das Kriegsglück noch einmal zu wenden versuchte.

Als Mago mit seinen Entsatzkräften im Jahre 205 v. Chr. in Genua gelandet war, zerstörte er zunächst diese Stadt, die sich auf die Seite Roms gestellt hatte. Auf den Ruinen Genuas fand wenig später eine große Ratsversammlung der ligurischen Anführer statt. Sie berieten ihre gemeinsamen Interessen. Mago hielt eine flammende Ansprache und konnte dank seiner Redekunst die verschiedenen ligurischen Stämme zum Widerstand gegen Rom vereinigen und sie zum Kampf motivieren, indem er ihnen versprach, die volle Freiheit für sie zu erringen. Dann setzte sich das Entsatzheer in Bewegung.

Am Tanaro traf Mago auf die Römer. Er wurde im Kampf verwundet, mußte sich mit seinen Truppen zurückziehen und schiffte sich wieder nach Karthago ein. Auf dem Weg in die Heimat erlag er seiner erlittenen Verwundung. Der Zweite Punische Krieg ging 201 v. Chr. mit einem Sieg der Römer zu Ende.

Die Römer beschlossen zum Dank für die Treue, die Genua ihnen erwiesen hatte, diese Stadt wieder aufzubauen. Nicht zuletzt auch aus der Erkenntnis, daß Genua ein idealer Stützpunkt und Nachschubhafen für sie sei.

Auf Befehl Roms marschierte Spurius Lucrezius mit zwei Legionen nach Genua. Diesmal waren zum erstenmal römische Soldaten nicht in eine fremde Stadt geschickt worden um zu erobern, niederzureißen und zu verbrennen, sondern aufzubauen.

Genua war binnen eines Jahres wiedererrichtet und zur Festung ausgebaut.

Die am Krieg gegen Rom beteiligten ligurischen Stämme wollten keinen Unterwerfungsfrieden schließen. Da sie von den Römern zu Lande bekriegt wurden, wichen sie auf das offene Meer aus und begannen römische Schiffe zu kapern und in ihre Hand zu bringen.

Prätor Lucius Furius schlug die Ligurer zu Lande und Konsul Emilius Paulus konnte im Auftrage des römischen Senats die Piraten von der See vertreiben.

Durch ein Dekret des Senats in Rom wurden die Ligurer aus ihrer Heimat nach

Samnium umgesiedelt, dem heutigen Sennio, jenseits des Po gelegen. Diese neue römische Provinz war durch vorangegangene Kämpfe entvölkert worden.
Die Unruhen in Ligurien dauerten etwa 70 Jahre fort. Die Bergvölker hatten ihre Heimat nicht verlassen, weil sie sich in der Unzugänglichkeit dieses Gebietes sicher fühlten. Doch diese Sicherheit trog, denn dem Konsul Marcus Popilius Lena gelang es, diese einzelnen Bergvölker aufzustöbern, sie zu besiegen und zu unterwerfen. Ihre Häuser wurden zerstört, ihre Habe genommen und die Menschen dieser Gebiete auf dem öffentlichen Markt verkauft.
Die ligurischen Bittgesuche an Rom wurden nicht zur Kenntnis genommen, im Gegenteil. Der Konsul Scaurus besiegelte mit einem neuen Feldzug ihre Unterwerfung. Es ist den Tribunen Carbo und Silvanus zu verdanken, daß die Ligurer nicht gänzlich ausgerottet wurden, denn ihnen gelang es, vom römischen Senat ein Gesetz zu erwirken, das den Ligurern das römische Bürgerrecht zugestand.
Mit dem Ausgang dieses Zweiten Punischen Krieges war auch das Schicksal der oberitalienischen Stämme, der Ligurer und der gallischen Insubrer und Boier besiegelt, die seit 218 noch einmal die römische Herrschaft hatten abschütteln können. Dennoch setzten die Ligurer ihren Widerstand fort.
In den Gebieten der Po-Ebene, die Rom in diesem Kampf den Galliern entrissen hatte, wurden römische Siedler eingesetzt, die beträchtliche Landzuteilungen erhielten. Neben den schon vorhandenen Kolonien Bononia (Bologna), Parma und Piacentia kamen die neuen Kolonien Mutina (Modena) und Aquileja hinzu.
Es waren insgesamt 25 000 Familien, die hier angesiedelt wurden. Von ihnen ging die Romanisierung Oberitaliens aus. Hinzu kamen die Siedler in den ligurischen und etruskischen Gebieten. Insgesamt siedelte Rom in der Zeit von 200 bis 180 v. Chr. bis zu 100 000 Familien um. Durch die Beute und die Tributzahlungen aus Spanien, Afrika, Oberitalien und dem Osten flossen Rom unendliche Werte zu. Rom wurde zum Zentrum des damaligen Geldverkehrs und zur reichsten Stadt der bekannten Welt. Mit eiserner Konsequenz baute Rom diese Weltstellung weiter aus.
Im Dritten Punischen Krieg, der 185 v. Chr. begann und im Jahre 181 endete, war es für Rom die entscheidende Aufgabe, die vollständige Freiheit zu Lande und auf dem Wasser zu erringen und Marseille zu erobern. Von dieser Plattform aus würde es möglich sein, ohne weitere große Bedrohungen die Landnahme fortzusetzen.
Den endgültigen Sieg errang Rom im Jahre 181, als der Proconsul L. Emilius Paulus in der Schlacht bei Pidna Sieger blieb und gleichzeitig der Duumvir Matienus mit seiner Flotte die Korsarenschiffe der Ingauni besiegte und vernichtete.
Proconsul L. Emilius Paulus hatte Weisungen aus Rom erhalten, nach seinem

Sieg nicht zu rauben und zu morden. Die römische Politik verfolgte nunmehr das Ziel, die Menschen des maritimen Ligurien zum freiwilligen Eintritt ins Römische Reich zu gewinnen, die Zivilbevölkerung zu integrieren, und die Menschen zu assimilieren. Damit sollte ein fester Sicherheitsblock gegen die keltische Expansion aus dem Westen gebildet werden, denn von den Kelten allein drohte nun noch Gefahr.
Die Weisung an den Prokonsul lautete, lediglich den Gebrauch von Schiffen mit großer Tonnage, die für den Kampf zur See in Frage kamen, zu verbieten und die Mauern der einzelnen Städte zu schleifen. Dies wird von Plutarch in seinen »Bioi paralleloi« dargestellt, in denen er die Schleifung der Ringmauer der Stadt Albenga darstellte.
Römer und Ingauni fanden im darauf folgenden Jahr 180 einen neuen »foedus« der den Römern den Weg zur Romanisierung der gesamten Region eröffnete und die Einwohner des Landes an den römischen Errungenschaften teilhaben ließ. Mehr noch: die Römer leisteten den Ingauni Hilfe bei der Unterwerfung der in die ligurischen Berge eingedrungenen fremden Völker, die sich auf den Höhen des Tales des Tanaro-Flusses eingenistet hatten. Dieses Gebiet wurde den Ingauni einverleibt, die Ingauni selber aber etwa seit dem Jahre 89 v. Chr. als direkte »Lateiner« akzeptiert.
Mit eiserner Konsequenz baute Rom seine führende Stellung in Ligurien von 180 bis 133 v. Chr. weiter aus. Im ganzen Umfeld des Mittelmeeres gab es keine einzige Macht mehr, die Rom hätte gefährlich werden können. Lediglich einige Stämme der Ligurer leisteten immer noch bis etwa 70 v. Chr. Widerstand.
Römische Kolonien entstanden auch in Ligurien und die Anlegung der großen Konsularstraßen wie der Via Posumia von Genua bis Tortona, der Via Emilia Scauri von Tortona bis Bado und die dort anknüpfende und bis in die Provence führende Via Giulia Augusta bildeten Kernstücke der Romanisierung, die nach der Eroberung aller Burgen auf den Höhen, bis hinunter nach Monaco bei Turbie Liguria, etwa 14 v. Chr., vollendet war.
Karthago war inzwischen zu einer blühenden Überseeprovinz Roms geworden, und nach einem etwa 120 Jahre dauernden militärischen Gebundensein in Ligurien war auch dieses Gebiet unterworfen und in das Reich einverleibt worden.
Mit Ligurien fiel auch die bedeutendste Stadt dieses Gebietes, Genua, den Römern zu. Genua hatte aufgrund der Tatsache, daß es auf der Seite der Sieger stand, nach Ende des Dritten Punischen Krieges besondere Vergünstigungen erhalten und war quasi freie Stadt geworden, auch wenn die Römer aus den ligurischen Städten und Gemeinden römische gemacht hatten.
Genua wurde durch die Via Aurelia mit den Städten Nervi und Voltri verbunden und zum »Oppidum« erklärt. Dies bedeutete, daß die Stadt strategisch so günstig

lag, daß sie durch eine hohe Mauer mit vielen Befestigungstürmen gut verteidigt werden konnte.
Sehr rasch entwickelte sich Genua dann zum Municipium, einer in den römischen Staatsverband aufgenommenen Stadt, die sich gegenüber Rom eine erstaunliche Unabhängigkeit bewahrte. Eine erste Stadtverfassung wurde erstellt. Genua brauchte an Rom keine Abgaben mehr zu entrichten, sondern kontrollierte in römischem Auftrag lediglich den Seeverkehr und hielt das obere tyrrhenische Meer von Piraten frei. Nicht zuletzt aufgrund dieser Aufgabe entwickelte sich Genua sehr rasch zu einem bedeutenden Zentrum der Seefahrt und des Handels in Ligurien.
Ligurien umfaßte zu dieser Zeit das Gebiet zwischen Varo, Po und Magra. Von den Flüssen dieses Gebietes aufbrechend und diese als Wege benutzend, konnten die Ligurer das Land in Besitz nehmen und Handel treiben. Genua war das Ziel aller Fahrten, der Mittelpunkt, die Drehscheibe des Handels und der Schiffahrt geworden.
Die in das Römische Reich eingegliederten Ligurer folgten den Weisungen Roms genau, selbst dann noch, als die unter Kaiser Augustus vorgenommene Landaufteilung auch Ligurien hart traf.
In Rom wurde im Jahre 193 n. Chr. Publius Helvius Pertinax, Sohn eines Holzhändlers und Ziegelherstellers, zum neuen Kaiser gewählt. Dieser war zunächst als Grammatiklehrer nach Rom gekommen und dann in den Militärdienst übergewechselt. Dort durchlief er sämtliche Stufen der militärischen Laufbahn mit Auszeichnung. Erodian, der römische Geschichtsschreiber, sagte über Pertinax: »Keiner trat die Regierung über mehr Provinzen an und niemand ging ärmer daraus hervor.«
Commodus schickte ihn nach Ligurien fort, ehe er ihn wieder nach Rom zurückberief, wo er nach Beseitigung der Tyrannei und des Tyrannen zum Imperator gewählt wurde. Er verlieh seiner Frau nicht den Titel einer »Augusta« und seinem Sohne nicht jenen eines »Cäsar«. Als man ihn fragte, weshalb er dies nicht tue, entgegnete er:
»Ich würde dies tun, sobald sie sich dessen würdig erwiesen haben.«
Er war ein gerechter Kaiser und bremste Eigenmächtigkeiten und Bösartigkeiten der Prätorianer. Deren Haß auf ihn, den Emporkömmling, kannte keine Grenzen. Sie dangen die Mörder, die Pertinax nach nur 87 Tagen Regierungszeit mit Lanzenstichen töteten.
Das erste Christentum fand in Gestalt eines gewissen Diogenes seinen Weg nach Genua. Diogenes wurde genuesischer Bischof und starb Ende des Jahres 381.
Während der Regierungszeit des Kaisers Justinian wurde Ligurien Römische Provinz und von Genua aus verwaltet.

Als im Westen des römischen Reiches Aufstände ausbrachen, mußte Probus, der 278 an und für sich gegen die Perser aufmarschieren sollte, diesen Feldzug abbrechen und nach Westen antreten, wo sich Proculus in Albingaunum (Albenga) und Bonosus in Köln gegen Rom auflehnten und die Macht an sich rissen.
Proculus hatte von Albenga aus die Seeräuberei wieder aufgenommen. Der römische Kaiser Maiorian eroberte Gallien zurück. Sein Feldherr Ricimer entriß den Burgundern Lyon und nahm den Westgoten Arles fort. Von Spanien aus wollte er die Vandalen aus Afrika vertreiben.
Geiserich aber, der 455 in Italien gelandet war, und am 2. Juni dieses Jahres Rom besetzte und die Stadt restlos ausplünderte, bevor er mit seinen Vandalen wieder nach Nordafrika zurückzog, schlug Maiorians Flotte. Damit kontrollierte Geiserich alle Seewege nach Afrika, und Maiorian mußte die Abtretung von Byzantium und Tripolitanien bekräftigen, ehe Geiserich ihn als Kaiser des Römischen Reiches anerkannte.
Maiorian kehrte nach Italien zurück und fiel im Juli einer von Ricimer angezettelten organisierten Militärverschwörung zum Opfer. Als er von Genua aus nach Pavia reisen wollte, wurde er von den Häschern des Suebenhäuptlings Ricimer gefaßt und ermordet.
Nach dem Fall des römischen Imperiums, der herbeigeführt wurde, indem Odoaker, der Führer der »Foederati« (Verbündeten) der Weströmer, Kaiser Romolus Augustulus (475–476) absetzte, war dieser Heerführer aus dem germanischen Stamm der Skiren am 23. 8. 476 zum König ausgerufen worden.
Nur widerwillig wurde er vom oströmischen Kaiser Zeno anerkannt. Odoaker fiel auch nach Ligurien ein, und Genua wurde mit der Eroberung des gesamten Gebietes Teil des gotischen Reiches.
Als großer Gegenspieler von Theoderich mußte Odoaker jedoch nach der verlorengegangenen Rabenschlacht Ravenna aufgeben und wurde von Theoderich eigenhändig bei einem Gastmahl erstochen.
Als die Langobarden unter ihrem König Alboin 568 aus Pannonien nach Italien zogen und dieses Land zum größten Teil eroberten, fiel ihnen auch ganz Ligurien zu. Nach Alboins Tod war es seine Gemahlin Theodolinda, die das Land weiter unterjochte. König Kleph folgte und regierte bis zum Jahre 574.
Genua konnte sich während dieser Zeit zunächst selbständig halten. Erst nachdem König Rothari 632 an die Macht kam und mit seinem Heer eine der Küstenstädte Liguriens nach der anderen eroberte, geriet auch Genua ins Kreuzfeuer und wurde nach einer kurzen Belagerung erobert und vernichtet.
Unmittelbar vorher war es dem genuesischen Bischof Giovanni Bono aus Camoglio gelungen, nach Mailand zu entkommen. Damit verloren die Bischöfe für über 70 Jahre ihren Sitz in Genua.

Im Jahre 634 wurde durch Rothari die Aufzeichnung des ersten langobardischen Rechtes, des Edictus Rotharii, veranlaßt.

Unter Desiderius, der von 757 bis 774 regierte, fand die Langobardenherrschaft in Italien ihr Ende. Die Franken unter Karl dem Großen besetzten Italien. Sie errichteten die toskanisch-ligurische Feudalherrschaft.

In der Mitte des großen Golfes gelegen, hatte Genua zu dieser Zeit bereits sehr an Bedeutung gewonnen. Bereits im 5. Jahrhundert zu einer bedeutenden Verbündeten Roms avanciert, betrieb Genua seinen Seehandel immer schwungvoller, und nachdem Rothari den Byzantinern Ligurien entrissen hatte, wurde Genua noch stärker im Handel zur See, der auch unter der karolingischen Herrschaft nicht litt, weil alle diesen Seehandel brauchten und Genua geschickt zu lavieren verstand.

Karl der Große hatte dem Grafen Ademaro den Auftrag erteilt, dieses Gebiet zu halten und das Meer von den Verheerungen durch die Piraten zu befreien. Diese Verpflichtung wurde wenig später von den Genuesern übernommen.

Die Karolinger unterteilten Italien in Marken, die von Markgrafen oder Marcheses geführt wurden. Diese Marken wiederum wurden in Comitati – Grafschaften – gegliedert. Genua wurde auf diese Weise ein Teil der Mark Ligurien, die sich wiederum in viele Gemeinden aufteilte.

Der erste Herrscher der Mark Ligurien war 951 ein gewisser Oberto, der in der Gemeinde Luni residierte. Er unterstand dem Herrn Ugo di Provenza. Graf Oberto war der erste Herrscher in Ligurien und in Genua, dessen Dasein und Wirken durch Dokumente festgehalten und aktenkundig gemacht wurde. Es existieren zwar über Genua auch Dokumente aus der Zeit vor 900, aus denen hervorgeht, daß die Markgrafen, jene von Karl dem Großen zuerst eingesetzten Herrscher, über die Marken und die ihnen unterstehenden Visconti, der Stadt Privilegien zugesprochen und eine gewisse Autonomie gewährt hatten, aber die direkte Herrschaft der Signori über die Stadt Genua begann erst Ende 1350 und erst von diesem Zeitpunkt an hatte die Stadt ihre volle Selbständigkeit erreicht.

Aus einer weiteren Urkunde aus dem Jahre 958 geht hervor, daß König Berengar der Stadt Genua gewisse Privilegien eingeräumt habe. Darüber hinaus wurden der Stadt im Jahre 1056 diese Privilegien Berengars durch den Markgrafen Marchese Adalbert erneuert und bestätigt. Aus ihnen ließ sich ableiten, daß die Stadt Genua ein Teil des Königreiches Italien geworden war.

Die Sarazenen kommen!

Ebenso wie die Reichtümer der ligurischen Seestädte die Langobarden gereizt hatten, waren sie auch für die Sarazenen zu einer Verlockung ersten Grades geworden. Der erste Überfall der Sarazenen erfolgte bereits 835. In diesem Jahr wurde die ligurische Küste von einer starken Sarazenenflotte angesteuert, überfallen und geplündert. Die ersten ligurischen Sklaven wurden auf diesen Sarazenenschiffen hinweggeführt.
Man schrieb das Jahr 838, als diese arabischen Seeräuber (von den Italienern Sarazenen genannt), aus Spanien kommend, auch Marseille heimsuchten.
Im Jahre 860 schifften sich sarazenische Truppen bei Luni aus und verheerten diesen Küstenstrich. Sie brannten die Befestigungen nieder und rissen sie ein. Diese Raubzüge mehrten sich und erfolgten mit ständig größerer Kraft und Gewalt.
Das Jahr 891 brachte besonders schlimme Brandschatzungen. Nachdem 918 ein kleinerer Überfall stattgefunden hatte, bei dem nur wenige Gehöfte niederbrannten, kehrten die Sarazenen stets aufs Neue und in immer kürzeren Abständen an die ligurische Küste zurück, weil sie zum einen hier ein reiches Jagdgebiet fanden und sie zum anderen keine große Abwehr zu erwarten brauchten.
Die Ligurer zogen sich von der Küste ins Gebirge zurück. Am Ende des 9. und zu Beginn des 10. Jahrhunderts nahmen die Gewalttätigkeiten der Sarazenen zunächst ab. Die Ligurer zogen wieder in ihre Städte am Meer zurück. Aus dem zerstörten Libarna entstand Serravalle und aus der Burg der Vitturii die Pfarrkirche von Serra. Nahe von Varigotti wurde Finale errichtet und wo ehemals Luni gewesen war, das erklärte Ziel der Sarazenen, entstand die Stadt Sarzana.
Um diese Zeit aber dominierte bereits unangefochten eine Stadt, die die größte war und sich in bezug auf den Seehandel und die zunehmende Zahl ihrer Schiffe zur Hauptstadt von ganz Ligurien entwickelte: Genua.
Als 930 in Afrika Sultan Obeids Regierungszeit begann, bahnte sich eine neue Zeit der Überfälle der Sarazenen an. Von dem sich in Ligurien ansammelnden Reichtum magisch angezogen, schickte Obeid eine Flotte von 30 Galeeren gegen Genua. Diese erste Flotte stand im Sommer 931 vor der Hauptstadt Liguriens.
Alle verfügbaren genuesischen Galeeren liefen aus und stellten sich zum Kampf. Geschickt operierend gelang es ihnen, einige der kleineren Schiffe der Sarazenen, die sich vom Gros dieser Flotte abgesondert hatten, zu stellen. Sie wurden angegriffen und geentert. In einem mörderischen Kampf wurde die sarazenische Besatzung bis auf den letzten Mann niedergemacht.
Noch ehe der Anführer dieser Armada zu einem Rachezug gegen Genua in den Hafen einlaufen konnte, begann einer der Sommerstürme. In diesem Sturm

strandeten einige der Schiffe der Sarazenen, andere trieben, von der schweren See leck- und ruderlos geschlagen, auf das offene Meer hinaus und kenterten.

Dies entmutigte Obeid jedoch nicht. Er rüstete eine neue große Flotte aus. Diesmal wurden es weit über 100 Schiffe, die sich in einer langen Schlachtreihe dem großen Ligurischen Golf näherten. Siebzehn sarazenische Schiffe liefen direkt auf Genua zu, doch bevor sie in den Hafen eindringen konnten, kam abermals Sturm auf.

Ein schreckliches Gewitter tobte. Zwei Schiffe wurden schwer beschädigt, andere leichter. Diese kleine Teilflotte drehte ab und lief in Richtung Sizilien zurück, wo sie einen ihrer Stützpunkte hatte.

Im nächsten Jahr kehrten die Seeräuber abermals an die ligurische Küste zurück, und zwar diesmal mit einer ungeheuren Streitmacht von 290 Schiffen. Ein Teil wandte sich den anderen Küstenstädten zu, während das Gros in Richtung Genua lief. Dort, wo sie bereits vorher einmal gelandet waren, hatte man zur Abwehr Sarazenentürme errichten lassen. Von diesen Türmen gestoppt und von den genuesischen Schiffen gestellt, wurde der Gegner ein zweites Mal angegriffen.

In einem dramatischen Kampf zur See und zu Lande verloren die Sarazenen etwa 2000 Mann. Ein zweitesmal drehte die moslemische Flotte ab und lief nach Sizilien zurück, wo die Reparatur der vorhandenen Schiffe und das Hinzukommen neuer Einheiten abgewartet wurde.

Inzwischen waren alle 290 Schiffe zu einem Riesenverband versammelt, und als dieser sich in dichter Phalanx dem Ligurischen Golf näherte, begann ein Kampf auf Leben und Tod. Die Sarazenenflotte unter ihrem Kapoudan-Pascha Abu El Kasen griff Genua an und wurde abgewiesen.

Diesmal wurden aber auch die westlich von Genua gelegenen Städte ebenso geplündert wie die ostwärts der ligurischen Hauptstadt gelegenen. San Remo wurde verheert. Danach richtete sich der Angriff fast der gesamten Flotte abermals gegen Genua.

In Genua waren inzwischen Truppen ausgehoben worden. Die Befestigungen waren besetzt und Kampftrupps eilten auf die Strände, an denen die Sarazenen landeten. Mehrfach wurden die Angreifer abgewiesen. Als sie dann aber mit weit über 100 Schiffen auf breiter Front in die Bucht eindrangen, kamen die ersten an Land.

Der Kampf um die zur Festung ausgebauten Stadt begann. An den Toren wurde erbittert gekämpft. Hier fielen die Verteidiger einer vielfachen Übermacht zum Opfer. Kurz nacheinander wurden zwei Stadttore eingenommen und die dortigen Abwehrtürme erstürmt. Die sarazenischen Stoßtruppen drangen in die Stadt ein.

Alle Bewohner Genuas versuchten, auf die Höhen und in die dortigen Burgen zu

entkommen. Dennoch gelang es den Sarazenen, etwa 9000 Gefangene zu machen, die sie auf ihre Schiffe pferchten und dann in Richtung ihres zweiten Schlupfwinkels Sardinien abliefen.
Eine Reihe in See stehender genuesischer Schiffe verfolgten die Sarazenen. Als sie bis auf wenige Meilen an Sardinien herangekommen waren, stießen sie auf eine Gruppe der zurückhängenden Schiffe.
Sie wurden angegriffen. In mehreren Anläufen wurden einige geentert, die Sarazenen niedergemacht, die Gefangenen befreit und nach Genua zurückgeschafft. Das Gros der Gefangenen aber blieb in der Hand der Seeräuber, die sie als Sklaven verkauften, oder sie zu Ruderern auf ihren Schiffen machten.
Die zurückbleibenden Menschen kehrten in die gebrandschatzten Städte zurück und nahmen ihre Arbeit wieder auf.
Einige Jahre darauf lief eine Flotte unter genuesischer Führung aus und nahm Kurs auf Korsika, wo sich ebenfalls sarazenische Truppen eingenistet hatten. Als sie dort ankamen, fanden sie nur eine begrenzte Anzahl sarazenischer Schiffe vor, die sie vertrieben. Doch zur gleichen Zeit war das Gros der Seeräuberflotte, sie umfahrend, in Genua eingetroffen. Die verteidigungslos daliegende Stadt wurde ein zweitesmal schwer von den Sarazenen geplündert. Brandschatzungen, Morde und erneute Sklavennahme waren die Folge.
Diesmal jedoch standen die gesamte genuesische Flotte und auch Schiffe aus Noli, Albenga und Ventimiglia in See. Als sie nach Genua zurückkehrten und die dort angerichteten Verheerungen sahen, ließ der genuesische Befehlshaber sie sofort wieder auf Südkurs drehen, um den Gegner zu verfolgen.
Bei der Insel Asinara wurde die sarazenische Flotte eingeholt. Eine der entscheidenden Seeschlachten gegen die Seeräuber begann. Die riesige Beute, die auf den Schiffen mitgenommen wurde, hinderte die Sarazenen am Navigieren und schnellen Reagieren und behinderte auch die Kämpfer.
Die genuesischen Galeeren wurden bis dicht an die feindlichen Schiffe herangerudert, dann wurden die Enterbrücken hinübergeworfen. Der Kampf um die Schiffe begann. In der Enge der Schiffe kam es zu verzweifelten Kämpfen. Die Sklaven konnten sich zum Teil befreien und stürzten sich auf die Sarazenen.
Schiff um Schiff wurde auf diese Weise gekapert, die Sarazenen niedergemacht und über Bord geworfen.
In einem Triumphzug ohnegleichen fuhren die Galeeren und die erbeuteten sarazenischen Schiffe in Richtung zum Ligurischen Golf zurück und wurden von der jubelnden Bevölkerung, die wieder aus ihren Schlupfwinkeln in die Stadt zurückgekehrt war, mit wilden Freudenausbrüchen empfangen.
Ab 950 wurden in dem neuen italienischen Reich Berengars II. die Verteidigungsanstrengungen vermehrt. Die wenigen Sarazenentürme wurden durch weitere

dieser Türme, die als Wach- und Beobachtungsposten am Meer standen, verstärkt. Dies ging von der Mark Arduinica, mit den Schwerpunkten Ventimiglia und Albenga im Südwesten, zur Mark Aleramica mit Savona als Hauptstadt, bis nach Genua.

Die Sarazenen, die ihre Herrschaft nun auch in einigen Teilen Spaniens und im mittelmeerischen Teil Italiens wie Korsika, Sardinien und Sizilien errichtet hatten, von dem aus sie ihre Seeunternehmungen durchführten, hatten bereits 952 die Stadt Frassinone in der Provinz besetzt, von der aus sie zu ihren Streifzügen aufbrachen.

Im Jahre 979 erhob der Bischof von Genua, Teodolfo, Klage über die Sarazenen, die erneut die Häfen und die Kirchen von San Remo und Taggia zerstört hatten. Genua, das inzwischen wieder von Grund auf neu errichtet worden war, nahm einen gewaltigen Aufschwung. Als schließlich im Jahre 1004 Papst Johannes XVIII. die Ungläubigen aus Korsika vertreiben wollte, wandte er sich dazu an Genua. Diese Stadt allein schien im Stande, das Gros einer Flotte zu bilden, die es mit der gewaltigen Seeräuberflotte aufnehmen konnte.

Korsika, das nach den Invasionen der Vandalen und Ostgoten zu dem oströmischen Reich gehörte, war von den Langobarden seit 725 besetzt. Die Insel wurde nach der Niederlage der Langobarden von Karl dem Großen dem Kirchenstaat zum Geschenk gemacht. Der Einnistung ungläubiger Seeräuber, die Christen gefangennahmen und als Sklaven verkauften, sollte nun ein Ende gemacht werden.

Im Jahre 1005 lief eine größere genuesische Flotte nach Korsika aus, vertrieb die Sarazenen und schleifte ihre Stadt und die Werft, auf der sie ihre Schiffe reparierten.

Unter ihrem Emir Musà (in der italienischen Geschichte auch Mugeto oder Musatto genannt), kamen aus dem Kapitanat Mogehid die Sarazenen abermals ins Mittelmeer. Sie schifften sich bei der Stadt Denia auf Sardinien aus und nahmen einen Teil der Insel für sich in Besitz.

Diese Gruppen setzten die Seeräuberei fort. Sie erreichten Luni, gewannen die Stadt für sich und machten daraus einen Sarazenenstützpunkt. Von hier aus unternahmen sie ihre Raubzüge in die Toskana und vor allem wieder in Ligurien. Die vor Musàs Truppen aus Sizilien geflohenen Menschen kamen mit den Flüchtlingen aus anderen Städten nach Genua und Pisa. Sie versammelten sich in diesen beiden Städten und schmiedeten Rachepläne.

Die Sarazenenflotte aber segelte und ruderte an der ligurischen Küste entlang, passierte auch Pisa und Genua und zerstörte abermals Luni.

Man schrieb das Jahr 1016, als die Flotte Musàs in Denia die Anker lichtete und nach Norden auslief, um sich an der italienischen Küste einen neuen Stützpunkt

zu erkämpfen, von dem aus sie näher am Ziel lag und von wo aus sie durch schnelle Raubzüge reiche Beute machen konnte.
Diesmal war es Papst Benedikt VIII., der nunmehr Genua und Pisa und die dorthin geflüchteten Herren von Sardinien aufrief, die Herrschaft der Ungläubigen auf der Insel zu beseitigen. Er befahl dem Bischof von Ostia, seinen Gesandten in Pisa und Genua Weisungen zu geben, diesen Plan vorzutragen und um Unterstützung zur Befreiung von Sardinien zu bitten.
Die flammenden Aufrufe an die Bevölkerung der beiden Stadtrepubliken wurden mit Begeisterung aufgenommen. Die Flotten der beiden Republiken liefen in Richtung Sardinien aus. Eine Flotte unter Emir Mogehid (gleich Musà) lief den Angreifern entgegen. Sie wurde gestellt, und abermals entbrannte der Kampf gegen die Seeräuber, deren Geschicklichkeit sie nicht davor rettete, der Wut der Genueser und Pisaner zum Opfer zu fallen. In einem Kampf, der in der Nacht, unter der flackernden Beleuchtung der in Brand gesetzten Schiffe fortgesetzt wurde, gelang es den Verbündeten, ein Drittel der Flotte der Sarazenen zu kapern. Der Rest floh nach Denia zurück, teilweise ebenfalls schwer beschädigt.
Mit seiner Hauptmacht konnte sich auch Musà nach Sardinien retten. Aber die Genuesen und Pisaner blieben den Fliehenden auf den Fersen. Sie stießen dicht hinter den in wilder Flucht aus den Schiffen an Land strömenden Sarazenen her und stellten diese zum Kampf. Im Gefecht Mann gegen Mann behielten die Angreifer die Oberhand. Die Seeräuber wurden ohne Pardon umgebracht. Gnade gab es nicht, zu groß war die Wut gegenüber diesen »Heiden«, die immer wieder ligurische Städte zerstört und Frauen und Kinder als Sklaven weggeschleppt hatten.
Die Beute, die gemacht wurde, war gewaltig. Pisa und Genua teilten sie untereinander auf, wobei es zu Zerwürfnissen kam, die schließlich jenen wilden, unbändigen Haß entstehen ließen, der danach Genua und Pisa zu Todfeinden machte.
Als Mogehid oder Musà schließlich im Jahre 1044 starb, war es mit der Macht der Sarazenen im Mittelmeer endgültig zu Ende. Es trifft nicht zu, daß Genua diesen sarazenischen Emir gefangen haben sollte. Demzufolge ist auch die Mär, daß die Genuesen ihn nach Deutschland zu Heinrich III. schickten, nichts als ein Märchen.
In den nächsten Jahren kam es zwar noch zu einigen Scharmützeln mit den Sarazenen, aber es schien so, als sei die Seeräuberei im Mittelmeer endgültig vorbei.
Im Jahre 1034 mutmaßten die Pisaner, daß Genua versuchen wollte, sich bei Kap Bon in Nordwestafrika festzusetzen. Dies traf jedoch nicht zu, weil Genua gar nicht daran dachte, eine Aktion zu starten, die dem Handel und der Gewinnung von Handelsplätzen zuwiderlief und demzufolge in ihren Augen nutzlos war.
Man schrieb das Jahr 1087, als genuesische und pisanische Schiffe, durch Papst

Victor erneut dazu aufgerufen, von Amalfi ausliefen und mit einer starken Flotte zur afrikanischen Küste ruderten, um den Kampf gegen die »Muselmanen« aufzunehmen, die sich im Küstenbereich des heutigen Tunesien eingenistet hatten. Bei der Burg Zawila wurde ausgeschifft. Die Truppen sollten die Halbinsel Mehadia besetzen. Wider Erwarten gelang dieses Unternehmen reibungslos. Die genuesisch-pisanischen Truppen drangen in den Golf von Hammamet ein und stießen bis nach Gabes hinunter vor. Während dieses Feldzuges töteten sie der Fama nach 100 000 Sarazenen. Die sarazenischen Könige von Tripolis und Tunis wurden dem Heiligen Stuhl tributpflichtig gemacht.
Der Herrscher der Sarazenen, Temin, zahlte nach seiner Gefangennahme für seine Freilassung den Betrag von einer halben Million Lire. Damit war ein Teil der nordafrikanischen arabischen Bevölkerung so geschlagen, daß es zu keinen weiteren Raubzügen mehr kam.
Noch wenige Jahre vorher in einer Art Haßliebe und Waffenbrüderschaft miteinander verbunden, überfielen pisanische Schiffe in einem überraschenden Handstreich im Jahre 1070 die Genuesen in Korsika. Diese verloren in Bocca d'Arno sechs vollbeladene Handelsschiffe in der Schlacht, die darauf folgte. Erst den Versöhnungsanstrengungen durch Papst Victor III. war es zu verdanken, daß sich Pisa und Genua, wenn auch nur für kurze Zeit, miteinander versöhnten. Der Papst hatte beide Städte zum Kampf gegen die Ziriden aufgerufen und diese waren dem Aufruf gefolgt.
In dieser Zeit der Kämpfe gegen die Sarazenen und der ersten Scharmützel zwischen Genua und Pisa, den miteinander rivalisierenden Städten, fielen jene Ereignisse, die schließlich die Mark Arduinica in der Mitte durchtrennen sollten.
Nachdem die Sarazenen verjagt worden waren, bildete sich langsam in Oberitalien ein System und Organismus der Feudalherrschaft und des Militärs. Hauptstützpunkte dieser Entwicklung waren Turin und Susa. Von hier aus stießen Truppen nach Überschreiten der Ostalpen nach Süden in Richtung Mittelmeer hinunter und kamen auch durch das Tal des Tanaroflusses. Das Comitat von Albenga wurde auf diese Art und Weise Teil des Feudalherrschaftsbereiches der Komtesse Adelaide von Susa, die zu einer kurzen Regierungszeit auch in Albenga weilte. Nach ihrem Tod im Jahre 1091 wurde in der Erbteilung dem Marchese von Savona, Bonifacio del Vasto, die Mark Aleramica zugesprochen, die er und seine Nachkommen im folgenden 12. Jahrhundert beherrschten. Ein Enkel von ihm, Bonifacio Marchese di Clavesana, regierte auch die Mark Albingane.

Genua und die Kreuzzüge

Als im Jahre 1095 Papst Urban II. auf dem Konzil zu Piacenza zum ersten Kreuzzug gegen die Türken aufrief und später auf dem Konzil zu Clermont im November desselben Jahres diesen ersten Aufruf wiederholte und die christliche Welt zum Kampf gegen die Ungläubigen und zur Rückeroberung von Jerusalem aufforderte, war neben vielen anderen Herrschaften auch die Republik Genua bereit, an der Rückeroberung des Heiligen Landes teilzunehmen.
Äußerer Anlaß zu diesem ersten Kreuzzug war ein Hilferuf des byzantinischen Kaisers Alexander Komnenos. Die türkischen Seldschuken, die seit 1071 in Syrien und Palästina eingedrungen waren, dieses Land dem fatimidischen Kalifen von Kairo entrissen und schließlich ganz Kleinasien erobert hatten, standen im Begriff, auch Byzanz anzugreifen.
»Gott will es!« Dieser Ruf Urbans II. mobilisierte die Massen. Die zum Kampf bereiten Menschen hefteten sich ein rotes Kreuz auf die Schulter und erhielten Nachlaß der kanonischen Bußstrafen.
In Genua wurde das in der Kirche von San Siro zusammengekommene Volk dazu aufgefordert, sich an diesem Befreiungswerk des Heiligen Landes zu beteiligen. Die noblen Familien der Stadt hatten sofort ihre Bereitschaft dazu bekundet, und nun war auch die Bevölkerung einhellig der Meinung, daß man alles tun müsse, um die Heilige Stadt, diese erste Stätte der Christenheit, zurückzugewinnen.
Jerusalem war von dem Kalifen Omar 637 unter dem arabischen Namen El-Kuds – das Heiligtum – in das soeben aufblühende arabische Weltreich eingegliedert worden. Die Araber hatten den berühmten Felsendom um 700 errichtet und die Stadt voll in Besitz genommen.
Die Begeisterung kannte nach diesem Aufruf in Genua keine Grenzen. Man rüstete 12 große Galeeren aus und die Städte Noli und Ventimiglia beteiligten sich ebenfalls mit einigen Schiffen an diesem gewaltigen Ereignis, zu dem die genuesische Flotte im Juli 1097 aufbrach.
Der erste Teil des riesigen Kreuzfahrerheeres, unter dem Kommando von Pier l'Eremita und anderen Fanatikern, stürmte bereits ohne Ordnung und Disziplin los, unterwegs bereits große Teile der Völker Rumäniens und Bulgariens mit Kampf überziehend.
Die Hauptstreitmacht unter der Führung von Gottfried von Bouillon in Stärke von 60 000 Mann passierte nach langem Marsch durch Europa und Kleinasien den Bosporus und erreichte Nicea, wo sie von dem byzantinischen Heer Kaiser Alexander Komnenos' angehalten wurde. Balduin von Flandern besetzte mit sei-

nen Truppen einen Teil Armeniens, setzte über den Euphrat und drang bis Edessa vor, wo er sich einnistete.

Die genuesische Flotte hatte sich zunächst nach Antiochia gewandt. Sie wurde, nachdem sie von dort zurückgefahren war, vom Führer des Kreuzzuges aufgefordert, sich nunmehr gegen Jerusalem zu wenden. Zunächst aber ging die kleine genuesische Flotte unter der Führung von Guglielmo Embriaco und Primo Castello nach Gaffa (Jaffa), das nur 24 Meilen von Jerusalem entfernt lag. Dort sollte dem Vernehmen nach reiche Beute winken. Hier sah sich Embriaco bald einer starken türkischen Flotte gegenüber. Diese zog sich zurück und die genuesische Flotte lief nun direkt vor die Stadt Jerusalem. Hier wurde ausgeschifft und der Marsch mit anschließendem Sturm in die Stadt hinein angetreten.

Zunächst galt es, einen der Ecktürme aus der Verteidigungsanlage herauszubrechen und dort die Bresche zum Sturm in die Stadt zu finden.

Der Turm wurde nach heftigen Kämpfen erobert. Von hier aus drangen die Genuesen in Jerusalem ein. Es war der 15. Juli 1099, so lange hatten sich die übrigen Scharmützel hingezogen.

Jerusalem war in der Hand der Kreuzfahrer. Gottfried von Bouillon, Herzog von Niederlothringen, ließ sich zum »Beschützer des Heiligen Grabes« wählen. Nach seinem Tode im Jahre 1100 wurde sein Bruder Balduin, der vorher zum Fürsten von Edessa ernannt worden war, zum König von Jerusalem gekrönt.

Die Flotte unter Embriaco und Castello segelte reich mit Beute beladen nach Genua zurück, wo sie genau am Weihnachtstage des Jahres 1099 eintraf. Neben dieser Beute aber hatte Embriaco auch einen Brief Balduin von Flanderns an Erzbischof Daimberto von Genua mitgebracht. Er übergab diesen Brief dem Magistrat, dem er Bericht erstattete und dieser verlas ihn. In diesem Brief wurde Volk und Magistrat der Stadt Genua aufgefordert, zur weiteren Befriedung des Heiligen Landes energische Hilfe zu leisten.

Noch am selben Tage gab der Magistrat der Stadt Weisung, eine neue Flotte mit 24 Schiffen auszurüsten, sie nach Syrien zu schicken und den Kampf wieder aufzunehmen.

Diese Flotte lief im späten Herbst 1101 aus Genua aus und erreichte im Winter dieses Jahres den Hafen Laodicea. Von hier aus konnte Admiral Embriaco für den König von Jerusalem Cesarea erobern. Danach wandte sich diese starke Flotte unter dem zum Konsul ernannten Embriaco auch gegen Galbula, Biblio und Tortosa. Später unterwarf sie noch Acri oder Tolemaida, eine der reichsten phönizischen Städte und Accarone im Lande der Philister, sowie Malmistra in Kilikien.

Der Kampf ging unentwegt weiter, und 1109 entsandte Genua abermals eine große Flotte nach Kleinasiens Küsten. Sie wurde von den Brüdern Ansaldo und Ugo

Embriaco, Neffen von Guglielmo Embriaco, geführt, die Tripolis in Syrien bezwangen.
Balduin, König von Jerusalem, fühlte sich den Genuesern derart zu Dank verpflichtet, daß er auf dem Architrav des Heiligen Grabes folgenden Spruch einmeißeln und mit Goldlettern ausstatten ließ:
»Praepotens Genuensium praesidium – Äußerst wertvolle Hilfe durch die Genueser«.
Alle diese Einsätze der genuesischen Flotte im östlichen Mittelmeer wurden von Caffaro in den Annalen der Stadt festgehalten. Caffaro war zunächst Soldat in genuesischen Diensten gewesen, sodann betätigte er sich als Historiker, stieg zum Konsul auf und wurde schließlich Admiral und Botschafter der Republik Genua. Ebenso wie Herodot dies getan hatte, las auch Caffaro im genuesischen Rat und vor den Konsuln aus seinen Werken vor. Für die ligurische Geschichtsschreibung wurde er solcherart zum wichtigsten Baustein. In seiner Beschreibung der Kämpfe um Jerusalem und im gesamten Heiligen Land findet sich auch die Darstellung über das neue Wappen der Stadt:
»Um die glorreichen Taten der Republik nicht in Vergessenheit geraten zu lassen, ließ die Republik im Jahre 1115 das bis dahin gültige Stadtwappen durch zwei Schilde ersetzen. Den einen mit einem roten Kreuz auf weißem Feld, den anderen mit einem blauen Feld, über welches ein weißes Band diagonal hinwegläuft, auf dem das eine Wort ›LIBERTAS‹ steht.« (Siehe: Annali genovesi di Caffara, Hgb. L.T. Belgrano, Torino 1890)
Wir werden Caffaro als Admiral der genuesischen Flotte im Kampf gegen Pisa 1125 ebenso wiederbegegnen, wie als Kämpfer gegen die Sarazenenflotte im Jahre 1146. Er war es auch, der 1154–58 die genuesischen Beziehungen zu Friedrich I., Barbarossa, anknüpfte.
1102 nahm eine genuesische Flotte, bestehend aus 40 Galeeren, Tortosa in Besitz. Eine andere Flotte, diesmal 70 Galeeren stark, gewann Acri und Ghibelletto.
Eine dritte Flotte von 60 Galeeren lief 1107 aus. Sie wurde von den beiden Brüdern Embriaco befehligt, die Tripolis eroberten.
Eine vierte Flotte, im Jahre 1110 unterwegs, erreichte mit 22 Schiffen Beirut und Malmistra.
Durch ihre Hilfeleistung, die für den König von Jerusalem Sicherung und Festigung seines Thrones bedeutete, wurde Genua schließlich zur Beherrscherin des Handels in Kleinasien, denn alle guten Handelspositionen und Stadthäfen wurden ihnen aus Dankbarkeit zugesprochen. Darüber hinaus fielen Genua eine Anzahl bedeutender Privilegien zu.
Die Stadtrepublik befand sich nach diesen Ereignissen auf einem ersten Höhepunkt ihres Ruhmes. Genueser Kaufleute herrschten wie selbständige Fürsten in

ihren Niederlassungen und hatten oftmals ganze Küstenstädte voll in Besitz genommen. So dominierten sie gegenüber Venezianern und Pisanern in Malmistra, in Solino und Antiochia, in Laodicea und Tortosa. Die Städte Tripolis und Gibello, Beirut und Acri wurden sehr rasch Schwerpunkte des genuesischen Handelsimperiums. Gibelletto minore, Cesarea, Tiros, Jaffa, Giaffa, Ascarin und Ascalon kamen hinzu. Vor allem die Niederlassung in Jerusalem trug zum Prestige der Stadtrepublik Genua bei. Genuas Handelsimperium hatte damit weltweite Ausdehnung erlangt.

Im 12. Jahrhundert nahm Genua nach diesen Ereignissen einen Aufschwung, wie er steiler nicht auszudenken war. Die Stadt steigerte ihre Einwohnerzahl binnen kürzester Zeit auf 90 000 und war damit eine der volkreichsten Städte Italiens. Durch die syrischen und palästinensischen Kreuzzüge hatte Genua in beiden Ländern riesige Handelsniederlassungen, die schon für sich selbst Städte waren, und große Kontore errichtet, die bis zur islamischen Wiedereroberung dieser Länder in der zweiten Hälfte des 13. Jahrhunderts Bestand behielten. Dies bedeutete, daß Genua über 150 Jahre lang einen entscheidenden Anteil am Asienhandel hatte.

Die 1155 Genua gewährten Vorzugstarife von 4% begünstigten ihre Handelsposition.

Dieser Handel Genuas dehnte sich bis ins Schwarze Meer aus. Die genuesischen Niederlassungen in Caffa auf der Krim, ihre Kontore in Tana am Don, wo auch Venedig eine Handelsniederlassung eröffnete, spielten eine beträchtliche wirtschaftliche Rolle. Handelspartner von Genua wurden Rußland, Innerasien und der von den Mongolen unterworfene Ferne Osten.

Eine der einträglichsten Handelsbeziehungen war der Sklavenhandel, der den italienischen Kaufleuten von Genua, Pisa und Venedig reichen Profit einbrachte.

Genua und Pisa ergriffen auch an der nordafrikanischen Küste die Initiative. Sie gründeten im 12. Jahrhundert aufgrund von Handelsverträgen und eingeräumten Privilegien in Alexandria ebenso wie in der Berberei – dem Raum Tunesien–Algerien–Marokko – ihre Handelsniederlassungen.

Die wirtschaftliche Revolution im Mittelmeer hatte im 11. Jahrhundert damit begonnen, daß die Sarazenen und auch die Byzantiner, die bis dahin das Mittelmeer beherrscht und Schiffahrt und Handel ausgeübt hatten, ausgeschaltet worden waren.

Die verheerenden Sarazenenüberfälle an der Mittelmeerküste und die Plünderungen der dortigen Städte wurden von den Flotten der Stadtrepubliken Pisa und Genua verhindert, die Sarazenen vertrieben.

In diesen Kämpfen, das sollte an dieser Stelle nicht verhehlt werden, wurden die Italiener selber zu Seeräubern, die islamische Handelsschiffe kaperten und die

Städte der südlichen Küsten des Mittelmeeres plünderten. Dies kommt auch in der knappen Schilderung der genuesisch-pisanischen Kaperstreifzüge zur nordafrikanischen Küste zum Ausdruck.

In den Kreuzzügen sicherten sich diese Städte und einige andere in Oberitalien und Venetien nicht nur die hohen Einnahmen aus dem Transport der Kreuzfahrer, ihrer Waffen und Pferde zu den Küsten des östlichen Mittelmeeres, sondern bedangen sich für diese Mitwirkung auch einen gesalzenen Anteil an der Beute aus, die sich bei der rücksichtslosen Plünderung kleinasiatischer Städte ergab.

Piratenbeute und Plünderungsgut aber brachten die Mittel zur raschen Kapitalbildung zusammen, und diese wiederum war zur Entstehung größerer gewerblicher und kommerzieller Unternehmungen notwendig.

Seeräuberei wurde von nun an bis ins Zeitalter der Entdeckungen hinein eine immer wieder praktizierte Methode zur wirtschaftlichen Bereicherung.

Diese Seeräuberei und die damit verbundene Möglichkeit schneller Bereicherung haben mehr als Abenteuerlust und Entdeckertrieb dafür gesorgt, daß sich die Seefahrt im Mittelmeer und im Atlantik immer weiter ausdehnte. Um es mit den Worten von Alexander von Humboldt zu beschreiben:

»Die europäischen Entdeckungsreisen waren nicht nur auf die Entwicklung der Wissenschaft und der Technik und nicht auf den Fortschritt der menschlichen Intelligenz zurückzuführen, sondern es war die elementare Gewalt des Ökonomischen, der unwiderstehliche Drang wirklicher oder scheinbarer Bedürfnisse«, die diese Fahrten, die oftmals in Raubzüge ausarteten, auslösten.

Die Condottiere des Meeres traten auf, um Kaperkriege zu führen, der eine Abart der Piraterie war: jene Korsaren, die im Dienste eines Landes oder Fürsten die Schiffe eines feindlichen Landes aufhielten, sie beraubten oder gar ganz konfiszierten und mitnahmen.

Mit den Kreuzzügen und der Verdrängung der arabisch-syrischen Händler dehnte sich das Betätigungsfeld der italienischen Kauffahrer immer weiter in den Orient hinein aus.

Aus der Levante wurden Güter wie Gewürze, Nelken, Muskat, Ingwer, Pfeffer, Zimt und andere geholt, darüberhinaus Parfümerien und Drogen, Farbpflanzen und Alaun. Begehrte Luxusartikel aus dieser neuen Handelswelt waren Edelsteine, orientalische Teppiche und Webereistoffe wie Seide, Damast, Brokat und Atlas.

Der Weg über Ägypten war den genuesischen und anderen Händlern verwehrt, weil sich die Ägypter den lukrativen Zwischenhandel mit den Orientwaren nicht entgehen ließen. Eine Weiterreise über Kairo hinaus nach Osten war zu dieser Zeit westlichen Fremden nicht gestattet.

Aus diesem Grunde waren den Genuesern und auch den Venezianern die eigenen

Handelsplätze und Niederlassungen an der Küste des Schwarzen Meeres so wichtig, weil sie von dort aus auf der lateinischen Handelsstraße, der damals Mongolenweg genannten Seidenstraße, die den islamischen Machtbereich im Großraum Ägypten umging, nach Indien oder China gelangen konnten.
Doch die große Handelsexpansion nach Osten sollte erst noch eintreten.
Nachdem die Genueser diese Kämpfe in Palästina beendet hatten, begannen neue Auseinandersetzungen. Diesmal waren es alte, ganz in der Nähe angesiedelte Gegner: die Pisaner.

Pisa kontra Genua

Zunächst ging der pisanisch-genuesische Konflikt um eine päpstliche Auszeichnung. Zuvor für die Ausbreitung des Christentums in Palästina kämpfend, mußte Genua nunmehr in Italien selbst zum Krieg als letztes Mittel greifen.
Papst Gelasius II. hatte Pisa das Privileg gewährt, daß alle Bischöfe von Korsika dort geweiht werden würden. Genua erhob dagegen Einspruch, denn nach seiner Meinung müßten die korsischen Bischöfe allein in Genua geweiht werden.
Der Kampf begann mit dem Einsatz der genuesischen Flotte, die 1120 mit 80 Galeeren, vier großen Frachtschiffen, 60 kleineren Schiffen und 22 000 Soldaten Bocca d'Arno besetzten. Sie griffen Livorno an, zerstörten diese Stadt und liefen über den Arno in die fruchtbare Ebene zwischen Arno und Serchio hinein.
Dieser Angriff erfolgte so überraschend und mit so starken Kräften, daß Pisa dem nichts entgegensetzen konnte und um Waffenstillstand bitten mußte.
Wegen der umstrittenen Bischofsweihe wurde Rom angerufen. Der damalige Papst, Calixtus II., gab den Genuesern recht; dies wiederum widerstrebte den Pisanern, die daraufhin den Waffenstillstand brachen und den Kampf aufs neue aufnahmen.
Nach einer langen Reihe von Kämpfen, die sich über 13 Jahre hinzogen und in Korsika, in der Provence und im Meer von Sizilien stattfanden, blieben schließlich die Genueser siegreich. Sie hatten die größeren Reserven, und als Pisa sich nach langem Zögern doch noch zu einer Fortsetzung des Kampfes entschlossen hatte, erschienen in letzter Sekunde Abgesandte von Papst Innozenz II. (der den Vatikan wegen des mächtigen Gegenpapstes Anaklet II. verlassen mußte), welche die beiden Stadtrepubliken beschworen, den unseligen Bruderkrieg zu beenden und Innozenz II. gegen den Antipapst beizustehen.
Bernhard, Abt von Clairvaux, zog durch die Lande und warb für einen Kreuzzug

gegen diesen Antipapst. Auf seine Predigten und die Bitten des Papstes hin kam zwischen Ludwig VI., König von Frankreich, Heinrich I., König von England, Lothar, dem Herzog von Sachsen und deutschen König, der nach der Kaiserwürde strebte, eine Allianz zustande, der auch Genueser und Pisaner beitraten. Dies veranlaßte sie, ihren alten noch nicht zu Ende ausgetragenen Zwist vorerst zu begraben und ihn zu gegebener Zeit wieder ans Licht zu zerren und mit kriegerischen Mitteln fortzusetzen.
Der nach Frankreich geflohene Papst kehrte nach Italien zurück. Er dirigierte die Truppen der Liga, die auf Civitavecchia zustürmten, diese Stadt und den Sitz des Gegenpapstes erstürmten und Innozenz II. wieder einsetzten.
Nach der Einnahme von Civitavecchia schlossen Pisa und Genua endgültig Frieden miteinander. Nunmehr trat Ruhe in Ligurien ein und Genua konnte darangehen, die Republik zu festigen.

Genua wird die Stadt der Städte

Die Ordnung des Staatswesens

Nach dem mit Pisa geschlossenen Frieden ging man in der Republik Genua daran, das innere Gefüge der Stadt zu festigen. Man versuchte, durch die Teilung der Herrschaft mehr und mehr Bürger der Stadt, allen voran die reichen Familien, für Genua einzuspannen.
Anstelle der bis zu diesem Zeitpunkt amtierenden zwei Konsuln wurden 1134 deren 12 gewählt. Von ihnen waren die Hälfte für politische und innerkommunale Belange zuständig. Sie nannten sich Consuli del comune – Gemeinde-Konsuln. Die übrigen sechs Konsuln hatten sich um Zivilangelegenheiten zu kümmern. Es waren die Consuli de' piati, oder Consuli de' placiti, die Schlichter und Schiedsmänner.
Während erstere die Regierungsgeschäfte betrieben und die Führung von Armee und Marine übernahmen, mit ausländischen Regierungen verhandelten und die Staatsfinanzen zu betreuen hatten, verwaltete und übte die zweite Gruppe der Konsuln die Justiz. Sie war ebenso für die öffentliche Sicherheit, als auch für die öffentlichen Arbeiten verantwortlich.
Damit waren diese wichtigen Funktionen in den Händen von einem Dutzend Konsuln, die einmal zu den höchstgestellten Familien zählten und zum anderen aus den verschiedensten Lagern der Republik kamen, was den Ausbruch offener Streitigkeiten verhinderte.
Darüberhinaus wurde von der ligurischen Republik Genua ein Senat geschaffen, der vom Volk gewählt wurde und aus etwa 1000 Mitgliedern aus allen Schichten der Stadtbevölkerung bestand.
Von Konrad II., dem König von Rom, erhielt Genua das Münzrecht.
Neben diesem Recht, eigene Konsuln zu wählen, das erst 1152 bestätigt wurde, erhielt die Stadt ihre volle Rechtshoheit, die Entscheidungsfreiheit über Krieg, Frieden und abzuschließende Bündnisse sowie die Befreiung von kaiserlichen Steuern.
Das Marktrecht wurde 1156 in einem Edikt ausdrücklich bestätigt. Zwei Jahre vorher hatte die Stadt wie alle Regierungen der damaligen Zeit, Staatsanleihen aufgenommen. Genua, später ein Wegbereiter der staatlichen Anleihenschuld, war bereits 1154 gegenüber seinen Bürgern mit 15 000 Lire verschuldet. Die Staatseinnahmen aus dieser Zeit werden im Jahre 1163 mit 6 550 Lire jährlich be-

ziffert. Fünfzig Jahre später erreichten allein die Einnahmen aus den Hafenzollgebühren diese Summe.

Die politische und monetäre Entwicklung wurde weiter betrieben. Es zeigte sich jedoch, daß sie nicht die optimale war, wie ein unbekannter Chronist der genuesischen Stadtgeschichte dies im Jahre 1190 darstellte:

»Es herrscht Zwietracht unter den Bürgern, üble Verschwörungen und Verfeindungen sind in der Stadt an der Tagesordnung, hauptsächlich, weil viele ihrer Bürger das hohe Amt eines Konsuls mit Freuden ergattert hätten, aber nicht an die Reihe kamen.

Also versammelten sich die Sapientes (die Weisen) der Stadt und die Ratsmitglieder und faßten den Beschluß, daß ab dem kommenden Jahr 1191 die Konsularregierung der Stadtrepublik beendet sei. Alle stimmten darin überein, daß nun ein Podestà, ein Oberbürgermeister, eingesetzt werden sollte.«

Wenn auch die Lage der Stadt Genua in dieser Art und Weise von dem Chronisten vereinfacht worden war, so gibt uns seine Schilderung dennoch eine Erklärung für die Entscheidung der genueser Bürgerschaft, einem Einzelnen die Exekutivgewalt über ihre Stadt anzuvertrauen. Dieser Einzelne sollte ein honoriger Mann sein, der von außerhalb der Stadt kam, damit er wirklich neutral sei, und von allen Bürgern, gleich welcher Sippe, akzeptiert werde.

Der erste Podestà, den man im nächsten Jahr wählte, war ein Lombarde aus Brescia. Er erschien der Republik Genua der Mann zu sein, der erfolgreiche Verhandlungen mit auswärtigen Machtinstanzen würde führen können; vor allem schien er für Verhandlungen mit den Abgesandten und Beratern des Kaisers der Richtige zu sein.

Nach der Widerauferstehung des byzantinischen Reiches, das unter Kaiser Manuel von Byzanz Anfang 1160 wieder zu einer Weltmacht wurde, war der Streit der Byzantiner gegen Venedig, die später durch die Eroberung von Konstantinopel mit Hilfe eines Kreuzfahrerheeres des vierten Kreuzzuges dieses Reich stürzen sollte, erneut aufgeflammt.

Kaiser Manuels Beziehungen zu Venedig, die ohnehin nicht stabil waren, verschlechterten sich mehr und mehr, bis es im Jahre 1167 zu einem offenen Bruch kam, als Manuel Pisa und Genua als Handelspartner Venedig vorzog, um so dem venezianischen Würgegriff zu entkommen.

Diese Zwistigkeiten wurden im Frieden von Venedig 1177 nur oberflächlich beigelegt.

Im weiteren Verlauf wurde schließlich, dies sei an dieser Stelle vorweggenommen, 1261 in Nymphaion zwischen Genua und Byzanz ein Handelsvertrag geschlossen, der Genuas Nachfolge Venedigs am Bosporus, und damit Venedigs Ausschaltung bedeutete. Michaels Nachfolger, Andronikos II. Palaiologos, der

von 1282–1328 regierte, mußte infolge der schlechten Finanzlage seines Reiches mehr und mehr Rechte und Privilegien an Genua verkaufen, dieser Stadt besondere Handelsprivilegien einräumen und ihr weitere Niederlassungen zur Verfügung stellen.
Damit war der Krieg zwischen Genua und Venedig bereits vorprogrammiert. Doch zunächst zurück zu den dazwischenliegenden Ereignissen.

Die Mauren kommen als Seeräuber

In Kastilien wollte etwa zur gleichen Zeit Alfons VI. Saragossa und Denia von den Mauren erobern. Um dieser Aufgabe gewachsen zu sein, rief er seinen Schwiegervater, Abenhabet, König von Sevilla, zu Hilfe. Dieser sandte dem Schwiegersohn die Almoraviden, welche die spanisch-maurische Dynastie (1036–1147) trugen, aus Marokko nach Spanien. Als sie dort eintrafen, töteten sie zunächst Abenhabet und durchkreuzten die Pläne von Alfons VI., der daraufhin starb.
Bei Sallaka gelang es den Almoraviden, den Christen eine entscheidende Niederlage beizubringen und bis 1090 das gesamte arabische Spanien zu unterwerfen. Andalusien fiel ebenso in ihre Hand wie Granada, Murcia und die Balearen.
Danach streiften sie an allen Küsten des Mittelmeeres entlang. 1115 wurde gegen sie ein Kreuzzug ausgerufen. Hier war es Pisa, das einige Erfolge errang, ohne diese Gefahr aber für dauernd bannen zu können.
Erst als 1146 Genua einen kampfstarken Flottenverband ausrüstete und ihn gegen diese neuen Seeräuber einsetzte, wendete sich das Blatt. Unter der Führung der Konsuln Caffaro (dem wir vorher bereits als genuesischem Historiker begegnet sind) und Oberto della Torre liefen mindestens 60 Galeeren aus.
Dieser starke Schiffsverband steuerte die zweitgrößte Insel der spanischen Balearen an, auf denen sich die Almoraviden festgesetzt hatten. Sie liefen nach einem Scheingefecht in den Hafen Maone ein, der nach Hannibals Bruder Mago benannt war, und belagerten die stark bewaffnete und verteidigte Zitadelle.
Der Kampf wogte einige Tage lang hin und her. Dann gelang es den Genuesen, die Zitadelle zu erstürmen und die Besatzung niederzumachen.
Anschließend konnte Admiral Caffaro, ein äußerst fähiger Seeoffizier und entschlußfreudiger Flottenchef, seine Mitkämpfer zur Fahrt nach Almeria überreden. Almeria war eine der stärksten Seeräuberfestungen im Raum Granada.
Hier wurden die Truppen vom einfallenden Winter überrascht. Der Angriff kam

zum Erliegen und es bestand bald Gefahr, daß die Genueser abziehen müßten, weil sie feststellten, daß dieser Bissen für sie zu groß war und daß sie sich daran verschlucken würden.

Alfons VIII., König von Kastilien, Raimondo Berengario, Graf von Barcelona, und Don Garcia, König von Navarra, bestürmten nun durch mehrere Gesandtschaften den Papst, er möge Genua davon überzeugen, daß man mehr Hilfe brauche und daß Genua viel durch diese Hilfeleistung gewinnen könne.

Leo III. war der gleichen Meinung. Er entsandte seinen päpstlichen Geheimsekretär nach Genua. Dieser trug die Angelegenheit den Konsuln und später auch dem Senat vor und schilderte die Lage in Spanien unter der Herrschaft der Mauren, und die drohende Gefahr, die die Mauren für das ganze Mittelmeer bedeuteten, in den düstersten Farben, während er die möglichen Gewinne nicht hoch genug veranschlagen konnte.

Genua willigte in erneute Hilfeleistungen ein. In aller Eile wurde die bisher stärkste Flotte, die bis dahin in Genua ausgerüstet wurde, instandgesetzt. Es waren 63 Galeeren, 163 kleinere Schiffe, die auch durch die Flüsse Spaniens landeinwärts laufen konnten, und 30 000 Mann mit Waffen, Kriegsmaschinen, Zelten und Verpflegung.

Von den zehn in diesem Jahr 1146 neu gewählten Konsuln fuhren sechs als Flottenbefehlshaber und Kommandeure von Landkriegseinheiten mit nach Spanien. Es waren die Nobili der Stadt Filippo Longo, Ansaldo Doria, ein Balduin, Ingon della Volta, Ansaldo Pizzone und Oberto della Torre. Letzterer hatte bereits im Kampfe gegen die Almoraviden Erfolge und Erfahrungen errungen.

Almeria, was im arabischen Sprachgebrauch soviel wie Wachtturm bedeutete, und die dazu gehörende Festung der Mauren, Sueta, auf dem Kap Gata, war scheinbar uneinnehmbar. Dies bekamen die Genueser Truppen bald zu spüren, als sie dort, nach einer Bombardierung mit Kriegsmaschinen, die an Bord der Galeeren installiert waren, an Land gingen und den Angriff vorbereiteten.

In den Nächten wurden die Belagerungsmaschinen näher und näher an die Mauern der Stadt herangebracht. Dann eröffneten sie die Beschießung der Stadt, ehe der Sturmangriff begann.

In einer breiten Schlachtreihe, die sich nach vorn keilförmig verjüngte, drangen die Genueser in die Stadt ein und erreichten die Moschee. Sie stürmten über die Höfe und Gänge in die einzelnen Räume, drangen in das Allerheiligste ein, wo sie von den fanatisierten Wächtern angegriffen wurden. Sie wurden niedergemetzelt.

Von hier aus sollte nunmehr die ganze Stadt systematisch erobert werden. Dies jedoch erwies sich als schier unlösbares Unterfangen. Drei mit dem Mute der Verzweiflung durchgeführte Ausfälle der Mauren aus der Stadt brachten die bereits in Almeria sitzenden Angreifer in arge Bedrängnis. Man versuchte, die Belagerungsmaschinen, die gewaltigen Katapulte der Genueser, zu erobern. Doch die Bedienungs- und Wachmannschaften waren auf der Hut. Von den Pfeilen der Bogen- und Armbrustschützen empfangen, unter den Schwertern der geharnischten Ritter fallend, brachen die Ausfallenden zusammen.

Nun gingen die Genueser an die systematische Vernichtung der Mauern und der einzelnen Türme. Der Kampf nahm von Tag zu Tag an Erbitterung zu. Die Mauren verteidigten sich bis zum letzten Blutstropfen, wohl wissend, daß keine Gefangenen gemacht wurden. Jede Turmbesatzung mußte förmlich herausgeschossen werden.

Mitte Oktober traf Alfons, der König von Kastilien, vor Almeria ein. In einer Lagebesprechung am 14. Oktober 1447 abends wurde der Angriff in der Nacht des 16. Oktobers beschlossen.

In sechs Kampfgruppen zu jeweils 2000 Mann eingeteilt, stellte sich das genuesisch-spanische Heer bereit. Jede dieser Kampfgruppen wurde auf einen der sechs noch Widerstand leistenden Türme angesetzt. Es waren noch etwa 30 000 Almoraviden in der Stadt. Sie verteidigten Almeria mit wilder Entschlossenheit. 20 000 von ihnen fielen in den Kämpfen der nächsten Stunden. Die übrigen verließen die Türme, die Torstellungen und die Stellungen hinter den Zinnen, weil sie wußten, daß sie nicht mehr würden standhalten können.

Der genuesische Angriff drang durch. Die Sturmgruppen stürmten in die Stadt hinein und überschwemmten die Straßen. Wer Widerstand leistete, wurde niedergestreckt.

Der Emir war mit seinen Getreuen in die Festung Sueta entkommen. Hier verteidigte er weiter, während die genuesische Soldateska sich daran machte, die reiche Stadt zu plündern und die hübschen arabischen Mädchen zu vergewaltigen.

Almeria war in genuesischer Hand. Die Flotte, die nunmehr aufgrund eines Befehls aus der Heimat den Rückmarsch antreten sollte, suchte im Hafen von Barcelona Schutz, als ungünstiger Wind die Fahrt entscheidend beeinträchtigte. Die Genueser Flotte wollte in Barcelona ein Abflauen des Sturmes abwarten. Während dieser Zeit erschien ein Abgesandter von Graf Raimondo und bat die Konsuln um Hilfe bei der Eroberung von Tortosa.

Dazu mußte jedoch erst die Erlaubnis der Republik eingeholt werden. Kuriere brachen auf, um so rasch wie möglich nach Genua zu fahren und mit dem Bescheid des Senates wieder nach Spanien zurückzukehren.

Der Senat erteilte die Erlaubnis zum Angriff auf Tortosa. Die notwendige Ausrüstung der Schiffe wurde durch die neu hinzukommenden Schiffe mitgebracht und in rascher Arbeit die Flotte in den besten Angriffszustand versetzt.

Man schrieb den 1. Juli 1148, als die Genueser Flotte unterhalb von Tortosa in den Ebro hineinlief. An Bord der Schiffe befanden sich die Herren Raimondo und der Herzog von Montpellier, sowie eine Anzahl Tempelritter, die mitkämpfen wollten. Die Soldaten aus Barcelona bildeten einen eigenen Angriffskeil. Die Genueser Streitkräfte wurden aufgeteilt. Während die eine Hälfte mit Raimondo zog, schloß sich die andere dem Herzog von Montpellier an. Die Tempelritter bildeten die dritte Angriffsgruppe.

Für die Streitkräfte Genuas war es schon vorher klar, daß dies ein leichter Sieg werden würde. Sie griffen an, als sei dies ein Spaziergang, und wurden dann auch von den Verteidigern prompt abgewiesen. In einem Ausfall aus Tortosa gelang es den Mauren sogar, einen Teil der Genuesen empfindlich zu schlagen.

Dies war für die Konsuln ein Zeichen, härter durchzugreifen und die Truppe zu entscheidenderem Einsatz aufzurufen. Diszipliniert und durch die erlittenen Verluste zur Vorsicht aufgerufen, kämpften nun die genuesischen Truppen drei Monate lang vor Tortosa, das zu einer waffenstarrenden Festung ausgebaut worden war. Jedes der Befestigungswerke mußte einzeln überwunden werden.

Der Einbruch in die Stadt gelang. Die überlebenden Verteidiger zogen sich in die Sueta zurück, wo sie sich verschanzten. Nunmehr wurde alles Kriegsgerät, die Steinschleudern ebenso wie die Feuerbrandmaschinen, herangeschafft. Aber die Festung lag zu hoch, um ihr entscheidende Treffer beibringen zu können.

Um dieses Hindernis auszugleichen, wurde ein hoher Holzturm errichtet, von dem aus die von den Katapulten geschleuderten Kugeln ihr Ziel erreichten.

Tag für Tag wurde die Sueta beschossen. Vier verschiedene Angriffsversuche bei Nacht wurden abgewiesen. In verlustreichen Nahkämpfen versuchten die Genueser den ersten Turm zu gewinnen, der als Ausgangspunkt zu einem Sturmangriff dienen konnte, aber vergeblich.

Die Verteidiger hielten sich, sie krallten sich förmlich in den Felsen und Mauern ein. In dieser Situation, in der ein Ausgang dieses Kampfes nicht abzusehen war, gaben die Soldaten von Graf Raimondo auf. Sie hatten seit Wochen keinen Sold mehr erhalten und der unsichere Ausgang dieses Kampfes, die Frage ob es überhaupt eine Beute geben würde, veranlaßte sie, dem eigenen Herzog den Rücken zu kehren.

Genua stand mit seinen Truppen allein vor der damit scheinbar unlösbaren Aufgabe. Filippo Longo und Ansaldo Doria waren die Männer, die zum Durchhalten aufforderten. In den Beratungen verstanden sie es, auch die unentschlossenen Konsuln davon zu überzeugen, daß es mit den Verteidigern der Sueta bald zu Ende gehen müsse. Als sich dann auch noch Oberto de la Torre zu ihnen und ihren Voraussagen bekannte, wurde der Kampf fortgesetzt.

In einem letzten verzweifelten Ansprung gelang es den genuesischen Truppen, in die Sueta einzudringen. Der Kampf ging zu Ende. Tortosa fiel nun auch den Ge-

nuesern zu. Es gab allerdings nicht die erwartete große Beute. Die zu diesem Feldzug notwendigen Schulden in Höhe von 2500 Goldunzen kamen nicht herein. Insofern war das spanische Unternehmen der Republik Genua ein Fehlschlag. Doch der Ruhm des Siegers eilte den Genuesen voraus in die Heimat und als die Flotte dorthin zurückkehrte, wurden die sechs Konsuln, die sie geführt hatten, mit Ehrungen überschüttet. Eine besondere Ehrung wartete auf alle, die sich während dieses Kriegszuges besonders hervorgetan hatten.
Um diese Zeit, im Jahre 1148, war die Republik Genua bereits so reich geworden, daß sich immer mehr ligurische Völker und Städte Genua unterwarfen. Feudalherren vom Lande kamen in die Stadt und wurden in die Liste der Konsuln-Familien eingeschrieben. Daraus entstand das Libro d'Oro, ein Verzeichnis der Adelsfamilien, in welches nunmehr auch die Glücklichen des Spanienfeldzuges eingetragen wurden. So endete dieser spanische Feldzug für die Genueser Flotte ebenso wie für ihre Führer mit einem glorreichen Sieg.

Friedrich I. Barbarossa kommt

Nach dem Tode König Konrads III., wurde auf dessen besonderen Wunsch der Herzog von Schwaben, Friedrich III. von den deutschen Fürsten zum neuen König gewählt. Er bestieg im Jahre 1152 als Friedrich I. den deutschen Königsthron. Durch seine Gesandten am päpstlichen Stuhl verständigte sich Friedrich I. mit Papst Eugen III. über die gemeinsame Politik in Italien, die im Stande sein würde, die Reichsrechte gegenüber Byzanz zu wahren und auch gegenüber den Normannen eine feste Front zu bilden.
Nachdem sich Friedrichs I. Lage in Deutschland gefestigt hatte, berief er einen Reichstag in Roncaglia ein und forderte sämtliche italienischen Staaten, die Fürstentümer und Republiken auf, daran teilzunehmen. Auch Genua erhielt eine Einladung zu diesem Reichstag.
Die Republik Genua, deren frischer Ruhm aus Spanien ihren Glanz besonders verstärkt hatte, wurde jedoch auch von den Byzantinern umworben. Kaiser Emanuel Komnenos bot der Republik eine Liga an, die sich dem voraussichtlich bald nach Italien kommenden Friedrich I. entgegenstellen sollte.
Genua schwankte hin und her. Dann akzeptierte man den Vorschlag des byzantinischen Kaisers.
Auf dem zweiten Reichstag Friedrichs I. (der erste fand Mitte Mai 1152 in Merseburg statt) in Regensburg, das nach der großen Feuersbrunst noch nicht wieder

aufgebaut war, und einem dritten, der in Würzburg stattfand, versuchte dieser, von ihm zerbrochenes Porzellan zu kitten.

Friedrich I. hatte sich inzwischen durch einige Vorkommnisse – darunter die durch ihn willkürlich betriebene Besetzung des Erzbischofsstuhles in Magdeburg – den großen Unwillen des Papstes zugezogen, so daß die »anfängliche Harmonie zwischen König und Papst« in offenen Streit umzuschlagen drohte.

Dieser Reichstag des Jahres 1152 brachte auch die Entscheidung eines alten Planes: Friedrich I. brachte auch den geplanten Zug nach Rom auf die Tagesordnung. Es wurde einstimmig beschlossen, diesen Krönungszug im Herbst 1154 anzutreten.

Ein wichtiges Faktum der Verstimmung gegenüber Mailand wurde auf diesem Reichstag von den lombardischen Herzögen und Marchesi vorgetragen, die sich von Mailand bedrückt fühlten.

Zuträger hatten Friedrich I. wissen lassen, daß man in Rom bereits erwog, die Heilige Stadt aus dem Reich zu lösen.

Doch Eugen III., dem es nach längerem Exil im Dezember 1152 möglich war, nach Rom zurückzukehren, wollte es nicht auf einen solchen endgültigen Bruch ankommen lassen. Der Papst, von den unter Roger II. stehenden Normannen Siziliens ebenso bedroht wie von den Truppen des byzantinischen Kaisers, brauchte einen starken Mann. Friedrich I. wiederum war es ebenso wenig um einen dauernden Bruch zu tun, denn er hatte den Ehrgeiz, in Rom zum Kaiser gekrönt zu werden.

Ende 1152 wurde von Friedrich I. eine Delegation nach Rom entsandt, die von dem Bischof Anselm von Havelberg und Graf Ulrich von Lenzburg geführt wurde. Zur gleichen Zeit hielt König Friedrich I. in Trier Hof. Hier drängten sich Fürsten und Herzöge, Erzbischöfe und Bischöfe um ihn. Es galt, die Sache im Reich zu ordnen, damit er den Rücken für den Zug nach Rom frei hatte. Doch Papst Eugen III. sollte die Krönung Friedrichs I. nicht mehr erleben. Er starb am 8. Juli 1153. Anastasius IV. wurde sein Nachfolger.

Inzwischen hatte auch der byzantinische Kaiser Manuel I. seine Fühler ausgestreckt, um nach einer Möglichkeit der Verbündung mit dem neuen König und angehenden Kaiser zu forschen. Friedrich I. war jedoch entschieden dagegen, den Byzantinern Land in Italien zu überlassen. Dennoch war auch er nicht abgeneigt, ein Bündnis mit den Byzantinern einzugehen, um mit ihrer Unterstützung die Normannenherrschaft im südlichen Teil Italiens zu brechen. Friedrich I. wollte darüberhinaus durch die Heirat mit einer byzantinischen Prinzessin verwandtschaftliche Bande mit dem Hause der Komnenos anknüpfen.

Im Herbst 1154 versammelte sich auf dem Lechfeld das Heer, das zum Krönungszug Friedrichs I. nach Italien aufbrechen sollte. Als der König das Heer sah, war er wegen der schwachen Kopfzahl enttäuscht. Er tröstete sich jedoch damit, daß er von den lombardischen Herrschaften weitere Unterstützung erhalten würde.

Es waren alles in allem nur 1800 Ritter, die den König über den Brenner hinweg zum Gardasee begleiteten. Die Städte, die das kleine Heer durchzog, weigerten sich oft, ihm ihre Unterstützung zu leihen, weil sie die Rache Mailands und Piacenzas fürchteten, die sich gegen Friedrich I. gestellt hatten.

Auf der roncalischen Ebene, auf dem südlichen Po-Ufer, hielt Friedrich I. Barbarossa – Rotbart –, wie er von den Italienern genannt wurde, am 5. Dezember 1154 seinen ersten Reichstag in Italien ab. Dazu hatte auch Genua eine Abordnung entsandt. Diese Abordnung machte dem König einige originelle Geschenke, darunter einen Löwen, zwei Straußen und ein Pärchen Papageien. Diese Tiere waren bei der Eroberung von Almeria und Tortosa den Genuesen als Beute zugefallen und bildeten eine große Sensation im königlichen Heerlager.

Allerdings mochten die Abgesandten der Republik Friedrich I. eines nicht mitzubringen: die Unterwerfung. Andererseits wußte Friedrich I. nur zu genau um die Wichtigkeit der genuesischen Flotte und um deren Schlagkraft, die sie ja wenige Jahre zuvor in Spanien unter Beweis gestellt hatte.

Um die Normannen schlagen zu können, die auf eine starke Flotte zurückgreifen konnten, mußte man sich der Galeeren von Genua und Pisa versichern.

Friedrich I. saß hier auch über einige aufmüpfige Städte zu Gericht, die nach seiner Meinung durch ihr republikanisches Gepräge der Reichsidee entgegenstanden. Über Asti und Chieri wurde die Reichsacht verhängt.

Nachdem dieser erste Reichstag in Italien zu Ende war, zogen das Heer und die Ritter mit dem König unter Führung mailändischer Konsuln durch die Po-Ebene nach Westen. Mailand hatte versucht, durch eine Zahlung von 4000 Mark in Silber von der Wiederaufbauverpflichtung gegenüber den von ihr zerstörten Städten Como und Lodi freigesprochen zu werden, doch der König verlangte nicht nur die Wiederaufbauleistungen, sondern auch den sofortigen Abbruch des Mailänder Kampfes gegen Pavia. Als Mailand diesen Forderungen nicht entsprach, wurde auch gegen sie die Reichsacht ausgesprochen.

Anfang 1155 überquerten die Truppen Barbarossas bei Turin den Po und drangen in die der Reichsacht verfallenen Städte Chieri und Asti ein, die dem Erdboden gleichgemacht wurden.

Tortona, auf der Straße Genua–Mailand gelegen, war ebenfalls mit der Reichsacht belegt worden. Als deren Herren einer Vorladung Friedrichs I. nicht folgten, begann mitte Februar 1155 der Angriff auf die Stadt. Es war Heinrich der Löwe, der die Unterstadt Tortona am ersten Tage eroberte. Die Burg aber hielt sich wochenlang. Erst Mitte April ergaben sich die Verteidiger. Die Burg wurde ange-

zündet und die Beute verteilt. In Pavia wurde »das große Siegesfest des kleinen Sieges«, wie es einer der Ritter halb spöttisch und halb anerkennend formulierte, gefeiert. Im Verlauf dieses Festes setzte sich Friedrich I. Barbarossa eigenhändig die lombardische Königskrone auf.
In Rom war im Dezember 1154 Papst Anastasius IV. gestorben. Sein Nachfolger Hadrian IV., der einzige englische Papst der Geschichte, verhängte schließlich, als die Übergriffe in Rom überhand nahmen, den Kirchenbann über die Ewige Stadt. Alle Kirchen wurden geschlossen, es fanden keine Gottesdienste mehr statt, und dies in einer Stadt, die von Pilgern überquoll.
Inzwischen hatten sich die Normannen, nach dem Tode Rogers unter Wilhelm I., von Süden her bis dicht an Rom herangeschoben und Benevent besetzt, das bereits zum Kirchenstaat gehörte. Papst Hadrian IV. wartete nun sehnsüchtig auf das Nahen Barbarossas, von dem er sich Hilfe in dieser Bedrängnis versprach. Als sich das Heer Friedrich I. im Mai 1155 Rom näherte, zog ihm Hadrian IV. mit seinen Getreuen ein Stück entgegen. Bei Sutri nördlich Roms trafen die beiden Männer am 8. Juni 1155 aufeinander.
Als beide von hier aus nach Rom marschierten, wurde Friedrich I. von den Abgesandten der Stadt die römische Kaiserkrone aus den Händen des Volkes angeboten. Die Römer wollten dafür von ihm ein Krönungsgeld von 5000 Pfund in Gold und die Anerkennung der Rechte und der Besitzungen der Stadtrepublik. Friedrich lehnte entrüstet ab und erklärte vor dem Papst und den Kardinälen, daß die Macht und Würde des Römischen Reiches durch die Eroberungen Karl des Großen und Otto des Großen auf die Deutschen übergegangen seien und daß ihm allein, als Erben seiner Vorfahren, die Kaiserwürde zustehe. Durch diese Äußerungen trat er einmal dem römischen Senat, aber auch den Vorstellungen der Kurie entgegen, die der Meinung war, die Kaiserkrone als Lehen an den König vergeben zu können.
Am Morgen des 18. Juni 1155 legte Friedrich I. in der Kirche S. Maria in Turri neben dem Petersdom sein Gelöbnis ab, daß er als Schutzherr und Verteidiger der römischen Kirche nach bestem Wissen und Vermögen handeln werde.
In Sankt Peter fand anschließend die Krönung statt. Am Grabe des Apostels Petrus wurde der neue Kaiser Friedrich I. gesalbt.
Der daraufhin noch am selben Tag losbrechende Volksaufstand wurde blutig niedergeschlagen. Es waren vor allem die sächsischen Ritter Heinrichs des Löwen, die den Großteil der 800 getöteten Römer auf dem Gewissen hatten.
Ende Oktober 1155 erreichte der kaiserliche Heereszug wieder Augsburg. Hier hatte der Krönungszug ein Jahr zuvor seinen Ausgang genommen.
Vorerst war es noch nicht zu einem Kampf gegen die Normannen gekommen, und auch die Byzantiner waren nicht angegriffen worden, wie der Papst es erbe-

ten hatte. Deshalb war Genua auch nicht ins Blickfeld dieser Ereignisse gerückt. Die Republik Genua sollte erst auf dem zweiten Italienzug Friedrichs I. in Bedrängnis geraten, als eine definitive Entscheidung von ihr verlangt wurde.

Genua sollte auf diesem zweiten Zug Barbarossas eine entscheidende Rolle spielen. Das Vorspiel zeigte noch nichts von der Hektik und Dramatik des Hauptgeschehens auf, das Ende Juni 1158 seinen Anfang nahm. An diesem Tage brach nämlich Barbarossas Heer nach Italien auf.

Auf dem Marsch in Richtung Mailand wurde als erste die Stadt Brescia zerstört. Zwei Gesandtschaften Mailands blieben erfolglos. Der Marsch auf Mailand wurde fortgesetzt und die Stadt eingeschlossen. Die Belagerung forderte hohe Opfer, und erst im September war man zu Verhandlungen auf beiden Seiten bereit. Der am 7. September 1158 unterschriebene Vertrag sah vor, daß alle Mailänder zwischen 14 und 70 Jahren dem Kaiser den Treueid leisten mußten. Die Stadt mußte eine kaiserliche Pfalz errichten, 300 Geiseln stellen und 9000 Mark in Silber zahlen. Alle Gefangenen Mailands mußten ausgeliefert werden.

Die zwölf Konsuln Mailands, angeführt vom Mailänder Erzbischof Otbert, wurden vor den Thron Friedrichs I. geführt: barfuß mit einem Strick um den Hals. Danach erst wurde Mailand aus der Acht entlassen und war kaiserliche Stadt.

Nachdem dieses Ziel erreicht war, erfolgte der Aufruf zum zweiten Reichstag auf der roncalischen Ebene am 11.11.1158. Auf diesem Reichstag fand der »Ausverkauf Italiens« statt, bei dem »einige italienische Kriecher den Kaiser zum Herrscher über alles und jedes machten. So beispielsweise über Herzogtümer, Grafschaften, Zölle, Wasser und Mühlen, den Bergbau und die Fischerei, Märkte, Münzen und Salinen.« (Siehe Giunio Carbone: Storia Ligure dall' Origine Fino al 1814)

Dieser »Ausverkauf« bedeutete für alle italienischen Städte einen großen Schlag. Alle Nutzung dieser Rechte und die Einsetzung der Podestàs des Kaisers, die die kaiserliche Macht diktatorisch ausüben sollten, wurden in der Folgezeit betrieben.

Die kaiserlichen Abgesandten kamen auch nach Genua. Dort aber weigerte man sich, diesen beschämenden Anweisungen, die die Rechte der Stadt vernichtet hätten, Folge zu leisten.

Unmittelbar nach der Abreise der kaiserlichen Gesandten wurde vom Senat Genuas die sofortige Befestigung der Stadt angeordnet. Alle Bürger der Stadtrepublik machten sich an die Arbeit. Männer, Frauen und Kinder halfen mit, die Mauern zu erhöhen, die Türme zu befestigen und den absoluten Verteidigungszustand herzustellen. Genua wollte sich unter keinen Umständen unterwerfen. Sie war eine freie Seestadt, und das wollte sie bleiben.

Eine Aufforderung Kaiser Friedrichs I. zur Berichterstattung jedoch befolgten die Abgesandten Genuas. Für den Senat der Stadt war verhandeln besser als einen ungewissen Krieg zu führen. Unterwerfung kam jedoch nicht in Frage. Vor dem Kaiser standen die Konsuln und erklärten im Namen der Seerepublik, daß sie keinerlei Verpflichtungen gegenüber Friedrich I. übernehmen würden und daß sie die Berechtigung des Kaisers, derlei Gesetze zu erlassen, anzweifelten.

Das war Friedrich I. Barbarossa noch bei keiner Stadt passiert, seitdem Mailand seine Aufsässigkeit so hart hatte büßen müssen. Er ließ sofort ein Heer ausrüsten und setzte es in Richtung Genua in Marsch. Als die kaiserlichen Truppen Genua erreichten und den gewaltigen Mauerwall und die stark umwallten Kastelle sahen, die Genua beschützten, fanden sie keine Veranlassung mehr, die Stadt anzugreifen, an der sie sich mit Sicherheit die Zähne ausgebissen hätten.

Barbarossa machte hier eine Ausnahme und überließ Genua alle Rechte gegen die Zahlung von 1200 Mark in Silber. Genua hatte sich wieder einmal mehr gegenüber hohen Herren behauptet und seine Unabhängigkeit verteidigt.

Diese Gefahr war abgewendet, aber eine neue zog bereits herauf. Ob sie sich ebenso ohne Blutvergießen auf dem Wege von Verhandlungen abwenden ließ, schien fraglich.

In der Lombardei war es zu Erhebungen und Tumulten gekommen, mit denen sich die Bevölkerung Luft verschaffte. Zur gleichen Zeit, am 1. September 1159 starb Papst Hadrian IV.

Der Kaiser lag zur gleichen Zeit mit Mailand im Kampf. In Crema hatten sich mailändische Truppen zurückgezogen und wurden von den Kaiserlichen belagert. Erst nach siebenmonatiger Belagerung siegten die Kaiserlichen. Die Stadt wurde zur Plünderung freigegeben.

Die Papstwahl der Kardinäle endete mit der Wahl von Kanzler Ronald, während der aus dem Hause der Minticelli stammende Kandidat, der mit den Staufern verwandt war, nur wenige Stimmen erhielt. Unter dem Namen Alexander III. wurde Ronald am 18. September 1159 in Cisterna, südlich Rom, mit den päpstlichen Insignien versehen. Der von Friedrich I. aufgestellte Gegenpapst, Viktor IV., wurde zum Rücktritt aufgefordert. Da dieser der Aufforderung nicht Folge leistete, wurde über ihn am 27. 9. 1159 der Kirchenbann verhängt. Auf der Kirchenversammlung in Pavia im Februar 1160 wurde jedoch Viktor IV. als rechtmäßiger Papst von der Mehrheit der dort anwesenden 50 Kirchenfürsten anerkannt und zur Bestätigung dessen noch einmal im Dom zu Pavia feierlich gekrönt.

Über Alexander III. und die zu ihm haltenden Bischöfe und Kardinäle wurde vom Kaiser der Bann ausgesprochen. Alexander III. sprach seinerseits am 24. März 1160 den Bann gegen Kaiser Friedrich I. und eine Reihe kaiserlicher Ratgeber aus und entband alle seine Untertanen von dem Treueschwur dem Kaiser gegenüber.

Papst Alexander III. mußte fliehen. Er flüchtete nach Genua, weil er sicher war, daß diese Stadt niemals vor dem Kaiser kuschen würde. Und so war es auch. In Erwartung eines kaiserlichen Angriffs ließen der Senat und die Konsuln die Stadt abermals befestigen.

»Wer den Papst aus unseren Mauern herausholen will, der muß zuerst uns vernichten!« lautete die Devise, die einer der Konsuln unter dem Beifall aller auf einer Senatsversammlung aussprach. Dieser spontane Beifall zeigte ihm, daß er den übrigen Männern des Senates aus dem Herzen gesprochen hatte.

Binnen 53 Tagen gelang es allen gehfähigen Menschen Genuas den gesamten Befestigungsring in den bestmöglichen Verteidigungszustand zu versetzen, von dem im Vorjahr erst ein Fünftel fertiggestellt worden war. Prè und das Vorgebirge Calignano waren jedoch nicht in diesen Gürtel einbezogen. Ansonsten aber erstreckte sich der Wall mit der Mauer über eine Distanz von 5720 Fuß und die Mauer wurde von 1070 Zinnen gekrönt. Eine Reihe Kastelle waren in diesen Verteidigungsring eingeschlossen, nicht zu vergessen die vielen Wehrtürme der Nobili der Stadt.

Für die damalige Zeit war damit Genua zu einer uneinnehmbaren Festung geworden.

Von Genua aus erfolgte durch Papst Alexander III. die endgültige Exkommunizierung von Friedrich I., seinem Gegenpapst Viktor IV. und aller ihrer Anhänger.

Friedrich I., seit geraumer Zeit wieder mit Mailand im Kampf, störte sich zunächst nicht an dieser Haltung Genuas. Er eroberte mit seinen erneut aus Deutschland gekommenen Truppen Mailand vollständig. Daraufhin ergaben sich Brescia, Piacenza und Bologna und empfingen die vorher vor den Toren ihrer Städte abgewiesenen kaiserlichen Gesandten.

Ohne ihre ausgezeichneten Befestigungswerke und die Tatsache, daß Genua wegen ihrer etwa 30 Kilometer breiten Wasserfront und ihrer großen schlagkräftigen Flotte nicht eingekesselt und ausgehungert werden konnte, hätte Barbarossa auch Genua sehr gern Mores gelehrt. Doch das Risiko, hier zu unterliegen, war zu groß. Genua blieb ungeschoren.

Dankbar für diese wirksame Hilfe erteilte Papst Alexander III. der Stadt viele besondere Privilegien und kirchliche Freiheiten. In einer für die damalige Zeit aufsehenerregenden Bulle an die Stadt erklärte Alexander III.:

»Das Sklaventum ist mit der Würde des Menschen nicht vereinbar.«

Kaiser Friedrich I. Barbarossa, ein Mann, der nur das Machbare auch durchzuführen trachtete, richtete sein Augenmerk jetzt gegen Wilhelm I., den Normannenherrscher von Sizilien. Um ihn überwinden zu können, mußte er über eine große schlagkräftige Flotte verfügen. Um sich eine solche zu sichern, wandte er sich bemerkenswerterweise an – Genua.

Er versprach, alles Vergangene zu vergessen, die Rechte der Stadtrepublik niemals anzutasten und große Belohnungen für die Zukunft, wenn Genua eine Flotte ausrüstete, mit der er gegen die Normannen antreten und sie aus dem Felde schlagen konnte.

In den Senatsversammlungen der nächsten Tage und Wochen wurde immer heftiger über diese Bitte und die daraus resultierenden Möglichkeiten diskutiert. Manche der Senatoren und auch der Konsuln warnten davor, sich zu sehr auf das Wort dieses »Barbarenkaisers« zu verlassen. Andere wiederum wiesen auf die großen Möglichkeiten der Stadt hin, ihr Image aufzupolieren und neben weiteren militärischen Meriten auch handfeste ökonomische Vorteile aus dieser Allianz herauszuschlagen.

Die große Aussicht auf weitere Erwerbungen im Süden gaben schließlich den Ausschlag. Mit einer kleinen Stimmenmehrheit wurde beschlossen, eine Flotte für den Kaiser auszurüsten.

Mit Hochdruck wurde an der Aufstellung und Ausrüstung einer Flotte aus 60 Galeeren und einigen Transportschiffen gearbeitet. Als diese Vorbereitungen beendet waren, entsandte Genua einige Botschafter zu Friedrich I., um ihm mitzuteilen, daß alles zum Angriff gegen die Normannen bereit sei.

Diejenigen, die Barbarossa und dessen Wort mißtraut hatten, sahen sich nun in ihrer Überzeugung bestätigt, denn die Botschafter wurden zwar von Friedrich I. empfangen, dieser zeigte sich jedoch nicht mehr an einem Waffengang mit Wilhelm I. interessiert. Der Kaiser entschuldigte sich lahm mit neuen lombardischen Unruhen, die es erst zu beseitigen gelte und gab zu verstehen, daß der sizilianische Feldzug nicht stattfinden würde.

Dem letzten Senatsangehörigen und Konsul wurde nunmehr klar, daß sie – wie von einigen befürchtet – auf Sand gebaut hatten. Nun ging es darum, für die großen Rüstungsanstrengungen, die nun einmal gemacht worden waren, ein Äquivalent zu finden. Es mußte doch eine Möglichkeit geben, alle diese Wafffen und Schiffe, wenn sie schon einmal gebaut und eingerichtet worden waren, auch zu verwenden.

Genuas Entwicklung im Innern

Im Innern hatte die Republik Genua inzwischen einen solchen Stand der Verteidigungsbereitschaft erlangt, daß hier bereits dieses Faktum ins Gegenteil umschlug. Jedes Haus innerhalb der Stadt war mit einem angebauten Turm verse-

hen, wie Benjamin von Tuleda, der berühmte Reisende in der Mitte der Sechzigerjahre des 12. Jahrhunderts während seiner Expedition nach dem vorderen Orient in seinem Reisebericht erwähnte:
»In Zeiten der Unruhe bekämpften die genuesischen Familien einander von den Plattformen ihrer Türme aus.« (Siehe M.N. Adler: The itinerary of Benjamin of Tuleda, London 1907)
In den frühen Konsularreden der genuesischen Konsuln aus der Zeit zwischen 1150 und 1160 sind übrigens genaue Bestimmungen über die maximalen Höhen dieser Türme enthalten. Es wurden ausführliche und genau umrissene Regeln in einem Verzeichnis festgelegt, wie dieser Kampf von den Türmen aus gegeneinander geführt werden durfte.
Ein späterer Chronist aus Genua beschrieb einen solchen Kampf aus dem Jahre 1194, der an dieser Stelle eingefügt werden soll, weil er vergegenwärtigt, wie er geführt wurde:
»Die Volta und ihre Partei konstruierten eine neue mächtige Waffe. Sie richteten diese neue Waffe gegen den Turm von Oberto Grimaldis Villa und auch gegen Oberto Spinolas neuen Turm. Es gelang den Volta mit dieser neuen Waffe, während alle nicht beteiligten Menschen zuschauten, ein Loch in den völlig neuen Turm von Bulbunoso zu schlagen, der an der Kreuzung von St. Syrus steht.
Auf diese Weise zerstörten sie einen Großteil des Turmes und brachten ihn schließlich zum Einsturz.
Danach stellten die Männer von der erzbischöflichen Gruppe eine neue Steinschleudermaschine im Obstgarten von St. Syrus (San Siro) auf, mit deren Hilfe sie viele schwere Steine gegen die Häuser und Türme Oberto Grimaldis und gegen das Haus der Familie Spinola schleuderten.
Später stellten sie noch weitere Maschinen auf und auch die andere Partei konstruierte neue Steinschleudern und bombardierte damit viele Steine gegen Häuser und Türme der Partei des Erzbischofs. Die Bogenschützen auf den Plattformen der Türme, die Armbrustschützen und Steinschleuderer wurden durch den Einschlag der großen Kugeln von den Türmen heruntergeworfen und am Fuß dieser Türme, die schließlich in sich zusammenfielen, oder schwer beschädigt wurden, standen sich abschließend die Schwertkämpfer gegenüber, um so lange gegeneinander zu kämpfen, bis der Unterlegene, besiegt, schwer verwundet oder tot, zu Boden sank.«
Soweit der Bericht, der uns zeigt, daß in einer Stadt wie Genua mit den vielen Möglichkeiten der Rivalitäten dieselben oftmals so stark wurden, daß sie in kriegerische Auseinandersetzungen ausarteten.
Der Turm war jedenfalls in dieser Zeit vor allem in Genua – aber auch anderswo – die Zuflucht der Familie, jener befestigte uneinnehmbare Platz, an den man sich

in unruhigen Zeiten zurückziehen konnte und in dem man sicher war. Die Zerstörung solcher Türme war eines der schwersten Verbrechen, da ja damit auch die Zufluchtstätte einer Familie vernichtet wurde. Als im Jahre 1161 einige Rebellen in der Stadt schwer bestraft werden sollten, beschloß der Senat, ihre Wohntürme dem Boden gleichzumachen.

Im Jahre 1187 beispielsweise wurde die Schleifung ihrer Türme gegen einige Adelige verhängt, die für den Mord an einem Konsul verantwortlich gemacht wurden. Später wurden diese Strafen auch gegen Abtrünnige und wahlweise – je nachdem welche Seite siegte – gegen Guelfen und Ghibellinen verhängt.

Im Jahre 1196 machte man in Genua die Drohung des Senats wahr, alle jene Türme, die eine vorgegebene Maximalhöhe überschritten, dem Erdboden gleich zu machen.

Zu den genuesischen Familien, das sei hier abschließend erwähnt, gehörten neben allen Blutsverwandten auch das zum Haushalt zählende Gesinde und alles Gefolge, das die Stärke der Mächtigen erhöhte und sie dazu brachte, die Gesetze zu brechen und den Regierenden Trotz zu bieten.

Barbarossas Versprechungen

Kaiser Friedrich I. feierte den Sieg über Mailand am 8. April 1162 in Pavia. Gleichzeitig damit begingen die Christen das Osterfest. In Pavia verlautete Barbarossa, daß er ein neues Unternehmen vorbereite. Es handele sich um den schon lange Zeit geplanten Feldzug gegen Sizilien, das unter Wilhelm I. sehr erstarkt war und das ganze südliche Italien zu verschlingen drohte.

Noch im April schloß der Kaiser mit Pisa einen Vertrag über eine pisanische Flottenhilfe. In den Verhandlungen erklärte sich Pisa außerdem dazu bereit, die Sicherung der langen Küstenlinie des Reiches von der Rhonemündung bis hinunter zur südlichen Küste Italiens zu übernehmen.

Dies veranlaßte Friedrich I. dazu, der Stadt eine Reihe von Privilegien zuzugestehen. Er ließ den Pisanern alle Reichsgüter an der Küste zwischen Chivitavecchia und Portovenere zu Lehen geben. In diesem Gebiet durfte fortan niemand außer Pisa mehr Handel treiben oder einen neuen Hafen anlegen. Die freie Wahl der Konsuln der Stadt war ein weiteres Zugeständnis des Kaisers.

Friedrich I. verstieg sich auch dazu, den Pisanern Portovenere zu versprechen. Dazu mußte er diese Stadt allerdings erst Genua wegnehmen.

Portovenere, im Golf von La Spezia im östlichsten Ligurien gelegen, war bereits in römischer Zeit als wichtiger Hafen und Stützpunkt bekannt. Dieses Gebiet ging später in den Besitz der Familie der Vezzano über. Zu Anfang des 12. Jahrhunderts bemächtigte sich Genua im Zuge seiner ligurischen Gesamtpolitik dieser Stadt und des Hafens, der vorzüglich auch als Stützpunkt gegen Pisa verwandt werden konnte, und machte Portovenere zu einem ihrer Stützpunkte.

Das Eingangstor zur Stadt ist mit einer Beschriftung aus dem Jahre 1113 versehen. Der große Verteidigungsturm entstand etwas später. Wenn Pisa diese Stadt besaß, verfügte sie über ein starkes Bollwerk gewissermaßen vor der Haustür des Gegners Genua. Um aber Portovenere Pisa übergeben zu können, mußte sie erst einmal Genua fortgenommen werden.

Die Pisaner, seit langem mit Genua in mehr oder weniger offener Feindschaft lebend, sicherten denn auch sofort dem Kaiser Hilfe gegen Genua zu, während der Kaiser seinerseits den Pisanern jede Hilfe gegen Genua versprach.

Auf Sizilien sollten den Pisanern weitere Handelsvorrechte zufallen, während die Städte Gaeta, Trapani und Mazara ihnen ganz gehören sollten. Aber auch in diesem Falle mußte man den Bären erst fangen, ehe man dessen Fell verteilte. Beide Vertragspartner versicherten einander ausdrücklich, daß sie weder mit Genua noch mit Sizilien Abkommen treffen würden, ohne vorher die Zustimmung des anderen zu diesem Abkommen eingeholt zu haben.

Daß Genua von dem weitreichenden Plan erfuhr, der diese Stadt ins Abseits stellte, war selbstverständlich. Genuesische Agenten saßen in Pisa, wie auch umgekehrt pisanische Beobachter in Genua wohnten.

Genua war damit vor eine Entscheidung gestellt, und diesmal wählten sie den unteren Weg, indem sie erklärten, dem Kaiser doch huldigen zu wollen und ihm im Kampf gegen Sizilien beizustehen.

Wieder traten die Unterhändler und Verhandlungsführer des Kaisers auf den Plan, um auch mit Genua weitreichende Verträge zu schließen und der Stadt zumindest die gleichen Vergünstigungen wie Pisa zuzugestehen.

Auch in diesem Falle lautete die Zusicherung des Kaisers an Genua, daß freie Konsulwahlen zugestanden seien. Alle in genuesischem Besitz befindlichen Regalien wurden bestätigt und alle in genuesischem Besitz befindlichen Städte und Häfen, Burgen und Ortschaften von Monaco bis Portovenere standen ab sofort unter kaiserlichem Schutz. Zoll- und Handelsfreiheit wurde Genua in vielerlei Hinsicht im Römischen Reich gewährt. Genua erhielt eine Reihe großer Privilegien, die ihr gegenüber Frankreich, den Provencalen und vor allem auch gegenüber Venedig Vorteile verschafften.

Auf Sizilien wurden Genua 250 der besten Güter als Ritterlehen zugesichert. Genua sollte darüberhinaus die Stadt Syrakus erhalten. In jeder anderen siziliani-

schen Stadt hatte Genua das Recht auf eigene Viertel mit einer Kirche, einem Backhaus und einem Warenlager.
Der Schatz Wilhelms I. sollte zu einem Viertel Genua gehören. Dafür war Genua bereit, nach Ende des sizilianischen Krieges dem Kaiser auch bei der Niederwerfung des Sarazenenkönigs Lupus zu helfen und diesen, der sich auf den Balearen eingenistet hatte, von dort zu vertreiben.
Daß dieser neue Vertrag zwischen Genua und dem Kaiser den Pisanern nicht schmeckte, war offenkundig, denn diese Zugeständnisse bedeuteten nicht mehr und nicht weniger, als daß der vom Kaiser mit ihnen geschlossene Vertrag nur noch Altpapier war.
Dies schien auch der byzantinische Kaiser zu wissen, denn er unterbreitete Pisa ein fürstliches Gegenangebot. Doch Pisa wußte, mit wem sie sich herumzuschlagen hatte, und blieb dabei, wenigstens von ihrer Seite aus den Vertrag mit dem Kaiser zu halten.
Inzwischen war Papst Alexander III., der ja in Genua Unterschlupf gefunden hatte, der Boden dort zu heiß geworden. Er bat um sicheres Geleit und die Stellung einiger schneller Schiffe, die Genua ihm nicht verweigerte. Auf ihnen schiffte er sich nach Montpellier in Südfrankreich ein.
Die Rüstungen der beiden Stadtstaaten Pisa und Genua für den Dienst im kaiserlichen Heer dauerten an. Als Kaiser Barbarossa im Herbst 1163 zum drittenmal nach Italien aufbrach und nach seiner Ankunft in Lodi dort einen Reichstag abhielt, wurde als Termin für den Südfeldzug der 1. Mai 1164 angegeben. Pisa und Genua versprachen rechtzeitig mit der Flottenrüstung fertig zu sein.
Wenig später, auf dem Reichstag in Parma, ließ Friedrich I. auch seine Ansprüche auf Sardinien bekanntmachen. Diese Insel, seit dem 11. Jahrhundert von Rom, Genua und Pisa heiß begehrt, wurde nun durch einen raffinierten genuesischen Schachzug für Genua reklamiert.

Es geht um Sardinien

Zurück also zu Genua und seiner Flotte, die nicht mehr im Kampf gegen die Normannen benötigt wurde. Genua versuchte nun Sardinien für sich zu gewinnen. Unter den Richtern auf dieser Insel waren einige progenuesisch, andere wiederum propisanisch gestimmt. Zu den Anhängern Genuas gehörte auch der bekannte Richter von Arborea, Barissone. Dieser bat Genua um Hilfe gegen jene Richter, die mit Pisa befreundet waren.
Der Senat von Genua, der sich sofort darüber beriet, wie man Barissone helfen

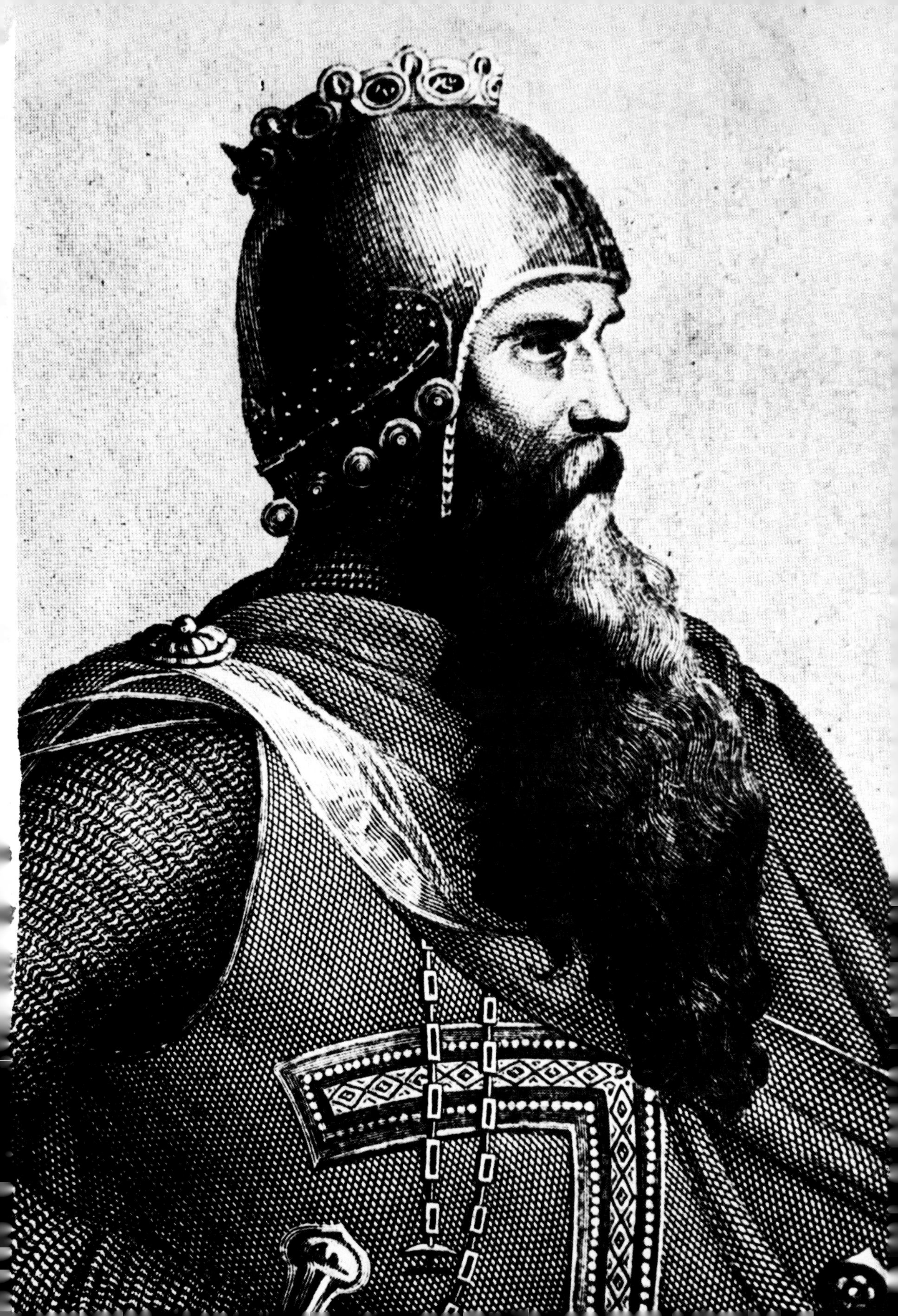

Kaiser Friedrich I. – Barbarossa – nach einer idealisierten Darstellung des 19. Jahrhunderts. Auch diesem großen Kaiser gelang es nicht, Genua seinen Willen aufzuzwingen. (1)

könne, riet diesem, den Kaiser anzurufen und um seine eigene Einsetzung als König von Sardinien zu bitten. Die Herrschenden, der Senat von Genua und seine Konsuln, wollten alles tun, um die Zustimmung des Kaisers zu erlangen. Daß dies nicht aus reiner Menschenfreundlichkeit oder Freundschaft Barissone gegenüber geschah, war klar. Genua wollte über die Person dieses neuen Königs Barissone die volle Herrschaft über die Insel erlangen, die sich vorzüglich als Stützpunkt eignete.

Friedrich I. entsprach dem Wunsche Barissones, und so hatten die Sarden einen neuen König. Genua wurde als Vermittler mit Lobsprüchen bedacht, und in Pavia wurde Barissone mit kaiserlichem Pomp zum König von Sardinien gekrönt. Die Genueser bemerkten plötzlich, daß sie damit ein Eigentor geschossen hatten. Sie distanzierten sich von Barissone. Dieser mußte, um nach Sardinien zurückkehren zu können, Geld bei den genuesischen Kaufleuten aufnehmen.

Die Gläubiger von König Barissone wiederum wählten einen Admiral, erteilten ihm geheime Instruktionen und beauftragten ihn damit, Barissone nach Arborea auf Sardinien zurückzubegleiten. Der Admiral sollte dafür Sorge tragen, daß er das von Barissone geliehene Geld samt den versprochenen Zinsen erhielt, um dann wieder heimwärts zu segeln.

Als der Admiral dieses Geld nicht erhielt und sich die Anzeichen mehrten, daß sich das Volk bald anschicken würde, ihren König aus den Händen der Genueser zu reißen, ließ der Admiral die Anker lichten und lief mit seiner kleinen Flotte, König Barissone an Bord, nach Genua zurück.

Genau sieben Jahre blieb König Barissone von Sardinien Gefangener der genuesischen Kaufleute. Dank seiner in Arborea zurückgebliebenen Frau und seiner Getreuen blieben seine Güter auf der Insel erhalten.

Der Senat von Genua wurde einigemale deswegen angerufen, doch er bemerkte dazu, als man ihn bestürmte, Barissone zu befreien, daß er sich nicht in Geldstreitigkeiten seiner Kaufleute einmischen könne und daß Barissone ja sofort freigelassen werde, sobald er das Geld zahle, das er diesen Kaufleuten schulde.

Erst als nach sieben Jahren einer der Konsuln aufstand und in einer flammenden Rede dafür eintrat, Barissone endlich aus dem Gefängnis zu befreien, entsprach der Senat diesem Wunsche. Barissone wurde freigelassen, mit guten Gewändern ausgestattet und in das Buch der Konsuln eingeschrieben. Ein Platz in Genua wurde ihm als Entschädigung für die erlittene Unbill geschenkt. Der Senat übernahm seine Schulden und sicherte dem Befreiten genuesische Unterstützung in allen seinen Angelegenheiten zu.

Auch König Barissone beschenkte die Stadt, und 1172 geleiteten zwei Konsuln den König von Sardinien in seine Heimat zurück. Drei Galeeren sicherten diese Fahrt.

Während der Zeit der Gefangennahme Barissones war Friedrich I. nicht untätig geblieben. Bereits ein Jahr nach der Festsetzung des sardischen Königs setzte er seinen Onkel, den Welfenherzog, als neuen König von Sardinien ein. Danach verkaufte er das Königreich Sardinien zu einem extrem hohen Preis an Genuas Erzrivalin Pisa.
Genuas Senat war wie vor den Kopf geschlagen. Das Ränkespiel der eigenen Kaufleute hatte sie um den Besitz der für sie so wertvollen Insel gebracht. Genuesische Botschafter versuchten am Hofe Barbarossas diesen Verkauf rückgängig zu machen. Doch alles Lamentieren half nichts. Sardinien blieb in pisanischer Hand.
»Dies war ein Streich, der die beiden vorangegangenen pisanischen Schurkenstücke bei weitem übertraf.« Das erste geschah in Sardinien, wo genuesische Niederlassungen geplündert wurden. Das zweite hatte Konstantinopel zum Schauplatz. Dort waren die genuesischen Handelsniederlassungen 1162 von den Pisanern überfallen und niedergebrannt worden. Viele Gefangene wurden gemacht und an Deck einer jener Galeeren, die dies zuwege gebracht hatten, wurde der Sohn des früheren Konsuls Ottone Rufo, der die Verteidigung des genuesischen Viertels geleitet hatte, enthauptet.
Diese Nachricht erreichte Genua sehr schnell und erfüllte die Stadt mit größter Empörung. Die Familie Rufo, eine der angesehensten der Stadt, beschwor den Senat, blutige Rache an Pisa zu nehmen. Alle anderen ebenfalls in Konstantinopel geschädigten Familien wurden zu einer großen Beratung zusammengerufen. Alle waren sie mit den Rufos der gleichen Meinung:
»Diese Untat darf nicht ungestraft bleiben, wenn wir nicht auf dem Meer und den fremden Handelsplätzen an Glaubwürdigkeit und Reputation verlieren wollen.«
Unter Admiral Ottone Rufo wurden 12 große Galeeren ausgerüstet. Als die Vorbereitungen beendet waren, erfolgte die Kriegserklärung an Pisa.
Die genuesische Flotte lief aus. Der Kampf konnte beginnen. Und nachdem Pisa und Genua noch im Jahre 1016 gemeinsam die Sarazenen von Sardinien und Korsika vertrieben hatten, waren nun aus den alten Waffenbrüdern Feinde geworden.
Der offene Kampf begann 1165, als es Admiral Ottone Rufo gelang, die pisanische Flotte zum Kampf zu stellen. Die pisanischen Schiffe unter deren Konsul Buonaccorsi wurden aufgespürt. Der Angriff begann und das genuesische Admiralsschiff traf mit seinem Rammsporn das gegnerische Admiralsschiff. Die Entermannschaften schwangen sich an Bord des pisanischen Schiffes und – allen voran Ottone Rufo – gelang es den Genuesern in einem fürchterlichen Gemetzel, das Schiff in ihre Hand zu bringen.
Konsul Buonaccorsi, einer der angesehensten pisanischen Admirale, geriet in die

Hände von Ottone Rufo. Dieser, der viele seiner Gegner erschlagen hatte, schonte das Leben des gegnerischen Admirals aus Ehrfurcht vor dessen Ansehen.
Als sich wenig später beide Flotten zum Hauptschlag einander näherten, gingen noch vor Beginn der Schlacht 13 pisanische Schiffe in einem gewaltigen Sturm unter und nahmen alle Besatzungsmitglieder mit in die Tiefe. Der Kampf war aber noch nicht zu Ende. Er sollte noch viele Jahre lang weitergehen.
Im Jahre 1166 schlossen sich die lombardischen Städte, zu denen auch Genua und Ligurien gehörten, gegen die Tyrannei Friedrichs I., des »Kaisers der Barbaren«, zu einer kampfstarken Liga zusammen.
Als das bekannt wurde, versammelten sich zunächst bei Augsburg die Streitkräfte Barbarossas, um zum viertenmal nach Italien zu ziehen. In Brescia angekommen, forderte Friedrich I. sofort neue Geiseln. Als diese nicht eintrafen, begann das Heer mit den Plünderungen, die das gesamte Gebiet zwischen Bergamo und Brescia bis zu den Alpen trafen.
Nun erst wurden 60 Geiseln gestellt, und in Lodi sammelten sich die verschiedenen Heerzüge des Kaisers. Barbarossa hielt hier Ende November 1166 einen Reichstag ab. Auch diesmal mußte beschworen werden, daß Papst Alexander III. ein Feind des Reiches sei. Des weiteren wurde ein Vorstoß nach Rom beschlossen.
Vor dem Kaiser wurden auch die Kämpfe zwischen Pisa und Genua verhandelt. Friedrich I. benötigte sowohl die pisanische, als auch die genuesische Flotte für seinen Kampf um die Insel Sizilien. Aus diesem Grunde war es für ihn entscheidend wichtig, die beiden bekannten Seefahrerrepubliken miteinander zu versöhnen. Es kam jedoch zu keinem Urteilsspruch in dieser Sache. Vielmehr entsandte Barbarossa zwei seiner Vertrauten, den wortgewaltigen und in allen Winkelzügen der Diplomatie vertrauten Kölner Erzbischof Rainald nach Genua, und den nicht minder gewieften Mainzer Erzbischof Christian nach Pisa.
Beide hatten die Order des Kaisers im Marschgepäck, einen Waffenstillstand zwischen den beiden verfeindeten Städten zu erwirken und vor allem den Beistand beider Städte für ihn sicherzustellen, damit die Voraussetzungen für einen siegreichen Sizilienfeldzug gegeben waren.
Die beiden Erzbischöfe, die in ihren Friedensbemühungen zwischen Pisa und Genua nichts erreicht hatten, stießen wieder zum Heer des Kaisers. Sie hatten es nicht vermocht, den Pisanern klarzumachen, daß sie die genuesischen Gefangenen freilassen mußten, um eine Basis zu gemeinsamen Friedensverhandlungen zu schaffen.
Im Frühjahr 1167 brachen die pisanisch-genuesischen Kämpfe aufs neue los.
Als Barbarossas Heer im Februar 1167 die Lombardei verließ, um nach Süden zu marschieren, kamen sehr rasch die Gesandten und Sprecher der lombardischen

Städte Cremona, Bergamo, Brescia und Mantua zusammen. Ihre Beratungen hatten ein Ziel: sich vom Kaiser freizumachen und ihm nicht mehr untertan zu sein. Die vier Städte schlossen sich im März 1167 zum Lombardischen Bund zusammen. Bereits Ende März 1167 trat auch Mailand diesem Bund bei. Die Mitgliedsstädte des Bundes eroberten die kaiserliche Stadt Lodi. Diese trat dem Lombardischen Bund bei.
In der Zwischenzeit war es Barbarossa gelungen, mit Hilfe der pisanischen Flotte Civitavecchia, das unter der Herrschaft Alexanders III. stand, zu erobern. Am 24. Juli 1167 eroberten Barbarossas Truppen Rom, mit Ausnahme der Peterskirche und der Engelsburg, die sich halten konnten, für sich. Als schließlich die Peterskirche in die Hand der Kaiserlichen fiel, wurde dort am nächsten Morgen, am Sonntag, dem 30. Juli, Papst Paschalis III. inthronisiert. Am nächsten Tage wurde auch Kaiserin Beatrix mit dem Diadem einer Kaiserin geschmückt.
Papst Alexander III. aber floh als Pilger verkleidet aus der Stadt. Durch das Ausbrechen der Malaria Anfang August 1167 in Rom mußten sich Barbarossas Truppen zurückziehen. Der Kaiser selbst verließ am 7. August Rom. Zurück blieben Tausende Kranke und Sterbende. Auch die Bischöfe von Köln, Prag, Lüttich und Verden starben in der Ewigen Stadt. Erzbischof Thomas Becket schrieb darüber an Papst Alexander:
»Der Herr hat Friedrich, den Hammer der Gottlosen, zermalmt!« (Siehe: Knowles, M. D: Archbishop Thomas Becket, London 1949)
Der Kaiser und die Kaiserin erreichten Ende August mit ihrem Gefolge Pisa. Von dort aus ging es über den Apennin in die Lombardei. Pavia wurde Mitte September erreicht. Der Lombardische Bund tat alles, um diesen Rückzug des Kaisers in eine wilde Flucht ausarten zu lassen.
Anfang 1168 war es Friedrich I. klar, daß er Italien verlassen mußte. Er gelangte mit einem kleinen Gefolge bis nach Susa. Hier wurde er eingeschlossen. Als Knecht verkleidet mußte Kaiser Friedrich I. in der Nacht fliehen und erreichte, über den Mont Cenis, Basel.
Im Frühjahr 1168 schlossen sich auch Como und Asti dem Lombardischen Bund an. Zu Ehren dieser Vereinigung freier italienischer Städte wurde zwischen der Lombardei, Ligurien und Piemont eine neue Stadt gegründet, der sie den Namen des Papstes gaben: Alessandria.
Genua war wie die bereits genannten Städte in dieser Sache tätig geworden; aber nicht so, wie man es von dieser Stadt erhofft hatte. Als nämlich Alessandria die große Stadt Genua um eine Allianz anging, trat zunächst der Senat der Stadt zusammen, um in langen erregten Debatten das Für und Wider zu bereden. Man kam zu der einhelligen Überzeugung, daß man weder den Kaiser vor den Kopf stoßen, noch der Liga die Hilfe ganz versagen dürfe. Alessandria erhielt ein zins-

loses Darlehen von 2000 Gold-Soldi. So hoffte Genua, es mit beiden Seiten nicht zu verderben.

Dies war nicht sehr edelmütig gehandelt, denn Genua hatte der lombardischen Liga zu danken, daß diese den Kaiser praktisch vertrieben hatte, der sonst sicherlich nach Genua geeilt wäre, um auch diese Stadt unter seine Gewalt zu zwingen. Diese unentschlossene Haltung wurde durch einige Fakten ausgelöst, mit denen sich Genua in diesen Jahren herumzuschlagen hatte. Im Gebälk der Republik knisterte es bedenklich. Einige selbständige Herren waren darauf aus, diese Schwächeperiode der Stadtrepublik Genua auszunützen und sich verschiedene Gebiete Liguriens anzueignen. Ihre Übergriffe führten zu ständigen Beschwerden und Anklagen der betroffenen Städte und Landgebiete vor dem genuesischen Senat.

Es zeigt sich, daß die Vorsicht des Senates, der diese edlen Herren schon seit geraumer Zeit in die Stadt geholt hatte, um sie in den leitenden Ämtern einzusetzen und so zu loyalen Bürgern der Stadt zu machen, durchaus berechtigt gewesen war. Doch indem man den Streit außerhalb des großen Stadtgebietes geschlichtet hatte, hatte man sich die Raufbolde und Streithähne direkt in die Stadt geholt. Durch sie wurde die staatliche Ordnung, die Verfassung und die Sicherheit aller Bürger der Stadt schließlich in Frage gestellt. Es gelang nicht, dieser Übergriffe der Landjunker in der Stadt selbst und aus eigener Kraft Herr zu werden. 1169 mußte sich der Senat dazu entschließen, ein fremdes Söldnerheer nach Genua zu rufen, um seine Bürger schützen zu können.

Aber auch dies zeigte nur geringe Wirksamkeit. Nun experimentierte man an einer Änderung der gesamten Regierungsform. Man wollte die Konsuln-Regierung abschaffen und nach dem Vorbild anderer italienischer Städte die Führungsgewalt einem Herrscher aus einem fremden Land oder einer fremden Stadt überlassen.

Alles dies zeigte auf, daß die Volksregierungen immer in Gefahr standen, von einzelnen Gruppen militanter Gegner zu Fall gebracht zu werden. Es kam in diesen Regierungen immer wieder zu Eifersüchteleien zwischen den Herrschenden, zur Parteienbildung und damit zu rivalisierenden Gruppen, die einander den Rang abzulaufen versuchten. Diese Parteienbildung ruinierte auch das genueser Gemeinwesen, das um diese Zeit einem entschlossenen Angreifer als willenlose Beute zugefallen wäre.

Die Verfassungskämpfe sollten sich noch lange fortsetzen. Diese Zwistigkeiten im Innern wurden erst im Jahre 1190 beendet. Aus diesem Jahr meldet der genueser Chronist:

»Zwietracht unter den Bürgern, üble Verschwörungen und Verfeindungen waren in der Stadt an der Tagesordnung. Dies in der Hauptsache, weil viele gern das

noch immer gültige Amt des Konsuls ergattert hätten, aber nicht an die Reihe kamen.« In dieser Zeit der Gefahr versammelten sich die Sapientes – die Weisen – und die Ratsmitglieder der Stadt und faßten den Beschluß, daß ab dem kommenden Jahr die Konsularregierung der Kommune beendet sei. Alle stimmten darin überein, daß man nun einen Podestà – eine Art Oberbürgermeister – einsetzen müsse.
Wenn auch dieser Chronist die Dinge vereinfacht darstellte, so gibt seine Auskunft doch eine plausible Erklärung ab für die Entscheidung der Genuesen, die oberste Exekutivgewalt in ihrer Stadt einer Einzelperson anzuvertrauen. Diese Einzelperson sollte von außerhalb der Stadt kommen, damit sie mit keinem der genuesischen Herrschaftshäuser verwandt war und demzufolge neutral regieren konnte.
Im Jahre 1191 wurde denn auch ein Lombarde aus Brescia zum Podestà von Genua gewählt. Er erschien der Kommune der rechte Mann zu den Verhandlungen mit dem Kaiser zu sein.

Vom dritten Kreuzzug zum Popolo di Genova

Nachdem 1187 Sultan Saladin von Ägypten und Syrien die Herrschaft der Fatimiden 1171 abgelöst und seine Herrschaft der Aijubiden gegründet hatte, schien das Ende des Königreiches Jerusalem gekommen.
Saladins Truppen eroberten Damaskus und ganz Mittelsyrien. Sie drangen 1183 in Aleppo ein und schlugen bei Hittin am 3. und 4. Juli 1187 das Heer der Kreuzfahrer. Guido von Lusignan, der König von Jerusalem wurde, geriet in Gefangenschaft, wurde aber von Saladin freigelassen.
Diese Ereignisse waren für Kaiser Friedrich I. der Anlaß, den dritten Kreuzzug auszurufen. Unter kaiserlicher Führung marschierte das Kreuzfahrerheer ins Heilige Land, wo Saladins Truppen inzwischen auch Akkon erobert hatten.
Gegen Akkon trat Guido von Lusignan an. Er belagerte die Stadt und bat um Hilfe. Er erhielt Beistand von pisanischen Schiffen ebenso wie von genuesischen, venezianischen, dänischen, flämischen und friesischen Schiffen.
Die Truppen Barbarossas drangen zügig vor. Über Nisch und Sofia wurde am 24. August 1189 Philippopel erreicht. Von Adrianopel aus wurden Streifzüge durch Thrakien unternommen. Nach langem Hin und Her wurde in Konstantinopel Mitte Februar 1190 ein Vertrag abgeschlossen, der den Durchzug des Kreuzfahrerheeres durch das griechische Reich und sein Übersetzen nach Kleinasien sichern sollte. Das gesamte Kreuzfahrerheer setzte vom 22. bis 28. März 1190 über

den Hellespont. Es überschritt die seldschukische Grenze, wo sich einige Schwierigkeiten ergaben. Dennoch wurde am 8. Juni 1190 eine Brücke über den Saleph-Fluß erreicht. Hier trennte sich Barbarossa vom Gros des Heeres, um mit kleinem Gefolge schneller Seleukia zu erreichen. Am Mittag des 10. Juni wollte sich Kaiser Friedrich I. nach dem Mittagsmahl im Saleph erfrischen. Es herrschte eine sengende Hitze. Man warnte ihn vor dem eiskalten Wasser des Gebirgsflusses, doch Barbarossa, inzwischen 68 Jahre alt geworden, ließ sich nicht von dem Bade abhalten. Gleich nach dem Eintauchen ins Wasser wurde er von den Strudeln weggerissen. Er erlitt einen Herzschlag, tauchte unter und konnte schließlich nur noch tot aus dem Saleph geborgen werden.
Die Truppen des großen Heerzuges Barbarossas lösten sich nach seinem Tod auf. Nur ein Teil war bereit, den Kampf fortzusetzen und sich an der Belagerung der von Saladins Truppen besetzten Stadt Akkon zu beteiligen. Saladin selbst versuchte, die Stadt zu entsetzen. Der Entsatzangriff wurde blutig abgewiesen.
Als schließlich im April 1191 der König von Frankreich mit seinem Heer und im Juni auch der König von England, Richard Löwenherz, zu Schiff eintrafen, wurden die Truppen Saladins geschlagen. Akkon fiel am 12. Juni 1191 den Kreuzfahrern zu.
Richard Löwenherz setzte den Krieg gegen Saladins Truppen noch bis zum Jahre 1192 fort, während der französische König mit seinem Heer im August 1191 heimkehrte.
Es gelang Richard Löwenherz den größten Teil der Küste zurückzuerobern, aber das Hinterland mit Jerusalem blieb in der Hand der Ungläubigen. Eine zwischen Saladin und König Richard geschlossene Konvention garantierte den Christen den freien Zugang nach Jerusalem.
Der Rest des Königreiches Jerusalem, das nun besser Königreich von Akkon hätte heißen sollen, sollte nun einen neuen König erhalten. Der Graf der Champagne wurde als Heinrich I. König von Jerusalem. Sein Nachfolger wurde im Jahre 1194 der König von Cypern, Amalrich, der als Amalrich II. das Königreich Jerusalem übernahm.

Neuerliche pisanische Herausforderung

In Genua waren die inneren Bruderkämpfe noch immer nicht beendet. Die Wahl eines Podestà von außerhalb hatte nicht die ersehnte Wirkung gezeigt. Aber der dritte Kreuzzug hatte erneut Barbarossas Angebot an Genua zur Folge, das sizilianische Vorhaben zu starten.

Die genuesische Flotte besetzte als erstes Gaeta, danach wurde Neapel erreicht und in Besitz genommen. Anschließend ging es hinüber nach Syrakus, das ja den Genuesern als eigene Stadt auf Sizilien zugesprochen worden war. Als die Genueser hier ihr Banner aufpflanzen wollten, wurde ihnen dies durch einen kaiserlichen Befehl untersagt. Friedrich I. verwehrte ihnen jedoch nicht nur den Besitz dieser Stadt, sondern bedrohte und beschimpfte die Genuesen zusätzlich.

Die genuesische Flotte kehrte zwar ärmer an materiellem Reichtum, aber um eine neue Erfahrung reicher, nach Genua zurück.

Aber nicht nur Genua, auch Pisa hatte die »Treulosigkeit des Kaisers zum gegebenen Wort« erfahren müssen. Um ein Ventil für die aufgestaute Wut zu haben, versuchte Pisa nun, Korsika an sich zu reißen. Diese Insel war der Stadt immerhin durch Kaiser Friedrich I. zugesprochen worden.

Die pisanische Flotte lief aus und erreichte den Hafen von Bonifacio, den sie besetzten. In den zu Genua gehörenden Gerichtsbezirken Arborea und Cagliari rissen sie die Macht an sich und unternahmen von hier aus ihre Raubzüge über die übrige Insel hinweg.

Als sich Genua nicht rührte, als der Senat diese Vorkommnisse trotz der vielen Anrufe, endlich zu Taten zu schreiten, einfach ignorierte, waren es drei Männer, die in der Stadt die Initiative an sich rissen.

Unter der Führung von Ingone Longhi, Enrico Camardino und Ottone Polpo wurden drei große Galeeren ausgerüstet und bemannt. Ausgezeichnete Seeleute wurden angeworben und viele freiwillige genueser Männer stiegen mit ein. Die Schiffe wurden mit den besten Kriegswerkzeugen ausgerüstet und segelten und ruderten direkt nach Castello Bonifacio. Sie drangen von drei Seiten gegen dieses beherrschende Kastell vor, kämpften 48 Stunden lang um den Besitz, bis es ihnen gelang, es zu erstürmen und die Verteidiger zu überwältigen.

Dieses Beispiel dreier junger Männer zeigte der fast in Todesagonie befindlichen Stadt, was noch möglich war. Der Senat ergriff endlich die Initiative. Eine neue Regierung wurde gebildet, eine neue Flotte ausgebaut und ausgerüstet. Sie verließ ein Jahr später Genua und erreichte Korsika, wo der Kampf um die Insel begann.

Der Kampf ging zu Gunsten Genuas zu Ende, die pisanische Herausforderung war angenommen und siegreich beendet worden.

Auch im östlichen Mittelmeer, im griechischen Kaiserreich von Byzanz, gelangen den Genuesern wieder einige Erwerbungen, indem sie kleine Inseln besetzen und dort Handelsniederlassungen einrichteten.

Dies änderte sich 1201 schlagartig, als der Sohn Kaiser Isaaks Angelo, Alexius, der von seinem Onkel Alexius Angelo gefangen genommen worden war, nach Rom fliehen konnte. Dieser flehte Papst Innozenz um Hilfe an. Doch der Papst

wollte endlich den vierten Kreuzzug, den er gegen den Sultan ausgerufen hatte, durchgeführt wissen und schenkte dem Bittsteller aus Byzanz kein Gehör.
Daraufhin wandte sich Prinz Alexius an die Kreuzritter, die in Venedig auf die Überfahrt ins Heilige Land warteten, und bat sie um Hilfe. Die Kreuzritter wurden durch geschicktes Lavieren Venedigs in eine Zwangslage gebracht und erklärten sich nach langem Palaver bereit, zunächst für Venedig das Schwert zu erheben. (Siehe Kurowski, Franz: Venedig – Das tausendjährige Weltreich im Mittelmeer)
Der Papst verbot dieses Kriegsspiel und verhängte über diejenigen, die dabei mitmachten, den Bann. Genua stand auf Seiten des Papstes. Man verurteilte den Angriff auf Konstantinopel und nahm nicht an diesem Kreuzzug teil, der Venedig schließlich die Vorherrschaft im östlichen Mittelmeer sicherte.
Das gesamte Ostreich wurde unter die Sieger aufgeteilt und Genua ging gänzlich leer aus. Die levantinischen Besitztümer und Handelsniederlassungen Genuas schienen verloren und Venedig, das den Löwenanteil erhalten hatte, schien dort zu triumphieren.

Aufstände auf Kreta und Genuas Anteil daran

Als sich in dieser Situation Bonifaz von Montferrat an Genua wandte, um aus der reichen Beute, die er als Herr der Kreuzritter nach dem Fall von Konstantinopel und der Aufteilung des Byzantinischen Reiches erhalten hatte, Kreta an Genua zu verkaufen, zeigte sich der erste Hoffnungsschimmer am Horizont. Freudig nahm Genua das Angebot an. Es bedurfte nur noch der Ratifizierung durch den Senat, und Kreta, ein großes Bollwerk im östlichen Mittelmeer, wurde genuesisch. Dies wäre ein großer Triumph gegenüber Venedig gewesen.
Mit Kreta hätte Genua 8000 Quadratkilometer Landes mitten im Herzen der Levante gehört, einer der größten und wichtigsten Außenposten, die es gab.
Aber wie schon so oft in der Geschichte entschieden diejenigen, die zu sagen hatten, sich zu spät. Es wurde im genuesischen Senat endlos darüber diskutiert, ob man Kreta für soviel Geld kaufen könne, oder nicht. Als Enrico Dandolo, jener Doge, der Venedig zum Sieg nach Konstantinopel geführt hatte, von diesen Verkaufsabsichten Wind bekam, bot er selber, und – bekam den Zuschlag. Auf Kreta wurde das Banner von San Marco aufgepflanzt. Genua hatte sich um den besten Teil der Beute gebracht, den der vierte Kreuzzug auf den Markt und ihnen direkt vor die Füße geworfen hatte.

Zwar war man in Genua empört über diese rasche Art des Dogen von Venedig, zu handeln, zwar forderte man den Verzicht der Lagunenrepublik auf Kreta, doch das störte Venedig wenig. Man saß am längeren Hebel und die Kriegsdrohung Genuas wurde nur höhnisch belächelt.
Venedig zog den Krieg vor. Kreta würde immer venezianisch bleiben, so schwur man. Die genuesischen Anstrengungen, zum Krieg zu rüsten und den Gegner, Venedig, in der Schwächeperiode zu treffen, waren erfolglos. Zu lange dauerte die Aufrüstung und Neuausrüstung der Flotte. Inzwischen war es Venedig gelungen, auch Korfu und Morea in die Hand zu bekommen.
Die Insel Kreta wurde von venezianischen Edelleuten und deren Truppenkontingenten besetzt und selbst der kretische Aufstand, von den rasch zu dieser Insel entsandten genuesischen Spitzeln heftig geschürt und von genuesischen Truppen unterstützt, wurde von den schwachen venezianischen Kräften niedergeschlagen, weil er nicht genügend durchorganisiert war.
Der zweite Aufstand, der 1208 losbrach, und abermals auch durch genuesische Hilfen an die kretischen Aufständischen finanziert wurde, schien durchzuschlagen. Es sah so aus, als würde die »Venezianische Pest« von der Insel gefegt, doch ein Pilgerzug ins Heilige Land, geschickt von den Venezianern als Hilfstruppen eingesetzt, landete zunächst in Candia auf Kreta.
Arrigo Pescatore, der Graf von Malta, wandte sich nun an Genua mit der Bitte um Hilfeleistung gegen die Pisaner auf Sizilien. Als nächster trat Alamanno Costa, der auf Kreta seinen gesamten Besitz an die Venezianer verloren hatte, mit der Bitte um Hilfe an Genua heran.
Der Senat der Stadt beschloß, »daß als erstes die sizilianische Angelegenheit in Angriff genommen werden müsse und wählte zum Heerführer Arrigo Pescatore und Alamanno Costa, da beide bestens mit der Örtlichkeit vertraut waren.« (Siehe Carbone Giunio a.a.O.)
Die genuesische Flotte lief bestens ausgerüstet aus dem Hafen von Genua aus. Auf Malta legte sie den ersten Halt ein. Vergeblich warteten zunächst die Anführer der Gegenbewegung auf Sizilien auf die versprochene genuesische Hilfe. Sie zweifelten bereits an der Treue des genuesischen Senats und nahmen vorsorglich die aus Ägypten nach Genua heimlaufende Handelsschiffs-Karawane, die auf Sizilien eine erste Rast einlegte, fest und ersuchte deren Führer, Belmonte Lercari und Lamberto de Fornari, ihnen auf Sizilien Hilfe zu leisten. Diese beiden Anführer, halb geschoben, halb aus eigenem Antrieb, fuhren mit den Angreifern in Richtung Syrakus. Sie drangen in den Hafen ein, kaperten im ersten Anlauf drei Schiffe des Feindes und drangen dann in die Stadt ein.
Syrakus ergab sich den Angreifern beinahe kampflos, und auf das besondere Betreiben von Fornari und Lercari trat die Bürgerschaft dieser Stadt zu einer Groß-

versammlung zusammen, auf der nach stundenlangen Beratungen der Antrag zustande kam, sich unter den Schutz Genuas stellen zu dürfen. Dies war die Absicht der beiden geschickten Handelsschiffsführer.
Alamanno Costa wurde zum Regierungschef von Syrakus gewählt und erhielt eine Grafschaft dazu.
Als endlich auch die zugesagten genuesischen Nachschublieferungen eintrafen, war bereits alles gelaufen. Abermals erkannte man in Genua, wie hinderlich für sofortige Behandlung einer umgehend zu treffenden Aktion die Beratung so vieler Menschen wie eines Senats oder der 12 Konsuln war.
Im Gegenzug zu den Eroberungen genuesischer Schiffe auf Sizilien stellte Pisa sofort wieder eine Flotte zusammen, um Syrakus und die Insel zurückzuerobern. Natürlich blieben diese Bemühungen dem genuesischen Geheimdienst in Pisa nicht verborgen.
Schnelle genuesische Schiffe fuhren nach Sizilien und brachten Waffen dorthin, damit die unter Alamanno betriebenen weiteren Befestigungen auch genügend gerüstet werden konnten. Nachdem die Stadt zum Meer hin in eine waffenstarrende Festung ausgebaut war, lief Arrigo Pescatore mit 16 Schiffen aus, um die pisanische Flotte gebührend zu empfangen.
Es gelang dem erfahrenen Schiffsführer, die feindliche Flotte in für sie ungünstiger Position zu stellen. In einem harten Seekampf wurde die pisanische Flotte, die inzwischen aber bereits Mannschaften zur Rückeroberung von Syrakus ausgeschifft hatte, vernichtet. Die an Land gegangenen pisanischen Truppen wurden geschlagen, die Überlebenden gerieten in Gefangenschaft.
Arrigo Pescatore, der Sieger in der Seeschlacht gegen die Pisaner, entsandte nunmehr ein Geschwader unter Führung von Alberto Galleano zu einem Kaperunternehmen nach Osten. Diese Flotte lief ins Adriatische Meer. Sie erstürmte den Lido von Chioggia und errichtete dort zum erstenmal in der Geschichte das genuesische Banner. Weitere Eroberungen folgten.
Der Graf von Malta verkaufte seinen Beuteanteil, um damit neue Schiffe auf den genuesischen Werften bauen zu lassen und andere bereits in Dienst stehende zu erwerben. Damit segelte er nach Kreta. Er verjagte die Venezianer von der Insel. Raniero Dandalo mußte diese niederschmetternde Nachricht nach Venedig überbringen. Doch man wählte ihn aufgrund seiner besonderen Verdienste abermals zum Capetano und übergab ihm 31 Galeeren zum Kampf gegen Genua und dessen Freunde. Als er zum Kampf gegen Arrigo Pescatore in Candia landete, gelang es letzterem, die Angreifer mit genuesischer Hilfe zu schlagen und Raniero Dandolo gefangen zu nehmen.
Zur gleichen Zeit kämpfte ein genuesisches Geschwader gegen die pisanische Flotte auf Sardinien und in den Gewässern um Sardinien. Das Heer des Marchese

von Massa wurde auf der Insel vernichtet. Die Herrschaft über die Insel wurde an Pietro II., dem Enkel von König Barissone, zurückgegeben. Dies geschah um 1207–1208, und im selben Jahr zog Genua auch gegen Nizza und Marseille zu Felde.
Diese Aufsplitterung der Kräfte versetzte Venedig in die Lage, sich ganz um Kreta und die Rückeroberung der beinahe zur Gänze in den Aufständen von 1208 verlorengegangenen Insel zu kümmern. Die Streitkräfte des Grafen von Malta, der den aufständischen Kretern half, wurden geschlagen und der Graf von Malta reiste mit einem Schnellsegler nach Genua, um dort um weitere Hilfeleistungen zu bitten.
Abermals trat der Senat zusammen. Dieser verfügte nach langer Sitzung, daß ganz Kreta dem Grafen gesichert werden, und daß Genua zur Zeit seiner Regierung auf Kreta alle Handelsvorteile der Insel erhalten sollte. Nach seinem Tode aber sollte Genua die Insel Kreta erben.
Arrigo Pescatore, der Graf von Malta, stimmte diesem Vertrag zu. Er erhielt 13 Galeeren zur Fortsetzung des Kampfes. Als diese kleine Flotte die Höhe von Trapani erreichte, kam ihr eine venezianische Flotte entgegen. Sie war 27 Schiffe stark und hatte bald die genuesische Flotte eingekreist. In dem beginnenden Kampf zur See verlor Pescatore acht Galeeren. Mit dem Rest konnte er fliehen.
Eine kurz darauf entsandte zweite Entsatzflotte mußte vor einem schweren Sturm in Richtung Afrika ausweichen. Sie stieß auf die venezianische Flotte unter Admiral Trevisano. Dieser befehligte einen Eliteschiffsverband und konnte diese zweite Entsatzflotte überwältigen und den Großteil der Schiffe kapern.
Damit schien das Schicksal des Grafen von Malta auf Kreta entschieden. Zwar leistete Arrigo Pescatore mit seinen Getreuen noch einige Zeit in den befestigten Städten Widerstand, aber die Lage spitzte sich mehr und mehr zu. Daran änderte auch nichts der schnelle Entschluß von Alamanno Costa, der von Syrakus aus mit einer kleinen Flotte zur Hilfeleistung nach Kreta auslief. Er gelangte zwar auf die Insel, geriet aber mit seinen wenigen Truppen in einen geschickt gelegten venezianischen Hinterhalt, wurde gefangengenommen und auf einem schnellen Schiff nach Venedig geschafft. Mit diesem Freund hatte Arrigo Pescatore auch alle Hoffnung auf Entsatz verloren. Er räumte 1211 nach dreijährigen Kämpfen gegen die Venezianer die Insel Kreta mit allen genuesischen Kampfgefährten und einigen Kretern, die die Insel verlassen mußten, weil sie die blutige Rache der Venezianer zu fürchten hatten.
Der erste große Kampf um Kreta, zwischen Venedig und Genua war damit zu Ende gegangen.
Aus Rache für diese Verluste, die Genua an den Rand seiner Existenz brachten, eröffneten genuesische Kaperkapitäne nunmehr ihre Kaperzüge im Adriatischen

Meer. Mit ihren zahlreichen Schiffen, die so schnell waren, daß sie »saettie« – von Saette = Blitz – genannt wurden, gelang es ihnen, den Zufuhrhandel Venedigs fast zum Erliegen zu bringen. Die Venezianer waren gezwungen, ihr Getreide in der Lombardei für teures Geld zu kaufen, wenn sie Brot backen und einer Hungersnot vorbeugen wollten.

In diese Zeit fiel auch der als »Kinderkreuzzug« bekannt gewordene fünfte Kreuzzug. Während die französischen Kinder nach Marseille zogen, wandten sich die deutschen Kinder nach Genua. Es war ein wüster Zug des Jammers, der sich den Bewohnern dieser Stadt bot. Hier der Bericht des genuesischen Stadtchronisten über den denkwürdigen 23. August 1212, als sich die Tore der Stadt öffneten und das Heer der teilweise von schwerer Krankheit und tödlicher Erschöpfung gezeichneten Kinder einließ.

»Dieser Zug erreichte Genua am 23. August 1212. Die Tore der Stadt waren geschlossen worden. Als man jedoch sah, daß es Kinder waren, die Einlaß begehrten, und daß sie krank waren und der totalen Erschöpfung nahe, wurden ihnen die Tore geöffnet. Der 13jährige Anführer dieser ersten Gruppe erklärte auf Befragen der Torwachen, sie wollten den Senat sprechen.

Nachdem sie dorthin geführt worden waren, erklärten sie in ihrer kindlichen Unschuld, daß sie im Vertrauen auf die Heilige Schrift das Wunder der Befreiung des Heiligen Landes und Jerusalems vollbringen würden.

Dies hatte zur Folge, daß die Genueser die jungen Kreuzzügler sofort wieder in die Richtung nach Norden zurückschickten. Schleppenden Schrittes zogen sie zurück. Nur wenige sahen übrigens ihre Heimat wieder.« (Siehe: Archivio di Stato di Genova)

Innozenz III. wollte auf dem vierten Laterankonzil 1215 diesen abgebrochenen Kreuzzug neu organisieren. Er starb, noch ehe ein neuer Kreuzzug in Gang kam, der sich im Jahre 1216 gegen Ägypten, der islamischen Hauptmacht im Orient, wenden sollte. Sein Nachfolger, Honorius III., stiftete im darauf folgenden Jahr Frieden zwischen Venedig, Genua und Pisa. Nach diesem Friedensvertrag behielten die Richter von Arborea und Cagliari ihre Güter. Graf Alamanno blieb Gouverneur von Syrakus, Graf Arrigo Herr auf Malta. Korfu, Modon und Coron wurden frei. Den Venezianern wurde endgültig Kreta zugesprochen.

Für Genua war wichtig, daß die Stadt freien Zutritt zu allen ihren Gütern, wo immer sie auch gelegen sein mochten, erhielt. Die Stadt hatte lediglich in der Levante die Zölle in Höhe von 10 Prozent zu leisten, wie dies bei den Griechen üblich war. Der Zollsatz in der Adria betrug ebenfalls 10 Prozent und zu Lande 5 Prozent.

Zwischen Venedig und Genua wurde ein besonderes Bündnis beschlossen. Ihre Fahnen sollten für beide Seiten respektiert werden. Sie sollten nur gemeinsame

Feinde und Freunde haben. Keine der beiden Republiken sollte ohne die andere oder ohne deren Einwilligung Abkommen aushandeln, oder Kriege führen.
Die Laufzeit dieses Bündnisses wurde auf zehn Jahre festgesetzt. Vertragsbrüchige, so wurde vereinbart, sollten exkommuniziert werden.
Als der fünfte Kreuzzug im Jahre 1218 begann, war Genua noch nicht in der Lage, überhaupt daran teilzunehmen. Schließlich ging die Flotte doch noch ankerauf und kam gerade noch zurecht, um der Schar der Kreuzritter in Damiata in Ägypten rechtzeitig beistehen zu können. Es stand bereits sehr schlecht um diese Kontingente, als die genuesische Flotte aufkreuzte und gemeinsam mit der spanischen und venezianischen in den Hafen von Damiata einlief.
Es fanden einige Seegefechte statt, die weder das Schicksal der einen noch der anderen Seite beeinflußten. Allerdings zogen sich die Verteidiger von Damiata zurück, als sich infolge der ausgebliebenen Überschwemmung des Nil Nahrungsmangel einstellte und ihnen keine Chance ließ. Die Stadt fiel in die Hände der Kreuzfahrer.
Bei der Aufteilung der Beute entstanden abermals Mißstimmigkeiten zwischen den soeben befriedeten Städten. Im Jahr darauf, als die Kreuzfahrer die Stadt Caracani belagerten, waren die Nilüberschwemmungen so gewaltig, daß sie einen Teil des Kreuzfahrerlagers unter Wasser setzten. Aus Angst vor dem Tode baten die Christen den Sultan um Gnade. Dieser gewährte sie ihnen unter der Bedingung, daß sie Damiata freigeben und von Acri aus den Rückweg antreten würden.
Der Sultan ließ die christlichen Gefangenen frei, ebenso eine Anzahl von Sklaven. Er bestätigte die Vereinbarungen Sultan Saladins, Jerusalem betreffend, und gewährte einen Waffenstillstand von acht Jahren. Damit war der 5. Kreuzzug zu Ende gegangen.

Genuas Kampf im Innern

Als nach langen Jahren der Abwesenheit von Genua die genuesische Flotte 1221 von Syrien in die Heimat zurückkehrte, wurde die Republik gerade von den Westligurern bedrängt. Man hatte diesen Gemeinden und Städten bei ihrer Vereinigung mit Genua auferlegt, daß ihre Schiffe stets in Genua einlaufen mußten, wenn sie weiter als Barcelona nach Westen, und weiter nach Osten als bis Sardinien zu laufen beabsichtigten.
Anstatt über neue günstigere Bedingungen zu verhandeln, beharrte der Senat von

Genua auf seinen alten Forderungen. Dies brachte das Blut der Anführer jener Städte in Wallung.

Es war die Stadt Alessandria, die das Faß zum Überlaufen brachte. Diese Stadt war, wie bereits dargelegt, mit genuesischer Unterstützung gegründet und befestigt worden. Nunmehr verlangte sie von Genua neben einigen Burgen an der Grenze auch eine hohe Mautgebühr für Transitgüter zwischen Ligurien und der Lombardei.

Genua war natürlich nicht zu einer solchen Konzession bereit, und Alessandria war nun eifrig bemüht, alle benachbarten Herrschaften gegen Genua aufzubringen. Diese taten denn auch der neuen Stadt den Gefallen und schlossen sich zum Kampf gegen Genua zusammen. Lediglich Asti hielt wieder einmal mehr zur Stadtrepublik Genua.

Um diesen Gefahren begegnen zu können, die der Seerepublik drohten, gelang Genua in den Jahren 1224 bis 1227 die Anwerbung starker Söldnerkräfte. Durch die Vermittlung des Grafen von Savoyen, der Markgrafen Malaspina, der Grafen von Lavagna und Ventimiglia, sowie einer Anzahl weiterer Feudalherren, konnte ein starkes Heer aufgestellt werden. In der Burg von Gavi versammelte Genua dieses schlagkräftige Heer, um die unbotmäßigen Städte zur Raison zu bringen. Da es aber an einer großen Führerpersönlichkeit mangelte, löste sich dieses Heer rasch wieder auf.

Der im Jahre 1225 abgeschlossene Vertrag mit dem Grafen Thomas von Savoyen verpflichtete diesen, für zwei Monate eine Truppe von 200 Kavalleristen zur Verfügung zu stellen. Dafür erhielt er den Preis von 16 Lire pro Mann und Monat.

Bei dieser Rekrutierung trat der Feudaladel als Hauptvermittler auf. Dennoch gehörten zu den über 500 Mann Kavallerie, die Genua im Jahre 1227 unter Soldvertrag hielt, auch viele Ritter und Landjunker aus Lucca, aus der Toskana und aus der Lombardei.

Nunmehr verstärkten sich auch die mit Genua verfeindeten Städte. In Genua war in der Zwischenzeit ein gewisser Lazzaro di Gherardino Giandone, ein Edler aus Lucca, zum Podestà gewählt worden. Dieser junge entschlossene Mann, der sich auf die Staatsgeschäfte verstand, mit Vorsicht und Entschlossenheit regierte und immer wieder verfeindete Familien zum Frieden untereinander zu bringen verstand, befriedete nach und nach auch ganz Westligurien. Danach ließ er das zusammengestellte Heer Genuas nach Norden marschieren und beeindruckte damit vor allem Alessandria so sehr, daß diese Stadt um einen Waffenstillstand bat und Verhandlungen über die Beilegung des Streites aufnahm.

Neue Unruhen in der Republik Genua, die in dieser Situation auftraten, wurden zu einem Prüfstein für die Stadt. Diese Unruhen entstanden aus der Tatsache, daß der Podestà die öffentlichen Angelegenheiten der Stadt allein zu regeln hatte und

daß die Adeligen davon ausgeschlossen waren. Bis dahin war es meistenteils der Adel gewesen, der die Verwaltung des Stadtstaates übernommen hatte.
Dies versuchte Guglielmo Mari zu ändern. Der reiche Genueser versuchte mit Hilfe seiner Freunde und Anhänger, die er nicht nur in Genua, sondern überall in Ligurien hatte, und zu denen er weitere hinzugewann, die Macht an sich zu reißen und die Regierungsform zu ändern.
Der Podestà, der Mari vertraute, ließ ihn frei schalten und walten. Während er nach Lucca zog, rief Mari seine Parteifreunde zusammen und brachte sie – unter Berufung auf die Zustimmung des Podestà – dazu, ihm in allen Dingen beizustehen und die von ihm angestrebte Regierungsänderung voll zu unterstützen.
Noch während Mari mitten in den Vorbereitungen zum Umsturz begriffen war, kehrte der Podestà aus Lucca zurück. Als er den Umfang der Veränderungen sah, die einem Staatsstreich gleichkamen, erklärte er, daß er einem marischen Täuschungsmanöver zum Opfer gefallen sei. Er berief eine Generalversammlung ein, der er seine Befürchtungen vortrug; die neue Partei von Mari sei, so erklärte er entschlossen, eine Gewalt, die den Umsturz herbeizuführen wünsche. Er stellte den Antrag, sie aufzulösen und zu verbieten. Diesem Antrage wurde stattgegeben.
Nun griff Mari zur Gewalt. So kurz vor dem Ziele wollte er unter keinen Umständen aufgeben. Er ließ von seinen vertrauten Bewaffneten zwei Stadttore besetzen und besetzte unmittelbar vorher selber den Turm des Domes.
Im Gegenzug wurden den Parteigängern Maris die Stadttore wieder entrissen und der Domturm ebenfalls. Der kurze Kampf ging sehr rasch mit negativem Ergebnis für Mari zu Ende. Er wurde gefangengenommen und vor den Senat zitiert. Es gelang ihm, sich durch sein würdevolles Auftreten Respekt zu verschaffen. Als er aufgefordert wurde, die von ihm gegründete Partei aufzugeben, weigerte er sich. Er entband aber seine Getreuen von ihrem Versprechen. Diese gaben die Parteizugehörigkeit auf und damit war die Verschwörung des Mari, wie sie später genannt wurde, ziemlich unblutig zu Ende gegangen.
Einige der Konsularfamilien waren mit diesem Ausgang des Aufstandes unzufrieden. Sie verließen Genua, oder blieben als Fremde unter den ehemaligen Freunden in Genua wohnen.
Als im Jahre 1228 die Amtsdauer des weisen Lucchesen und der geschlossene Waffenstillstand mit Alessandria ablief und kein neues Abkommen getroffen wurde, setzte der alte Kriegszustand wieder ein.
Auf alessandrinischer Seite standen in diesem Ringen Tortona, Pavia, Alba und Vercelli. Den Genuesern hingen an: der Marchese von Montferrat und die Bewohner von Asti, die unbeirrt um die Zeitläufe und Chancen der Seerepublik immer zu Genua hielten.

In diesem Kriege kam es zu keiner Entscheidung, und so verfiel man schließlich auf die Idee, einen Schiedsrichter einzusetzen. Die Wahl fiel auf den Erzpriester von Alba und den Johanniter-Ordensmeister in der Kommende von San Giovanni di Prè. Die beiden hörten die verschiedenen Seiten an und faßten schließlich folgenden Beschluß:

»Capriata wird wieder aufgebaut und gehört danach Genua. Alessandria muß mit seiner Zollforderung auf den alten Stand zurückgehen; genuesische Waren sollen von diesem Zoll befreit sein. Stattdessen zahlt Genua jährlich 600 pavesische Lire pauschaler Zollgebühren an Alessandria.

Alle fünf Jahre leisten der Podestà von Alessandria und seine Ratsherren in der genuesischen Kirche San Pietro den Eid darauf, Genua im Kriegsfalle gegen alle zu verteidigen, die die Republik anzugreifen wagen. Alessandria gewährleistet den Genuesern auch den Besitz der Burg von Gavi, sowie der Ländereien von Montaldo, Amelio, Tassarolo und Pastorana. Ferner wird der Podestà, falls er Kunde von Abmachungen erhält, die zum Schaden der Republik Genua abgeschlossen wurden, die Republik unverzüglich durch Schnellkurier davon in Kenntnis setzen und sich mit allen Kräften dagegen einsetzen.«

Dieser Beschluß erreichte erst am 11. März 1231 Rechtskraft.

In der Zwischenzeit stand im Jahre 1229 die Neuwahl eines Podestà in Genua an. Entgegen der sonst geübten Praxis wurde ein Gelehrter neuer Podestà in der Stadt, die sich eher auf ihre guten kaufmännischen und seefahrerischen Fähigkeiten etwas zugute tat. Es war Jacopo Balduino, ein Professor der Rechte aus Bologna.

Dieser neue Podestà übte sein Amt mit besonderer Umsicht und Geschicklichkeit aus. Der genuesische Handel blühte wieder auf. Das Meer wurde dank des Einsatzes genuesischer Begleitschiffe wieder sicherer, mit ausländischen Regierungen wurden Freundschaftsabkommen geschlossen.

Als sich die Belange der Stadt so gut entwickelten, war es Jacopo di Balduino, der dies alles selber aufs Spiel setzte. Er hatte Gefallen daran gefunden, die Macht der Republik und damit auch seine eigene steigen zu sehen. Nun übernahm er weitere Ämter in Genua, auch um seine persönliche Macht weiter auszubauen. Natürlich stellte er sich nach Ablauf seiner Amtszeit erneut zur Wahl.

Diesmal aber machte das Volk, das den sich bereits abzeichnenden Machthunger des Doktors der Rechte wohl zu deuten verstand, nicht mit. Es wählte den Ritter aus Mailand, Spino di Soresina, im Jahre 1230 zum neuen Podestà.

Nachdem dieser sein Amt angetreten hatte, mußte er sogleich die erste Bewährungsprobe ablegen. Bürger und auch fremde Seefahrer und Handelsschiffskapitäne berichteten übereinstimmend vom Auftauchen dreier übler Seeräuber im Ligurischen Golf. Dies konnte nicht ungestraft hingenommen werden. Der Senat

beschloß die Ausrüstung einiger Galeeren und deren Aussendung zum Einsatz gegen diese Piraten.
Der Einsatz gelang. Die drei Piraten wurden von den genuesischen Schiffen gefaßt und nach Genua gebracht. Dort sollte ihnen der Prozeß gemacht werden.
Es waren junge Männer aus angesehenen Genueser Familien, die auf diese Art versucht hatten, schnell reich zu werden. Sie kamen vor Gericht und der Richterspruch lautete:
»Den überführten Seeräubern sollen die Hände abgehackt werden!«
Vergeblich flehten die weiblichen Mitglieder der Familien der Seeräuber um Gnade. Sie versuchten auf alle mögliche Weise den Podestà umzustimmen. Eine der jungen Frauen, bildhübsch und als Jungfrau hochgelobt, bot sich dem Podestà sogar als Preis an, wenn er das Urteil umstoßen und die Jungen zu einer kleineren Strafe begnadigen würde. Doch Spino di Soresina war steinhart. Es blieb bei dem Urteil.
»Ritter Spino di Soresina ließ sich durch das Geflenne der Weiber nicht beeinflussen. Das Urteil wurde vollstreckt.« (Siehe: Carbone, Giunio: a.a.O.)

Genua, der Lombardische Bund und Friedrich II.

Friedrich II. und Genua

Man schrieb das Jahr 1236, als Friedrich II., der Enkel von Kaiser Barbarossa, seit dem 22. November 1220 neuer Kaiser, den Kampf gegen den Lombardischen Bund aufnahm. Er zog aus, um die Lombardei endgültig zu unterwerfen. Damit legte er jedoch den Grund zu einer inneren Unruhe, die binnen kurzer Zeit ganz Italien erfaßte.
Während sich solcherart Friedrich II. in der Lombardei mit den aufmüpfigen Republiken oder Fürstentümern herumschlug, hielt in Deutschland sein Sohn die Chance für gekommen, sich gegen seinen Vater aufzulehnen und die Macht an sich zu reißen. Er gewann sehr schnell eine bedeutende Anhängerschaft.
Der Kaiser mußte nun, ohne die lombardische Angelegenheit vollständig geregelt zu haben, nach Deutschland zurückreisen.
Nach Rückkehr seines Vaters gab der Sohn den Widerstand auf und bat Friedrich II. um Gnade. Doch er verschwand in einem Kerker, in dem er schließlich starb.
Als die deutschen Ereignisse in der Lombardei bekannt wurden, kamen im Frühjahr 1237 genuesische, venezianische und päpstliche Unterhändler zusammen, um zu beraten, was man gegen Friedrich II. unternehmen könne.
Papst Gregor IX. wollte sich nicht so ohne weiteres mit dem Kaiser anlegen, um den Vorwurf zu vermeiden, nur aus Ehrgeiz die Christenheit in einen Aufruhr gebracht zu haben.
Er entsandte seinen Nuntius nach Deutschland, um dem Kaiser klarzumachen, daß er sich das Vertrauen und die Verehrung der Italiener nur erwerben könne, wenn er die Privilegien der Lombardei bestätige und dieses Gebiet in Ruhe lasse.
Die solcherart gebaute »goldene Brücke« wurde von Friedrich II. nicht beschritten. Überheblich, ja höhnisch verkündete er dem päpstlichen Nuntius, daß er selber kommen werde, um die Lombardei zur Botmäßigkeit zu zwingen.
Im Winter 1237 erfüllte er sein Versprechen und zog nach Italien, um den Kampf gegen den Lombardischen Bund wieder aufzunehmen.
Beim Übergang über den Oglio stieß die sarazenische Vorhut des Kaisers am 27. November 1237 auf die ersten lombardischen Soldaten. Fast sah es schon so aus, als sollten die Söldner des Kaisers geschlagen werden, als dieser selber mit dem Gros der Truppen dort eintraf und gleichzeitig auch der dritte Heerhaufen unter Ezzelino, dem Podestà von Verona, auftauchte.

Alle drei Gruppen fielen über die Lombardesen her und schlugen sie vernichtend. Der große lombardische Fahnenwagen von der Società de forti, unter Enrico da Monza in die Schlacht geführt, blieb im sumpfigen Flußufergelände stecken und mußte zurückgelassen werden. Lediglich die Hauptfahne und das goldene Kreuz konnten gerettet werden.

Die Schlacht kostete dem Lombardischen Bund 10 000 Mann an Gefangenen und Toten. Die von den Kaiserlichen gemachten Gefangenen wurden teilweise ermordet.

Nach diesem Sieg bei Cortenuova berief Friedrich einen großen Reichstag nach Ravenna ein. Er verlangte kategorisch, daß kein italienisches Volk und keine der Stadtrepubliken einen Podestà wählen dürfe, der aus der Lombardei stamme.

Die genuesischen Botschafter in Ravenna widersprachen dem Kaiser. Sie erklärten ihm, daß sie bereits im Jahre vorher einen Mailänder zum neuen Podestà gewählt hätten, der nun bald sein Amt antreten werde. Diesen Mann könne man nicht einfach davonschicken. Es war Pagano Pietrasanta, um den es ging.

Mailand wiederum hatte bereits den Genueser Edlen Pier Vento zum neuen Podestà gewählt.

Als der kaiserliche Emissär in Genua von diesen Wahlen erfuhr, führte er vor dem genuesischen Senat dagegen Klage. Der Senat hörte sie sich an und wies ihn dann höflich, aber bestimmt ab.

Nunmehr ließ Friedrich II., da er gegen Genua direkt nichts unternehmen wollte, die genuesischen Händler in Sizilien, Apulien und Syrien gefangen setzen und ihre Waren konfiszieren.

Im Gegenzug segelten die Genueser Kapitäne Antonio Bollero und Bonifacio Panzano mit insgesamt 12 Galeeren vor die Küste von Palästina, gingen dort an Land und nahmen den dort amtierenden kaiserlichen Gouverneur, Marschall Riccardo Filangieri, gefangen.

Der Gouverneur mußte um Frieden bitten, den ihm die Genueser unter der Bedingung gewährten, daß er sämtliche Schäden, welche die genuesischen Kaufleute erlitten hatten, wiedergutmachte.

Dies alles gefiel dem Kaiser nicht und er sann darauf, wie er Genua endgültig zur Raison bringen könne. Doch neuerliche Unruhen in der Heimat zwangen ihn, ein weiteresmal nach Deutschland zurückzukehren, ohne die Lombardische Liga endgültig vernichtet zu haben.

In diese Zeit des Kampfes fielen auch Unruhen, die Genuas inneres Gefüge erschütterten. In den Annalen der Stadt schlugen sie sich folgendermaßen nieder:

»Im Jahre 1237 brach eine große Zwietracht wegen der Wahl eines Podestà aus, so daß alle Magnaten der Stadt nur bewaffnet und in Begleitung einer Leibwache umhergingen. Die Türme der Patrizierhäuser wurden befestigt.«

Nachdem es um einen dieser Türme zu einigen Scharmützeln gekommen war, bei denen es mehrere Tote gab, wurde ein Waffenstillstand vereinbart. Der Erzbischof von Genua wurde als Schiedsrichter um eine Entscheidung gebeten. Sein Schiedsspruch lautete:
»Der ursprünglich ernannte Podestà wird allgemein akzeptiert, denn er ist unter regulären Bedingungen gewählt worden.«
Während dieser Zeit der Unruhen in Genua, die sich in den nächsten zwei Jahren fortsetzten und 1239 zu einer neuen kritischen Lage führten, hatte Friedrich II. einige spektakuläre Ereignisse durchführen lassen. Eines davon war die Heirat seines unehelichen Sohnes Enzio mit Adelasia, Prinzessin der sardischen Gerichtsbezirke Gallura und Torres, und Witwe des adeligen Pisaners Abaldo Visconti.
Diese Heirat war weder dem Papst, noch den Genuesern oder den Pisanern angenehm. Genua mußte nun einen an Macht erstarkten Nachbarn fürchten und der Papst um seine Macht in den Staaten.
Als es jetzt um seinen Besitz ging, wurde Gregor IX. sofort aktiv. Er exkommunizierte Friedrich II. und schloß einen Bund mit Genua, Venedig und der Lombardei. Er verpflichtete Venedig, eine Flotte von 22 Galeeren gegen die Flotte von Apulien zu entsenden und brachte Genua zu dem Zugeständnis, den verbündeten Städten Armbrustschützen zur Verfügung zu stellen.
Friedrich II. ließ nun gegen die Venezianer und Genueser gleichzeitig antreten. Es griff Ezzelino, der Herrscher von Padua, Venedig an, während die Genueser durch Oberto Palavicino in der Lunigiana und vom Markgrafen Lancia im Montferratgebiet angegriffen wurden.
Diese Kämpfe brachten Genua und ganz Ligurien in große Gefahr. Doch bevor Genua im Kampf unterlag, brach Friedrich II. ihn ab und forderte von Genua neue Verhandlungen. Er verlangte, daß Genua den Vasalleneid leisten müsse. Dann würde nichts weiter geschehen.
Die Stadt, in viele einander widerstrebende Gruppen zerfallen, von denen einige dem Papst anhingen, andere kaiserlich gesinnt und wieder andere echte Republikaner waren, befand sich in einem schlimmen Dilemma. Ein öffentliches Parlament wurde einberufen, vor dem man die kaiserlichen Forderungen offen darlegte und das Volk um seine Entscheidung bat.
Das Volk von Genua zog den Krieg und den damit verbundenen Tod vieler Bürger der Sklaverei unter dem Kaiser vor. Damit war das Signal zu neuen Kampfhandlungen gegeben.
Der Krieg tobte weiter. Genua erlitt schwere Schläge. So gingen in mehreren Gefechten Städte verloren. Pietra, Rivalta, Bozzolo und Cassana waren darunter und in der Stadt mehrten sich die Stimmen der Kaiserlichen, die dazu aufriefen,

endlich zu Kreuze zu kriechen, sich zu unterwerfen und damit Frieden zu haben. Dann aber, man schrieb das Jahr 1240, wandte sich das Kriegsglück. Die Söldnerheere Friedrichs II. fielen auseinander und es gelang Genua, wieder zeitweise die Oberhand zu gewinnen. Der Feind wurde in mehreren Gefechten abgewehrt. Anschließend ging es sogleich an die Regelung der inneren Zustände, die sehr desolat waren.

Es ging darum, den Popolo, jenen Verband des Volkes, der den Mitgliedern der Kommune – also allen adeligen und nichtadeligen Magnaten – gegenüberstand, zu festigen und seine Stimmengewalt zu verstärken. Die Popoli bildeten ebenso wie die Adeligen eine eigene Körperschaft innerhalb der Stadtrepublik: die »societas populi«. Der gesamte Popolo hatte zwei verschiedene, aber dennoch miteinander verbundene Ziele. Er sollte erstens ein Gegengewicht zu den Mächtigen und zu den Gesetzlosen bilden. Zweitens sollte den Popolani ein beträchtlicher Anteil am Verfassungsgeschehen der Kommune gesichert werden.

Aus diesem Grunde wurden zwei Capitani del Popolo gewählt. Ihre Aufgabe war es, die Durchführung der Gesetze gegen jedermann zu gewährleisten, die Schwachen zu schützen, die Fraktionskämpfe zu untersuchen und sie nach Klärung der Tatbestände unterbinden.

Dem Popolo standen eigene Beamte zur Verfügung, die man als Anziani – Älteste, manchmal aber auch als Prioren bezeichnete. Gremien aus diesen Anziani zusammengesetzt unterstanden den Capitani del Popolo.

Unterstützt durch Flotten und Soldaten Pavias und Pisas kämpften die Kaiserlichen gegen die Städte des Lombardischen Bundes. Friedrich II. wurde 1239 abermals exkommuniziert. Als Gregor IX. nun ein ökonomisches Konzil nach Rom einberief, bestanden große Schwierigkeiten für Bischöfe und Kardinäle, diesem Ruf Folge zu leisten. Auf dem Landweg nach Rom zu kommen, war unmöglich, denn die kaiserlichen Truppen hatten alle Zugangswege nach Rom gesperrt.

Der Papst verfiel auf den Ausweg, die Prälaten und geistlichen Herren von Nizza aus auf dem Seewege nach Rom kommen zu lassen. Das bedeutete, daß alle Würdenträger aus Frankreich, Spanien und England zuerst nach Nizza mußten. Von dort aus sollten sie unter dem Schutz der genuesischen Flotte nach Rom weiterfahren.

Als diese Absicht Friedrich II. hinterbracht wurde, entsandte dieser eine Flotte nach Sizilien und den zweiten Teil seiner Streitmacht über See nach Pisa. Die Pisaner sollten diese zweite Gruppe durch ihre Schiffe verstärken.

Friedrich II. ließ seine Unterhändler nach Genua reisen, um auch diese Stadt auf seine Seite zu ziehen und dem Papst damit die Möglichkeit zu nehmen, auf die genuesische Flotte zurückzugreifen. Aber der Senat der Stadt wies das Ansinnen des Kaisers zurück. Für ihn kam ein Wortbruch nicht in Frage.

Die genuesische Flotte lief nach Nizza aus und holte dort die auf sie wartenden geistlichen Würdenträger ab. Kardinäle, Erzbischöfe, Bischöfe und Prälaten warteten nun in Genua auf das Ankeraufgehen der Schiffe, die zuerst neu ausgerüstet werden mußten. Unter ihnen waren der Kardinalbischof von Palästina Jacob Pecoraria und der Kardinaldiakon von San Niccolo, Oddo von Montferrat.

Als alle Vorbereitungen getroffen waren und man nur noch auf günstigen Wind zur Reise wartete, wurde ein kaiserlicher Bote abgefangen, der einen Brief an die in der Stadt wohnenden Kaisertreuen zu überbringen hatte. Dieses Schreiben wurde in einem Brot, das aus Wachs nachgebildet war, gefunden.

Als die Anhänger des Kaisers in Genua erfuhren, daß ihr Bote abgefangen worden war, ließen sie die Maske fallen und bewaffneten sich, um den Kampf aufzunehmen. Auch dies blieb nicht unbemerkt und wurde dem Senat hinterbracht.

Unter der Führung der genuesischen Feldhauptleute Folco Guercio und Rubeo de Turchi wurden sofort alle Maßnahmen ergriffen, um den Aufruhr unter Kontrolle zu bringen. Der Podestà Guglielmo Sordo berief sofort das Parlament ein und verlas den abgefangenen Brief, aus dem die Verschwörung gegen die Republik bekannt wurde.

Das versammelte Volk forderte lautstark das Todesurteil für diese »Vaterlandsverräter und Handlanger des Tyrannen«. Das Gericht trat zusammen und verurteilte diese Gegner der Republik zum Tode.

Nach dem in Genua noch fortlebenden alten Brauch wurden solche Todesurteile durch das Volk selbst vollstreckt. Und so geschah es auch diesmal. Das Volk teilte sich in so viele Gruppen auf, wie Verurteilte vorhanden waren. Jede dieser Gruppen erhielt ihr Banner, das allen anderen zeigte, daß es die legale zur Vollstreckung des Urteils ausersehene Gruppe war. Dann wurden die zur Zerstörung vorgesehenen Häuser der Verurteilten schwarz angestrichen.

Nun sollte das Gemetzel beginnen, sollten die Todesstrafen vollstreckt werden. Doch in dieser Situation warfen sich Minoriten und Predigermönche den Angreifern entgegen und schützten die Todeskandidaten mit ihren Körpern. Sie redeten auf die aufgebrachte Menge ein und so gelang es ihnen, sie zur Vernunft zu bringen.

Neben einigen anderen stand auch ein Mitglied der Familie Doria an der Spitze jener Adelsgruppe, die den Kaiser zum Freund hatten. Er unterwarf sich während der Zusammenkunft und Versammlung im Dom zu San Lorenzo dem Podestà und bat für seine Freunde, die Volta, einen Spinola und einen Avvogado, um Milde. Dies wurde unter einer Bedingung zugesichert:

Alle jene, die um Gnade baten und versprachen, sich von den Kaiserlichen abzuwenden, sollten begnadigt und freigelassen werden. Die Mehrzahl der Verurteilten bat um Gnade und schwor der Kaisertreue ab. Lediglich Tommaso Spinola und seine Anhänger zogen sich in das Spinola-Haus zurück. Sie wollten nicht um Gnade bitten. Das Volk drang in das Haus ein und nahm die Verteidiger fest. Tommaso Spinola wurde durch Steinwürfe getötet.

Nachdem diese innenpolitischen Streitereien beigelegt waren, wollten die Würdenträger der Kirche endlich absegeln. Am 25. April 1241 ging die Flotte ankerauf und lief nach einem feierlichen Gottesdienst in Richtung Rom aus. Führer der Flotte war Admiral Jacopo Malocelli aus einer der mächtigen Konsularfamilien. Er war imstande, die Flotte sicher in die Tibermündung zu bringen.

Bereits nach kurzer Fahrzeit wurde die genuesische Flotte das erstemal durch ungünstigen Wind aufgehalten und legte in Portofino eine Station ein. Danach mußte in Levanto geankert werden und noch ein drittesmal mußte Portovenere aufgesucht werden.

Diese Verzögerungen versetzte die pisanische Flotte in die Lage, sich der genuesischen Flotte mit einer großen Übermacht an Schiffen zu nähern. Anstatt in Portovenere zu warten, bis die zugesagten genuesischen Verstärkungen herangekommen waren, lief Admiral Malocelli so bald wie möglich wieder aus und steuerte mit vollen Segeln nach Monte Argentario. Der Gegner hatte inzwischen die für ihn günstige Position zwischen den Inseln Giglio und Montechristo unterhalb von Elba erreicht und erwartete hier das Auftauchen der Schiffe mit den Würdenträgern des Papstes.

Die kirchlichen Herren hatten angesichts der pisanischen Flottenübermacht Furcht und bedrängten den Admiral, die Schlacht nicht anzunehmen und in den nächsten sicheren Hafen zurückzukehren, bis von Genua Entsatzschiffe herangekommen waren.

Admiral Malocelli gab dennoch das Zeichen zum Angriff. Einmal, weil er sich in seiner Würde als Admiral des Meeres angetastet fühlte, und zum anderen, um die Soldaten nicht zu enttäuschen.

Zunächst gelang es der genuesischen Flotte drei Schiffe der Pisaner zu überwältigen. Noch während sie dabei waren, ihre Gefangenen umzubringen, gelang es dem Hauptverband der Pisaner heranzukommen, die Schlachtreihe der Genueser zu durchbrechen und die ersten feindlichen Schiffe zu kapern. Nicht weniger als 20 genuesische Galeeren gingen durch Kaperung oder Versenkung verloren.

Die meisten der kirchlichen Würdenträger fielen den Pisanern in die Hände. Insgesamt waren etwa 10 000 Personen als Tote oder Gefangene zu beklagen.

Diese Schlacht von Giglio gilt als die größte Seeschlacht, die Genua jemals verlor.

Diese Ereignisse, Aufstände im Innern und Krieg gegen Pisa auf dem Meer, forderten die härtesten Opfer von den Genuesern. Tag und Nacht wurde in den Werften gearbeitet, um den Verlust der 20 Galeeren wieder auszugleichen. Es gelang, binnen eines Monats, 52 neue Galeeren auszurüsten und auszusenden. Hinzu kam die »Caravana«, jener Schiffsverband, der im Konvoi von der diesjährigen großen Handelsfahrt in den Nahen Osten zurückkehrte. Er war durch schnelle Segler vor den kaiserlichen Verbänden gewarnt worden, konnte diese umlaufen und erreichte wohlbehalten den Hafen.

Damit war Friedrich II. eine reiche Beute entgangen, derer er sich bereits sicher geglaubt hatte. Er versuchte daraufhin die ligurischen Städte an der Küste anzugreifen und zu brandschatzen, erreichte aber nicht viel, sondern verzettelte sich mehr und mehr. Seine Verbündeten, die Herren Pelavicini und Lancia, die Markgrafen von Montferrat und Bosco und einige andere kämpften an Land ebenfalls ohne nennenswerte Ergebnisse.

Als die Nachricht von der so verlustreich verlaufenen Seeschlacht in Genua eintraf und zur gleichen Zeit die ghibellinischen Ritter noch immer auf dem Gebiet der Republik standen, verbreitete sich die Angst in Genua und in den zu Genua gehörenden ligurischen Städten.

Der Einfall kaiserlicher Verbündeter in der Lunigiana und in der Lombardei, geführt von Oberto Pelavicini und Marino von Eboli, hatte ebenfalls große Unruhe in Genua hervorgerufen.

Die Burg von Goviglioni und jene von Zolaschi ergaben sich den Kaiserlichen, und noch während der Senat der Stadt der »Caravana« eine Reihe Schiffe als Schutz entgegensandte, ergaben sich die Einwohner von Pietro di Vara den Kaiserlichen und mit ihnen viele weitere Burgen. General Pelavicini sammelte, ohne großen Widerstand zu finden, diese Burgen für seinen Kaiser ein.

Als soeben die Handelsflotte wohlbehalten Genua erreicht hatte, tauchte die kaiserliche Flotte unter Admiral Ansaldo de Mari vor dem Hafen von Genua auf. Die feindliche Flotte lief vorbei und steuerte Noli an, um diese selbständige Republik, die seit 1202 fest zu Genua gehörte, zu vernichten.

Sofort ließ der Senat eine genuesische Flotte auslaufen, um den Bewohnern von Noli zur Hilfe zu kommen. Diesen Umstand ausnutzend, versuchte nun Admiral de Mari, Genua selbst anzugreifen, weil er hoffte, die Stadt schutzlos vorzufinden.

Dieser raffinierte Coup mißglückte, denn die Flotte war inzwischen so stark wieder aufgebaut, daß trotz des Einsatzes eines großen Teiles davon immer noch genügend Schiffe zum Schutz der Stadt zurückgeblieben waren. Diese brachten den kaiserlichen Admiral dazu, von seinem Vorhaben abzusehen.

Ansaldo de Mari versuchte wenig später, auch Savona in Besitz zu nehmen, das sich gegen Genua empört hatte. Doch auch dieser Versuch wurde von genuesischen Schiffen unterbunden. Des Kaisers Admiral verließ den Raum vor der ligurischen Küste und segelte mit der Flotte nach Sizilien zurück.

Als aber der Markgraf von Caretto und die Einwohner von Savona ihn wieder herbeiriefen und auch die aus Genua vertriebene Familie der Mascarati dies wünschte, erschien Marino von Eboli mit seiner Truppe, verstärkt durch Soldaten aus Pavia, Alessandria, Tortona, Vercelli, Novi, Alba und Aqui bei Noli, um hier die Burg Segni zu erobern.
Während so Genua um das eigene Überleben gegen die Kaiserlichen und deren Verbündete, die sich unter Marino von Eboli gesammelt hatten, kämpfte, wurden die gefangengenommenen geistlichen Würdenträger nach Apulien geschafft. Friedrich II. marschierte wieder mit dem Gros der Truppe in Richtung Kirchenstaat. Auf seine Seite geschlagen hatte sich auch der ehemalige Führer der päpstlichen Truppen, Giovanni da Colonna. Die bis dahin verteidigten Städte und Burgen Fano, Spoleto, Terni, Marni, Tivoli, Grottaferrata und Albano fielen dem Kaiser zu.
Wenig später standen kaiserliche Söldnerscharen vor den Toren von Rom. Papst Gregor IX. starb am 21. August 1241. Rom wurde besetzt und Friedrich II. ließ auf besonderen Wunsch der in Rom anwesenden Kardinäle die zwei von ihm gefangenen Kardinäle frei. Alle anderen Würdenträger aber blieben nach wie vor in Haft.
Die von den kaiserlichen Truppen gewonnenen Städte und Gebiete, die Einwohner von Alessandria, Tortona, Asti, Aqui, Alba, Vercelli, Novara, Pavia, Cremona, Parma, Pisa und Potremoli ebenso, wie die Herren der Lunigiana, die Markgrafen von Montferrat, von Ceva, Caretto, Bosco, die Familie Malaspina und mit diesen allen die aus Genua vertriebene Familie Mascarati, die abtrünnigen Einwohner von Savona und Albenga und andere, von Genua und von der ligurischen Republik abgefallener Städte, bildeten für Genua selbst eine große Gefahr. Als Wilhelm Spinola in seinem Schloß in Ronco an der Scrivia angegriffen und geschlagen wurde, ging auch dieser Freund Genuas verloren.
Nun versuchten die Kaiserlichen, mit ihren ligurischen und lombardischen Verbündeten Levano an der Ostküste des Golfes von Ligurien anzugreifen. Die Stadt wurde vom Lande aus belagert und von See her mit einem dichten Belagerungsring umzogen. Sofort kam ein genuesisches Heer den Belagerten zur Hilfe. Ansaldo de Mari und die pisanische Flotte, die die Belagerung durchgeführt hatten, drehten ab und Pelavicini zog sich mit den Truppen ins Gebirge zurück.
Danach versuchte es der kaiserliche Admiral wieder bei Savona. In den sich hier gegen genuesische Schiffe abspielenden Gefechten wäre um ein Haar de Mari's Admiralsschiff gekapert worden. Es gelang ihm aber, nach Albenga zu flüchten. Genua ging nun Schritt für Schritt gegen die kleineren abtrünnigen Ortschaften und Herrschaftssitze vor. Aber bereits im September 1242 tauchte wieder die Flotte unter Ansaldo de Mari vor Savona auf, und gleichzeitig versuchte ein neues

lombardisches Heer unter Marino von Eboli die Stadt von der Landseite her in Besitz zu nehmen.
Diese Einsätze wurden nicht schlagkräftig genug geführt, um gegen die genuesische Verteidigung aufkommen zu können.
Stattdessen waren genuesische Unterhändler nicht untätig. Sie besuchten nacheinander den Markgrafen Bonifaz von Montferrat, den Markgrafen von Deva und kamen auch zu Manfred von Caretto. Alle drei wurden mit viel Überredungskraft und großen Geldsummen »zurückgekauft« und traten im Januar 1243 wieder der guelfischen Seite bei.
Es gelang Bonifaz von Montferrat auch noch, die Herren in Vercelli und Bovara davon zu überzeugen, daß sie auf der Seite Genuas besser aufgehoben seien, als auf jener des Kaisers.
Gemeinsam versuchten sie nun, das aufständische Savona zurückzugewinnen. Doch bis April 1243 hatten die Genueser keinen Erfolg, und als dann Nachricht zu ihnen drang, daß eine pisanische Flotte in Stärke von 80 Galeeren nach Savona in See gegangen sei, zogen sich die genuesischen Truppen nach Genua zurück.
Kaiser Friedrich II. zog mit seinem Heer im Frühjahr 1243 abermals nach Rom. Seine sarazenischen Söldner zerstörten Albano. Die Güter der Kardinäle in der Umgebung Roms wurden geplündert und verwüstet. Alles dies geschah zu dem Zweck, die Kardinäle dazu zu bringen, bald einen neuen Papst zu wählen.
Dazu versammelten sich die Kardinäle in Anagni. Am 24. Juni hatten sie ihre Wahl getroffen. Zur großen Bestürzung des Kaisers hatten sie Sinibaldo Fiesco aus Genua zum neuen Papst gewählt, der den Namen Innozenz IV. annahm.
Dennoch ließ der Kaiser im ganzen Reich Dankfeste arrangieren, während er doch genau vorhersah, daß er mit diesem energiegeladenen Papst Ärger bekommen würde, weil Innozenz IV. sicherlich alles daran setzen würde, die päpstliche Macht wieder zu festigen, und sich gegenüber dem Kaiser zu behaupten wissen würde.
Eine bemerkenswerte Äußerung Friedrich II. zeigte bereits die sich damit anbahnende Entwicklung auf:
»In Sinibaldo Fiesco habe ich als Kardinal einen Freund gewonnen. Als Papst werde ich Innozenz IV. als Feind kennenlernen.«
Papst Innozenz IV. stellte Friedrich II. denn auch sogleich folgende Bedingungen:
»Die Gefangenen aus der Seeschlacht bei Giglio sind sofort freizugeben.
Die meinem Vorgänger fortgenommenen Gebiete sind unverzüglich zurückzugeben.
Mit allen Regierungen, die mit der Kirche verbündet sind, ist sofort ehrenvoller Friede zu schließen.

Sobald diese Bedingungen erfüllt sind, werden der Kaiser und die mit ihm mit dem Kirchenbann belegten Edlen aus dem Bann gelöst.«

Kaiser Friedrich aber wußte um die Folgen, die diese Unterwerfung auf die Herrschaften in Italien haben würde. Er verlangte zuerst, und ohne Vorleistungen seinerseits, aus dem Kirchenbann gelöst zu werden. Er bot dem Papst an, seinen Sohn, der ja einmal die Krone erben würde, mit einer Nichte des Papstes zu verheiraten. Innozenz IV. widerstand diesen Verlockungen, und bereits im Oktober 1243 forderte er die lombardischen Herrschaften zur Fortsetzung ihres Kampfes gegen den Kaiser auf.

Im Kampf um das abtrünnig gewordene Viterbo erlitt das kaiserliche Heer bei einem Sturmangriff am 10. November 1243 eine schwere Niederlage.

Der Papst forderte Friedrich II. auf, alle Feindseligkeiten gegen diese Stadt einzustellen, in dessen Zitadelle sich ein Teil des Heeres hatte zurückziehen müssen. Friedrich II. wollte dieser Weisung Folge leisten. Als seine Soldaten die Zitadelle verließen, wurden sie von den Leuten aus Viterbo und den ihnen zur Hilfe gekommenen Römern überfallen und umgebracht.

Der Kampf Friedrichs II. in Italien nahm die Form eines Rache- und Gegenrache-Krieges an. Den Bemühungen von Kaiser Balduin von Konstantinopel gelang es schließlich, den Papst friedensbereit zu stimmen, nachdem auch der Graf von Toulouse den Papst um Frieden bestürmt hatte. Die Friedensbereitschaft Innozenz IV. wurde durch Kurier signalisiert, und Innozenz entsandte seine sizilianische Groß-Justitiare Taddeo da Suessa und Petro della Vigne nach Rom. Ausgerüstet mit allen Vollmachten eröffenten sie die Friedensverhandlungen, die Anfang 1244 zu einem Übereinkommen führten. Die Bedingungen auf die man sich geeinigt hatte, lauteten:

1. Die Kirche erhält alles, was sie zu der Zeit besaß, da Friedrich II. vom Bann getroffen wurde, zurück. Ebenso ihre Anhänger.
2. Friedrich erklärt, daß er auf den Rat deutscher und italienischer Prälaten hin und nicht aus Verachtung gegenüber der Kirche den Bann nicht beachtet hat. Es tut ihm leid, und er unterwirft sich jenen Kirchenbußen, die der Papst anordnen wird.
3. Die auf den genuesischen Schiffen in der Seeschlacht von Giglio gefangengenommenen Prälaten und kirchlichen Würdenträger werden freigelassen. Alle in dieser Schlacht gemachte Beute wird zurückgegeben; was verlorenging, wird ersetzt. Jenen Geistlichen, die Schaden erlitten haben, gibt er Genugtuung.
4. Alle Anhänger der Kirche erhalten volle kaiserliche Verzeihung.

Eine Reihe weiterer Bedingungen kamen hinzu. Dafür wurde dem Kaiser folgendes zugesichert:

»Salva tamen sint eis honores et iura quoad conservationem integram sine aliqua diminutione imperii et regnorum suorum. – Der Kaiser wird vom Bann losgesprochen und im Besitz seiner sonstigen Rechte und Ehren nicht weiter angegriffen.«

Am 31. März 1244 wurde dieser Vertrag von den beiden kaiserlichen Justitiaren beschworen und erhielt damit Rechtskraft.

Da jedoch darin nichts über die lombardischen Städte gesagt wurde, erklärte Innozenz IV., daß auch diese Frage geregelt werden müsse, ehe er diesen Frieden anerkennen könne. Der Papst spürte nun, daß ihm der Boden unter den Füßen zu heiß wurde und daß er auf Zeitgewinn spielen mußte. Als sich Friedrich II., der inzwischen in Pisa weilte, anschickte, wieder auf Rom zu marschieren, entsandte Innozenz IV. den Franziskanerpater Bojolus nach Genua mit der Bitte, die Aufnahme des Papstes in seiner Heimatstadt vorzubereiten.

»Der Papst wird unter einer geschickten Tarnung auslaufen und direkt nach Genua kommen, wenn der Senat ihn aufnimmt.«

Selbstverständlich nahm Genua ihren Sohn und zugleich Heiligen Vater auf.

Der Papst begab sich nun nach Sutri. Hier wartete er auf das Eintreffen der genuesischen Flotte, mit der er nach Norden segeln wollte, »um dem Kaiser bei den noch ausstehenden Verhandlungen näher zu sein«.

Sofort wurde in Genua eine Flotte aus 16 Tariden – Schiffe, die für den Transport von Pferden, Soldaten, Kriegsmaschinen und anderem Gut bestimmt waren – und 23 Galeeren zusammengestellt, die wiederum die Transportschiffe im Geleitzug sichern sollten.

Als der Papst in der Nacht des 20. Juni 1244 die Nachricht erhielt, daß die Flotte angekommen sei, brach er sofort mit den startbereiten Kardinälen, Bischöfen und Prälaten von Sutri nach Civitavecchia auf, wo die genuesische Flotte soeben vor Anker ging.

Als die kaiserlichen Truppen, die schnell näher gekommen waren, am anderen Morgen in Sutri eintrafen, fanden sie das ganze Nest leer. Es war für sie wie ein Wunder, wie dies hatte geschehen und der Papst beinahe unter ihren Händen noch hatte entkommen können. Das Timing der Flucht war lückenlos gewesen und kein Verräter hatte sich bereitgefunden, sie dem Kaiser in Pisa zu offenbaren, der von dieser Flucht völlig überrascht wurde.

Aufgrund ungünstiger Winde mußte der Papst noch einmal in Elba an Land gehen. Doch obgleich Elba den Pisanern gehörte, unternahmen diese nichts, den Papst für den Kaiser festzusetzen. Zu groß war ihr Respekt vor dem Pontifikat. Niemand wagte Hand an den Heiligen Vater zu legen.

Nach dem Aufbruch der Flotte, deren Sicherung durch 23 Galeeren einem Teil der kaiserlichen Flotte, die diesen Zug passieren ließ, das Fürchten beibrachte,

kam abermals Sturm auf. Dennoch gelang es, alle Schiffe bis in den geschützten Hafen von Portovenere zu bringen.
In Genua wurde alles zum Willkommen des Papstes vorbereitet. Die Kuriere aus Portovenere brachten Nachricht, daß alles wohlauf sei und daß der Heilige Vater am 7. Juli 1244 in Genua eintreffen werde.
Mit einem Empfangszeremoniell ohnegleichen, mit einem Prunk wie ihn Genua bis dahin noch nicht erlebt hatte, wurde Innozenz IV. im Hafen empfangen. Der Senat und die Führung der Stadt waren an den Landungsbrücken erschienen. Der Erzbischof war in feierlichem Zuge mit allen geistlichen Würdenträgern vertreten, und die Ritterschaft bildete Spalier, durch das der Papst zu seiner Sänfte ging.
Die Edelfrauen, das Volk und die Kinder jubelten dem Manne zu, der aus ihrer Mitte stammte und doch Vater der Christenheit geworden war.
Kaiser Friedrich II. versuchte nunmehr durch seinen Abgesandten, den Grafen von Toulouse, den er nach Savona schickte, mit Innozenz IV. neue Verhandlungen in Gang zu bringen. Dieser lehnte kategorisch ab und reiste bald darauf, trotz seiner Krankheit, auf dem Landweg über Asti, Turin und Susa nach Lyon.
Von hier aus erließ Papst Innozenz IV. Ende Januar 1245 eine Weisung an alle Fürsten und Prälaten der Christenheit, zum nächsten Johannisfest nach Lyon zu kommen, um dem allgemeinen Konzil beizuwohnen.
In Lyon, einer seinerzeit großen und unabhängigen Stadt, war Innozenz IV. vor den Häschern des Kaisers völlig sicher. Hier befahl er, hier forderte er Gehorsam und setzte alle ihm zugestandenen Rechte eisenhart durch. Daß ihn dies nicht zu einem Freund der Bürger von Lyon machte, zeigte sich bald, als sie offen gegen ihn meuterten. Doch der Papst blieb in Lyon. Hier führte er 1246 das Konzil durch, zu dem nur 140 führende Geistliche der Christenheit (andere Quellen nennen eine Zahl von 250) gekommen waren.
Als Abgesandter Kaiser Friedrichs II. war Taddeo von Suessa, Oberrichter seines Herrn auf Sizilien, erschienen. Er hatte die Verteidigung des Kaisers zu führen, was er denn auch beredt und mit großem dramatischem Zungenschlag tat. Die Geistlichen glaubten ihren Ohren nicht trauen zu dürfen, als sie aus dessen Munde vernahmen, daß der Kaiser gut sei, daß er große Verdienste um die Kirche erworben habe und, daß er sicherlich ebenfalls zum Konzil noch persönlich erscheinen werde.
Papst Innozenz IV. fragte sofort nach der Gewährleistung für seine Versprechungen, und als Taddeo von Suessa schwieg, nannte der Heilige Vater ihn und Friedrich II. einen Lügner, der das Konzilium anlügen wollte. Der Oberrichter Friedrichs II. rief die Könige von Frankreich und England als Zeugen für das Wort seines Herrn auf, doch Innozenz IV. verwarf auch diese Bürgschaft.

Später, als sich die Lage weiter zuspitzte, nannte der Papst den Kaiser offen einen »Meineidigen, Kirchenräuber und Ketzer.«

Taddeo von Suessa bat um eine Fristsetzung, zu der sein Herr persönlich vor das Konzil treten könne, um sich selber zu verteidigen.

Innozenz IV. fiel ihm ins Wort: »Ich bin soeben erst der Gefahr entronnen, zum kaiserlichen Gefangenen zu werden; ich werde mich nicht von neuem in diese Gefahr begeben.«

Der Heilige Vater legte alles darauf an, den Kaiser durch die versammelten Kirchenfürsten absetzen zu lassen. Nun drang der Oberrichter mit seinen Fürsprechern, den Gesandten von Frankreich und England in den Papst, Friedrich eine Frist zu setzen. Innozenz IV. bewilligte 12 Tage Frist.

Friedrich II. war inzwischen bereits über Verona nach Turin gereist, als er von diesen Vorkommnissen erfuhr und davon, daß Innozenz IV. fest entschlossen sei, ihn, den Kaiser, zu verderben und daß sein persönliches Erscheinen in Lyon ihn nur herabsetzen werde.

Nun entsandte Friedrich II. den Deutschmeister, den Oberrichter Pietro delle Vigne, und den Bischof von Freising mit allen Vollmachten nach Lyon. Doch ehe diese dort ankamen, war die Frist bereits abgelaufen. Innozenz IV. hatte den versammelten Kirchenfürsten eine Bulle vorgelegt, in der alle Vorwürfe gegen den Kaiser wiederholt wurden. In dieser Bannbulle wurde Friedrich II. aller seiner Würden und Ämter für verlustig erklärt.

Alle, die dem Kaiser durch einen Eid verbunden waren, sollten danach von ihren Verpflichtungen entbunden sein. Die Deutschen waren durch diese Bannbulle ermächtigt, einen neuen König zu wählen. Die Königreiche Jerusalem und Sizilien erklärte der Papst für unbesetzt.

Kaiser Friedrich II. sah nun die Dinge geklärt. Alle Friedensverhandlungen waren hinfällig geworden. Die damit gestärkte Lombardische Liga kämpfte nun heftiger denn je gegen die Kaiserlichen. Friedrichs Sohn Enzio wurde geschlagen und von Bologneser Truppen gefangengenommen.

In Genua war in der Zwischenzeit der Kampf gegen die feindlichen Städte am Ligurischen Golf und der Kampf untereinander fortgegangen. Genuesische Kaperschiffe liefen immer wieder aus, um kaiserliche, pisanische und andere Schiffe aufzubringen und einzuschleppen. Aus dieser Beute fielen Genua 12 000 Lire zu, dies waren etwa 20 Prozent der Beute seiner Kaperkapitäne.

Kaiser Friedrich II. ließ mit angeworbenen sarazenischen Kriegern, die der Kirchenbann nicht treffen konnte, den Kirchenstaat besetzen. In der Nähe der den Sarazenen aus Sizilien als Wohnsitz zugewiesenen Stadt Lucera erkrankte er im November 1250 schwer an der Ruhr. Er zog sich daraufhin auf seine apulische Burg Fiorentino zurück, wo er am 13. Dezember 1250 starb. (Einem sich hart-

näckig haltenden Gerücht zufolge soll er von dem ältesten seiner unehelichen Söhne, Manfred, mit einem Kopfkissen im Bett erstickt worden sein.)
Durch das Testament Friedrichs II. wurde dessen ältester Sohn Konrad als Erbe des gesamten Besitzes bestimmt. Manfred wurde zu dessen Stellvertreter und gleichzeitig zum Vizekönig von Sizilien ernannt.
Im Jahre 1253 kehrte Papst Innozenz IV. nach Rom zurück. Er wurde im Triumphzug durch ganz Italien geleitet. Zwischen Genua und Pisa stiftete er einen Waffenstillstand und brachte Genua und Venedig dazu, ihren alten Bund von 1238 zu erneuern.
In Neapel warf sich ihm Manfred zu Füßen.
Der Papst reiste über Capua im November 1254 nach Neapel. Lucera wurde durch den Befehlshaber Marchisio dem Papst übergeben, obgleich sich dort 1000 sarazenische und 300 deutsche Krieger verschanzt hatten.
Manfred aber reiste nach Lucera, kam am 2. November am Stadttor an und wurde eingelassen. Als sich ihm Marchisio entgegenstellen wollte, war das Volk empört und stellte sich gegen ihn. Er mußte sich unterwerfen und Manfreds Füße küssen.
Im königlichen Palast zu Lucera fand Manfred bedeutende Schätze. Der junge Mann teilte nun freigebig den Sold aus. Eine ganze Abteilung des Ritterheeres des Papstes ging wegen dieser hohen Besoldung zu Manfred über. Bei Foggia schlug Manfred damit Markgraf Otto.
Zu dieser Zeit, als sich auch noch Troja ergab, wohin der Kardinallegat geflohen war, mußte dieser nach Neapel flüchten, wo Papst Innozenz IV. krank zurückgeblieben war. Als er dort eintraf, war der Heilige Vater am 13. Dezember 1254 an einem Fieber gestorben, unter dem er bereits seit langem litt.
Die Kardinäle wählten hier einen neuen Papst. Ihre Wahl fiel auf den Bischof Rinald von Ostia, der als Alexander IV. die Tiara aufsetzte.
Auf Sizilien ging unterdessen der Siegeszug Manfreds weiter. Mosagna wurde erobert, Lecce genommen, Brindisi und Oria und die umliegenden Gebiete zerstört. In Messina meuterten die Einwohner und vertrieben den Grafen Pietro Ruffo von Catanzaro aus der Stadt. Ganz Sizilien befand sich in Aufruhr. Da Graf Pietro Ruffo mit Manfred verbündet war, richtete sich der Aufruhr auch gegen ihn. Und als Ruffo Kalabrien an die römische Kirche übergeben wollte, um sich wenigstens dort zu behaupten, schickte Manfred einen Teil seines Heeres unter Konrad Truich und Gervasio da Morina dorthin. Da auch die Bürger aus Messina gegen Ruffo stürmten, floh dieser auf einem kleinen Schiff nach Neapel zu Alexander IV.
Messina wurde anschließend von Manfreds Heer, das sich einen Teil von Calabrien sichern wollte, angegriffen und zerschlagen. Reggio und Calanna ergaben

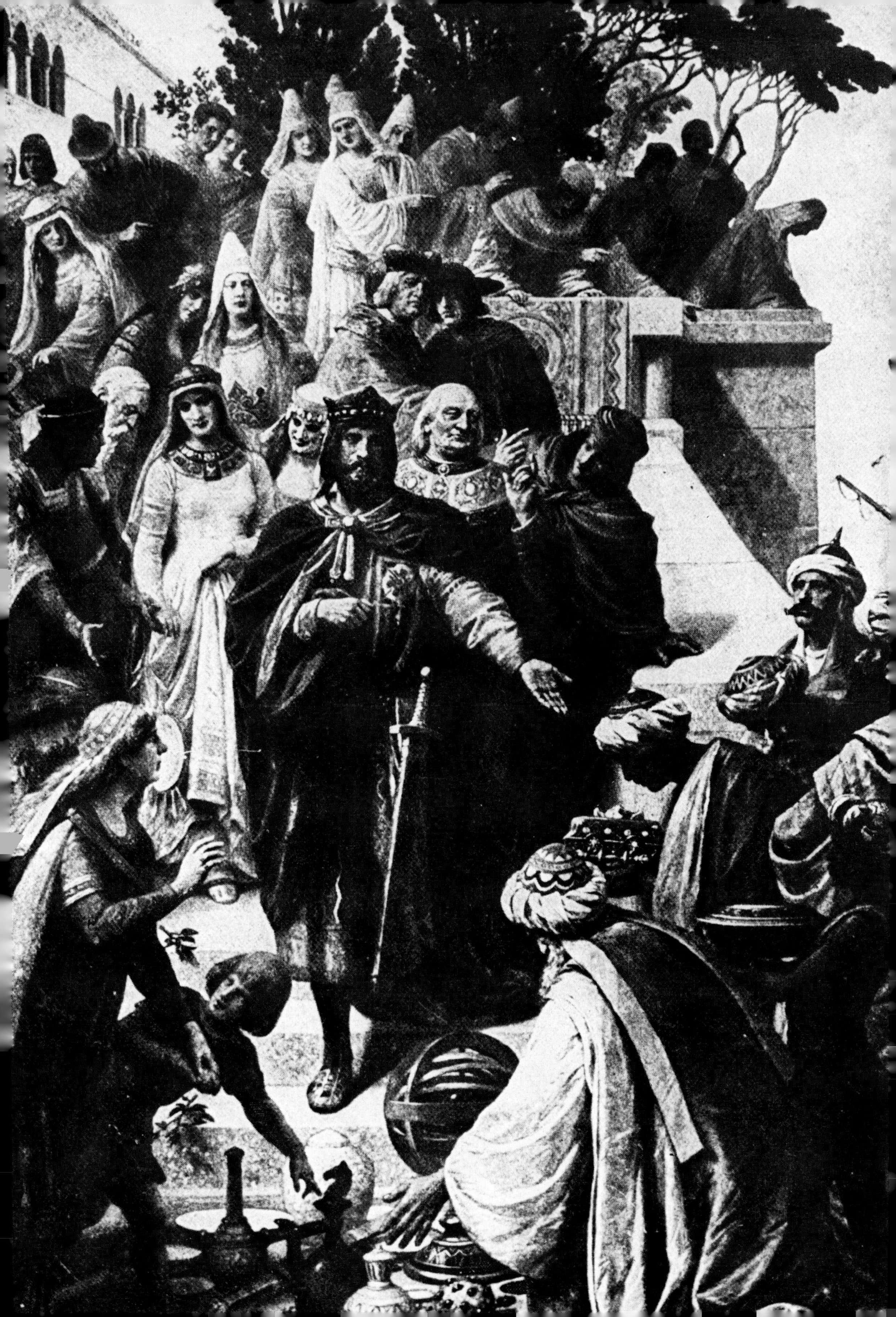

Friedrich II. – Hofhaltung in Palermo. Im Kampf des Staufer-Kaisers gegen Papst Innozenz IV. fand sich Genua stets auf der Seite Roms. (1)

sich Manfreds Truppen. Der Kampf auf Sizilien schien entschieden. Doch da kam das Heer des Papstes und der Kampf entbrannte erneut.
Nach langem Ringen gelang es Manfred, ganz Sizilien wieder zu unterwerfen. Er kam 1257 selber nach Sizilien um den Frieden zu bekräftigen. Als er dort weilte, ging das Gerücht vom Tode Konradins ein. Ohne eine Bestätigung dafür zu haben, kamen alle Großen des Reiches an Manfreds Hof und drangen in ihn, die Krone anzunehmen. Am 11. August 1258 wurde er in Palermo feierlich gekrönt.

Genua auf dem Weg zum Höhepunkt der Macht

Die genuesische Regierungsform

In der genuesischen Verfassung war der Unterschied zwischen den adeligen Familien und den zwar reichen, aber nicht adeligen Kaufmannshäusern nicht so groß, wie zwischen jenen Familien, die den genuesischen Welthandel betrieben und den übrigen Bürgern der Stadt.

Fast alle Angehörigen der Großhandel treibenden Familien stammten von Rittergeschlechtern ab, wie beispielsweise von ritterlichen Dienstleuten der Bischöfe oder den Geschlechtern des Landadels, der aber an der ligurischen Küste auch Handel und Seefahrt betrieb.

Krieg und Handel über See in alle Welt hinein wurde vom Adel ebenso wie von Bürgerlichen betrieben, und weil die Seeräuberei, der Kaperkrieg gegen die Mohammedaner, beinahe unablässig andauerte, bestand für Genua wie auch für die anderen oberitalienischen Handelsstädte die Notwendigkeit, sich der sarazenischen Schlupfwinkel zu bemächtigen. Diese befanden sich auf Sardinien, auf Korsika und Sizilien. Darüber hinaus galt es, Stützpunkte in der Levante zu gewinnen.

Alles dies forderte den Einsatz mit der Waffe und mit dem Geschick des Händlers und dessen Vermögen. Da aber der Adel von Anfang an ein größeres Kapital einzusetzen vermochte, gehörten die reichsten Kaufmannsfamilien Genuas auch meistenteils dem Adel an.

Als sich die Unterschiede der Stammeszugehörigkeiten verwischten, wurde die gesamte Bürgerschaft Genuas in Genossenschaften eingeteilt. Es waren zu Anfang sechs solcher Genossenschaften und bis 1133 waren derer sieben vorhanden. In dem Jahre, da die Konsuln in drei *de communi* und drei *de placitis* geteilt worden waren, bestanden nach den alten Dokumenten bereits sieben Kompanien, wie auch Caffaro in seinen Handschriften Band VI. Seite 259 schreibt. Zur gleichen Zeit tauchen anstelle der sechs gleich 11 Konsuln auf, von denen acht *de placitis* waren, was darauf schließen läßt, daß jede der Kompanien über einen Konsul *de placitis* verfügte.

Die Kompanien in Genua bildeten die politische Grundeinteilung der gesamten Bürgerschaft der Republik. Sie waren die Eidgenossenschaften und niemand konnte genueser Bürger werden, der nicht in einer dieser Kompanien den Eid geleistet hatte.

Diese Kompanien hoben schließlich die standesgemäßen Unterschiede zwischen Adeligen und Bürgerschaft völlig auf. In Genua, dem ausgesprochenen Handelsstaat, war nur derjenige angesehen und anerkannt, der zu den öffentlichen Ämtern Zutritt hatte. Zutritt hatte man jedoch nur, wenn man einer der Kompanien angehörte. In den Handschriften des Caffaro ist dieser wichtige Abschnitt folgendermaßen dargestellt:

»Quum autem plures communitates et compagniae dicerentur esse in Ianuensi civitate et diutius viguisse, complures Nobiles qui non erant in ipsis campagniis, prout eis videbatur, honores assequi non poterant, ut debebant, nec communis officia vocabantur. – Die Nobiles, die nicht in den Kompanien waren, sind später – eingezogen worden vom Landadel – die Vasallen der Stadt geworden, aber nicht in die Bürgerschaften aufgenommen.«

Es kam zudem auch auf die Gunst und das Vertrauen der Genossen an, denn durch die verschiedenen Kompanien wurden die Männer für die verschiedenen Ämter gewählt. Sie bedeuteten die Gesamtbürgerschaft und hoben damit das Übergewicht der Waffenehre auf, das in anderen Städten dem Ritteradel geblieben war.

Wenn beispielsweise ab etwa 1160 irgendein reicher Bürger von Genua es wagte, gegen einen schwächeren aufzutreten und ihn zu bekämpfen, konnte dieser den Schutz der Kompanie anrufen, der er angehörte, und sofort wurde ihm Unterstützung zuteil. Die Kompanie griff dann den Stärkeren an, zerstörte dessen Haus und den Turm und ließ ihn je nach Schwere des Vergehens auch noch finanziell zur Ader.

Diese Einstellung forderte in Genua die Heranbildung eines neuen Adelsstandes aus jenen Familien, deren Mitglieder nicht nur viel Geld besaßen, sondern auch große Tapferkeit unter Beweis gestellt und Weisheit bewiesen hatten. Diese erhielten dann die öffentlichen Ämter.

Diesem Stande gehörten etwa die Dorias an und die Spinolas, die Familien der Cancellieri, der de Marin's, der Grilli, der Sismondi, der Piacamili und viele anderer. Auch die Grafen von Lavagna konnten sich dazuzählen, die einmal mit Gewalt der Republik unterworfen worden waren, sich dann aber später freiwillig zu Genua bekannten.

Aus diesem Adel bildete sich die spätere genuesische Aristokratie heraus, die darüberhinaus in der Übertragung der Statthalter- und Gouverneurswürden auf Korsika, Sardinien und anderen Besitzungen im Mittelmeer oder an der Levanteküste zu hohen Ehren kamen. Sie waren aber auch Heerführer und Admirale. Befehlshaber genuesischer Verteidigungskastelle an der Küste und im Apennin. Ihr Bewußtsein war durchaus dem fürstlichen Bewußtsein zu vergleichen.

Da zwischen Pisa und Genua die Zankäpfel Korsika und Sardinien zu immer neuen Kriegen führten und die tägliche Konkurrenz beider Handelsflotten, die ja in die gleiche Richtung auslaufen mußten, um mit reichem Gut beladen heimkehren zu können, dauernden Anlaß zu neuen Reibereien und Scharmützeln gab, war die Lage zwischen beiden Städten nie ungetrübt.

In Konstantinopel, wo beide Städte ihre eigenen Niederlassungen mit einem Stadtquartier und Lagerhäusern hatten, kam es immer wieder zu offenen Auseinandersetzungen.

So wurden etwa 300 Genuesen in ihrem festen Lagerhaus von einer stark überlegenen Gruppe Pisaner angegriffen. 24 Stunden konnten sich die Verteidiger behaupten. Am nächsten Tage aber wurden die Pisaner auch noch von griechischen und venezianischen Kräften unterstützt. Die Genueser mußten sich ergeben. Ein junger Mann aus dem Geschlecht der Ruffi kam neben anderen genueser Kaufleuten ums Leben. 30 000 Perperi (eine byzantinische Goldmünze) wurden geraubt.

Die genuesische Verfassung in ihrer Weiterentwicklung – Genuesische Adelsfamilien

In seiner Göttlichen Komödie hat Dante im 13. Jahrhundert den Charakter Genuas und seiner Bürger angesprochen, als er schrieb:
 »Ahi Genovesi, uomini diversi
 D'ogni costume, e pien d'ogni magagna,
 Perchè non siete voi del mondo spersi.«
Diese Kennzeichnung trifft durchaus zu, wie im folgenden Abschnitt dargelegt werden soll.

Im Jahre 1250 zerfiel das, was man die Republik Genua nannte, in zwei Teile. Da war einmal die eigentliche Stadt, die civitas, zum anderen die Vorstadt – burgus. Beide Stadtteile waren an der Regierung zu gleichen Teilen beteiligt und ihr Anteil wurde durch die »Eidgenossenschaften« oder die Kompanien ausgeübt. In der Stadt gab es nunmehr vier Kompanien und im Burgus ebenfalls vier.

Während es bereits im 12. Jahrhundert mehrfach Podestàs gegeben hatte, waren dazwischen auch die Consules Communis gewählt worden, von denen bis 1217 jeweils sechs im Amt waren: drei aus jedem der genannten Stadtteile.

Von 1217 an jedoch waren es stets Podestà, die gewählt wurden und nicht aus Genua stammen durften. Ihnen standen Beamte aus Genua zur Verfügung, die den Titel Consules Marie oder jenen eines Rectors trugen. Der Gesamttitel lautete jedoch Consules pro rationibus communis faciendis. Es waren ihrer meistenteils zwischen vier und sechs, die zu gleichen Teilen aus den beiden Stadtteilen gewählt wurden.

Ein Jahr nach Beginn der Regierungszeit der Podestàs im Jahre 1218 unter der Regierung von Lambertino di Guido de' Bonarelli aus Bologna wurde auch für die Consules Maris eine feste Plattform gefunden. Als Kollegium der Acht hatten sie nunmehr festen Anteil an der Administration der Stadt. Diese »acht edlen Herren«, später Schlüsselmeister – »Clavigeri« – der Republik genannt, wurden durch die acht Kompanien der Stadt gewählt, so daß jede dieser Kompanien mit einem Schlüsselmeister im Kollegium der Acht vertreten war. Die Wahl dieser acht Stadtbeamten erfolgte jährlich.

Im Justizwesen standen dem Podestà das aus dem Schöffen-Kollegium entstandene Kollegium der Consules placitorum zur Verfügung. Zu Beginn des 13. Jahrhunderts wurden diese zu gleichen Teilen ebenfalls aus den Kompanien gewählt. Die vier Kompanien der Stadt hatten ein eigenes Gericht für Rechtsstreitigkeiten unter Mitgliedern der Kompanien. Es war mit vier Richtern besetzt, die den Titel *Consules placitorum quatuor compagniarum civitatis* trugen. Der Burgus verfügte über ein gleiches Gericht mit ebenfalls vier Richtern, den *Consules quatuor compagniarum de versus burgum.* (Siehe Muratori)

Darüberhinaus war ein drittes Gericht eingerichtet, vor dem Streitigkeiten unter Mitgliedern der Stadtkompanien und solchen der Burguskompanien ausgetragen wurden. Der Titel dieser Richter lautete: *Consules electi pro iustitiis inter habitantes in quatour compagniis versus burgum definiendis.*

In der Umgangssprache wurde es einfach »de medio« genannt. Von den vier Richtern dieses Gerichtes mußten zwei der Stadt- und zwei der Burg-Kompanie angehören.

Ein viertes Gericht befaßte sich mit Streitigkeiten und anderen Rechtssachen zwischen Einwohnern der Stadt und Fremden. Es hatte lediglich zwei Richter, die *Consules foritanorum,* von denen einer aus der Stadt und der zweite aus dem Burgus stammte.

Diese Gerichte wurden jedoch im 13. Jahrhundert immer wieder umbesetzt. So beispielsweise, als im Jahre 1215 die Consules communis das Fremdgericht übernahmen und es mit einem Rechtswissenschaftler aus einer anderen Stadt besetzten. Damit wollte man die Unparteilichkeit dieses Gerichtes, das ja über Fremde zu Gericht sitzen mußte, bekräftigen. Aber auch die drei übrigen Gerichte wurden im darauffolgenden Jahr mit fremden Richtern besetzt, und erst 1227 unternahm man den Versuch, diese drei Gerichtshöfe wieder mit Richtern aus Genua zu besetzen. Doch bereits ein Jahr später kehrte man zu der seit 1216 bestehenden Ordnung zurück.

Im Genua des Jahres 1238 war die Einwohnerschaft noch immer in zwei Parteien gespalten. Eine Seite neigte dem Kaiser, die andere dem Lombardischen Bund zu. Fünf der Ratsherren wählten Paolo da Soressina, der sechste war gegen ihn. Da aber einstimmige Wahl Bedingung war, wollte die kaiserliche Partei den guelfischen Podestà nicht anerkennen. Es kam zu Unruhen in der Stadt.

Das Jahr 1247 brachte dann wieder eine Entscheidung zu Gunsten der Genueser Richterschaft von denen jeweils zwei in die vier bestehenden Gerichtshöfe gewählt wurden.

Das Gericht des Podestà bildete schließlich eine höhere Instanz für Zivilprozesse. Als Beisitzer erhielt dieses Gericht einen *Consul civium et foritanorum*, der weder aus der Stadt noch aus Ligurien stammen durfte.

Die Kriminaljustiz wurde vom Podestà ausgeübt, der von einem zweiten Richter, dem *Iudex ad maleficia audienda*, unterstützt wurde, der über die notwendigen juristischen Kenntnisse verfügte.

Außer diesen genannten Behörden und Gerichten, von denen das Kollegium der Acht, welches ursprünglich nur das Geldwesen und den Handel unter sich hatten, den größten Einfluß auf den Staat gewann, gab es noch die Kanzlei, das Schreiberamt der Stadt. Vor 1230 war es mit vier Schreibern besetzt, danach waren es bis 1238 fünf und schließlich sechs, die alle Dekrete, Edikte, Erlasse der Republik zu schreiben hatten. Dieses Amt war insofern sehr wichtig, als es mehr oder weniger in der Hand der Schreiber lag, die Abfassung der Edikte und Dokumente aller Art in ihrem Sinne zu beeinflussen. Einer dieser Schreiber wurde zum Siegelbewahrer der Stadt ernannt. Er führte den Titel Cancellarius. Im Jahre 1249, jenem Jahr, da zum ersten Male auch ein Mitglied der Familie Fieschi im Rat der Acht auftauchte, waren mit ihm zugleich der Kanzler und vier ehemalige Stadtschreiber Beisitzer. Sie alle schienen von den Fieschi in diese Stellungen gebracht worden zu sein.

Jene Familien aber, die sowohl in der Stadt, als auch im Burgus damals schon einen Namen hatten, sollten auch später immer wieder in den Annalen der Stadt auftauchen und das Schicksal Genuas mitbestimmen.

Es waren dies in der Stadt die Familien Alberici, Barbavara, Anglotti, Caffaro, Fornari, Guerci, de Castello, Malloni, Striapori de Pallo, della Volta und Tornelli. Im Burgus waren die Familien Cigala, Domoculta, Doria, Ghisulfi de Campo, Falamonica, Guerci, eine zweite Linie der Guerci, Grilli, Gattilusi, Lercari, Lomellini, Marini, del More, Picamili, Sardena und Ususmaris tonangebend.

Diese Familien teilten sich die Macht in Administrativen wie in den Gerichtsämtern. Ihre Namen tauchen immer wieder in den Akten auf.

Andere Familien wiederum kamen als Führer der Land- und Seestreitkräfte zu hohem Ansehen oder durch andere Tätigkeiten. So als Venner der Stadt, als Gonfalonieri des Burgus oder Borgo, als Admirale zur See. Auf diesem Gebiet dominierten die Familien Avogati, della Croce, Embriaci, Malocelli, Pevere, Peverelli, Scoti, Spinola und Turchi; die Fieschi von Lavagna, die Grimaldi und die Venti entschlossen sich erst spät zur Tätigkeit im Kollegium der Acht. Für letztere Familien wurden Podestàstellen in jenen Ortschaften gefunden, die Genua untertan waren, und zwar an der ligurischen Küste ebenso wie auf den Inseln im Mittelmeer und an der Küste Kleinasiens.

Die städtischen Räte, die unter dem Consiglio generale zusammengefaßt waren, wurden von den Kompanien bestimmt, die ihre Leute in dieses Gremium wählten, um mitreden und mitbestimmen zu können.

Der kleine Rat, die Silentiarii, hatten eine andere formell bestimmte Zusammensetzung.

Die Concio generalis wiederum, die in der Domkirche der Stadt und auf einem Platz vor dieser Kirche tagte, war eine Bürgerversammlung, und jeder Bürger der Stadt durfte kommen, denn es wurde nicht beraten und dann über das Beratene abgestimmt, sondern an dieser Stelle hielten entweder der Erzbischof der Stadt oder der Podestà ihre Ansprachen, oder begründeten zu treffende Maßregeln. Hier wurde also versucht, die öffentliche Meinung für bestimmte Vorhaben und Maßregeln zu gewinnen.

Alle diese Maßnahmen wurden mit den Jahrbüchern des Caffaro aktenkundig gemacht. Dessen Nachfolger setzte sein Werk fort, sodaß vom Zeitpunkt Caffaros an alle genuesischen Dokumente, Entscheidungen und Maßnahmen in den Jahrbüchern zu finden sind. Diese Schreiber der Jahrbücher bekleideten hohe städtische Ämter und verzeichneten im Auftrage der Superba alles, was des Aufschreibens wert schien.

Der Zerfall Liguriens in Ghibellinen und Guelfen, der in den letzten Regierungsjahren Friedrichs II. zu Kriegen im ligurischen Raum geführt hatte, dauerte auch nach Friedrichs II. Tod weiter fort.

Zwar war im ostwärtigen Gebiet Liguriens der Aufstand der Ghibellinen nach der Übergabe der Burg Zoloschi durch Cavazza an Genua, nachdem sich auch die Bürger von Varese den Genuesern ergeben hatten, beendet worden. Im westlichen Teil hingegen war noch immer Savona ghibellinisch und 1250 wurde noch einmal versucht, Savona zu Fall zu bringen. Doch auch dieser Feldzug Genuas gegen Savona schlug fehl.

In Genua war besonders seit der Papstwahl eines Fiesco die Familie dieses Lehngrafengeschlechtes von Lavagna aufgewertet worden. Da diese mit den aus Genua vertriebenen Mascarati verwandt waren, boten sie alles auf, die Rückkehr dieser Familie aus dem Exil zu ermöglichen.

Wenn man bedenkt, daß sich 1249 der erste Fiesco plötzlich in den Rat der Acht

wählen ließ, und daß mit ihm der Kanzler und vier Schreiber, die der gleichen Partei angehörten, dieses Gremium stellten, wurde es den Savonesen nach dem Tode Friedrichs II. leichter, Friedensfühler nach Genua auszustrecken, erhoffte man doch durch die Stimmen der Fieschi und der genannten Schreiber, die durch die Fieschi in ihr Amt gelangt waren, zu einem günstigeren Frieden zu kommen.
Im Jahre 1251 wurde dieser Friede geschlossen, der lange Jahre des Kampfes beenden sollte. Mit Savona unterwarfen sich auch der Markgraf von Carretta, Jacopo, und alle übrigen Empörer, die zum Kaiser und den Kaiserlichen übergelaufen waren. Lediglich die Pisaner kämpften noch gegen Genua und weigerten sich, die Festung Lerici an Genua zu übergeben.
Savona erhielt tragbare Friedensbedingungen. Allerdings wurde der Stadt das Befestigungsrecht genommen und im Jahre 1253 deren Mauern zum größten Teil geschleift.
Im Jahre 1254 mußte Pisa durch Florenz, mit der sie ebenfalls im Kriege lag, eine schwere Niederlage einstecken. Nun war Pisa ebenfalls friedensbereit, und zwischen den vier Stadtrepubliken Genua, Pisa, Florenz und Lucca kam es zu einem Friedensvertrag. Darin wurde Pisa verpflichtet, Lerici und Trebbiano an Genua zurückzugeben. Dies verzögerte sich jedoch und im nächsten Jahr kam es zu neuem Kampf der Verbündeten Genua, Lucca und Florenz gegen Pisa. Im Verlauf dieses Kampfes eroberte Genua die Burg von Lerici und die Florentiner schlugen die Pisaner 1256 entscheidend.
Auch in Sardinien kam es durch diesen Krieg zu Auseinandersetzungen. Auf der Insel hatte Pisa noch immer fürstliche Lehnsherrschaften in Besitz. Die Fürsten hatten es verstanden, sich den Zwist zwischen Pisa und Genua zunutze zu machen und ziemlich frei die drückenden Verbindlichkeiten zu lösen. Als es dann zwischen dem päpstlichen Stuhl und Pisa zu Streitigkeiten über die Hoheitsrechte der Insel kam, erschienen die Genueser »als gute Guelfen und Vorkämpfer des Papstes auf Sardinien«. (Siehe Leo, Heinrich: Geschichte von Italien)
König Enzius, der die Gerichtsbezirke Gallura und Logudoro durch Heirat erworben hatte, wurde päpstlicher Seneschall und Statthalter, Michele Zanche zum Fürsten dieser beiden Gebiete ernannt.
Von den übrigen Gerichtsbezirken Sardiniens schloß sich Chiano, der Fürst von Cagliari, den Genuesern an. Er öffnete seine Burgen bei Castro und Santa Ila, verlobte sich mit einem Mädchen aus dem Hause der Malocelli, wurde aber noch im selben Jahr von seinen Feinden, den Capreras und den Pisanern, besiegt. Er selbst wurde gefangengenommen und getötet.
Der an seine Stelle tretende Oheim Guglielmo Cepolla schloß einen gleichen Vertrag mit den Genuesern wie sein getöteter Neffe. Er hinterließ nach seinem Tode Genua den gesamten Gerichtsbezirk Cagliari.

In Genua selbst kam es während der Regierungszeit des Podestà Filippo della Torre 1256 zu vielen aufsehenerregenden Mißbräuchen der Podestà-Gewalt durch ihn.
Als nun Anfang 1257 das Podestà-Amt neu besetzt werden sollte, kam es zu einem Volksaufstand.
»Die Sippschaft des della Torre und auch er selber hatten unrühmlich durch Raub und Vergewaltigungen von sich reden gemacht und jeden Prozeß darüber verhindert. Nun aber war er aller Macht beraubt, nun konnte man gegen ihn zur Tat schreiten.« (Siehe Leo, Heinrich: a.a.O)

Der Capitano del Comune e del Popolo

Als der Mailänder Edelmann Filippo della Torre nach Ende seiner Herrschaft in Genua mit seinem Anhang die Stadt verlassen wollte, rotteten sich die Ehemänner und Angehörigen der verführten und vergewaltigten Frauen zu einem großen Volkshaufen zusammen. Sie waren auf ordentlichem Wege nicht zu ihrem Recht gekommen, man hatte ihre Klagen einfach nicht bearbeitet. Nun aber wollten sie sich auf außergewöhnlichem Wege Genugtuung verschaffen.
Die Führer dieses losbrechenden Aufstandes, unter denen sich auch einige angesehene und mächtige Männer der Stadt befanden, riefen zu den Waffen.
Mit Steinen, Schwertern und was immer es gerade zur Hand hatte, griff das Volk die abziehenden Mailänder an. Es kam zu wüsten Prügelszenen und einige der Mailänder mußten ihren früheren Hochmut mit Blut und Leben bezahlen.
Geführt von einigen Adeligen, stark bewaffnet und bereit, notfalls mit Gewalt eine Änderung zu vollziehen, zogen die Aufständischen vor den Senat. Als man sie fragte, was sie denn wollten, erklärte ihr Sprecher:
»Wir fordern die Abschaffung des Podestà-Amtes und wollen die Reform des Staates. Wir wollen eine Volksherrschaft und eine Capitano del Popolo, der in der Stadt führt.«
Da diese Bewegung sehr stark war und einige der einflußreichsten Adeligen sie anführten, wurde die Regierungsreform eingeleitet.
Die Führer der Aufständischen kamen in der Kirche von San Siro zusammen. Sie wählten Guglielmo Boccanegra zum ersten Capitano del Comune e del Popolo. Hier wurden auch jene 12 Reformatoren bestellt, die mit der Zustimmung von Boccanegra die neuen Gesetze der Stadtrepublik aufstellen sollten.
Diese 12 faßten den Beschluß, daß statt des Parlamenti Generali, der allgemeinen Versammlung, von nun an ein Großer Rat, das Consiglio maggiore, zusammen-

treten sollte, um über die Geschicke der Stadt zu beraten. In den Großen Rat sollten alle Handwerke und Berufe, die nun in 33 Zünfte aufgeteilt wurden, vertreten sein. An der Spitze der Abgeordneten dieser Zünfte sollten zwei Konsuln stehen. Der ausländische Podestà sollte beibehalten werden; er sollte ein Doktor der Rechte sein und die Zivil- und Kriminalprozesse führen können.
Die Einberufung des Rates, die Staatsangelegenheiten und die Einhaltung der Gesetze oblag dem Capitano del Popolo. Ihm wurde eine Wache von 50 Soldaten, 12 Pagen und 2 Kanzlern unterstellt. Als Gehalt sollte er 1000 genuesische Lire erhalten, seine Amtsperiode sollte zehn Jahre dauern.
Nachdem man 32 Anziani gewählt hatte, aus jeder der Kompanien 4, und diese ihren Amtseid abgelegt hatten, kam es wegen der Amtszeit des Capitano del Comune e del Popolo zu Meinungsverschiedenheiten. Einige wollten ihn für fünf, andere für zehn und wieder Dritte für lebenslänglich zum Oberhaupt der Stadt machen.
Der Kompromiß lautete: Guglielmo Boccanegra wird für die Dauer von 12 Jahren zum Capitano del Comune e del Popolo gewählt. Falls er während seiner Amtszeit stirbt, wird ihm sein Bruder im Amt nachfolgen.
Als alle diese Angelegenheiten geregelt waren, wählte der Capitano der Stadt und des Volkes mit den Anzianen gemeinsam den auswärtigen Podestà. Ihre Wahl fiel auf Rainerio de Rossi aus Lucca.
Diese Reformen waren eigentlich nicht vom Volke ausgegangen, sondern von jener genuesischen Parteigruppe, die gegen die Fieschi und die Mascarati waren. Sie bedeuteten eine Revanche für die Machenschaften der Fieschi aus dem Jahre 1248. Dennoch war alles mit dieser Neuordnung zufrieden. Die Nichtadeligen waren dankbar dafür, daß sie nun zu allen Räten zugelassen waren, die Adeligen hingegen dafür, daß man sie nicht davon ausgeschlossen hatte. (Siehe dazu: Annali Genovesi di Caffaro e de' suoi continuatori, Hrgb. von L.T. Belgrano und C. Imperiale per la storia d'Italia.)
Der Popolo, das bliebe noch nachzutragen, war jener Teil des Volkes, der den Mitgliedern der Kommune – den adeligen und nichtadeligen Reichen der Stadt – als selbständiges Gegengewicht gegenüberstand. Er bildete wie die Adeligen eine eigene Körperschaft innerhalb der Stadtrepublik, die Societas populi. Dieser Popolo hatte zwei verschiedene, dennoch miteinander verbundene Ziele:
1. Ein Gegengewicht gegen die Mächtigen und Gesetzlosen zu bilden und 2. den Popolani einen Anteil am Verfassungsgebaren der Kommune zu sichern. Dies war mit der Wahl von Guglielmo Boccanegra vollauf gelungen.
Wenn es in späteren Jahren zu Auseinandersetzungen des Popolo mit dem Adel kam, zeigte es sich, daß sie durchaus in der Lage waren, Aufstände, von woher sie auch kamen, zu vereiteln.

Genuas Einsatz in Sardinien

Genau zu dieser Zeit der Reformen in der Republik Genua landeten pisanische Truppen erneut auf Sardinien, um die Insel in Besitz zu nehmen. Dadurch wurde der beschlossene Waffenstillstand gebrochen. Die Pisaner drangen bis Cagliari vor, jene genuesisch gewordene Stadt, und belagerten sie. Ebenso kam es zu einem Bruch des Bündnisses und Friedens zwischen Venedig und Genua. Venedig verbündete sich mit Pisa, Marseille und König Manfred von Sizilien gegen Genua.
Die genuesische Flotte wurde sofort in Marsch gesetzt. Sie erhielt Weisung, die Pisaner vor der Insel in Seegefechte zu verwickeln und ihre Streitkräfte von der Belagerung Cagliaris abzuziehen, damit die Orient-Handelskarawane, die sich auf dem Wege in die Heimat befand, die Burg von Castro verproviantieren konnte.
Im Syrischen Meer kam es zu einer der größten Seeschlachten seit langer Zeit. Die Genueser verloren in diesen Gefechten, in denen pisanische, sizilianische und französische Schiffe in der Überzahl waren, 25 Galeeren; zum Teil erst nach blutigem Enterkampf.
Lucca ließ durch seinen Botschafter in Genua sofort eine Hilfeleistung von 2000 Goldmark versprechen, Genua dankte zwar, wollte aber das Geld erst dann in Anspruch nehmen, wenn es wirklich benötigt würde.
Papst Alexander IV. griff ein. Es gelang ihm, den Frieden wiederherzustellen. Damit konnten die Genueser ihren Handel wieder aufnehmen und erhielten auf Sardinien und Sizilien ihre alten Rechte zurück.
Im Innern der Republik Genua brachen 1259 erneut Unruhen aus. Diesmal verschworen sich die Fieschi gegen den neuen Capitano del Commune e del Popolo. Diese Verschwörung konnte unterdrückt werden und viele Familien, die ihrer Verbundenheit mit dieser Partei allzu offen Ausdruck verliehen hatten, mußten aus Genua fliehen.
Die Häuser der Verbannten und deren Türme wurden geschleift. Diejenigen, die verdächtig waren, deren Schuld aber die Strafe der Verbannung nicht rechtfertigte, mußten einen Bürgen stellen, der für sie sprach. Das Haus des Obizo del Fiesco an der Piazza di San Lorenzo wurde vom Capitano der Stadt Boccanegra für sich beschlagnahmt. Er ließ sich darüberhinaus von der Stadt 300 Lire geben, um das Haus weiter zu befestigen.
Dieser Aufstand diente allerdings nur zur Festigung der Macht von Guglielmo Boccanegra.

Genua und die Griechen des Ostreiches

Als im Ostreich 1261 der in Mazedonien regierende Michael VIII. Palaiologos gegen das installierte lateinische Kaiserhaus antrat, waren die venezianischen Besitzungen in Konstantinopel und an anderen Handelsplätzen dieser Region in Gefahr.

Genua, nach der Niederlage vor der syrischen Küste und dem Verlust von Ptolemais kurz vor dem Ende, sah plötzlich eine neue Chance, sich hier wieder zu etablieren. Die Stadt schloß sich den freien Griechen gegen das lateinische Kaisertum an. Gleichzeitig damit hoffte man, einen harten Schlag gegen Venedig tun zu können. Zwar wurde Konstantinopel durch die venezianische Flotte unter Jacopo Quirini geschützt, doch Michael Palaiologos, der Führer der griechischen Angreifer, wurde von einem Großteil dieser Stadt als Befreier herbeigesehnt.

Kaiser Balduin II., der venezianische Podestà Marco Gradenigo und der Patriarch von Konstantinopel, Pantaleo Giustiniani, mußten nach kurzer Zeit der Verteidigung bereits die Flucht ergreifen und segelten mit der venezianischen Flotte nach Negroponte.

Es gelang Alexius Strategopulos, mit Hilfe der Genueser, die Hauptstadt des Kaiserreiches in einem Handstreich zu öffnen und am 7. Juli 1261 Konstantinopel zu erobern.

Damit hatten die Genueser wieder in Konstantinopel das Sagen. Ihnen wurde die Vorstadt Pera zugesprochen, und sie genossen im gesamten griechischen Kaiserreich größte Privilegien, dank derer sie die Venezianer hier und im Schwarzen Meer binnen kürzester Zeit aus dem Felde schlugen.

Sie hatten nicht versäumt, Michael Palaiologos 30 Galeeren zur Verfügung zu stellen, die den Kampf gegen eine ansegelnde venezianische Flotte aufnehmen sollte, die in 37 Galeeren unter der Führung von Jacopo Delfino bestand.

Bei Settepozzi (Sieben Brunnen) lieferte sich die vereinigte venezianische Flotte unter Gilberto Dandolo und die genuesische unter Admiral Pietro de Grimaldi eine heftige Seeschlacht. Nachdem vier genuesische Galeeren vernichtet und Admiral Grimaldi gefallen war, floh der Rest der Genueser nach Malvasia.

In Genua wurden Stimmen laut, die Unterstützung der Griechen einzustellen. Aber die Gegenargumente schlugen durch: daß die Freundschaft der Palaiologen für Genua entscheidend sei, ganz gleich, ob Michael VIII. Sieger oder Besiegter sein werde. Wenn er nämlich ohne ihre Hilfe siegte, hätten sie in ihm einen gefährlichen Feind. Falls er aber verliere, falle für Genuas Handelsimperium ein mächtiger Beschützer für den Osthandel aus.

So kam das Bündnis »ewiger Freundschaft zwischen dem griechischen Imperium und der Ligurischen Republik« zustande.
Einer der wichtigsten Punkte der Vereinbarung lautete:
»Griechenland schließt mit Venedig keinen Frieden ohne Genuas Einwilligung. Griechenland beschützt Genua in allen griechischen Meeren und Häfen, wobei Genua von allen Zöllen befreit ist. Es untersagt niemals die Versorgung der Genueser mit Waren und stimmt der Entnahme von Waren aller Art aus dem Kaiserreich durch sie zu.
Griechenland gibt dem genuesischen Volk die Stadt Smyrna vollständig in Besitz, es gibt der Republik in Adramito, auf Mytilene, Scios, Kreta und Negroponte ebenso wie in Stadtteilen von Saloniki, Cassandria und Ainia ausreichenden Besitz, um darauf Paläste, Kirchen, Bäder, Öfen zum Brotbacken, Gärten und Häuser für die Wohnungen der Kaufleute bauen zu können.
Griechenland sperrt ab sofort die Schiffahrt auf dem Mare Maggiore – dem Schwarzen Meer – für alle lateinischen Völker, außer Genua und Pisa.
Griechenland schickt jährlich 500 Iperperi und 2 Goldpalii an Genua. Alle genuesischen Gefangenen werden sofort freigelassen.
Genua seinerseits verpflichtet sich, auf die Zollerhebungen gegenüber Untertanen des griechischen Imperiums zu verzichten, und verbietet nicht die Entnahme von Waffen und Pferden durch dieselben. Es gestattet seinen Bürgern, unter griechischer Flagge zu kämpfen.
Jeder Genueser, der sich in Ländern des griechischen Herrschers aufhält, hat diese, falls erforderlich, mit Gut und Leben zu verteidigen.
In griechischem Solde stehende Soldaten aus der Republik Genua, die sich vorzeitig und ohne Abschied entfernen, werden als Verräter bestraft, wo und von wem immer sie angetroffen werden.
In allen Fällen, wenn dies von Griechenland verlangt wird, hat Genua eine Flotte von bis zu 50 ausgerüsteten Galeeren zu entsenden.«
Dies war eines der weitestreichenden Bündnisse, das Genua jemals einging, aber es erschien auch als das lukrativste, falls es gelang, die Venezianer endgültig aus dem Felde zu schlagen.
Vierzehn Tage nach der Ratifizierung dieses Bündnisses befand sich Konstantinopel in griechischer Hand.
Die venezianische Flotte, die versuchte, Konstantinopel zurückzugewinnen, wurde durch eine genuesische Flotte unter Martino Boccanegra verjagt.
Nach dieser Seeschlacht herrschte Genua uneingeschränkt im gesamten Schwarzen Meer. An den Küsten desselben wurden Kolonien angesiedelt und mit ihnen der große asiatische Kontinent für den genuesischen Handel geöffnet.
Um das griechische Imperium wiederherzustellen, erließ Michael VIII. Palaiolo-

gos im Jahre 1262 im Einvernehmen mit der Ligurischen Republik ein Dekret, nach welchem jeder Grieche oder Genueser, der die noch in den Besitz lateinischer Herrschaften befindlichen griechischen Regionen oder Inseln fortnahm und mit eigenen Streitkräften sicherte, diese als ewiges Lehen erhalten werde.
Nun ging der Wettlauf im östlichen Mittelmeer erst richtig los. Die reichen Kaufmannsfamilien beider Nationen rüsteten nunmehr eigene Flotten und Streitkräfte aus, um sich mit dem Schwert einen Happen aus dem großen Kuchen herauszuschneiden.
Die Familie Embriaci eroberte Lemnos, die Centeneri Mytilene, die Gattilusi Enos und ein Zaccaria nahm mit griechischer Hilfe Negroponte in Besitz und erhielt vom Kaiser zur Belohnung die Insel Scios (Chios) zugleich mit dem Titel eines griechischen Admirals und Konstablers. Andrea und Jacopo Cattanei besetzten das alte Focea, das ein um so kostbarerer Besitz war, als sich dort ein großes Alaunbergwerk befand und dieses Material für die Färber Genuas von größtem Wert war.
Der von seinem Thron gejagte Balduin II., der einmal den Genuesern ewigen Dank versprochen hatte und von den Genuesern ja mit auf den Kaiserthron gehievt worden war, versuchte am französischen Hof ebenso wie am englischen Hilfe zu erlangen. Vergebens.
Als er Papst Urban IV. um Hilfe gegen die »nichtchristlichen« Griechen bat und um Verurteilung der Genueser, die den Feinden der Christenheit geholfen hätten, exkommunizierte der Papst die Genueser und ermahnte sie dann in einem Sendschreiben, das Bündnis mit dieser schismatischen Regierung zu kündigen. Aber Genua ertrug die Exkommunizierung mit Gelassenheit, denn die Vergünstigungen im Handel, dem sie mehr huldigten als der Religion, gab ihnen ein gutes Äquivalent zu diesem Bannfluch des Papstes, der ohnehin nichts auszurichten vermochte. Sie unternahmen nichts, um den päpstlichen Segen zurückzuerlangen, solange der Geldsegen des Handels aus dem Orient und Asien in ihre Schatullen prasselte.
In diesen vielfältigen Auseinandersetzungen, bei denen es auch um die Sicherung der syrischen Handelsplätze ging, kam es zwischen Genuesern und Venezianern abermals zum Krieg.
In Ptolemäus versteiften sich die Genueser auf das ausschließliche Recht an der Kirche S. Sabba. Als die Venezianer, mit einem Empfehlungsbrief des Papstes an den Patriarchen ausgestattet, einen Teil davon beanspruchten, wurde ihnen dies von den Genuesern verweigert, die sich der Hilfe der Johanniter versichert hatten.
Der entbrennende Streit artete in Handgreiflichkeiten aus. Die Pisaner, in bezug auf den raschen Erwerb von Geld und Gut ebenfalls nicht kleinlich, verbündeten

sich mit den Genuesern und gemeinsam plünderten sie die Häuser der Venezianer.

Danach bewirkten sie bei Philipp von Montfort, dem Gouverneur von Ptolemäus, daß den Venezianern der dritte Teil der Stadt, der ihnen gehört hatte, genommen wurde.

Als Venedig Genugtuung forderte, reiste eine genuesische Gesandtschaft nach Venedig, um im Streit zu vermitteln, sie lehnte aber jede Schadenersatzforderung der Venezianer ab. Was übrig blieb, war ein neuer Krieg zwischen Venedig und Genua. Und die Pisaner, nunmehr wieder Feinde Genuas, verbündeten sich mit Venedig, und diesem Bund trat auch der König Siziliens, Manfred, bei.

Die Genueser eröffneten diesen Krieg, indem sie einige pisanische Burgen angriffen, eroberten und in Besitz nahmen.

Lorenzo Tiepolo drang mit einer venezianischen Flotte nach der Sprengung der Hafenkette in den Hafen von Ptolemäus ein. Die im Hafen liegenden genuesischen Schiffe wurden in Brand gesetzt und das Schanzwerk zum Schutz der Kirche S. Sabba fiel nach kurzem erbitterten Kampf in venezianische Hand.

In dem danach folgenden Gefecht wurde das genuesische Quartier in Ptolemäus von venezianischen Truppen besetzt und Genua mußte einen Waffenstillstand schließen.

Von Tyros aus segelte die genuesische Flotte unter der Führung von Admiral Pasquetto Malone mit 22 Galeeren gegen Ptolemäus. In dem Seegefecht, das zwischen diesem, venezianischen und pisanischen Schiffen stattfand, gelang es den Gegnern, das Admiralsschiff nach fürchterlichem Gemetzel zu kapern. Der genuesische Admiral fiel den Venezianern in die Hände. Zwei weitere genuesische Galeeren erlitten das gleiche Schicksal.

Noch während des versuchten Staatsstreiches der Fieschi gegen die Regierung von Guglielmo Boccanegra konnte dieser energiegeladene Capitano del Comune e del Popolo 40 Galeeren und 4 Transportfahrzeuge ausrüsten lassen. Diese wurden von Admiral Roberto de' Turchi zur syrischen Küste in Marsch gesetzt, um Revanche zu nehmen.

Der venezianische Doge schickte als Antwort darauf den Admiral Andrea Zeno mit 15 Galeeren und wenig später noch einmal 10 Fahrzeuge unter dem tatkräftigen Paolo Falier nach Syrien. Lorenzo Tiepolo war wenig später in der Lage, seinem Admiral 39 Galeeren und 14 weitere Fahrzeuge zuzuführen.

Diese gewaltige Übermacht schlug die genuesische Flotte. Der Seekampf, der mehrere Tage dauerte, kostete Genua 15 Galeeren. Dem Rest der Flotte gelang es, sich nach Tyros zurückzuziehen.

Noch immer hielten die Genueser ein befestigtes Haus, das Muzoja genannt wurde, in Ptolemäus in Besitz. Dieses Haus wurde nach der vernichtenden Niederla-

ge der Flotte niedergebrannt und alles, was sonst noch dazu gehörte, zerstört. Von nun an durfte kein genuesisches Schiff, das den Hafen von Tyros verließ, mit gehißter Flagge in den Hafen Ptolemäus einlaufen. Das Gerichtshaus der Genueser in der Stadt mußte aufgegeben werden.
Erst den Bemühunen von Papst Alexander IV. gelang es, den Frieden in dieser entfernten Region wiederherzustellen und einen 5 Jahre dauernden Waffenstillstand herbeizuführen.

Revolution und Neuorganisation in Genua

Mitten in diese Auseinandersetzungen hinein platzte eine neue Revolution, die diesmal dem Capitano del Comune e del Popolo galt. Guglielmo Boccanegra hatte bis dahin die ihm übergebene Gewalt derart zu einer Art von Tyrannenherrschaft ausgebaut, daß die Zeit für eine Änderung der genuesischen Verfassung reif erschien. Er hatte alle jene, die Staatsämter innehatten und ein von seiner Gnade unabhängiges Ansehen genossen, immer mehr zurückgedrängt. An ihrer Stelle holte er sich Männer seines Standes, womit er willfährige Handlanger hatte und zum anderen auch der Beifall der Menge einheimsen konnte.
Als Boccanegra die mächtigsten seiner Gegner durch Bewaffnete aus den von Genua unterworfenen Städten festnehmen ließ, kam es zum Aufstand. In diesem Falle war die Feindschaft zwischen Guelfen und Ghibellinen vergessen. Alle standen sie zusammen, um Boccanegra und den von ihm zusammengerufenen 800 Bewaffneten gewachsen zu sein.
Boccanegra gab den Schlachtruf aus, mit dem er sich seines mächtigsten Gegners versichern wollte:
»Auf zu den Häusern der Grimaldi! – Wir werden sie für das Volk erobern!«
Unterwegs dorthin wurde sein Kriegshaufen immer dünner. Viele seiner Freunde, die wußten, was sie bei den Häusern und Türmen der Grimaldi erwartete, drückten sich zur Seite, und schließlich mußte Boccanegra einsehen, daß er mit dem verbliebenen kläglichen Rest nichts würde ausrichten können. Er gab den Befehl, zur Piazza zurückzukehren.
Die Gegner des Capitano hingegen hatten sich in kampfstarke Gruppen zusammengetan. Sie nahmen ein Stadttor nach dem anderen ein und schlugen die Freunde Boccanegras, die sich ihnen in den Weg stellten, zurück. Bei dem Getümmel des Kampfes zwischen diesen und den Männern Boccanegras fiel auch Lanfranco Boccanegra im Kampf.
Als diese Nachricht zu Guglielmo Boccanegra durchdrang, floh der Capitano

und versteckte sich. Nur durch die Hilfe des Erzbischofs, der sich für Guglielmo Boccanegra und seine Männer verwandte, wurde das Leben dieser Menschen geschützt. Aber der Capitano verlor alle seine Macht.
Die Aufrührer hatten auch diesmal gesiegt. Eine Staatsreform brachte die Abschaffung des Amtes des Capitano. An seiner Stelle wurde der Podestà wieder eingeführt. Ihm standen acht Älteste zur Seite, von denen sechs vom Adel und zwei vom Volk gestellt wurden.
Der Kampf hiner den Kulissen dauerte an, und die Parteigänger versuchten mehr oder weniger heimlich jene adeligen Familien zu schädigen, die das Capitanat des Volkes begünstigt und mitgebildet hatten.
Als sich einer der Adeligen mit Namen Simone Grillo gegen die Grimaldi und Fieschi erhob, schien es allen, als wolle er sich zum neuen Capitano del Popolo machen lassen. Die beiden genannten Häuser und der im Amt befindliche Podestà Guglielmo de Scrampi aus Asti holten an Bewaffneten zusammen, wen sie finden konnten, um diesem Ansturm auf ihre Gewalt abzuwehren. Die Sturmglocken läuteten.
Aber angesichts der erdrückenden Übermacht unterließ Simone Grillo jede weitere Provokation, die als Beginn eines Kampfes hätte gewertet werden können. Dadurch wurde ein offener Bruch vermieden, ohne daß die bestehenden Spannungen hätten abgebaut werden können. Es kam zum Streit zwischen den Adeligen der verschiedenen Geschlechter, die sich nicht darüber einigen konnten, wieviele Angehörige aus jeder Familie in den Großen Rat gewählt werden sollten.
Es wurde eine neue Regelung für die Ernennung zum städtischen Rat und zum Angehörigen des Rates der Acht getroffen. Danach wählte jede Kompanie 40 ihrer Mitglieder zu einer Wahldeputation. Die Wahldeputation der ersten Kompanie wählte daraufhin vier Ratsherren aus der zweiten Kompanie und diese wiederum vier aus der dritten und so weiter, während die achte Kompanie schließlich die vier Ratsherren aus der ersten Kompanie wählte.
Diese so gefundenen 32 Ratsherren ernannten dann für das nächste Jahr jene Männer zu Ratsherren und zum Rat der Acht, die ihnen am tauglichsten dafür erschienen.
Damit war der früher möglichen »Schiebung in den Rat« durch die ausgezeichneten Familien ein Riegel vorgeschoben.
Die 400 Mitglieder der acht Wahlgremien wurden darauf vereidigt, den Schutz des Podestà sicherzustellen und alle Angriffe auf die Verfassung, von welcher Seite sie auch kamen, abzuwehren.
Im Oktober 1264 versuchte Oberto Spinola, sich zum Capitano des Volkes zu machen. Ihm zur Seite standen sein Bruder Tommaso und einige Genueser, die zu seinen Hausgenossen gehörten. Außerdem noch Guglielmo di Pietra mit 40

seiner Getreuen, die aus dem Scriviatal kamen, Giovanni de' Ravascheri und Guglielmo Bottin, ferner noch etwa 32 Männer der Garibaldis aus Lavagna. Dazu gesellte sich eine Menge Volkes aus der Stadt.

Dieser Aufstand erfolgte, als die meisten der führenden Adeligen von Genua sich zur Villeggiatura – zur Sommerfrische – befanden, die im Oktober auf dem Lande stattfand und auf der die Menschen aus der Stadt bei ländlichen Festen ausspannten.

Während nun also fast alle führenden Männer Genuas zur Erholung auf ihren Schlössern saßen, überfiel Oberto Spinola bei Nacht den Palazzo des Podestà. Es gelang ihm, die Gewalt an sich zu reißen und sich zum Capitano del Comune e del Popolo ausrufen zu lassen.

Bei Tagesanbruch wurde an vielen Stellen der Stadt ausgerufen, daß sich die Bürger zur Generalversammlung auf dem Platz vor San Lorenzo versammeln sollten. Dies ließ die Familie Guerci nicht ruhen, und da sie einen sehr großen Anhang hatte, kamen sie zusammen und verlegten den Spinolas den Weg, den sie vom Palast des Podestà, in dem sie waren, kommen mußten, wenn sie zu der ausgerufenen Versammlung nach San Lorenzo gingen. Schwer bewaffnet wollten sie diesen Aufstand verhindern.

Auf der Hälfte des Weges wurden die Spinolas von den Guerci gestoppt. Nach einem kurzen Wortwechsel, in dem die Spinolas aufgefordert wurden, sofort wieder abzutreten und den Palazzo des Podestà zu verlassen, bahnten sich die vorn stehenden Männer dieser Familie mit Waffengewalt einen Weg durch die Absperrung. Der Kampf begann.

Nach einem mörderischen Gemetzel, bei dem Männer beider Gruppen zu Tode kamen, wurden die Guerci geschlagen und gefangengenommen. Die Häuser der Guerci-Familien wurden geschleift und auch die Häuser der Familie dell'Isola, die sich den Guercis angeschlossen hatte.

Entschieden war jedoch noch immer nichts. Erst als die angesehensten Familien der Stadt einen Rat abhielten, kam es zu einem Kompromiß. In einer geheimen Wahl wurde über das Schicksal des Podestà abgestimmt. Die Mehrzahl war für seine Verabschiedung, und so erhielt er sein gesamtes Jahresgehalt und mußte Genua sofort verlassen.

Oberto Spinola, der Anstifter dieses Aufstandes, erhielt mitsamt seiner Familie volle Amnestie, auch für die abgerissenen Häuser und Türme der beiden unterlegenen Familien, und die Stadtführung wurde vorläufig in die Hände der beiden führenden Männer der Stadt, Guido Spinola und Niccolà Doria, gelegt.

Damit hatte sich die Waage wieder der Gruppe Spinola-Doria zugewandt, während die Waagschale der Familien Grimaldi und Fieschi sich hob. Der Streit dieser Gruppen setzte sich fort.

Die Kämpfe nach außen

Im Jahre 1263, als gerade die inneren Unruhen in Genua zeitweilig beigelegt waren, bereitete sich Venedig auf einen Schlag gegen Genua vor, das der Lagunenrepublik in der Levante den Rang abgelaufen hatte. Um eine vorauszusehende Gebietserweiterung Genuas zu verhindern, entsandte Venedig eine starke Flotte ins griechische Inselarchipel. Doch die genuesische Flotte war auf der Hut, und ihr Admiral Pietro Avvocado, der soeben die Flottenführung übernommen hatte, holte zu einem Gegenschlag aus. Er wollte ein in seiner Nähe segelndes venezianisches Geschwader handstreichartig überraschen.
Doch zu seiner eigenen Überraschung befolgten seine Schiffe die Befehle nicht, die er gab. Mit seinem Admiralsschiff steuerte er, alleingelassen, mitten in die feindliche Schiffsansammlung hinein. Von drei Seiten angegriffen, gelang es den Venezianern, dieses Schiff zu entern. Der Admiral und seine Getreuen wurden im Kampf erschlagen.
Jene Schiffskapitäne, die den Angriffsbefehl verweigert hatten, wurden in Genua vor Gericht gestellt und mußten sich verantworten. Das Gericht kam zu einem Schuldspruch, und die Übeltäter wurden exemplarisch bestraft.
1264 übernahm Avvocado Simone Grillo die Führung der Flotte. Er zeichnete sich im Scharmützelkrieg auf See durch besondere Umsicht und Tapferkeit aus. Er lief unmittelbar nach Übernahme der Befehlsgewalt mit der Flotte nach Durazzo in Albanien aus. Dort wollte er eine gemeldete große »venezianische Karawane« abfangen und kapern. Diese sollte aus Venedig auslaufen, Waren nach Ägypten bringen und dort dafür »orientalische Kostbarkeiten« eintauschen.
Als diese venezianischen Schiffe in Sicht kamen, stellte man fest, daß die Handelsflotte von einem dichten Ring von Kriegsschiffen umgeben war. Dennoch wollte Grillo angreifen, sobald der Wind stärker wurde, denn eine Windstille nützte dem Verteidiger mehr als dem Angreifer.
Auch durch die Verhöhnungen der Venezianer ließ Admiral Grillo sich nicht aus der Fassung bringen oder gar zu unvorsichtigem Vorprellen provozieren. Erst als gegen Abend Wind aufkam und der Ring der venezianischen Geleitschiffe sich durch die Tide auseinandergezogen hatte und große Lücken aufwies, griff Grillo sie – den Wind im Rücken – mit seinen schnellen Schiffen entschlossen an.
Der Schlag gelang. Einige der Geleitschiffe wurden gekapert und angezündet, die Schatzschiffe hingegen unter genuesischer Führung, gedeckt durch die schnellen genuesischen Kampfschiffe, nach Genua entführt. So fielen den Genuesern die reichen Schätze venezianischen Handelsgutes in die Hände.

Nachdem im Innern des Landes nach dem letzten Umsturz im Oktober 1264 Ruhe eingetreten war, konnte sich die Republik Genua noch mehr auf die Erweiterung des Handels konzentrieren.

1266 wurde Lanfranco Borborino zum Admiral der Flotte gewählt. Dieser Nachfolger Grillos war ein unbedachter Draufgänger, der nicht über die Umsicht seines Vorgängers verfügte. Mit der Flotte lief er einem gemeldeten venezianischen Schiffsverband entgegen, der ins Ligurische Meer gehen sollte.

Bei Trapani stießen beide Flotten aufeinander. Die genuesischen Schiffe waren in einer schwierigen Lage, und eines nach dem anderen wurde zusammengeschossen und im Enterkampf vernichtet.

Mitten im Kampf befahl Admiral Borborino zu drehen und lief davon, ohne sich um die eingekreisten Schiffe seines Geschwaders zu kümmern.

Diesmal siegte Venedig und brachte reiche Beute heim. Lanfranco Borborino wurde vor Gericht gestellt, der Feigheit vor dem Feinde für schuldig gesprochen und zu ewiger Verbannung verurteilt.

Noch während die Venezianer ihre Beute in Richtung Venedig zurückschafften, hatte ein Reservegeschwader Genuas unter Führung von Oberto Doria in Stärke von 25 Galeeren den Hafen der Republik verlassen. Oberto Doria, seit Jahren bereits als Offizier niederen Ranges auf Schiffen dienend, hatte hier seine erste große Chance der Bewährung als Geschwaderkommodore erhalten. Es gelang ihm, eine Reihe venezianischer Schiffe zu vernichten.

Nach Kreta weiterlaufend, ging er an der Nordküste an Land und versuchte die Insel zurückzuerobern, die Genua beinahe gehört hätte und auf der 1208 viele genuesische Soldaten, den Freiheitskampf der Griechen unterstützend, gefallen waren.

Er eroberte eine Reihe Burgen und Ortschaften an der Küste. Venedig, das auf der Seite Balduins stand, wußte nun, daß dieser nicht wieder auf den Kaiserthron zurückkehren würde. Die Friedensverhandlungen begannen und Venedig setzte durch, daß es mit Genua zusammen die Insel Kreta bekommen würde, wenn es Michael VIII. Palaiologos als rechtmäßigen Kaiser anerkennen würde. Allerdings stellte Genua die Bedingung, daß Venedig auf alle seine in der Levante verlorenen Handelsstützpunkte Verzicht leisten mußte. Genua wollte dann als Gegenleistung auf das eroberte Chania verzichten.

Damit war nach dem inneren Frieden auch jener nach außen gesichert. Das Jahr 1269 sah die Außerkraftsetzung des geübten Brauches des Strandrechtes, das alle an einen Strand verschlagene Schiffe dem Besitzer dieses Strandes zusprach. In einem Schiffahrts- und Handesvertrag mit König Karl von Neapel wurde es außer Kraft gesetzt, doch dieser Vertrag sollte sich als unbrauchbar und nicht praktikabel erweisen.

Genua beteiligte sich im Jahre 1270 mit 10 000 Mann am Kreuzzug von König Ludwig IX., der der siebte in der langen Reihe dieser Züge war. Doch dieser Kreuzzug verlief ergebnislos. Als mehrere genuesische Schiffe durch einen Sturm an die sizilianische Küste verschlagen wurden, kaperten »Strandräuber« diese Schiffe und gaben sie nicht wieder heraus. Dies bewies, daß die Befolgung des Strandrechtes trotz gegensätzlicher Verträge nach wie vor geübt wurde.
Im selben Jahr kam es bei der Wahl des Podestà von Ventimiglia zu einem Streit. Es war Lucchetto de Grimaldi gelungen, sich dieses Amt zu verschaffen. Er wurde aber in Ventimiglia durch die dort ansässige Familie der Curli offen bekämpft. Es gelang den Grimaldis, die Curli zu vertreiben. Diese wandten sich mit ihrem Hilfeersuchen an Genua.
Aus Genua zogen nun zur Unterstützung der ghibellinischen Freunde, der Curli von Ventimiglia, gegen den Guelfen Grimaldi, Ugo Doria, Ansaldo Balbi, Guglielmo della Torre und viele andere Ghibellinen aus und versuchten, die Grimaldis aus Ventimiglia zu verjagen. Doch diese saßen bereits fest im Sattel. Die Angreifer wurden gestoppt und teilweise übel zugerichtet. Sie baten um Gnade, die ihnen von den Grimaldis auch versprochen wurde. Sie erhielten freien Abzug nach Genua zugesichert.
Doch der Podestà Grimaldi hielt sein Versprechen nicht und nahm sie, als sie die Waffen niedergelegt hatten, gefangen.
Als die Nachrichten davon nach Genua kamen, gerieten die Angehörigen dieser Familien, ja die ganze Stadt in Aufregung. Alles griff zu den Waffen. Oberto Spinola und Oberto Doria griffen den Palast des Podestà an, einmal weil sie ohnehin eine Reform des Stadtstaates herbeiführen wollten, zum anderen, um ihre Macht gegenüber den Grimaldis und Fieschis zu festigen. Der Podestà konnte in die Häuser der Fieschi fliehen. Die Ghibellinen aber waren mit Unterstützung des Volkes die Sieger in dieser Auseinandersetzung.
Das Generalparlament wurde einberufen und von ihm Oberto Spinola und Oberto Doria zu Capitani del Popolo und Reorganisatoren des Staates gewählt. Sie beschlossen folgende Reformen:
»Die Guelfen werden drei Jahre lang interniert. Jeden Monat findet eine Parlamentsversammlung statt. Ein ausländischer Podestà entscheidet mit drei Unterrichtern die Zivil- und Kriminalprozesse. Bei öffentlichen Veranstaltungen hat der Podestà seinen Platz inmitten der Capitani.
Er residiert in einem Palast, hat eine Wache und bekommt ein Gehalt. Acht Älteste werden gewählt, ob adelig oder aus dem Volke, ist ohne Bedeutung. Ohne die Zustimmung dieser acht ist keine schwerwiegende Sache durchzuführen, noch darf eine solche ohne vorherige Beratung durch die acht dem Parlament vorgelegt werden.

Die beiden Capitani bleiben 22 Jahre im Amt. Sie haben außer den oben genannten Aufgaben dafür zu sorgen, daß die Republik keinen Schaden erleidet, ob in der Stadt oder in Ligurien oder in Übersee.« (Siehe: Annali Genovesi di Caffaro: a.a.O.)

Die politischen Verhältnisse in Genua entwickelten sich 1272 so, daß die Fieschi und Grimaldi eine neue Taktik anwandten, wieder zu ihrem Recht zu gelangen, indem sie sich an benachbarte Fürsten wandten, mit der Bitte, ihnen wieder zur Macht zu verhelfen. Diese Taktik wurde in ganz Europa angewandt.

Die Guelfen wandten sich zunächst an Karl von Anjou nach Neapel und versprachen diesem, der von vielen als »der Thronräuber von Neapel« bezeichnet wurde, die Stadt Genua als Dominion, wenn er ihnen helfe, die ghibellinischen Spinolas und Dorias zu vernichten.

Die Grimaldi, deren Besitzungen überwiegend auf der westlichen Flanke des Golfes im Raum Noli lagen, eroberten nun in diesem Gebiet einige Burgen, die zu Genua gehörten. Dies war für die beiden »Obertos« eine Herausforderung, der sie nicht tatenlos gegenüberstehen durften, wenn sie nicht die Achtung des Volkes verlieren wollten. Nach einer Beratung der acht wurde dem Senat der Antrag gestellt, gegen diese Verräter vorzugehen.

Niccolò Doria erhielt den Befehl über eine Kampfgruppe, die dorthin in Marsch gesetzt wurde.

Zur gleichen Zeit opponierten auch die Fieschi gegen das gegen sie erlassene Urteil. Sie zogen sich in ihre Burgen im Raume Sestri Levante zurück. Gegen sie wurde Oberto Doria, der zum Feldhauptmann der östlichen Küste ernannt worden war, eingesetzt.

Beide genuesische Kampfgruppenführer eroberten eine Burg nach der anderen zurück. Dennoch zwangen neue Unruhen die beiden Capitani, weitere Stellvertreter, Vicare, zu ernennen. Es waren dies einmal Ansaldo Balbo di Castro für die östliche und zum anderen Oberto Sardenas für die westliche Küste.

Inzwischen ließ Karl von Anjou alle genuesischen Kaufleute in seinem Lande festnehmen und ihre Güter konfiszieren. Seine Schiffe machten auf genuesische Handelsschiffe Jagd, und der Markgraf von Bosco griff das genuesische Gebiet von der Landseite her an.

Im Gegenzug wurde eine rasch aufgestellte genuesische Einsatzgruppe unter Corrado Spinola gegen den Markgrafen Bosco in Marsch gesetzt. Die Kastelle des Bosco wurden im Sturm erobert und niedergerissen. Damit waren ihm die Schlupfwinkel, von denen aus er seine Streifzüge unternahm, genommen.

Doch der Kampf Genuas gegen diese Feinde von außen war damit noch nicht ausgestanden. Im folgenden Jahr schlossen sich die Stadt Alessandria, der Markgraf von Saluzzo und die Markgrafen von Carretto den Feinden Genuas an. Die beiden Capitani der Stadt kämpften verbissen. Sie stürmten nunmehr gegen die Besitzungen Karls von Anjou im Raume Oneglia an und eroberten die zurück, die bereits 1259 durch Karl von Anjou dem Grafen von Ventimiglia, Enricchetto, genommen worden waren. Die Genueser waren auch hier siegreich.

Doch schon marschierten Genuas Gegner unter der Führung von Niccolò Fiesco, der in der Toscana Soldaten angeworben hatte, zur östlichen Küste und verheerten dort einige Dörfer und Burgen Genuas. In der genuesischen Lunigia konnte Niccolò Fiesco alle entlang dem Magrafluß stehenden genuesischen Kastelle erobern; so jene bei Tivegna, Vezano, Isola und La Spezia.

Ansaldo Balbo di Castro, der Verteidiger der östlichen Küstengebiete, eilte diesem wüsten Heerhaufen entgegen, brachte ihn zum Stehen und drängte ihn nach Sarzana zurück. Oberto Doria folgte ihm mit seinen Genueser Truppen nach, zu denen noch pavesische Ritter und lombardische Infanterie gestoßen waren, die er in Sold genommen hatte.

Einer der Squarciafichi lief zur gleichen Zeit mit einer größeren Flotte nach Porto Venere aus. Die an Bord geschafften Soldaten nahmen im Verein mit freiwilligen Männern der Schiffsbesatzung Schloß Manarola der Fieschi in Besitz. Oberto Doria eroberte mit seiner Truppe die große Festung von La Spezia, die sofort geschleift wurde.

Damit stellte die Republik Genua unter Beweis, daß sie nach mehreren Richtungen zugleich schwere Schläge austeilen konnte, was ihre Feinde in Frage gestellt und worauf sich ihre Taktik aufgebaut hatte.

Nach diesen Beweisen genuesischer Schlagkraft ergaben sich die Burgen von Vezano, Isola, Vesigna, Polverara, Beverino kampflos. Mit der letzten dieser Burgen waren sämtliche Besitzungen der Fieschi in diesem Gebiet in genuesischer Hand.

Die starke Kampfgruppe setzte über die Vara, nahm auch das Kastell Brugnato, dessen rasch entschlossene Besatzung sich kampflos ergab. Die Festung von Bozolo wurde erobert und sofort niedergerissen.

Danach kehrte Oberto Doria im Triumphzug nach Genua zurück, während die Kampfgruppe der östlichen Küste unter Ansaldo Balbo di Castro von dem in Vezano eingerichteten Hauptquartier aus immer wieder Unternehmungen in Richtung Sarzana durchführte, wo sich das Gros des Gegners verschanzt hatte.

In dieser Lage erkannten jene Ritter aus Lucca und Florenz, die auf leichte Beute gehofft hatten, als sie sich den Fieschis anschlossen, daß die Trauben hier zu hoch hingen. Sie mußten feststellen, daß durch ihren Krieg gegen Genua die eigene Handelsschiffahrt beeinträchtigt wurde und die Einnahmen ausblieben. Sie suchten um Frieden nach, der ihnen gewährt wurde. Der zurückbleibende Teil des gegnerischen Kriegshaufens zerstreute sich in alle Winde.

Der endgültige Friede war damit jedoch noch nicht wiederhergestellt. Die Verhandlungen zerschlugen sich. Ein neuer Angriff unter Oberto Dorias Führung drang bis Carpena durch, das genommen wurde.
Der Verweser der östlichen Küste, Oberto Sardena, legte nunmehr sein Amt nieder. An seine Stelle trat Oberto Doria, ein Neffe von Capitano Oberto Doria. Als der Seneschall von Provence mit einer Truppe im Mai 1273 auf genuesisches Gebiet vordrang, und die Burg Roccabruna durch den Verrat des Castellans in seinen Besitz brachte, flackerten auch hier die Kämpfe wieder auf. Ventimiglia fiel ebenfalls in die Hände der Provençalen.
Einer der ausgewanderten Guelfen, Lanfranco de Malocelli, der Karls Statthalter in der Lombardei geworden war, führte ebenfalls Truppen heran, die sich Savona als Ziel aussuchten.
Zwei Kompanien der Genueser Bürgerschaft und der Podestà von Voltri zogen nun in Stärke von 500 Mann nach Savona, um die Stadt wieder zu befreien, doch sie war bereits von den fremden Eindringlingen verlassen worden, weil man sie nicht hereingelassen hatte. Ebenso erfolglos verlief ein zweiter Versuch der Feinde Genuas, sich Savonas zu bemächtigen.
Um nunmehr endgültig den Markgrafen Corrado del Bosco und seine Brüder Riccardo und Leo zu überwältigen, die beinahe ununterbrochen zu Raubzügen gegen die genuesischen Besitzungen im Polceveratal zogen, schickten die beiden Capitani Giglio del Nero als ihren Stellvertreter dorthin. Er hatte Weisung, diese drei gegen Genua feindlich eingestellten Brüder endgültig zu vernichten.
Es gelang ihm, Riccardo und Leo in der für uneinnehmbar gehaltenen Burg von Ovadia zu fangen, weil der Markgraf Tommaso Malaspina, dem die eine Hälfte der weitläufigen Anlage gehörte, die Truppe heimlich einließ.
Auch die zweite Burg, in deren Besitz sich die Boscos und Malaspinas teilten, wurde auf diese Weise genommen und von Malaspina zu einem genuesischen Lehen gemacht.
Ovadia, Ronciglione, Campo und Massone huldigten Genua. Lediglich Tagiolo und Usecio hielten noch zu Corrado. Als aber genuesische Truppen dort die ersten Belagerungsmaschinen aufstellten, ergaben auch sie sich den genuesischen Truppen.
Damit waren die ärgsten Gefahren für Genua ausgestanden und im folgenden Jahr verbündeten sich der Markgraf von Montferrat und die Städte Pavia, Asti und Genua gegen Karl von Sizilien und dessen Freunde. Genua behielt sich das Recht vor, auch allein Frieden schließen zu können.
Dieser Kleinkrieg, durch die einander verfeindeten Adelsfamilien immer wieder aufs neue angezettelt, schwächte Genuas Kraft zwar, konnte aber die auf dem Höhepunkt ihrer Macht stehende Stadtrepublik nicht ernstlich gefährden. Dafür

waren ihr Reichtum und jener ihrer Vasallenstädte zu groß. Selbst dieser Kleinkrieg ließ Genua immer stärker werden und weiteres Land hinzugewinnen.

Um Korsika gegen Pisa

Als es nunmehr auch auf Korsika zu gären begann, jener Insel, die zur Hälfte Pisa und zur anderen Genua gehörte, wurde die ungeteilte Aufmerksamkeit der Genueser wieder voll auf diesen Stützpunkt gelenkt.
Nachdem sich Genua 1195 der den Pisanern gehörenden Stadt S. Bonifacio bemächtigt hatte, war dort eine große genuesische Kolonie entstanden, in der eine bedeutende Handelsniederlassung aufgebaut wurde. Diese Kolonie wurde von einem aus Genua stammenden Podestà regiert.
Durch den Zwist der korsischen Häuptlinge und des korsischen Adels begünstigt, wuchs die genuesische Kolonie immer weiter, denn wenn eine der kriegführenden Seiten in einem Gefecht unterlag, floh sie nach S. Bonifacio, wo sie von den Genuesern aufgenommen wurde.
Die Insel ganz in pisanischen oder genuesischen Besitz zu bringen, war nicht möglich, weil die einzelnen Adeligen und Häuptlinge zu stark waren. So versuchten Pisaner und Genueser einander darin zu überbieten, die Besitzer großer Güter und Schlösser auf ihre Seite zu ziehen. Sobald ein korsischer Herrschaftssitz ausstarb, wurde dieser durch genuesische oder pisanische Adelige besetzt. Doch diese neuen Herrscher waren sehr bald eng mit dem korsischen Leben verbunden und vertraten korsische Interessen und nicht jene ihrer Heimatländer.
Bald war auf diese Weise ganz Korsika von einem Netz verschiedenster Familien überzogen. Etwa um 1250 wurde Sinucello della Rocca von Pisa aus zum pisanischen Statthalter und Richter auf Korsika ernannt. Während die della Rocca pisanisch waren, hingen die Cincara den Genuesern an. Eine Reihe korsischer Landherren hatten sich durch Versprechungen und Geschenke dazu bewegen lassen, entweder pisanische oder genuesische Vasallen zu werden.
Sinucello della Rocca gelang es nunmehr, den genuesischen Einfluß mehr und mehr zurückzudrängen, bis sich die Genueser etwa um 1264 ausschließlich auf S. Bonifacio zurückgezogen hatten.
Es sah bereits so aus, als sollte die Insel allmählich doch ganz in pisanischen Besitz übergehen, als ein korsischer Edelmann, der von dem Richter Sinucello della Rocca beleidigt worden war, zum Aufstand gegen die Pisaner aufrief.
Die Insel wurde von Unruhen, Fehden und Kämpfen erfüllt. Die aufständischen

Korsen schlossen sich den Genuesern an. Doch dem pisanischen Statthalter und Richter gelang es, die Feinde von der Insel zu verdrängen, an ihrer Spitze den Hauptgegner Pisas, Giovaninello.

Das Kastell Lombardo, das von den Genuesern noch bei Ajaccio gehalten wurde, ging 1274 verloren, als König Karl von Anjou es durch eine provençalische Flotte erobern ließ.

Genuesische Edle, die auf Capo Corso ihre Besitzungen gehalten hatten, nahmen Giovaninello wieder auf, als dieser nach Korsika zurückkehrte. Der Kampf begann aufs neue.

In diesem Jahr der Gefahr für die genuesische Niederlassung auf Korsika gelang es dem Verweser der Westküste Liguriens, Ansaldo Spinola, Ventimiglia zurückzuerobern. Als er versuchte, die feste Burg von Mentone, die der guelfischen Familie Venti gehörte, zu erobern, eilten provençalische Truppen den Verteidigern zur Hilfe. Ansaldo Spinola mußte sich zurückziehen.

An seine Stelle trat nun Niccolò Doria. Doch inzwischen hatte König Karl 40 Galeeren ausgerüstet, die unter Führung eines Admirals seiner Wahl mit Franchino de Grimaldi und vielen anderen verbannten Guelfen an Bord in Richtung Genua in See gingen. Sie erschienen vor der ligurischen Küste, ohne jedoch einen Erfolg zu erzielen. Lediglich eine der kleinen Portovenere vorgelagerten Inseln konnte von ihnen in Besitz genommen werden. Die darauf stehenden Häuser und ein kleines Kastell wurden verwüstet.

Das Jahr 1275 verlief ohne größere Kämpfe. Als 1276 Papst Innozenz V. starb, der mehrere Vermittlerversuche unternommen hatte und auch einen Friedensschluß noch vor seinem Tode zustande bringen konnte, löste sein Nachfolger Hadrian V. aus der Familie der Fieschi den bereits von Gregor X. über Genua ausgesprochenen Bann, und Niccolò del Fiesco verkaufte der Republik Genua die Burgen von Amelia, Carpena, Castiglione, Isola, Manarola, Montenero, Spezia, Tivegna, Vezano, Volastra und einige andere Besitzungen für 25 000 Lire. Alle Vertriebenen kehrten in die Heimat zurück.

In Genua war seit 1275 wieder ein Podestà, allerdings unter der Oberherrschaft der Capitani, im Amt.

Im Jahre 1278 verbündeten sich Moruello Malaspina und seine Brüder, Söhne des Markgrafen Corrado, die übrigens der Republik Genua Treue geschworen hatten, mit den ausgewanderten Guelfen, vor allem mit Alberto del Fiesco und seinen Söhnen, den Grafen von Lavagna. Diese neuen Verbündeten plünderten Chiavari. Sie wurden von Capitano Oberto Doria vertrieben und gelangten ins Trebbiatal, wo der aus 300 Reitern und 1200 Fußsoldaten bestehende Verband sich auflöste.

Auf Korsika war inzwischen der pisanische Richter aus dem Hause der Cincara, einer westlichen korsischen Provinz, von seinen Untergebenen vertrieben worden. Er hatte sich eine Anzahl Grausamkeiten zuschulden kommen lassen. Als er von den Genuesern die Wiedereinsetzung in sein Amt erbat, kamen diese seinem Wunsche nach, mit der Absicht, von nun an einen gewissen Einfluß auf ihn ausüben zu können. Als dieser aber S. Bonifacio angriff und die Stadt und die darin lebenden Genuesen schikanierte, wo immer er konnte, entsandte Genua unter Führung der beiden erfahrenen Seeoffiziere Francesco di Camilla und Niccolò di Petruccio vier Galeeren nach Korsika, um diesen Richter aus Genua wieder auf den Boden der Wirklichkeit zurückzuholen und ihm einen gewaltigen Dämpfer zu verpassen.

Die vier Galeeren, bis zum äußersten mit Bewaffneten beladen, landeten nahe der Burg Castellnuovo, die sie im ersten überraschenden Ansturm eroberten. Die Kastelle Talia, Ornaro, Roccadi Valle, Istria, Contendola folgten. Die Korsen flohen ins unwegsame, ihnen gut bekannte Gebirge. Der Richter von Cincara floh auf einem schnellen Botenschiff nach Pisa. Hier versuchte er, die Stadt für seine Dienste einzuspannen und Pisa, froh, wieder einen der regionalen Herrscher in ihre Hand bekommen zu haben, bekräftigte, daß man ihm helfen wolle. Aber noch mißtraute man ihm, denn schließlich hatte derselbe Cincara vorher auch Genua den Treueeid geleistet und gebrochen. Er war das, was man einen unsicheren Kantonisten nannte.

Als die Ankunft des Abtrünnigen in Pisa bekannt wurde, schickte Genua zwei Botschafter nach Pisa. Diese baten die Republik, sich nicht in die Streitigkeiten einzumischen, die Genua mit einem genuesischen Vasallen habe und die man selbst austragen werde.

Zum Erstaunen der Botschafter erfuhren diese, daß auch die Republik Pisa den Richter zu ihrem Vasallen erklärte und ihn zu schützen versprach.

Nun war guter Rat teuer. Die Pisaner brachten ihren Schützling 1282 nach Korsika zurück. Um dies zu verhindern, wurde von seiten Genuas eine Flotte ausgerüstet, die mit 23 Galeeren und einer Reihe anderer Schiffe im August 1282 unter der Führung von Admiral Niccolino Spinola ankerauf ging.

An Bord befand sich auch der Capitano Oberto Doria. Zwar wurde die pisanische Flotte gesichtet, doch angesichts der 32 Galeeren, die man zählte, und der Weinlese, die vor der Tür stand, konnte man die angeworbene Mannschaft nicht so lange von der Heimat fernhalten. Die Flotte lief nach Genua zurück.

Der Richter von Pisas Gnaden wurde nach Korsika zurückgeschafft. Ihm zur Seite standen 120 Ritter und 200 Fußsoldaten, die den Cincara unterstützen sollten. Da in der Zwischenzeit die nach Korsika geschickten genuesischen Soldaten die eroberten Burgen korsischen Freunden übergeben und nach Genua zurückgekehrt waren, war es für Richter Cincara ein leichtes, mit Hilfe der pisanischen

Truppen alle Burgen zurückzugewinnen. Auf dem Rückwege nach Pisa landeten Truppen von der pisanischen Flotte unter Guinicello de Sismondi auf der Insel bei Portovenere und verwüsteten sie.
Damit war erneut der Krieg zwischen Genua und Pisa eröffnet. Der geheime Kriegsrat, die Credenza, bestehend aus den beiden Capitani und 15 Savi – Beisitzern – wurde eingerichtet. Er faßte den Beschluß, 50 neue Galeeren zu bauen und die größten Rüstungsanstrengungen zu unternehmen. Bis diese Flotte einsatzbereit sei, sollten Kaperfahrten zur Schädigung des pisanischen Handels unternommen werden.
Die alten Kriegsregeln wurden wieder praktiziert, Waffenübungen durchgeführt und die alten Gesetze des Kriegsschiffsbaues, die zugunsten des Handelsschiffsbaues außer Kraft gesetzt waren, wieder eingeführt.
Die Kriegskontributionen wurden erhöht, die Söldnerheere abgeschafft und dafür Sorge getragen, daß alle Bürger der Republik bewaffnet wurden und auch mit den ihnen überlassenen Waffen umzugehen verstanden.

Der Kampf der Flotten

Am 30. April ging die erste genuesische Flotte unter Tommaso Spinola mit 28 Galeeren und 6 Transportschiffen in See. Der Verband wurde durch die widrigen Windverhältnisse lange Wochen in der Höhe von Portovenere aufgehalten. Dann aber traten sie in Aktion und eroberten die Inseln Capraia und Pianosa und schleiften deren Türme und Mauern. Danach gelang es ihnen, eine Handelsschiffsgruppe der Pisaner, die auf dem Wege von Cagliari nach Pisa war, zu kapern und nach Genua einzubringen.
Im Juni lief Spinolas Flotte wieder in Genua ein. Die gemachte Beute betrug 28 000 genuesische Mark in Silber.
Zur gleichen Zeit hatte eine pisanische Flotte unter Admiral Andrea Saracini die Küsten Korsikas und Sardiniens überfallen und die dortigen genuesischen Besitzungen vernichtet. Dann war diese Flotte nach Pianosa gelaufen und hatte die Insel verlassen und völlig zerstört vorgefunden.
Da inzwischen diese Flotte von 45 Galeeren erkannt und gemeldet worden war, erhielt Corrado Doria, Sohn des Capitano Oberto Doria, Weisung, mit den insgesamt 50 Galeeren und 4 Begleitschiffen, die zusammengebracht werden konnten, gegen diesen großen pisanischen Verband zu operieren.
Im Golf von Falesia, nahe der Küste von Piombino, konnte Corrado Doria den Gegner zum Kampf stellen. In dem entbrennenden Seegefecht, das an Heftigkeit

nichts zu wünschen übrig ließ, wurden 15 pisanische Schiffe in Grund gebohrt oder geentert und gekapert.

Der Kampf der Flotten Pisas und Genuas gegeneinander strebte seinem Höhepunkt entgegen, als die Pisaner unter der Führung von Rosso Buscarino de Sismondi 64 Galeeren ins Gefecht brachten. Um dieser gewaltigen Streitmacht begegnen zu können, wurden noch einmal in Genua alle Kräfte zusammengerafft und 70 Galeeren ausgerüstet und kampfbereit gemacht. An ihre Spitze stellte sich Oberto Doria, einer der Capitani, persönlich. Damit war er auch zum Admiral der Flotte avanciert. Diese Flotte segelte sofort in Richtung Portovenere los, wo die pisanischen Seestreitkräfte versuchten, einen großen Schlag zu landen.

Die pisanische Flotte entkam, und Oberto Doria segelte mit seinem Geschwader nach Pisa weiter und drang mit seinen 70 Galeeren bis in den Hafen Marina di Pisa vor. Dort ließ er den Veronicaturm, das Wahrzeichen Pisas, zerstören.

In dieser Stunde höchster Gefahr wählten die Pisaner einen Genuesen zum Admiral ihrer Flotte. Es war Natta Grimaldi, einer der verbannten Ligurer. Dieser nahm den Auftrag an und lief nun seinerseits mit der pisanischen Flotte bis vor den Hafen von Genua. Dort angekommen, ließ er die Admiralsgaleere bis weit in den Hafen hinein vorstoßen und schoß dann einen Silberpfeil auf die Stadt Genua ab. Dies war zu jener Zeit eine große Beleidigung.

Diesem Pfeilschuß folgten jedoch keine Taten. Vielmehr kehrte Admiral Grimaldi zu seiner Flotte zurück. Diese machte kehrt und lief in Richtung Heimat. Unterwegs geriet sie in einen Wirbelsturm, durch den nicht weniger als 25 Galeeren auf die Strände von Viareggio und in die Serchiomündung geworfen wurden. Als man in Pisa Wind vom Auslaufen einer großen genuesischen Karawane in die Levante bekam und hörte, daß Arrigo de Mari sie mit nur 17 Galeeren begleiten werde, ließ Pisa den aus Gaeta stammenden Seeführer Giovan Cavalca mit einer 35 Galeeren starken Flotte zur Kaperung der genuesischen Handelsschiffe auslaufen. Als dieser seine Flotte teilte, hatte er seinen eigenen Untergang schon herbeigeführt. Bai Talamone verlor er im Gefecht acht Galeeren und in der Straße von Messina vier weitere.

Die genuesischen Galeeren aber erbeuteten oberhalb von Capocorso fünf feindliche Galeeren, die fünf Frachtschiffe geleiteten, die mit Silber und weiteren Gütern aus den sardischen Bergwerken vollbeladen waren. 1500 Gefangene fielen in genuesische Hand. Die Beute hatte einen Wert von 120 000 Goldgulden. Das Silber wog 20 000 Mark.

Der Anteil der Beute, der der Stadt Genua zustand, wurde zum Ausbau des Vorhafens verwandt.

Diese Niederlagen im Jahre 1283 waren für Pisa ein gewaltiger Aderlaß, aber noch immer war kein Ende dieser Kämpfe und Kaperfahrten abzusehen.

So kam es 1284 zu weiteren Kämpfen zur See. Enrico del Mare, der mit 22 genuesischen Galeeren über eine stärkere pisanische Flotte siegte, konnte acht dieser Feindschiffe kapern. Conte Fazio, einer der angesehensten Edlen Pisas, fuhr mit einer Flotte von 30 Galeeren in den Golf von Cagliari. Dort wurde er von 35 in See stehenden genuesischen Schiffen angegriffen und besiegt. Die Hälfte seiner Truppen fielen den Genuesern in die Hände. Ein anderer Edler, Simone Zaci, der eine große Zahl Hilfstruppen mit Pferden über See in die Provinz Torres bringen wollte, wurde von den Genueser Schiffen unter Moruello Malaspina besiegt und ausgeplündert. Er verlor 12 Schiffe.

In Pisa herrschte der Ausnahmezustand. Man verpflichtete nunmehr den bekannten venezianischen Nobile Alberto Morosini gleichzeitig zum Podestà, zum Capitano del Popolo und zum Admiral der pisanischen Flotte.

Morosini lief mit einem großen Geschwader in den Ligurischen Golf hinein. Er nahm dort viele Frachtschiffe, die nach Genua liefen, und plünderte Rapallo. Danach blieb er mehrere Tage vor dem Hafen von Genua und schoß ebenfalls Silberpfeile auf die Stadt, die er schon in seinen Händen wähnte. Genua entsandte in dieser Situation als Antwort auf die pisanische Herausforderung ein Schiff, das eine weiße Flagge im Topp führte. An Bord befand sich ein reichgekleideter Herold. Das Schiff kam an das Admiralsschiff heran, legte sich längsseits, und der Herold überbrachte Morosini eine Botschaft des Senats der Stadt:

»Es ist für Euch nur von geringer Ehre, die Stadt zu verhöhnen, während die Hälfte ihrer Kräfte fern und die zweite Hälfte ohne Waffen ist. Kehrt in Euren Hafen zurück und wartet dort, denn bald werden wir Euch dort aufsuchen.«

Alberto Morosini, einer der größten Admirale seiner Zeit, akzeptierte diese Botschaft. Er ließ alle Schiffe abdrehen und nach Pisa zurücklaufen.

Danach rüsteten die Genueser mehr als jemals zuvor ihre Flotte aus und wählten einen der Capitani, Oberto Doria, zum Admiral. Ihm standen 58 Galeeren und acht weitere Fahrzeuge zur Verfügung. Hinzu kamen jene 30 Galeeren, die unter dem Befehl von Admiral Benedetto Zaccharia in See standen und sich den anderen zugesellen sollten.

Bei Albenga stießen 72 pisanische Galeeren auf diese starken genuesischen Seestreitkräfte. Die Pisaner zogen sich zurück, und Oberto Doria segelte und ruderte mit der gewaltigen Flotte in Richtung Provence weiter. Von dort ließ er den Kurs auf Korsika nehmen und umrundete die Insel. Nichts war vom Feind zu erblicken.

»Wir segeln jetzt Richtung Pisa!« befahl Admiral Doria. Die Schlachtreihen drehten und nun liefen alle Galeeren der Genueser in Richtung Lido di Pisa. Bei Meloria ging die Flotte vor Anker.

Mit seinen aufgeschlossenen Galeeren der genuesischen Riviera-Flottille hatte

Admiral Zaccharia sich hinter der Spitze von Montenero versteckt. Von hier aus konnte er den Pisanern in die Flanke fallen, wenn sie ausliefen.

Oberto Doria schickte einen weißgekleideten Herold in einem schnellen Spähschiff über den Arno bis dicht vor die Stadt und ließ den Pisanern mitteilen, daß die Genueser wie versprochen zur Stelle seien, um die Schlacht anzunehmen, die Morosini versprochen worden war.

Obgleich des Kampfes müde, rüstete alles in Pisa zur Abwehr dieses starken Feindes. Alberto Morosini lief schließlich mit der gesamten Flotte aus. Die Schiffe fuhren flußabwärts zum Meer und vereinigten sich mit den im Hafen von Pisa liegenden Schiffen. Immer mehr wurden es, bis die Reede nicht mehr ausreichte und die letzten Fahrzeuge bis ins Meer hinein vorgezogen werden mußten.

Die Späher Dorias zählten schließlich 103 durch die Türme am Fluß links und rechts der Arnomündung gut geschützte Schiffe. Als einige der schnellen Genueser Schiffe vorpreschten, wurden sie von den entlang des Lido aufgestellten Steinschleudern und Geschützen zurückgetrieben.

Beide Admirale beobachteten nun einander. Alberto Morosini erschien für eine Schlacht die Aufstellung der genuesischen Flotte zu ungünstig für ihn. Er befahl abzuwarten, bis sie ihre Stellung verändert haben würden.

Die Pisaner, die dies für Feigheit hielten, drängten ihren Admiral, endlich das Zeichen zum Angriff zu geben. Alberto Morosini mußte nun, obgleich er lieber noch zugewartet hätte, ihrem Drängen nachgeben.

Er ließ die erste Schlachtreihe sich ausrichten und ordnete sich mit dem großen Admiralsschiff in der Mitte dieser Schlachtreihe ein. Rechts von ihm hielt sich Andrea Saracini und links der Conte della Gherardesca. Beide waren erfahrene Schiffsführer, die bereits pisanische Flotten im Kampf geführt hatten und als Stellvertreter Morosinis galten.

Die Schiffe gingen ankerauf und segelten und ruderten der genuesischen Flotte entgegen. Die Genueser zeigten offenbar Zeichen der Angst, denn sie drangen nicht vor.

Beschimpft und verhöhnt von den Pisanern, hielten sie ihre Gefechtsordnung bei und versuchten, die feindliche Schiffsreihe so weit wie möglich nach vorn zu ziehen, um Admiral Zaccharia die Gelegenheit zu geben, zu ihnen vorzustoßen und die Pisaner zu verblüffen.

Die Form des Angriffs-Dreiecks beibehaltend, warteten die Schiffe Dorias. Als die Pisaner weit genug vorgerückt waren, gab Zaccharia seiner Flotte Befehl, vorzulaufen und sich mit der anderen genuesischen zu vereinigen.

Die 30 Galeeren stießen um den Felsvorsprung von Montenero herum und gliederten sich geschickt in die genuesische Hauptflotte ein, so aus dem Dreieck eine breite Schlachtreihe formend. Der Kampf begann.

MDXLVIII

Kaiser Karl V. (geb. 1500, gest. 1558), in dessen Reich die Sonne nicht unterging. Ausschnitt aus einem Gemälde von Tizian von 1548. Die Truppen Karls V. erstürmten am 30. Mai 1522 das stolze Genua. Am Ende aber war Genua des Kaisers stärkster und treuester Verbündeter gegen Frankreich. (1)

Die Schiffe fuhren aufeinander los, beschossen sich mit Schleudergeräten, und dann traten die Bogenschützen in Aktion. Armbrustschützen schickten ihre tödlichen Stahlpfeile los. Von den Schiffen Zaccharias angegriffen, traten die Schiffe in Morosinis nächster Umgebung als erste ins Gefecht. Alberto Morosini erhielt gleich zu Beginn der Seeschlacht von Maloria den Pfeilschuß eines Armbrustschützen in die Stirn. Er sackte zusammen. Dann stießen die Rammsporne der genuesischen Schiffe mit voller Wucht in die Flanken der pisanischen Schiffe. Lanzen flogen hinüber und herüber. Die genuesische Entermannschaft sprang über, ein grausiges Gemetzel setzte ein. Das Admiralschiff Morosinis war in genuesischer Hand und Alberto Morosini wurde gefangengenommen. Dann fiel das Banner allen sichtbar herunter und im Nahkampf wurden sieben pisanische Galeeren versenkt, die Besatzungen förmlich in Stücke gehauen. Vierzig pisanische Schiffe wurden gekapert, und damit war die Seeschlacht von Maloria, die größte Schlacht bis zur Seeschlacht von Lepanto dreihundert Jahre später, zu Ende. Der Rest der pisanischen Flotte floh in den Hafen zurück. Genua hatte die Pisaner nach langen Jahrzehnten nie endender Konflikte endgültig geschlagen.
An Bord der nach Genua zurücksegelnden Flotte befanden sich 9000 Gefangene. In Pisa mußten die Totenfeiern für 6000 im Kampf gefallene Bürger der Stadt abgehalten werden.
Pisa war am Ende, und das bewiesen auch jene Geier, die herankamen, um auch das Aas noch zu verzehren: jene Städte, die im Bündnis mit Genua standen und nun versuchten, aus dem Sieg ihres großen Bundesbruders einen möglichst hohen Gewinn zu erzielen.
Kriegshaufen aus Prato und Pistoia, aus Colle und Samminiato, aus Lucca, Siena, Volterra und sogar aus Florenz gingen ans Werk, die unglückliche Stadtrepublik Pisa, ihre große Konkurrentin, endgültig zu vernichten.
Nur durch einen geschickten Schachzug gelang es dem Conte Ugolini della Gherardesca, das Schicksal der Stadt zu mildern, als er sich aus der ghibellinischen Vormachtstellung löste und zu den Guelfen überging, so daß die Liga kein Ziel mehr fand, weil Pisa nun auf ihrer Seite stand.
So stand im Frühjahr 1285 nur noch Lucca gegen Pisa im Kampf. Die Lucchesen nahmen drei Burgen in Besitz, während Genua nun auch noch den stark befestigten pisanischen Hafen Porto Pisano ansteuerte. Mit 60 Galeeren angreifend, wurde von den ersten die den Hafeneingang sichernden Ketten durchbrochen. Die Genueser Schiffe nahmen die auf dem Arno liegenden Schiffe Pisas in Besitz.
Ugolini della Gherardesca, dem neuen Herrn in Pisa, gelang es, Luccas Söldner durch schnelle Gegenstöße so zu verunsichern, daß sie sich zurückzogen. Durch seine eigenartige Haltung säte er auch auf den genuesischen Schiffen Zweifel dar-

über, ob man nun weiter angreifen dürfe, und schaffte es, durch einige Herolde, die Genueser zur Aufgabe ihrer weiteren kriegerischen Absichten und zur Aufnahme von Friedensverhandlungen zu bringen.

Es war der kuriose Sachverhalt eingetreten, daß sich die guelfischen Städte der Toscana mit dem ghibellinischen Genua gegen das ghibellinische Pisa verbunden hatten und daß gleichzeitig die Genuesen mit den guelfischen Städten Lucca, Pistoia und Florenz und einigen anderen eine Liga bilden wollten, die 30 Jahre Gültigkeit haben sollte. Die Pisaner hatten keine andere Wahl gehabt, als ihre ghibellinische Haltung aufzugeben. Sie taten dies geschickt, indem sie den guelfischen Grafen Ugolino della Gherardesca zum Herrn der Stadt machten, und dadurch den angreifenden Städten verbündet waren.

Die mit Genua aufgenommenen Friedensverhandlungen waren noch im Gange, als Graf Ugolino della Gherardesca starb. Pisa wurde nun wieder ghibellinisch, und erneut brach der Krieg gegen die Bruderrepublik, das ghibellinische Genua, aus.

Genua eroberte das verlorengegangene Cincara zurück, landete auf Elba, nahm diese Insel mit seinem wertvollen Eisenbergwerk in Besitz und griff dann das widerspenstige Porto Pisano an. Der dortige Leuchtturm und drei wuchtige Verteidigungstürme wurden zerstört.

Die Luccheser ließen sich auch nicht lumpen und nahmen den Pisanern Livorno fort. Die Florentiner zogen mit einer schlagkräftigen Kampftruppe nach.

Der Erzfeind der Republik Genua war besiegt und die Lage im Innern stabil. Genua ging einem neuen Höhepunkt entgegen, der Handel und Wirtschaft stärken sollte.

Genuas weiterer Weg nach oben

Der große Widersacher

Karl von Anjou, seit 1263 römischer Senator und damit zugleich auch Beschützer der Päpste, erhielt von Clemens IV. ein Heer, mit dem er am 26. 2. 1266 vor Benevent die Truppe Manfreds von Sizilien, Friedrichs II. Sohn, der die alte Herrschaft seines Vaters wiederherstellen wollte, vernichtend schlug.
In den folgenden Monaten unterwarf sich Karl von Anjou ein ganzes Königreich in Italien und setzte 1267 die Guelfen in Florenz wieder ein.
Diese erfolgreichen Operationen wurden zunächst durchkreuzt, als Konradin, der Sohn Konrads von Hohenstaufen, 1268 von Verona aus nach Süden vorstieß, um das Erbe seiner Familie anzutreten.
Unter den Jubelrufen der Bevölkerung zog der junge schwäbische Prinz in Rom ein. Karl von Anjou raffte alles, was er an Waffen und Männern auftreiben konnte, zusammen und stellte sich zur Entscheidungsschlacht.
Am 23. August 1268 wurde Konradin mit seinen Truppen bei Tagliacozzo von Karl von Anjous Truppen geschlagen. Konradin, der bald darauf in die Hände Karls fiel, wurde hingerichtet.
Damit hatte sich Karl von Anjou den gefährlichsten Gegner vom Halse geschafft, und als nach langer mehrjähriger Vakanz der am 29. 11. 1268 durch den Tod von Clemens IV. verwaiste Stuhl Petri wieder besetzt wurde und am 1. 9. 1271 Gregor X. diesen Platz einnahm, kam die große Zeit Karls, denn der Papst ließ ihm völlig freie Hand. Jeder Widerstand, der sich Karl von Anjou entgegenstellte, wurde vernichtet.
Neapel wurde nun Hauptstadt des Königreiches und im Castel del Uovo bei Neapel die Schatzkammer untergebracht. In Rom wurde die gesamte Verwaltung durch Karl von Anjou reorganisiert. Die Guelfen in der Toscana wurden von ihm begünstigt.
Dies war aber nicht der einzige Tummelplatz, auf dem sich Karl bewegte. Nachdem er 1270 von dem Sultan von Tunis Handelsvorteile für die nordafrikanische Küste erlangt hatte, ließ er auch Korfu besetzen. Sein geheimer, dann auch offener Wunsch, das alte lateinische Kaiserreich wiederzuerrichten und sich selbst zum Kaiser krönen zu lassen, ließ ihn weitere Vorstöße nach Osten unternehmen. 1277 eroberte seine Flotte Akkon und ein Jahr darauf erwarb er 1278 das lateinische Fürstentum Morea.

Im Rumpfkönigreich Jerusalem wurde er schließlich zum König ausgerufen. Nach diesen Erwerbungen sah es zunächst so aus, als würde Sizilien nunmehr zur ersten wirtschaftlichen Macht im Mittelmeer aufrücken und Venedig und Genua den Rang ablaufen. Immerhin verfügte ja Karl von Anjou auch über den größten provençalischen Hafen, Marseille.

Dies alles konnte Genua nicht gleichgültig sein, denn mit dem wachsenden Einfluß Karls im Orient verlor Genua dort an Boden. Bereits geraume Zeit vorher, als Karl versuchte, in Norditalien Fuß zu fassen, war Genua ihm – wie bereits geschildert – 1270 entgegengetreten. Pavia und andere Städte, unter ihnen sogar das mit Genua verfeindete Mailand, wo seit 1277 Erzbischof Otto Visconti regierte, schlossen sich dem ghibellinisch gewordenen Genua an. Damit war eine so starke Allianz in Norditalien zusammengeschlossen, daß Karl von Anjous Bemühungen, hier Fuß zu fassen, kläglich scheiterten.

Im Orient, wo Karl von Anjou gegenüber Heinrich von Lusignan die Oberhand behalten hatte und in Akkon König von Jerusalem geworden war, wurde der Ilchan – Stammesfürst – der Mongolen, Arghun, aktiv und versuchte die Christen gegen die Türken zu mobilisieren. Als dies nichts fruchtete, ließ Sultan Qalaun seine Mamelucken erneut angreifen. Latakia ging 1287 verloren, Tripolis wurde 1298 vernichtet und die Stadt dem Erdboden gleichgemacht. Akkon kam 1291 an die Reihe. Es wurde durch Sultan al-Aschrafkhalil, dem Sohn und Nachfolger Qalauns, belagert und am 18. 5. erobert. Zehn Tage nachdem sich diese stärkste fränkische Festung ergeben hatte, fiel auch die Festung der Templer. Tyros, Sidon, Berytus, Haifa, Tortosa und Athlit mußten aufgegeben werden. Das lateinische orientalische Königreich war auf dem asiatischen Festland verschwunden. Dies setzte Karl von Anjou einen Dämpfer auf.

Der Friedensvertrag mit Pisa

Im Innern war die Republik Genua nach dem Sieg über Pisa besonders gefestigt. Bis auf einige kleine Kaperunternehmungen pisanischer Einzelgänger war die Kraft des Gegners für lange Zeit erschöpft. Die beiden Capitani der Stadt, Corrado Doria, der 1286 an die Stelle seines abgetretenen Vaters dieses Amt übernommen hatte, und der noch immer unverwüstliche Oberto Spinola, führten Genua energisch und tatkräftig. Die Podestà, die nach wie vor alle zwei Jahre gewechselt wurden, verfügten nur über untergeordnete polizeiliche Gewalt und hatten dem nach dem Gesetz stark eingeschränkten Richteramt vorzustehen.

Die Kriminaljustiz wurde bis 1288 von den beiden Capitani ausgeübt. Da diese Justiz an und für sich einen unabhängigen, unparteiischen Richter erfordert hätte, litt die Rechtsprechung unter der Tatsache, daß eine Partei, die ghibellinische, das Richteramt ausübte, oder doch wenigstens immer wieder darin eingriff.
Als dies offenkundig wurde, übergaben die Capitani das Richteramt wieder dem Podestà, dem es gelang, binnen kurzer Zeit die Stadt von räuberischem Gesindel zu befreien.
Die Guelfen in der Stadt, die nach der Amtsniederlegung von Oberto Doria von der Amtsübernahme durch dessen Sohn Corrado nicht wenig erbost waren, sannen auf Revanche.
Als im Monat März 1288 neue Capitani gewählt werden sollten und die Wahl wieder die bereits amtierenden Männer traf, die für weitere fünf Jahre in ihrem Amt bestätigt wurden, schlugen die Wellen der Empörung abermals hoch. Doch die Guelfen hatten keine Chance, dieses Verhältnis zu ändern.
Im April 1288 kam endlich auch der Friedensvertrag mit Pisa zustande. Es waren die noch immer in Genua in Gefangenschaft sitzenden vornehmen Pisaner, die diesen Frieden aushandelten. Ohne die Zustimmung von Ugolini della Gherardesca, der das Volk zu fürchten hatte, wurde der Friede ausgehandelt, und der Herrscher Pisas anerkannte ihn schließlich.
Nun erst konnte Genua seine in diesem Friedensvertrag verankerten Ansprüche auf Cagliari verwirklichen. Michele Zanche, der Richter von Gallura und Logudoro, hatte diese beiden Bezirke für Genua verwaltet, bis er von seinem Schwiegersohn Branca Doria umgebracht wurde. In den folgenden Wirren konnten sich die Pisaner eines dieser beiden Gebiete, und zwar Galluras, bemächtigen, und Genua hatte das Nachsehen. In Logudoro hingegen setzten sich zunächst die Doria fest, ihnen folgte Moruella Malaspina, der den Dorias bei einem Aufstand zur Hilfe geeilt war und sich das Gebiet anschließend gesichert hatte. Sassari wurde von Pisa an Genua abgetreten, hier regierte ein genuesischer Podestà.
Genua hatte seitdem eine verhältnismäßig gesicherte Handelsbasis in den Gewässern um diese Insel erhalten. Die ausgedehnten Handelsbeziehungen im Schwarzen Meer wurden von Konstantinopel aus in Gang gehalten. Dort wohnten die Genueser in Pera, das ihnen, soviel sei im voraus gesagt, im Jahre 1304 von oströmischen Kaiser zu Eigen gegeben wurde. Eine zweite Handelsniederlassung bestand in Caffa. Hier hatten die Genuesen eine eigene Kolonie, in der alle Genueser unter der Führung eines genuesischen Konsuls und in dessen Rechtsprechung lebten. Weitere Niederlassungen dieser Art befanden sich auch in anderen Städten der syrischen Küste und auf Zypern.
Einer der hauptsächlichen syrischen Handelsstützpunkte war Tripoli. Hier griffen 1289 die Ägypter an und eroberten diese Stadt, was zunächst dem Handel

einigen Abbruch tat. Einer der Haupthandelsplätze aber war Tunis an der nordafrikanischen Küste.
In Kürze sollte sich Genua auch vermehrt den europäischen Ländern zuwenden, in denen sie schon in Anfängen einige Verbindungen und Niederlassungen hatten. So in Nimes, Aiguesmortes und auf Majorca.
Aus den Dokumenten des Jacopo Doria zu Ende des 13. Jahrhunderts ist in gewisser Weise der Umfang und die Abwicklung des genuesischen Handels zu rekonstruieren. Er schrieb:
»Die genuesischen Kaufleute senden alljährlich 50 bis 70 größere Schiffe mit Waren und Materialien und anderen Ladungen, die in Ballen gerollt sind, ins griechische Reich und ins Schwarze Meer, nach Sardinien und Sizilien und nach Aiguesmortes. Dieser Handel läuft das ganze Jahr hindurch, mit Unterbrechung von Mitte November bis Mitte Februar, der Zeit der Stürme.
Mit Wolle und Fellen beladen laufen viele Schiffe jährlich von Genua aus. Sizilien und ganz Ligurien versorgt Genua mit Salz.
Von jedem Ballen der Schiffsladungen werden beim Ein- und Ausladen vier Denare gezahlt. Dieses Einkommen des Hafens von Genua war 1293 für 49 000 Lire verpachtet.
Im selben Jahr belief sich die Summe der übrigen Zölle und indirekten Einkünfte Genuas auf 61 000 Lire. Hinzu kommt die Salzsteuer, die mit 30 000 Lire zu Buche schlägt.«
In dieser Zeit der Blüte von Genua waren Überfälle, Meuchelmord und Gewalttaten an der Tagesordnung. Diese Kriminalität nahm derart zu, daß schließlich 1293 die Credenza, eine Behörde von 18 Männern, eingesetzt und ihr auf unbegrenzte Zeit alle Polizeigewalt übertragen wurde. Nur sie war imstande, mit dieser Kriminalität aufzuräumen, und sie tat dies auch rigoros.
Die Folgen des Friedensvertrages mit Pisa waren für die innere Festigkeit der Republik Genua bedrohlich. Mit den verbannten Guelfen, denen die Rückkehr in die Heimat gestattet worden war, verbündeten sich jene in der Stadt zurückgebliebenen Guelfen, die Genua zu dienen geschworen hatten.
Sie gingen eine Verschwörung gegen die ghibellinische Partei ein, die durch die beiden Capitani und ein ghibellinisches Magistratsmitglied, das den Auftrag hatte, als Abbas populi, also als Volksabt, Rechte und Stellung der niederen Bürger der Stadt gegen die adeligen Familien und ihrer Anmaßung zu schützen, in einflußreichen Stellungen saßen.
Es waren insbesondere die Familien der Fieschi, Grimaldi del Nero, de Castro, Malloni, Striaporci, die sich nun Salvagi nannten, Marin, Embriaci, Melocelli, Falamonica, Ghisulfi, Picamili und Cybo, die diese von langer Hand vorbereitete Verschwörung trugen.

Am 1. Januar 1289 schlugen die Guelfen endlich los. Inzwischen war Opizio Fiesco zum neuen Erzbischof von Genua ernannt worden. Er gehörte zu den führenden Persönlichkeiten der Aufrührer.
Diese besetzten in einem schnellen Handstreich die Hauptkirche der Stadt, San Lorenzo, und griffen auch das Haus des Abbas populi an.
Das Volk aber, das die Entscheidung herbeiführen sollte, bekannte sich zu den ghibellinischen Capitani und verteidigte diese mit aller Kraft.
Unter dem Abbas populi, dem Podestà und den beiden Capitani wurden einzelne Kampfgruppen genuesischer Männer zusammengefaßt, die die Hauptverschwörer dingfest machten und alle jene, die sich in ihren Häusern und Türmen verschanzt hatten, mit Gewalt herausholten.
Nach diesem entschlossenen Gegenschlag brach der Aufruhr noch am selben Tage zusammen. Insgesamt 40 Rädelsführer wurden ergriffen und am nächsten Tage vor das Gericht gebracht. Diese vierzig wurden zur Verbannung verurteilt, alle übrigen aber freigesprochen und ihnen die Pflicht auferlegt, den Guelfen abzuschwören und der Heimatstadt den Treueschwur zu leisten.
Damit war für zwei Jahre der Friede im Innern gerettet und dies war die Stunde, da Genua daran dachte, auch den Kampf um Sardinien wieder aufzunehmen und notfalls auch noch einmal gegen Pisa zu ziehen.
Die 1290 gewählte Credenza traf alle Anstrengungen, die notwendig waren, um binnen kurzer Zeit 120 neue Galeeren zu bauen. Dies war der größte Bauauftrag, den die Arsenale und Werften von Genua jemals erhielten. Um die Kosten überhaupt aufbringen zu können, wurden alle Städte der Republik zur Zahlung der Herstellung und Ausrüstung der Schiffe herangezogen. Eine den Verhältnissen entsprechende Zahlungsleistung wurde ausgearbeitet, nach welcher die Städte und Gebiete, die zu Genua gehörten, tributpflichtig waren. An der Spitze dieser Städte standen Ventimiglia, Caltri, Savona, Das Polceveratal, das Bisagnotal, Sestri, Carrara, Carpena und Celle Ligure. (Siehe Anlage: Teilnahme der Städte an der Ausrüstung der 120 Geleeren im Jahre 1290)
Von Korsika, wo sich während des letzten Krieges Calvi den Genuesern ergeben hatte, kam die Nachricht von der Erkrankung des Stellvertreters der Capitani Lucchetto Doria nach Genua. Sofort wurde Niccolo Boccanegra als Nachfolger nach Korsika entsandt. Während der Fahrt dorthin landete er zunächst auf Elba und unterwarf diese Insel, die vorher Pisa zugehörte, den Genuesern. Man machte den Einwohnern die Versprechung, daß sie die gleichen Privilegien erhalten würden wie S. Bonifacio.
Capitano Corrado Doria kam selber nach Einlaufen der Nachrichten über diesen gelungenen Handstreich nach Elba und nahm die Huldigung der Einwohner der Insel entgegen.

Nunmehr ging endgültig die Amtszeit der von den Dorias und den Spinolas gestellten Capitani zu Ende. Nach regulärem Ablauf dieser Zeit legten sowohl Oberto Spinola als auch Corrado Doria ihre Ämter nieder. Das zusammentretende Parlament entschied nach einer lebhaften Aussprache, daß jetzt an Stelle der Capitani, die noch stets parteipolitisches Interesse mit ins Spiel gebracht hätten, ein fremder Capitano bestellt werden sollte und daß beide Parteirichtungen in der Stadt – die Guelfen und die Ghibellinen – an der Verwaltung der öffentlichen Aufgaben teilnehmen sollten.

Guido Spinola und der alte Kämpe Oberto Doria wurden vom Senat beauftragt, den Entwurf einer Amtsvorschrift für den fremden Capitano auszuarbeiten, auf die dieser dann den Dienst zum Wohle Genuas und der Ligurischen Republik zu schwören hatte. Die zentrale Bestimmung dieser neuen Verfassung lautete: »Quod capitaneus esset perpetuo in Janua de extracivitatem et districtum; et quod consiliarii et antiani et omnia alia officiana darentur medietas illis de populo et alia medietas nobilibus.« (Siehe: Caffaro: a.a.O.)

Daraus erkennt man, daß sich die Parteienkämpfe unter den adeligen Familien soweit entwickelt hatten, daß das Volk mehr und mehr zu einer dritten Kraft geworden war, das sich vor den Folgen dieser Kämpfe sichern wollte.

Im Mai 1291 wählte man in Genua den Bergamasken Lanfranco de Soardi zum neuen Capitano der Republik.

Nachdem man die scheidenden Capitani reich beschenkt hatte, trat der fremde Capitano sein Regime in Genua an. Es ist interessant zu wissen, daß auch in den nächsten Jahren wieder Bergamasker in dieses Amt gewählt wurden. 1292 war es Beltramo de Ficeni, 1293 Simone de Grumeli.

Diese neue Regelung wäre allein nicht imstande gewesen, die internen Zwistigkeiten der genuesischen Geschlechter zu beenden. Hinzu kam, daß der dritte Krieg gegen Venedig vor der Tür stand.

Gegen Pisa wurde der Krieg mit kleinen Kaperunternehmungen fortgesetzt, zu deren Abwehr Pisa nichts einzusetzen hatte.

Als Gesandte des Papstes in Genua erschienen, um die Superba dahingehend zu bewegen, bei der Zurückgewinnung Siziliens tatkräftig mitzuwirken, lehnte der Senat ab. Seine Ablehnung blieb auch bestehen, als sich der König von Neapel mit der gleichen Bitte an die große Handelsrepublik wandte.

Genua lehnte nicht allein aus den verschiedenen bereits bestehenden Gründen eine Mitwirkung ab, sondern in der Superba blickte man bereits mißtrauisch auf Venedig, und als festgestellt wurde, daß es Venezianer waren, die auf neutralen Schiffen Güter aller Art, vor allem Lebensmittel, nach Pisa beförderten, die auf Rechnung pisanischer Händler gekauft worden waren, griffen genuesische Kaperschiffe auch diese Fahrzeuge an und brachten sie nach Genua ein.

Venedig seinerseits war nach dem Verlust von Acri, das durch Sultan Chalil erobert wurde, in seinem Levantehandel stark behindert. Dies war nicht zuletzt auch durch die Tatsache bedingt, daß König Heinrich II. von Zypern aufgrund der ihm geleisteten genuesischen Hilfe den Genuesern Handelsbegünstigungen und Zollfreiheiten auf der Insel zubilligte. Venedig ging auch hier leer aus.
Dies weckte den Neid der großen Handelsmacht an der Adria. Venedig beschuldigte nunmehr Genua, am Rückgang der Handelbeziehungen der Serenissima mit dem Orient schuld zu sein.
Nun bestand ja, wie bereits geschildert, zwischen den beiden Stadtstaaten ein Waffenstillstand. Als Venedig beschloß, ihn zu brechen, wurde Genua durch einen seiner Spione aus der Lagunenstadt gewarnt. Das genuesische Parlament schickte Niccolò Spinola mit einer Flotte schneller Galeeren nach Konstantinopel, um die genuesischen Kolonien und Niederlassungen zu warnen und darüberhinaus den griechischen Kaiser für Genua zu gewinnen.
Das letztere gelang nicht, weil Andronikos II. Palaeologos, der 1282 an die Macht gekommen war, eine strikte Neutralitätspolitik verfolgte und beiden Parteien bei drakonischer Strafe untersagte, im Marmarameer oder im Bosporus gegeneinander zu kämpfen.
Während seiner Rückkehr in die Heimat erfuhr Niccolò Spinola durch eines der Spähschiffe, die in diesen Gewässern kreuzten, daß sich die Venezianer in der Nähe befänden und bereits an drei Stellen reiche Beute in und vor genuesischen Niederlassungen gemacht hätten.
Als Spinola einige Tage später diesen Feind entdeckte, griff er zu einer List. Die weit überlegene Venezianerflotte im offenen Kampf zu schlagen, war unmöglich. Zunächst tat er so, als wolle er dennoch die Venezianer angreifen. Beide Flotten nahmen daraufhin ihre Schlachtordnung ein. Als aber die Genueser aus dem Hafen ablegten, legten sich die Ruderer der Galeeren so hart in die Riemen, daß sie in schnellem Tempo unbeschossen an der venezianischen Flotte vorbeiliefen und Lajazzo in Kleinarmenien erreichten. Dort angekommen, rüsteten sie in aller Eile 11 im Hafen liegende Kaperschiffe aus und segelten erneut nach Westen. Sie waren damit durch 11 kampfkräftige Schiffe verstärkt.
Als sie wieder auf die venezianische Flotte stießen, die 28 Kampfgaleeren stark war und viele weitere Frachtschiffe aufwies, die nicht nur mit gekauften Waren, sondern auch mit Beute aus den Überfällen auf die genuesischen Niederlassungen beladen waren, glaubte niemand unter den Venezianern, daß Spinola angreifen werde.
Admiral Spinola sah die in ungeordnetem Zuge heimwärts segelnden und rudernden venezianischen Schiffe und griff die einzelnen Gruppen nacheinander an, noch ehe sich das Gros zu einer Schlachtordnung formieren konnte.

Nur drei venezianischen Schiffen der Flotte gelang die Flucht, die übrigen ergaben sich, unter ihnen auch das venezianische Admiralsschiff. Der offene Krieg gegen Venedig war damit ausgesprochen. Er sollte lange Jahre dauern und Hekatomben an Opfern kosten.

Genua und Venedig: Krieg bis aufs Messer!

Als die Nachricht von der Vernichtung der venezianischen Handelsflotte in der Lagunenstadt eintraf, berief der Doge eine Versammlung des Großen Rates ein. Es wurde beschlossen, 60 Kampfschiffe auszurüsten und sie den Genuesern so schnell wie möglich entgegenzusenden.
Binnen weniger Wochen waren diese 60 Galeeren auslaufbereit und liefen in Richtung auf die Straße von Messina nach Süden. Als sie dort auf 40 genuesische Schiffe stießen, wurden diese gejagt, doch die venezianischen Schiffe konnten die schnelleren genuesischen Galeeren nicht einholen und verloren sie aus den Augen.
Nicht weit von diesen Schiffsbewegungen entfernt war Andrea Dandolo, ein venezianischer Admiral, gerade dabei, mit acht Galeeren die venezianische Karawane zu eskortieren. Sie ankerten bei der Insel Sapienza. Hier bildete die Westküste von Morea mit der genannten Insel und den beiden anderen Inseln Cabrèra und San Venètico einen Golf, der zwei Mündungen aufwies. Aus diesem Golf war kurz vor dem Ankern der venezianischen Flotte ein Schiffsverband aus acht genuesischen schnellen Galeeren zur Aufklärungsfahrt um das Capo Matapan herum ausgelaufen.
Als Andrea Dandolo davon erfuhr, schickte er die gesamte Karawane an Land und legte sich mit seinen Galeeren hinter der östlichen Mündung des Golfes in einen Hinterhalt.
Durch ein Fischerboot wurde die genuesische Flotte vor diesem Hinterhalt gewarnt. Die Flotte umlief die Inseln und die Soldaten gingen an der gegenüberliegenden Golfmündung an Land. Sie überraschten dort die reiche Handels-Karawane und raubten sie aus, ohne daß Dandolo ihr zur Hilfe eilen konnte.
Die Venezianer schworen Rache, doch das Eingreifen von Papst Bonifatius VIII., der jeder Seite, die den Waffenstillstand brach, mit dem Kirchenbann drohte, erreichte, daß ein neuer Waffenstillstand geschlossen und 1295 unterzeichnet wurde.
Durch diesen Kampf mit Venedig flammten auch die ghibellinisch-guelfischen

Händel in Genua wieder auf. Die Guelfen unterlagen und wurden fast gänzlich aus Genua vertrieben, und noch in diesem Jahr beschloß man, an die Stelle ausländischer Capitani wieder einheimische einzusetzen. Nicht zuletzt wurde dies von den ghibellinischen Parteifreunden angeregt, weil sie dann nach der Vertreibung der Guelfen unbeschränkt herrschen konnten.
So kamen wieder zwei genuesische Capitani der ghibellinischen Partei ans Ruder: Corrado Spinola und Corrado Doria, die Söhne der beiden Obertos, was als gutes Omen ausgelegt wurde. An die Stelle von Corrado Doria trat dann 1298 Lamba Doria.
Aus Venedig drangen immer alarmierendere Nachrichten über die Rüstungsanstrengungen der Serenissima nach Genua. Dies veranlaßte die Superba, mit aller Kraft auf den offenbar vor der Tür stehenden neuen Krieg hinzuarbeiten. Der Senat entschied, daß 155 Galeeren auszurüsten seien und 40 000 Genueser und Ligurer als Personal und als Kriegsvolk ausgehoben werden müßten, um der venezianischen Gefahr zu begegnen.
Oberto Doria wurde zum Admiral dieser bisher größten genuesischen Flotte ernannt. Er war sogar von den guelfischen Adeligen, die sich noch in der Stadt befanden, dazu vorgeschlagen worden.
Venedig war natürlich über diese gigantischen Anstrengungen der Rivalin im Ligurischen Golf ebenso informiert, und als die genuesische Flotte ausgelaufen war, wurde sie von Spähschiffen beobachtet. Nach Erreichen von Messina ließ Oberto Doria die ganze sizilianische Küste absuchen, aber es fand sich kein einziges venezianisches Schiff, ganz zu schweigen von einer Flotte.
Nunmehr ließ Admiral Doria den Kurs auf die Adria legen, um die Venezianer in ihrem eigenen Lagunengebiet zu suchen und ihnen den Kampf anzutragen.
Die losbrechenden Herbststürme und Meinungsverschiedenheiten mit den Offizieren und Kommandanten der anderen Schiffe vereitelten diesen Plan. Die Flotte mußte den Rückmarsch nach Genua antreten, ohne zum Kampf eingesetzt worden zu sein.
Wenige Wochen später starb Oberto Doria, und sowohl seine Freunde als auch seine Feinde betrauerten den Tod dieses Mannes, der für Genua so viel getan hatte.
Als der Parteienstreit 1296 erneut aufflammte, schien für Venedig und auch für das sich nur langsam wieder erholende Pisa eine Chance zu bestehen, die Widersacherin loszuwerden. Doch dieser guelfisch-ghibellinische Streit dauerte nicht lange. Dem Genueser Erzbischof Jacopo da Varagine gelang es, die Streitigkeiten beizulegen. Doch bald flackerte der Streit abermals auf. Die Guelfen wurden einmal mehr überwunden und mußten die Stadt verlassen, soweit es sich um die einflußreichen Familien handelte.

Es ging an den Wiederaufbau, und abermals war es Jacopo Varagine, der den Armen Genuas beistand, indem er San Remo und Ceriana verkaufte, um mit dem Erlös den Armen der Stadt zu helfen.

Das Parteiengezänk in Genua veranlaßte Venedig, wieder auf seine Flotte zurückzugreifen, um den Genuesern in Übersee Konkurrenz zu machen und sie dort zu vertreiben, wo Venedig gern selber den genuesischen Platz eingenommen hätte.

Die venezianische Flotte lief aus und griff Caffa an. Hier machte sie große Beute aus den genuesischen Niederlassungen. In Richtung Bosporus weiterrudernd, gerieten sie in jenes Gebiet hinein, das der griechische Kaiser für strikt neutral erklärt hatte. Sie liefen bis nach Pera, der Vorstadt von Konstantinopel, und brannten und mordeten dort.

Im Gegenzug ergriffen die Genueser den venezianischen Bailo von Konstantinopel.

Darauf folgte wieder eine Revanche der Venezianer, die nunmehr zur Konstantinopel gegenüberliegenden asiatischen Küste fuhren, dort Truppen an Land setzten und die genuesischen Niederlassungen vernichteten.

In Genua selbst schienen diese venezianischen Angriffe gegen das eigene Handelsimperium die Menschen kaum noch zu interessieren. Zu sehr war ihr Haß auf den führenden Capitano Corrado Doria fixiert, dem sie solche Schlappen gönnten, weil sie seinen Ruf untergruben und den Boden für einen Regierungswechsel vorbereiteten.

So wurde denn auch bald Corrado Doria durch das einberufene Parlament abgesetzt und durch Lamba Doria ersetzt. Dieser war als kriegserfahrener Admiral und tatkräftiger Mann sehr beliebt, und als er dazu aufforderte, eine starke Flotte zu bauen, erhielt er die Zustimmung des Senats. Binnen kurzer Zeit stand die genuesische Expeditionsstreitmacht in Stärke von 85 Galeeren mit Bewaffneten einsatzbereit, mit der Lamba Doria Ende August 1298 auslief und direkten Kurs auf das Adriatische Meer nahm.

Die venezianische Flotte, geführt von Admiral Andrea Dandolo, der ›Der Kahle‹ genannt wurde, lief ebenfalls aus und legte sich an der äußersten Spitze Istriens vor der Bucht von Kotor auf die Lauer. Dandolo, dem Gegenspieler des Doria, standen 98 Galeeren zur Verfügung.

Als die schnellen Spähschiffe Lamba Dorias den Gegner ausmachen konnten, seine Schiffe zählten und die Meldung von der zahlenmäßigen Überlegenheit der Venezianer das Admiralsschiff erreichte, verschob Lamba Doria die Schlacht zunächst um einige Tage. Er wollte zuerst mit der Flotte eine günstige Position erreichen.

So segelten und ruderten venezianische und genuesische Schiffe in den nächsten

Tagen in kühnen Manövern außerhalb der Schußweite ihrer Waffen, die etwa 200 Meter betrug, umeinander herum und wirbelten das Wasser des Golfes auf. Dann gelang es Lamba Doria, in jenen Meeresarm einzulaufen, der von den Inseln Cùrzola, Làgosta und Mèleda gebildet wird. Die Venezianer drängten hinterher, um die Bewegungsfreiheit der genuesischen Schiffe einzuengen. Hier also sollte der große Zweikampf der beiden bedeutendsten Seerepubliken des Mittelmeeres stattfinden.

Die Seeschlacht von Cùrzola

Man schrieb den 8. September 1298, als die beiden Flotten ihre Schlachtaufstellung in langer Linie einander gegenüber aufgenommen hatten. Lambas Schiffe zeigten mit den Bugen nach Norden. Dadurch wurden die Kämpfer auf seinen Schiffen nicht von der Sonne geblendet.
Die Schiffe wurden langsam aufeinander zugerudert. Dann hatten sie die Schußentfernung erreicht, die ersten Katapulte schleuderten ihre Steinkugeln hinüber und herüber. Immer kürzer wurde die Distanz. Die Armbrustschützen eröffneten das Feuer, dann auch die Bogenschützen; die besten Lanzenwerfer hielten ihre Wurflanzen bereit, mit denen sie sehr gut umzugehen verstanden. Stahlspitzen klirrten gegen Schilde und Geräte. Männer schrien getroffen auf. Das Getümmel wurde in der nächsten halben Stunde so dicht, daß man nicht mehr wußte, wo Freund und wo Feind waren. Lanzen flogen durch die Luft, bohrten sich in menschliche Leiber und nagelten sie an Masten, Schiffsaufbauten und Planken fest. Der Rammsporn einer genuesischen Galeere rasierte an einer Seite sämtliche Ruder des Gegnerschiffes ab, daß es liegenblieb und geentert werden konnte.
Lamba Doria stand auf dem breiten Achterdeck des Admiralsschiffes und hörte plötzlich schreckliche Schreie. Diese Stimme kannte er! Er fuhr herum, sah seinen Sohn, dem eine der tödlichen Lanzen durch die Brust gedrungen war. Seeleute umstanden ihn hilflos.
Der Admiral eilte mit Riesenschritten zu dem tödlich getroffenen jungen Mann hinüber, der sein Sohn war, und nahm ihn in die Arme.
»Warum weint ihr?« herrschte er die Seeleute an, »mein einziger Sohn ist für das Vaterland gefallen und ich opfere ihn leichten Herzens, so sollt ihr auch handeln. Hier ist sein Grab!« (Siehe Carbone, Giunio a.a.O.)
Er nahm den inzwischen gestorbenen jungen Mann auf die Arme, ging mitten durch das weiter anhaltende Getümmel zur Seitenreling hinüber und ließ den

Körper des Toten in die See fallen. Dann kam er zu den anderen zurück. Sein Gesicht war eine steinerne Maske, als er sprach:
»Das würdigste Grab für den Tapferen ist dort, wo er die edelste Tat seines Lebens vollbracht hat. – Auf, auf! Hände an die Waffen und jeder an seinen Platz!«
Der Admiral kehrte als erster auf das kampfdurchtoste Achterdeck zurück. Nacheinander wurden zehn genuesische Galeeren mit zerbrochenen Rudern und abgerissenen Masten zurückgebracht. Lamba Doria befahl nun allen Schiffen, sich in Keilformation aufzustellen. Er selbst begab sich mit dem Admiralsschiff an die obere vordere Spitze des Keils, nachdem er einem schnellen Spähschiff Befehl gegeben hatte, die 15 weiter rückwärts hinter der vordringenden Landzunge versteckten Schiffe heranzuholen.
Von allen Seiten griffen die Venezianer an. Das Getöse wurde immer stärker, und fast sah es so aus, als müßten die Genueser unterliegen, als die 15 zurückgehaltenen Schiffe mit ausgeruhten Kämpfern auftauchten und den Feind aus dem Hinterhalt angriffen.
Diese 15 Galeeren gaben den Ausschlag. Sie griffen an, stürzten sich auf die Venezianer und schossen deren Schiffe zusammen oder rammten sie, um sie anschließend zu entern.
Der von Andrea Dandolo gebildete Halbkreis um das Dreieck der Genueser löste sich auf, zerflatterte in alle Richtungen.
Das venezianische Admiralsschiff, das mit einigen anderen noch auf dem Gefechtsfeld geblieben war, wurde nun von der Admiralsgaleere Dorias angegriffen. In einem Kampf, der seinesgleichen suchte, wurde das venezianische Schiff geentert. Der Kampf erlosch erst, nachdem es gelungen war, Andrea Dandolo gefangenzunehmen.
Nur 12 venezianischen Galeeren gelang schließlich die Flucht. Alle übrigen wurden entweder versenkt oder gekapert. Die besten venezianischen Kapitäne fielen im Kampf.
Admiral Andrea Dandolo aber, der auf das Admiralsschiff des Siegers hinübergebracht wurde, schlug dort so hart mit dem Kopf gegen den Hauptmast, daß er tot zu Boden fiel. Er wollte die Schande der Gefangenschaft nicht tragen.
Der Kampf von Cùrzola war zu Ende. Die Venezianer hatten etwa 10 000 Tote und 6654 Gefangene zu beklagen. Die Zahl der toten Genueser belief sich auf 1500 Mann.
Auf dem Strand von Cùrzola verbrannten die Soldaten auf Befehl von Lamba Doria hin die 68 manövrierunfähigen, in genuesische Hand gelangten venezianischen Schiffe.
Jetzt hätte sich die Gelegenheit ergeben, nach Venedig weiterzufahren und die Lagunenrepublik endgültig zu erobern. Doch Lamba Doria nutzte seine große

Chance nicht. Er zog mit der ebenfalls arg lädierten Flotte und den vielen Verwundeten, die sicherlich sterben würden, wenn sie nicht bald ärztlich versorgt wurden, heimwärts.
Als die Flotte, um ein Dutzend Schiffe ärmer aber um einen grandiosen Sieg reicher, in den Hafen von Genua einlief, war die Siegesmeldung bereits eingetroffen.
Die Heimkehrer wurden von einer unübersehbaren Menschenmenge willkommen geheißen und im Triumphzug zur Kirche S. Lorenzo geleitet, wo der Dankgottesdienst abgehalten wurde. Helfer und Helferinnen bemühten sich um die Verwundeten.
Lamba Doria wurde mit einem großen Palast beschenkt. Außerdem ließ ihm die Stadt noch zu seinen Lebzeiten ein Denkmal errichten.
Als die Amtszeit von Lamba Doria und Corrado Spinola ablief, legten beide alte Kämpen ihr Amt nieder, damit jüngere an die Macht kämen, die lange Zeit das Staatsschiff lenken konnten.
Venedig und Pisa baten nun um den Abschluß eines Friedensvertrages, den Genua beiden Städten gewährte. Allerdings wurde dieser Frieden nicht billig. Pisa beispielsweise mußte für den auf 27 Jahre Dauer unterzeichneten Waffenstillstand 135 000 genuesische Lire an Kriegskosten zahlen, weil die Stadt »durch die Brechung des früher bereits vereinbarten Waffenstillstandes diesen neuen Krieg verursacht hatte«. Auf Sardinien verlor Pisa Sassari, Korsika mußte zur Gänze an Genua übergeben werden. (Siehe Georgii Stellae annales Genuenses ap. Muratori)
Nach dem Rücktritt der beiden alten Capitani kam man in Genua auf die Idee, die Staatsführung abermals zu reformieren, obgleich die der Republik nützliche Regelung der Regierung durch zwei Capitani allgemein als gut anerkannt wurde. An Stelle der Capitani wurden nunmehr ein Abt aus dem Volke und ein ausländischer Podestà gewählt. Während der Volksabt den Vorsitz im Kleinen Rat der 24 Ältesten hatte, war der Podestà für die Ausführung der öffentlichen Dekrete zuständig.
Noch vor der Wahlzeit war es zu einem Zwischenfall gekommen, der vielleicht auch diese neue Regelung mitbeeinflußt hatte. Es drangen nämlich Galeeren der genuesischen Guelfen bei Nacht in den Hafen ein, legten an der Hauptmole an und die Mannschaften gingen an Land. Sie stießen auf Lanfranco Doria und ermordeten ihn. Bonifatius VIII. belegte Genua mit dem Interdikt zur Aufrechterhaltung des Rechtsfriedens in der Stadt, jedoch nicht wegen der Meuchelmordgeschichte, sondern weil Genua König Friedrich von Sizilien beistand, als der päpstliche Stuhl Anspruch auf diese Insel erhob.

Genua, Opizzino Spinola und Barnaba Doria

Im Jahre 1301 wurde der Friede zwischen dem Papst und Genua dank der Vermittlung Karls II. von Neapel wiederhergestellt.
Die Reformen des Jahres 1301 fanden nicht die ungeteilte Zustimmung der gesamten Bevölkerung der Republik. Einer derjenigen, dem diese Regelung überhaupt nicht gefiel, war Opizzino Spinola, Haupt der Familie Spinola und Führer der Ghibellinen in der Stadt und in ganz Italien.
Zum Anfang dieses Jahrhunderts war die Lebenskraft von Genua besonders stark. Die Republik war ein blühendes Handelszentrum, das ihre Widersacherstädte Pisa und Venedig vorerst wenigstens abgeschüttelt hatte, wenn auch diese beiden Städte nach wie vor weitere Handelszentren blieben. Hinzu kamen Lucca und Florenz.
Alle diese Städte hatten auch bereits eine erste blühende Industrie aufgebaut, die es ihnen ermöglichte, ihre Erzeugnisse überallhin zu verkaufen.
In dieser Zeit wachsenden Wohlstandes schien es beinahe unmöglich, die politischen Querelen zu unterbinden. Wenn auch äußerlich Frieden herrschte, im Innern, unter der Asche, glühte der Brand der Zwietracht weiter und drohte alles zu versengen, sobald er erst einmal geschürt wurde und emporloderte.
Dennoch blieben die Jahre bis 1306 ruhig und wurden durch eine stetige Aufwärtsentwicklung gekennzeichnet. In diese Zeit fällt auch das vermehrte Interesse Genuas nach der Ausweitung des Handels mit den westeuropäischen Städten und ganz Nordwest- und Südwesteuropas.
Als dann 1306 der genuesische Adel sich erneut in Parteienstreitigkeiten verwickelte, waren es die Spinola und die Doria, die einander befehdeten. Beide Familien hatten nebeneinander die Staatsgeschäfte geleitet und die höchsten Stellen in der Flotte bekleidet. Doch die Familie der Spinola war reicher als jene der Doria. Da außerdem eine der Töchter der Spinolas mit Namen Argentina den byzantinischen Prinzen Theodoro geheiratet hatte, wurde der Stolz der Spinolas noch größer, zumal nach dem Tode von Giovanni Marchese von Montferrat dessen Markgrafenschaft an eine Schwester des Toten fiel, die mit Kaiser Andronikos I. verheiratet war, und dieses Erbe für deren Sohn Theodoro bestimmt war, der damit Markgraf von Montferrat wurde. Dadurch wiederum kam der Machtzuwachs durch dessen Frau Argentina auch den Spinolas zugute.
Da die Markgrafen von Saluzzo ebenfalls Ansprüche auf Montferrat geltend machten und Kaiser Andronikos I. infolge eines Krieges, in den er verwickelt war, diesen Ansprüchen der Saluzzi nicht entgegentreten konnte, hoffte man nunmehr auf die Unterstützung durch Opizzino Spinola, den Brautvater.

Zunächst wurde jedoch in Genua die alles bisher an Prunk dagewesene übersteigende Hochzeit von Argentina Spinola mit Prinz Theodoro gefeiert. Danach ließ Opizzino Spinola die in seiner Burg Scrivia versammelten bewaffneten Bauern, die von ihm in allen Kriegskünsten unterwiesen worden waren, aufbrechen und begleiteten die Frischvermählten zu ihrem Erbteil nach Montferrat, um sie gegen mögliche Angriffe der Saluzzi zu schützen.
In der Tat leisteten die Saluzzi Widerstand, und erst als er gebrochen war, konnte das junge Paar seinen Besitz übernehmen.
Diese Ereignisse, die weithin Aufsehen erregten, verschafften Opizzino Spinola den Nimbus des unbesiegbaren und zugleich glücklichen Kriegshelden. Bei seiner Rückkehr wurde er mit frenetischem Jubel empfangen. Das Parlament wurde einberufen. Einer der Redner schlug die Wiedereinführung des Capitanats vor und – wie hätte es anders sein können – nominierte Opizzino Spinola für dieses Amt.
Die andere Seite, die Familie Doria und ihre Anhänger, nominierten Barnaba Doria.
Am Tage vor der Wahl war es bereits zu einem Tumult gekommen, der von den Dorias angezettelt worden war. Sie hatten sich dabei sogar mit den ihnen verfeindeten Familien der Guelfen verbündet, vorwiegend mit der Familie der Mascherati.
Es kam zu einem blutigen Gefecht in der Stadt. Lediglich Barnaba Doria hielt nicht zu seiner Familie, sondern zu den Spinola. Als die Doria unterlagen, war der Kampf beendet und die Wahl wurde durchgeführt. Beide Männer, Opizzino Spinola und Barnaba Doria, wurden mit gleichen Rechten zu Capitani des Volkes und der Stadt Genua ernannt und mit einem Jahresgehalt von 1 500 Gold-Fiorini besoldet.
Alle übrigen Mitglieder der Familie Doria hatten die Stadt aus Furcht vor Repressalien verlassen. Sie waren nun zu Anhängern der Guelfen degradiert worden und mußten sich nach Oneglia, dem Stammsitz der Doria, zurückziehen. Die aus der Stadt entkommenen Guelfen zogen mit ihnen.
Man schrieb bereits das Jahr 1307, als Barnaba Doria und Rinaldo Spinola in Richtung Oneglia zogen und in Porto Maurizio auf dem anderen Flußufer Quartier nahmen. Es schien zunächst zu einem Kampf zu kommen. Doch die Ankömmlinge beteuerten, daß sie nur gekommen seien, um Frieden zu schließen.
Im Dezember war der Friedensvertrag unterzeichnet und die Vertriebenen konnten nach Genua zurückkehren.
Da Barnaba Doria seinem Mit-Capitano Opizzino Spinola an Reichtum gleichkam, wollte er ihm nun auch an Glanz ebenbürtig sein. Er verheiratete seine

Tochter mit dem Markgrafen von Saluzzo, dem erklärten Widersacher von Theodoro von Montferrat, dessen Frau ja eine Spinola war.

Der Markgraf von Saluzzo meldete gleich nach dieser großen Hochzeit seine Ansprüche auf Montferrat wieder an und spekulierte darauf, daß ihm Barnaba Doria zur Hilfe eilen würde. Seine Rechnung schien aufzugehen, denn sehr bald vergaßen die beiden Capitani ihre eigentliche Aufgabe als Oberhäupter der großen Handelsstadt und bekriegten untereinander zunächst mit Worten in der Sache von Montferrat. Um das Maß voll zu machen, ließ Odoardo Spinola, ein Onkel von Capitano Opizzino, seine Freunde und Verwandten und sein Hausgesinde zu den Waffen rufen, mit der offen erklärten Absicht, es den Doria nun zu zeigen.

Opizzino ließ sofort vor dem zusammengerufenen Senat erklären, daß er mit diesem Aufruhr nichts zu tun habe. Dennoch gelang es den Spinola, durch geschickte Lancierung von Indiskretionen, zu erreichen, daß Barnaba Doria abgesetzt wurde. Opizzino wurde anschließend zum alleinigen Capitano der Stadt ernannt, und zwar auf Lebenszeit. Sein Titel lautete: Rector et capitaneus generalis et perpetuus republicae et populi Genuesis.

Dieses Vorgehen der Spinola ließ die Doria und Grimaldi abermals zusammengehen. Barnaba Doria und die Grimaldi sowie einige andere Adelige der Stadt warben nun Söldner an, die sie im Val di Polcevera zusammenzogen.

Opizzino Spinola zog aus, um diese Gefahr für ihn abzuwenden. Als beide Heerhaufen aufeinandertrafen, wurde er so schwer geschlagen, daß er sich nicht einmal mehr in Genua sicher fühlte. Opizzino Spinola zog sich mit den Seinen in die Berge bei Gavi zurück, wo die Spinola eine Burg unterhielten, die zur Verteidigung geeignet war.

Die Sieger zogen im Triumph in Genua ein. Sie hielten ein strenges Strafgericht, und die Häuser der Spinola di San Luca, zu denen Opizzino gehörte, wurden niedergebrannt, die Türme abgerissen.

Für die Übergangszeit bildeten die Familien Doria, Grimaldi und Fieschi eine Regierung, die aus Roberto Bevagna als Volksabt und 16 Männern aus den drei genannten Adelsfamilien bestand.

Am 1. Juli 1310 wurde die beratene und beschlossene neue Regierungsform in Kraft gesetzt. Der Volksabt blieb im Amt; ihm zur Seite traten 12 Governatori, jeweils sechs aus dem Adelsstand und sechs Popolani. Alles schien gutzugehen, bis sich Barnaba Doria, der sich aus Verbitterung darüber, daß man ihn einfach abhalfterte, nach Langhe zurückgezogen hatte, dort mit Opizzino aussöhnte. Er und Oppizino arrangierten anschließend ein Zusammentreffen ihrer beiden Schwiegersöhne, die um Montferrat gestritten hatten. Auch sie wurden miteinander versöhnt.

Damit hatten Barnaba Doria und Opizzino Spinola wieder eine beträchtliche Streitmacht unter sich vereint, so daß es den Herrschenden in Genua doch bänglich zumute wurde. Man versuchte, Opizzino durch einen Ersatz der erlittenen Schäden zu beruhigen. Dieser jedoch tat zwar so, als sei er an einem Vergleich interessiert, war aber schon mit Kaiser Heinrich VII. in Verbindung getreten und hatte ihn gebeten, seine, Opizzinos, Herrschaft in Genua wieder einzusetzen.

Daneben aber stießen die unter Waffen stehenden Bauern der Städte Gavi und Monaco, die der Familie Spinola di San Luca gehörten, immer wieder gegen genuesische Städte und Burgen vor und verwüsteten sie. Dabei wurden sie nach Kräften vom Markgrafen von Montferrat, Theodoro, unterstützt.

Die Doria aber hielten sich dennoch in der Stadt; das unter ihrem Einfluß aufgestellte Regime behauptete sich. Als sie aber davon Wind bekamen, daß Spinola den Kaiser hatte überreden können, für ihn einzutreten, und daß der Kaiser bald nach Genua kommen werde, nahmen sie Verhandlungen mit Opizzino Spinola auf und gaben ihm für den in Genua erlittenen Schaden 40 000 Lire Entschädigung. Alle Glieder der Familie Spinola und deren Anhang durften nach Genua zurückkehren, bis auf Opizzino, dem auferlegt wurde, noch weitere zwei Jahre als Verbannter auf seiner Besitzung Gavi zu bleiben.

Heinrich VII. kam im Jahre 1311 über Luxemburg nach Genua. Dort wurde er mit allem Pomp empfangen, und insbesondere die Dorias taten alles, um ihn für sich einzunehmen. Der Kaiser selbst verstand es geschickt, den unparteiischen Freund aller Edlen der Stadt herauszukehren und keine der Parteien vor den Kopf zu stoßen. Da man aber in Genua argwöhnte, daß mit diesem geschickten Schachzug Opizzino Spinola seine Rückkehr vorbereiten wollte, um dann das Amt des Capitano wieder zu übernehmen, verfiel man im Senat der Stadt auf den kuriosen Ausweg, den Kaiser selbst zum Podestà von Genua zu ernennen.

Damit wäre dann Opizzino mit eigenen Waffen geschlagen. Opizzino, der mit und unter dem Schutz des Kaisers in die Stadt zurückgekehrt war, sah seine Felle wegschwimmen. Er durfte nicht einmal etwas dagegen unternehmen, sondern mußte »freudigen Herzens in diesen Vorschlag einstimmen«.

Der Kaiser nahm die Würde eines Podestà von Genua an. Laut dem Wahlstatus wurde sie ihm für die Dauer von 20 Jahren übertragen. Während seiner persönlichen Anwesenheit in der Stadt würde er das Amt auch selbst ausüben. In Zeiten seiner Abwesenheit würde es von einem kaiserlichen Vicarius wahrgenommen, der dem Kaiser allein verantwortlich war.

Die Genueser Adeligen schwuren dem Kaiser feierlich Beistand in allen Kriegen, die er aus dem Gebiet der Provence bis hinunter zum Sizilianischen Meer führen würde.

Gleichzeitig damit wurde beschlossen, Guelfen und Ghibellinen gemeinsam und gleichberechtigt an der Verwaltung der Stadt zu beteiligen.

Zu Ehren des Kaisers nahmen die verschiedenen Linien des Hauses Doria, die bis dahin besondere Waffenzeichen geführt hatten, das Reichswappen mit dem schwarzen Adler an. Sie teilten das Wappenfeld und machten es halb in Gold und zur anderen Hälfte in Silber.

In Genua, wo Heinrich VII. mit seiner Frau weilte, starb die Kaiserin, und Heinrich zog weiter in Richtung Toskana und Rom. Für die Zeit seiner Abwesenheit ernannte er Uguccione della Faggiuola zu seinem Stellvertreter als Podestà der Stadt.

Die Republik Genua hatte in der Folgezeit sehr unter den verschiedenartigsten Steuern, die der Kaiser der Stadt auferlegte, zu leiden. Sie mußte für Heinrich VII. einige Male Soldaten und Waffen sowie Galeeren und Frachtschiffe stellen und wurde außerdem in ihren bisherigen Handelsprivilegien beschnitten.

Als Kaiser Heinrich VII., der ja an und für sich nach Italien gegangen war, um dort die zerrüttete Kaisermacht wieder herzustellen, nach schweren Kämpfen, in denen die Genueser ihm Soldaten, Waffen und Schiffe zur Verfügung stellten, im Jahre 1313 im Lateran von päpstlichen Legaten zum Kaiser gekrönt wurde, schien Genuas Rechnung aufzugehen. Es sah so aus, als sollte die Stadt nunmehr auch die Früchte dieser Hilfe ernten können. Doch dem war nicht so. Der Kaiser rüstete zum Krieg gegen Robert von Neapel, den er als Majestätsverbrecher zum Tode verurteilt hatte. Auf dem Zug nach Neapel starb er am 24. 8. 1313 in Buonconvento nahe Siena. Er wurde im Dom zu Pisa beigesetzt.

Der kaiserliche Vicarius Uguccione della Faggiuola verließ nach Bekanntwerden des Todes seines Herrn sofort die Stadt, um sich in Sicherheit zu bringen, denn er hatte inzwischen viele Unmutsäußerungen über sich selber gehört, wenn er im Namen des Kaisers neue Steuern und Abgaben einziehen ließ. Er reiste sofort nach Pisa, wo er das Podestàamt über diese Stadt annahm.

Während nun die Doria Unterstützung durch die Mascheraten erhielten, schlossen sich die Rampinen den Spinolas an, deren verschiedene Linien wieder miteinander Frieden geschlossen hatten. Die Popolani wiederum schlossen sich den Rampinen an, weil die Mascheraten ihnen feindlich gesinnt waren.

Zwar kam im Jahre 1314 noch einmal ein Vertrag zwischen den Spinola und den Doria zustande, doch bereits im Herbst dieses Jahres zerbröckelte der brüchig gewordene Friede in der Stadt, und zwar entzündete sich der Krieg an zwei Familien, die bei Rapallo lebten. Es waren die Torre di Rapallo und die Marchesi, die miteinander in Fehde lagen. Einige Angehörige des Hauses Doria eilten den Torre zur Hilfe, während sich die Spinola den Marchesi als Beistand anboten.

Da man in der Stadt bereits kurz nach dem Abmarsch der Gruppen Bedenken

hatte und argwöhnte, daß es auch in Genua zum Kampf kommen werde, während sich die beiden Familien bei Rapallo schlugen, wurden Boten hinter den einzelnen Kriegshaufen hergeschickt. Bei Nervi wurden die Doria erreicht. Sie kehrten sofort nach Genua zurück. Die Spinolas taten es ihnen nach.
»Als die Doria in die Stadt einritten, riefen sie: ›Muorano gli Spinoli!‹ – Tötet die Spinolas!« –
Es kam zu einem blutigen Gemetzel. Opizzino Spinola erstürmte mit seinen Mannen die Häuser der Doria, aber noch ehe sie wirklich die Oberhand gewannen, kamen Entsatztruppen herbei, welche die Spinola schlugen. Die Spinola, an der Spitze ihr Oberhaupt Opizzino, mußten wieder die Stadt verlassen.

Die Belagerung von Genua

Der guelfische Adel der Stadt fiel auseinander. Während die Grimaldi sich auf die Seite der Doria schlugen, wandten sich die Fieschi endgültig den Spinola zu. Die große Familie der Salvagi teilte sich untereinander. Eine Hälfte ging zu den Doria, die andere zu den Spinola.
Der Kampf wurde aus der Stadt fort in den Raum Gavi, Serravalle und Arquata, in die Umgebung der Burgen und Landsitze der Spinolas, getragen. Sie warben deutsche Söldner an und ließen sie gegen die anrückenden Genueser antreten. Letztere erlitten schwere Verluste.
Der Kampf dauerte Monat um Monat an. Längst war das Jahr 1317 heraufgezogen, als die Fieschi, die in der Stadt geblieben waren, sich insgeheim mit der Bitte an die Grimaldi wandten, die waffenlose Rückkehr der Spinolas zu dulden.
Die Grimaldi sicherten dies zu, und als die Sippe der Spinola in die Stadt zurückkehrte, fürchteten die davon völlig überraschten Doria einen Verrat, und obgleich sich die Grimaldi für die Unversehrtheit aller Dorias verbürgten, verließen eine Reihe Mitglieder dieser Familie Genua und die übrigen folgten ihnen kurz darauf nach.
Damit war der Weg frei zur Wahl einer neuen Regierung, und die sollte in Gestalt der früheren Staatsform der Capitani gewählt werden. Carlo Fiesco und Gaspare Grimaldi wurden zu gemeinsamen und gleichberechtigten Capitani ernannt. Ein ausländischer Podestà wurde gestellt, der für alle Zivil- und Strafprozesse zuständig sein sollte. Hinzu kam ein Abt aus dem Volke, dessen Aufgabe es sein sollte, die Armen zu schützen und für sie zu sorgen, wenn sie in Not waren.
Damit schien auch für die Spinolas der Boden Genuas zu heiß geworden. Sie verließen ebenfalls die Stadt, womit die früher miteinander befreundeten und dann

wieder verfeindeten Familien der Doria und Spinola nunmehr das Exil teilten. Rebella de Grimani wurde zum Capitano der westlichen Küste ernannt. Die Doria, die in und bei Loano und San Remo ihre Güter und Kastelle hatten, sahen sich durch ihn bedroht, ebenso die nach Monaco zurückgewichenen Spinola. Die Markgrafen von Chiavesana Ceva, Carretto und die Grafen von Ventimiglia und Herren von Laigueglia schlossen sich ihnen an und belagerten Rebella de Grimani, der sich nach Albenga zurückgezogen hatte.

Dieser Einsatz gegen einen gemeinsamen Feind versöhnte die Doria und Spinola wieder miteinander. Savona empörte sich ebenfalls für die Doria gegen Genua. Außerdem verbanden sich noch der Herrscher von Mailand, Matteo Visconti, und die übrigen lombardischen Ghibellinen mit den Doria, darunter auch Cane Scaligero von Verona. Sie wollten alle gemeinsam gegen Genua antreten und diese Stadt den Klauen der Guelfen entreißen.

In Genua war man nicht untätig geblieben. Mit geschickten Versprechungen versuchte man, die Visconti von der Seite ihrer Verbündeten abzuwerben, doch dieser Versuch schlug fehl. Das Gegenteil trat ein, Matteo Visconti schickte das mailändische Heer unter Führung seines Sohnes Marco gegen Genua los.

Im Val de Polcevera schlug Marco Visconti mit seiner Truppe ein Lager auf und bereitete die Belagerung der ligurischen Hauptstadt vor.

Es war März 1318, als das verbündete Heer der Ghibellinen einen dichten Belagerungsring um Genua geschlossen hatte und die Zeit des Aushungerns begann. Die Stadt wurde auf der Landseite hermetisch abgeschlossen. Leider gelang dies zur See nicht völlig, so daß Genua immer noch Lebensmittel hereinbekam und es mit dem Aushungern der Stadt nichts wurde.

Die Belagerung dauerte bereits bis Juni, als die Belagerer zu schweren Hämmern und Meißeln griffen und damit begannen, die Mauern und vor allem den alten Leuchtturm des Hafens zu unterhöhlen, um ihn zum Einsturz zu bringen. Als die Mineure mitten unter dem Turm angelangt waren, ließen die Belagerer einen Herold mit einem Trompeter vorgehen. Nachdem der Trompeter die Aufmerksamkeit auf den Herold gelenkt hatte, verlas dieser die Warnung an die Turmbesatzung und die Aufforderung, den Leuchtturm sofort zu verlassen und sich zu ergeben.

Die Turmbesatzung ergab sich und vom Leuchtturm, der »Lanterna«, aus, konnten Marco Viscontis Leute nunmehr leicht die umliegenden Vorstädte angreifen. Als erste mußte Prè von den Genuesern geräumt werden.

Eine Vorstadt nach der anderen folgte dem Beispiel von Prè und ergab sich. Lediglich der Stadtkern und das darüberliegende Castelletto hielten allen Angriffen stand.

Einigen Genueser Schiffen war es inzwischen gelungen, die leichte Blockade durch Schiffe der westlichen ligurischen Städte zu durchbrechen. Eines war nach Neapel gelaufen. An Bord waren zwei Abgesandte Genuas, die einen Hilferuf der Stadtherren mitführten und ihn König Robert I. von Neapel übergaben. Der hatte ein großes Interesse an Genua, weil er Besitzungen in unmittelbarer Nähe Liguriens besaß, wie die Provence, deren Graf er war, Marseille und Nizza, die ihm gehörten. Ebenso hatten Alba, Asti und die meisten Städte Piemonts ihm die Signorie übertragen.

Robert I. wurde der Vorschlag gemacht, für sechs Jahre Regierungschef in Genua zu werden. Er sah hier seine große Chance. Nachdem er sieben Jahre vorher noch gegen Genua angetreten war und sich ein blaues Auge geholt hatte, sah er sich nunmehr bereits als Herrn dieser großen und reichen Stadt. Er stellte sofort ein Entsatzheer zur Verfügung.

König Robert I. hatte diesen Kriegszug impulsiv und gegen die Warnungen seiner Berater unternommen. Diese hatten ihm davon abgeraten, weil er ja noch mit Sizilien im Krieg lag. Robert jedoch sah die Sache anders. Wenn er jetzt Genua half und die Stadt mit seiner Hilfe befreit würde, bestand die große Chance, daß Genua für ihn eine starke Flotte ausrüstete, die er gegen Sizilien ansetzen konnte. Damit war die Sache für ihn entschieden. Seine Überlegungen zielten ferner noch dahin, sich in Richtung Mailand auszudehnen und mit der Hilfe der genuesischen Guelfen die Visconti zu vertreiben. Danach wollte er die Provence, Genua selbst, die Toscana und beide Sizilien einnehmen. Wenn dies alles durchgeführt war, wäre er der alleinige Herrscher in ganz Italien.

Binnen weniger Wochen hatte er eine Flotte von 27 Galeeren und 40 Last- und Schnellschiffen ausgerüstet, auf denen 6000 Mann Infanterie und 1200 Ritter und andere Bewaffnete eingeschifft waren und in Richtung Ligurischer Golf ruderten.

Am 6. August 1318 trafen diese Schiffe in der weiten Bucht von Genua ein. Einen Tag später kam auch die Prunkgaleere des Königs, mit Robert I. an Bord, dort an. Noch war es nicht möglich, in den Hafen von Genua einzulaufen.

Als aber die gesamte Seestreitmacht Roberts I. angekommen war und sich zu landen anschickte, zogen sich die Belagerer in achtbare Entfernung zurück. Einer solchen Streitmacht konnten sie nicht widerstehen, zumal nun auch sicher die Genueser Ausfälle über Ausfälle machen und damit die Belagerer in die Zange nehmen würden. Aber sie zogen nicht ab, sondern warteten auf ihre Chance.

Der Weg hinein in die Stadt war frei. Am 8. August 1318 zog König Robert I. von Neapel unter dem Triumphgeschrei der befreiten Genueser und den Vivat-Rufen seiner Soldaten in die Stadt ein.

Noch am selben Tage übergaben die beiden Capitani vor der Chiesa San Lorenzo ihre Gewalt an König Robert. Dieser erklärte, daß er die Herrschaft über diese stolze Stadt nur mit dem Papst gemeinsam akzeptieren könne. Dies kam nicht von ungefähr, denn bevor er nach Genua aufgebrochen war, hatte Robert mit dem Papst alle Möglichkeiten besprochen. Durch dieses raffinierte Vorgehen konnte er seine wahren Absichten gut verdecken und sich gleichzeitig die Mithilfe des Papstes sichern. Warum Robert I. auch der Weise genannt wurde, wird an diesem Schachzug klar.

Der Papst schickte sofort eine Bulle nach Genua, in der er bestätigte, daß er die ihm angebotene Herrschaft auch ausüben werde. Wie üblich exkommunizierte er die Gegner, also die Belagerer der Stadt.

Von dieser Nachricht überrascht, zog sich Marco Visconti etwas weiter in die Berge zurück. Von hier aus gingen die Scharmützel weiter.

König Robert I. von Neapel und Papst Johannes XXII. waren nun Regierungschefs in Genua, und zwar waren sie für volle 10 Jahre gewählt worden. Der Kampf aber ging weiter. Das Belagerungsheer hatte sich inzwischen ebenfalls bedeutend verstärkt. Im August kam es zu einem schweren Gefecht zwischen beiden Parteien. Das Belagerungsheer blieb siegreich. Die Ritter König Roberts I. erlitten große Verluste. Von dem Zeitpunkt an schloß sich der Belagerungsgürtel wieder enger um Genua.

Nunmehr wurden weitere Hilferufe ausgeschickt. Kardinal Luca Fiesco lieh König Robert I. 9500 Unzen Gold, mit dem er weitere Söldnertruppen anwerben konnte. Die Florentiner brachten eine Reihe Entsatzkräfte zusammen. Es waren 800 Lanzenträger zu Pferde und 5000 Mann Infanterie (an anderer Stelle wird eine Zahl von 14 000 Mann zu Fuß und 830 Reiter genannt), die unter Führung Herzog Karls von Kalabrien, Roberts Sohn, aufbrachen und im Schiffstransport nach Sesto (Sestri die Ponente) geschafft und im Rücken der Ghibellinen an Land gesetzt wurden.

Marco Visconti verließ mit seinen Truppen die Lager in Peraldo und Sankt Bernhard, die sofort von Roberts I. Truppen besetzt wurden. Diese Truppen Roberts errichteten eine Festung, die heute Costellazzo heißt.

Marco Visconti tat dies nicht zuletzt unter dem Eindruck der Tatsache, daß ein Spinola bei König Robert als Feldhauptmann diente. Er zog sich bis Voltaggio und Gavi zurück. Alle Vorräte seines Heeres und viele Waffen wurden auf dem schnellen Rückzug zurückgelassen und fielen den Guelfen in die Hände.

Die Spinola und Doria, nun allein als Belagerer übriggeblieben, folgten dem von der Fahne gegangenen Visconti, denn allein konnten sie sich auf keinen Fall halten. In Gavi angekommen, versöhnten sie sich mit dem Abtrünnigen.

In dieser Situation verließ Robert I. Genua und reiste zum Papst nach Avignon. In Genua zurück blieb sein Stellvertreter Riccardo Gambatessa, ein erfahrener Kriegshauptmann aus einer napolitanischen Baronie.

Von Savona aus, wo sich die Doria und Spinola festgesetzt hatten, hielten sie die gesamte westliche ligurische Küste unter Kontrolle, mit Ausnahme einiger Städte, die von guelfischen Hauptleuten gehalten wurden.
Ebenfalls von Savona aus drangen ihre Schiffe bis auf die Reede und sogar in den Hafen von Genua vor und nahmen dort ein großes mit Waren für Flandern vollbeladenes Schiff Genuas in Besitz. Von Lerici, Vezano, Trebbiano und Arcola aus konnten die Spinola und Doria wirksam gegen Genua agieren. Von Lerici bis Rapallo und Recco herrschten sie in dem offenen Land, und nur die größten genuesischen Burgfesten leisteten noch Widerstand.
Als im Juli 1319 ein neuausgerüstetes Heer aus der Lombardei das Polceveratal abwärts zog, wurden gleichzeitig damit in Savona unter der Führung von Corrado Doria 28 Galeeren ausgerüstet und bemannt, die einen Angriff auf Genua durchführen sollten.
Unter dem Banner der Stadt Genua und der Fahne mit dem Bild des St. Georg segelnd, kam die Flotte vor dem Hafen von Genua an.
Die Guelfen wiederum hatten eine Flotte von 32 Fahrzeugen bemannt, die übrigens unter dem gleichen Panier aus dem Hafen ausliefen. Dieses Geschwader wurde von Gasparo de Grimaldi geführt. Beide Flotten fuhren aufeinander zu und als sie am 7. August zusammenstießen, kam es zum ersten kurzen Gefecht, bei dem drei Galeeren der Stadtverteidiger sanken. Das Gros kehrte daraufhin in den Hafen zurück.
Als im September 12 Galeeren aus der Provence nach Noli liefen, um diese Stadt zu überrumpeln, wurden acht der Fahrzeuge von den Guelfen gekapert und eines verbrannt.
Der Belagerungsring um Genua wurde immer dichter und schon war der Tag abzusehen, an dem man kapitulieren mußte, wenn nicht doch noch Hilfe kam. Diese Hilfe traf am 7. Oktober 1319 ein, als es aus Konstantinopel kommenden 10 Galeeren gelang, die lockere Schiffssperre in der Bucht zu durchbrechen und vollbeladen mit Getreide in den Hafen einzulaufen.
Dieser Durchbruch machte den Verteidigern der Stadt wieder Mut. Erneut wurde die Flotte ausgerüstet, und mit 36 Galeeren unternahm Rinaldo de Grimaldi einen Ausfall. Er segelte nach Savona.
Als er unterwegs war, drangen die Belagerer, denen es in der Zwischenzeit gelungen war, fast sämtliche Außenwerke der Stadt in ihren Besitz zu bringen, mit 23 Galeeren in den Hafen ein. Die dort an der Mole liegenden sechs Salzschiffe wurden angezündet. Eine genuesische Galeere erlitt das gleiche Schicksal; eine weitere, die noch gut instand war, wurde mit einer Mannschaft besetzt und mitgenommen.
Als die Nachricht vom überraschenden Auftauchen der ghibellinischen Schiffe

im Hafen von Genua die bei Noli angelangten guelfischen Schiffe erreichte, liefen diese zurück, um den Gegner zu stellen, der inzwischen nach Lerici weitergerudert war. Die 27 guelfischen Schiffe folgten ihnen. Noch ehe es zur Schlacht kam, brach ein Sturm los, der sich zu einem Orkan steigerte. In diesem Tosen gingen drei ghibellinische und eine guelfische Galeere unter. Die ghibellinischen Schiffe kehrten zu ihrem Auslaufhafen Savona zurück.
Dieser zeitlich klug geplante Überraschungsschlag machte die Guelfen noch vorsichtiger. Dennoch konnten sie nicht verhindern, daß am 12. Februar 1320 von den Ghibellinen ein neuer erfolgreicher Angriff auf den Hafen durchgeführt wurde.
Kurz darauf, als der Winter vorüber war, begannen sie mit dem Bau einer wuchtigen Bergfestung ostwärts des Bisagno noch oberhalb von S. Bernardo und S. Francesco. Sie nannten diese Festung Castelfranco.
Ein Lichtblick für die Verteidiger war im Mai das Erscheinen von napolitanischen und provençalischen Entsatzflotten. Mit Hilfe dieser Schiffe liefen die Verteidiger zu einem Handstreich in Richtung Lerici aus. Es kam zum Kampf gegen ghibellinische Schiffe. Die Ghibellinen unterlagen diesmal und verloren 11 Schiffe. Lerici lag dem Zugriff der Guelfen preisgegeben, die in die Stadt eindrangen und sie verwüsteten. Die oberhalb der Stadt gelegene Burg, in die sich die Verteidiger schließlich zurückzogen, konnte aber nicht erobert werden.
Am 15. Juni ließ Riccardo Giambatesa, der Stellvertreter Roberts, alle nur möglichen Schiffe zu einem großen Verband zusammenfassen. Sechzig Galeeren und über 200 weitere Seefahrzeuge kamen zusammen, die von Genuesern, Napolitanern und Provençalen bemannt waren. Damit wollte er einen entscheidenden Schlag landen. Er mußte eine so große Flotte ausrüsten, weil kurz zuvor Friedrich, der König von Sizilien, den beschworenen Waffenstillstand brechend, den Ghibellinen 40 Galeeren geschickt hatte und Marco Visconti mit weiteren 4000 Söldnern durch das Val die Polcevera herabgezogen war und die Belagerer Genuas verstärkt hatten.
Die sizilianische Flotte mußte die ersten Verluste bereits auf dem Marsch nach Norden hinnehmen, als sie durch einen Sturm versprengt wurde und acht ihrer Schiffe bei Chiavari verlor. Die Führung dieser Flotte wurde gewechselt und anstatt sich in die Belagerungsschar einzuordnen, betrieb sie nun auf eigene Faust Kaperkrieg und vertrieben einige Galeeren, die Robert I. aus der Provence schickte. Sie kaperten einige Proviantschiffe für die Stadt, so daß sie, wenn auch ungewollt, doch ihren Beitrag zur Belagerung Genuas leisteten.
Giambatesa lief aus; er wollte bei Sesto 450 Reiter und eine Masse Infanterie an Land setzen. Als ihm dies nicht gelang, ließ er nach Savona weitersegeln. Hier gelang das Landemanöver, und das Gebiet von Savona wurde von den Truppen Ge-

nuas verwüstet. Danach wandte sich diese Truppe Albenga zu. Auch hier verlief die Landung und der Einbruch in die stark befestigte Stadt erfolgreich. Die aus Kalabrien stammenden Soldaten der guelfischen Flotte plünderten hier sogar die Kirchen.

Zu Lande kam zur etwa gleichen Zeit Castruccio Castracani von Lucca den Belagerern zu Hilfe. Die Feindseligkeiten dauerten bis Oktober an. Dann kehrte die sizilianische Flotte in die Heimat zurück. König Robert I. versuchte, die Stadt weiter zu unterstützen. Doch die Ghibellinen gewannen allmählich die Oberhand, weil sie sich aus der Weite des Landes ernähren und auch von dort Waffen und Männer erhalten konnten, während in der Stadt die Lebensmittel knapp und auch die Waffen und Schiffe immer weniger wurden.

Chiavari wurde von den Ghibellinen erobert, und im Februar 1321 ergab sich auch Noli, jene winzige Republik, die im Schutze Genuas gestanden hatte.

Es wurde Mai, ehe in der Stadt neue Anstrengungen unternommen wurden, sich der Angreifer zu erwehren. Unter der Führung von Raimondo Fiesco sammelten sich 21 provençalische, 14 genuesische und 10 kalabrische Galeeren. Mit diesen Schiffen lief Raimondo aus, stellte Landungstrupps zusammen, um einzelne Ortschaften oder Burgen zu erobern.

Auf der anderen Seite wurde ein ähnlicher Kleinkrieg geführt. Dies alles konnte jedoch keine Entscheidung herbeiführen, vielleicht aber das Verhalten der in der Stadt führenden Guelfen, die sich inzwischen alle Ämter angeeignet und das Volk praktisch völlig entmachtet hatten. Die Volksäbte konnten nichts mehr gegen die Unterdrückung der Popolani tun.

Die von Robert I. aus der Provence geschickten 27 Galeeren halfen den Belagerten, indem sie die seeräubernden Belagerer verfolgten und sie auf dem Vorgebirge Corvo aufrieben.

Ein Ausfall von Giambatesa gelang. Die Truppe konnte eine Menge Vorräte erbeuten und mit ihnen in die Stadt zurückkehren.

Dennoch herrschte in der Stadt bereits Aufruhrstimmung. Die einfachen Bürger Genuas schlossen sich zu einer Verbindung zusammen, die sie Mota del popolo nannten. Ihre zehn gewählten Hauptleute wurden dem Volksabt zur Seite gestellt, um seinen Beschwerden den nötigen Rückhalt zu geben. Es gelang ihnen, dem Volk bei ihm angetanen Ungerechtigkeiten beinahe immer binnen dreier Tage Genugtuung zu verschaffen. War der Vicar nicht bereit, diese Genugtuung zu geben, so war die Mota del popolo berechtigt, die Sturmglocke zu läuten, sich zu versammeln und sich mit Gewalt jenes Recht zu holen, das ihr verweigert wurde.

Bereits im Frühjahr 1322 schickte Friedrich von Sizilien eine Gesandtschaft nach Konstantinopel, die Kaiser Andronikos II. mitteilte, daß es König Robert darauf absehe, in Ligurien Fuß zu fassen. Wenn ihm dies gelänge, sei damit der Faden wieder aufgenommen, den sein Großvater bereits einmal gegen Griechenland gesponnen habe.

Byzanz unterstützte daraufhin Friedrich mit 50 000 Gold-Byzantinern. Damit besoldete dieser im Namen der Liga Castruccio Castracani, einen der bekanntesten Condottiere seiner Zeit, der Herrscher in Lucca war. Ferner rüstete er 42 Schiffe aus und schickte sie in Richtung des Ligurischen Golfes los.

Während nun die Söldner aus Lucca Genua von Land aus angriffen, stießen die 42 Schiffe von See her vor. Doch sie hatten einen schweren Stand, denn Robert beschaffte sich in der Provence und im gesamten Königreich 55 Galeeren, die von dem kampfesmutigen Katalanen und erfahrenen Schiffsführer Raimondo Cordona geführt wurden. Vor Portovenere vereinigte sich dieser mit den aus Genua ausgelaufenen 20 Galeeren. Cordona trug sich mit der Absicht, das zwischen der Bucht von Genua und seinen Schiffen liegende Feindgeschwader einzuschließen und zu vernichten.

Die Sizilianer aber rochen den Braten und zogen sich langsam zurück, in der Absicht, die Verfolger von der Flotte von Castracani abzuziehen, damit sich dieser mit den Belagerern vereinigen konnte. Dieses Spiel gelang, und der mit frischen Truppen durchgeführte Angriff schlug durch. Eine Vorstadt Genuas wurde erobert.

Raimondo Cordona aber verfolgte die Sizilianer bis in den Golf von Neapel. Hier gelang es den Gejagten, sich zu teilen und nach allen Richtungen auseinanderzulaufen. Die Kapitäne der Verfolgungsschiffe baten Cordona nunmehr, vor Neapel zu ankern, um Frischwasser und Zwieback zu besorgen.

Als die sizilianischen Spähschiffe dies bemerkten, gaben sie ihrem Admiral die Meldung durch, und dieser ließ so schnell wie möglich nach Genua laufen. Sie erschienen im großen Golf, und durch einen Herold verkündeten sie den entsetzten Genuesern, daß die Flotte Cordonas geschlagen und vernichtet sei.

Mit dieser Kriegslist wollten sie die Stadt zur Übergabe verleiten. Fast schien diese Rechnung aufzugehen. Der Widerstand der Genueser wurde schwächer, der letzte Sturmangriff hinein in die Stadt von den Belagerern vorbereitet.

In dieser Situation erhielt Castruccio Castracani die Nachricht, daß eine Truppe aus Florenz vor den Toren von Lucca erschienen sei. Da ihm die Verteidigung der eigenen Stadt wichtiger war als die Eroberung einer fremden, brach er sofort den Kampf ab und zog mit seiner ganzen Truppe nach Lucca zurück. Damit wurde die Lage der Belagerten schlagartig verbessert. In zwei rasanten Ausfällen gelang es ihnen, den Vorort Prè und den San Barnardo zurückzugewinnen.

Als dann Marco Visconti mit seiner Truppe ebenfalls nach Mailand zurückkehrte, endete die Belagerung von Genua. Die verteidigenden Guelfen brachen in Jubel aus, als ihre Späher den Abzug der restlichen Belagerungskräfte meldeten.

Der akute Kriegszustand schwächte sich ab, aber unter der Asche schwelte das Feuer weiter. Das mußte auch Papst Johannes XXII. erfahren, als er 1323 in diesem Bruderkrieg zu vermitteln versuchte.

Da sich auch in den gesamten auswärtigen ligurischen Besitzungen Genuas die Parteienspaltung vollzogen hatte, schien sich der Bruderzwist für immer einzurichten, zumal die Guelfen den Handel mit der syrischen Küste, mit Frankreich, Flandern und Neapel beherrschten und die Ghibellinen ihren Handel mit Sizilien und Konstantinopel beibehielten, so daß beide Seiten über genügend Geld verfügten, um den Zwist am Kochen zu halten.

Am Schwarzen Meer waren alle Niederlassungen in ghibellinischer Hand. Die Versuche der Guelfen, dort ebenfalls Fuß zu fassen, scheiterten.

Auf Sizilien, wo 1296 Friedrich, der Bruder Jacobs II. von Aragonien, von der Bevölkerung zum König gewählt worden war, war alles in Ordnung, nur auf Sardinien und Korsika gärte es, weil Jacobs II. Sohn, der Infant Alfonso, versuchte, diese Inseln von 1322 bis 1324 zu erobern. Es ging zunächst um Sardinien.

Papst Bonifatius VIII. hatte im Jahre 1299 die Königreiche Sardinien und Korsika an Jacob II., König von Aragonien, übergeben, und zwar als Ersatz für Sizilien, wo – wie erwähnt – seit diesem Jahr Friedrich, ein Bruder Jacobs II., zum König gewählt worden war.

Nachdem sich Jacob II. lange Zeit überhaupt nicht um Sardinien und Korsika gekümmert und damit zugelassen hatte, daß sich sowohl Pisaner als auch Genueser dort niederließen, wurde sein Sohn Alfonso um so aktiver. Er ließ in Porfangos eine mächtige Flotte zusammenstellen, mit der er 1323 nach Sardinien aufbrach. Da Genua den Richter von Arborea aufgrund des Bruderzwistes nicht unterstützen konnte, ergriff der Richter von Arborea die Flucht nach vorn. Er empfing Alfonso und dessen Aragonier freundlich am Kap San Marco. Damit hatte er sich dem Aragonier unterworfen. Andere ligurische Barone und Herrscher, so auch die Doria in Logoduro, baten ebenfalls um Frieden und unterwarfen sich.

Lediglich die Pisaner wollten kämpfen, und so entsandte Pisa auch eine Flotte unter dem Befehl des Gasparro Doria nach Sardinien. Diese Flotte stieß vor Cagliari auf eine katalonische Flotte und wurde schwer geschlagen.

Die Katalonier hatten Cagliari im losen Ring umstellt. Am 19. Juni unterwarf sich die Stadt aufgrund eines Vermittlungsvorschlages von Barnaba Doria und anerkannte Alfonso als neuen Herrn auf Sardinien. Die Stadt wurde den Bewohnern bei einer jährlichen Zahlung von 2000 genuesischen Lire als aragonisches Lehen gegeben.

Alfonso dankte den Genuesern jedoch nicht, die ihn begünstigt hatten, sondern griff nunmehr auch Sassari an und vertrieb sämtliche Genueser, Toskaner und die Einheimischen aus der Stadt, um dort Katalanen anzusiedeln.

Als dann die Eroberer auch die letzten den Doria verbliebenen Besitzungen fortnehmen wollten, riefen diese ihre Verbündeten in Genua zu Hilfe. Doch die Genueser hatten genug mit ihren eigenen Dingen zu tun. Erst später sollte der Krieg gegen den König von Aragon entbrennen.
Die Pisaner erkannten Alfonso als Herrn der Insel an und behielten ihre Stadt bei Zahlung von jährlich 2000 genuesischen Lire als aragonisches Lehen. Sämtliche Barone der Insel, die sich unterwarfen, erhielten ihre Lehen ebenfalls bestätigt. Auch das genuesische Sassari ging verloren, und den Aragoniern erschienen die auf der Insel sitzenden Doria verdächtig. Sie nahmen alle, mit Ausnahme von Barnabo Doria und dessen Familie, gefangen.
Die Folge dieser Handlungsweise des Eroberers war, daß sich die ghibellinischen Inselbarone an die ja ebenfalls ghibellinischen Pisaner anschlossen, während die Aragonesen es gut mit den Guelfen konnten.
Als König Robert in diesem Jahr 1324 auf seiner Rückreise aus der Provence zu seinem Regierungssitz Neapel mit einer starken Flotte in Genua einlief, verstanden es die guelfischen Herrscher der Stadt, ihm einzureden, daß die Mota del popolo und ihre Hauptleute ebenso wie die sechs Rektoren des guelfischen Adels abgelöst werden müßten, was Robert denn auch veranlaßte.
Zwar wollten einige der Volksgruppen und die alten Familien der Bürgerkompanien verhindern, daß König Robert länger als die zugesicherte Amtszeit in Genua herrsche. Doch dann wurde die Herrschaft des Königs oder seines Sohnes über die Stadt um weitere sechs Jahre verlängert. Danach verließ Robert noch im Mai 1324 Genua und begab sich nach Neapel.
In Genua selbst änderte sich in den nächsten Jahren nicht sehr viel. Während an der westlichen Küste die aus Genua Ausgewanderten die Oberhand gegen die Guelfen behielten, stand Castruccio Castracani auf der östlichen Seite gegen die Guelfen.
Als Castracani 1327 Sestri in Besitz nahm und diese Stadt auch gegen die Angriffe von Lucchino Fiesco hielt, hatten die »Belagerer« der Stadt wieder einen schweren Schlag versetzt.

Genua bis zum Waffenstillstand

In Genua hatte der Adel den Handel betrieben, und fast alle Kapitäne und Steuerleute der großen Kauffahrteischiffe gehörten diesem Stande an. Das führte schließlich zur Auflehnung des Schiffsvolkes gegenüber den adeligen Eignern und Kapitänen, dem sich auch das Volk Genuas anschloß, das seinerseits gegen die Adelsherrschaft rebellierte. In dieser Zeit teilweiser Zahlungsunfähigkeit und schwerer Bedrückung sahen die Popolani im einzelnen Kapitän stets immer die herrschende Kaste.

In diesem wilden Durcheinander von Belagerung und Ausfällen »hatte die alte Lieblingsneigung der Genueser, die Kaperei, einen vollkommen gerechtfertigten Charakter«. (Siehe Leo, Heinrich: a.a.O.)

So wüteten die Genueser weiterhin gegen sich und untereinander. Außergewöhnlich war, daß sich Genua im Kriege einigte, die beiden Parteien sich vertrugen und gemeinsam Burgfesten und Häfen bauten und große Verteidigungsanstrengungen unternahmen. Als sich aber die Lage gefestigt hatte, war es auch schon wieder um den Frieden zwischen den beiden Parteien geschehen. So wurden auf ghibellinischer Seite die Spinola und Doria, auf der guelfischen das Popolo und der guelfische Adel des Zusammenspiels überdrüssig.

In der Stadt äußerte sich das so, daß die Genossenschaft der Cattanei in ihren Häusern einen Verbannten schützen wollte. Der Vikar des Königs wollte diesen aus dem Hause, das ihm Schutz gewährte, abführen. Die Cattanei aber befreiten ihn mit Gewalt.

Am nächsten Tage gingen der Vikar und der Volksabt mit den durch die Sturmglocke zusammengerufenen Popolani zu den Häusern der Cattanei, um den Gefangenen endgültig zu holen. Die Cattanei suchten beim Adel Schutz, und die adeligen Geschlechter kamen schwerbewaffnet angerückt, um den Verbannten zu schützen. Lediglich die Fieschi und die Grimaldi taten bei diesem Spiel nicht mit.

Während sich nun bei S. Giorgio der Adel und seine Anhänger versammelten, trafen sich die Bürger wie immer vor San Lorenzo.

Um seine Verhandlungsbereitschaft zu bekunden, griff der Vikar zu einer alten Formel. Er ließ bei San Lorenzo eine Kerze anzünden und verkündete:

»Wenn acht von Euch zu mir kommen, bevor die Kerze abgebrannt ist, will ich mit Euch verhandeln. Wenn Ihr nicht kommt, werde ich Euch alle nach Abbrennen der Kerze angreifen.«

Noch ehe die Kerze niedergebrannt war, drang bereits das Volk gegen San Giorgio vor und wurde vom Adel mit Armbrustschüssen, Pfeilschüssen und Lanzenwürfen zurückgetrieben.

»Wir wollen die Stadt lieber den Ghibellinen überantworten, als länger die Anmaßung des gemeinen Volkes erdulden!«, rief einer der Cattanei.

Als noch vor völligem Abbrennen der Kerze vier Unterhändler aus dem Hause der Malloni kamen, wurde der Friede bald wieder hergestellt.

Vereint gegen Aragonien

Inzwischen hatten auch griechische Seeräuber und Kaperschiffe die Handelsniederlassungen in der Levante mehrfach gebrandschatzt und genuesische Schiffe geschnappt. Die Katalanen kaperten um Sardinien herum eine Reihe Genueser Schiffe. Als schließlich auch Alfonso von Aragonien, der 1327 seinem Vater auf den Thron gefolgt war, wieder gegen das genuesische Sassari vorging, anschließend die Herrschaft des Malaspina auf der Insel angriff und schließlich die ganze Insel unter Kontrolle gebracht hatte, war der Zeitpunkt gekommen, daß alle Genueser wieder vom Bruderkrieg abließen und vereint gegen den gemeinsamen Feind vorgingen. Alle beide genuesischen Parteien mußten ja ihre Verwandtschaften auf Sardinien unterstützen und so geschah es, daß 1329 Ghibellinen und Guelfen gemeinsam gegen die Aragonier antraten.

Nun, da sie keinen Bruderzwist mehr brauchten, um gegen irgend jemanden loszuschlagen zu können, sondern einen ihnen allen gemeinsamen Feind hatten, bestand keine Veranlassung mehr, sich gegenseitig umzubringen. Rasch war der Friede wiederhergestellt und man sann darauf, so schnell wie möglich gemeinsam eine große Flotte aufzustellen und auszurüsten, um diesem neuen Feind zu begegnen.

Die ersten Gesandten, die nach Aragonien geschickt wurden, zeigten Alfonso, daß sich hier etwas zusammenbraute. Um einem wiedererstarkten und wiedervereinigten Genua zuvorzukommen, ließ Alfonso 1331 eine riesige Flotte gegen die genuesische Küste laufen. Dies gab den letzten Ausschlag. Im März 1331 schlossen Guelfen und Ghibellinen einen Waffenstillstand miteinander, der zunächst nur für vier Monate gelten sollte.

Danach wurde weiter verhandelt und der Waffenstillstand auf ein Jahr befristet. Als beide Parteien ein drittesmal miteinander verhandelt hatten, ging eine Deputation von beiden Seiten im Juli 1331 zu König Robert und verhandelte weiter. Als Ende diese Monats eine katalonische Flotte die genuesische Küste angriff, wurde sie bei Monaco mit blutigen Köpfen abgewiesen. Doch auf dem Landstreifen zwischen Chiavari und Lavagna wüteten sie wie die Berserker. Erst als ein Sturm losbrach, verließen sie diesen Küstenbereich und segelten davon.

Es war König Robert, der zwischen den beiden verfeindeten Parteien Genuas am 2. September 1331 den Frieden endgültig sicherstellte.

Die Ghibellinen kehrten in ihre Heimatstadt zurück. Beide Parteien gingen nun daran, die Ämter zu gleichen Teilen zu besetzen, und als Oberste Stadtbehörde setzte König Robert einen fremden Capitano ein.

Damit waren alle Voraussetzungen gegeben, gegen Aragonien anzutreten. Die

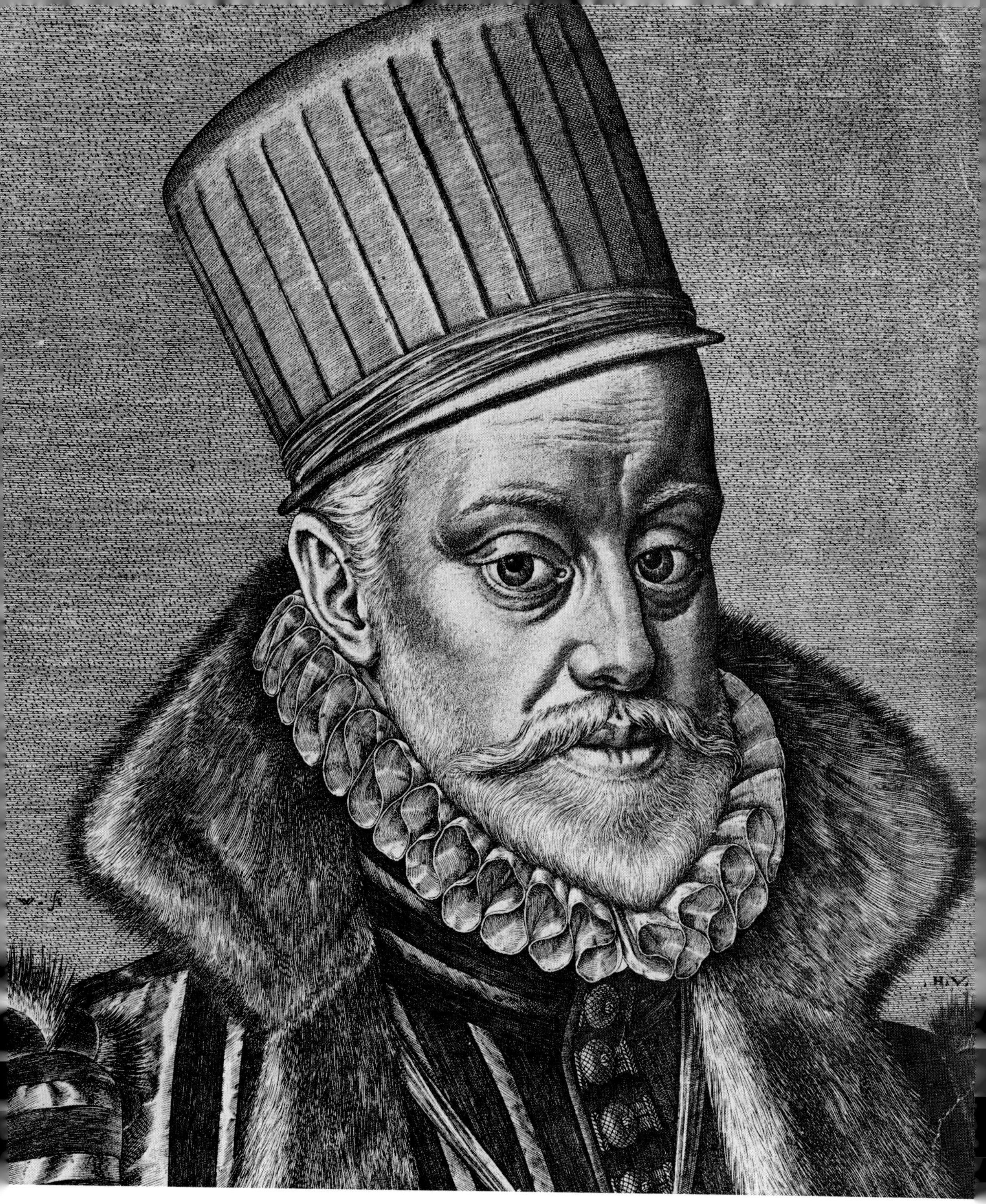

Philipp II. von Spanien (geb. 1527, gest. 1598). Schon als Kronprinz bekam er das Selbstbewußtsein und den Stolz Genuas zu spüren. Das Portrait aus dem Jahre 1586 – nach einem Stich von Hieronymus Wierx – zeigt den Monarchen im Alter von 59 Jahren. (1)

erste Flotte wurde nach langen Jahren der Zwietracht in gemeinsamer Arbeit aufgestellt und dem König von Aragonien 1332 der Krieg erklärt.

Unter der Führung des zum Admiral ernannten Antonio de Grimaldi gingen 45 Galeeren und eine Reihe Fracht- und Spähschiffe ankerauf und liefen vor die katalonische Küste. Was sie an feindlichen Schiffen sichteten, wurde verfolgt, aufgebracht und verbrannt. Wenn sich eine Besatzung zur Wehr setzte, wurde sie niedergemetzelt. Im Oktober kehrte die Flotte wieder nach Genua zurück, sie hatte den Aragoniern das Fürchten gelehrt.

Als nächste Aktion wurden im frühen Frühjahr 1333 zwei kleinere Flottenverbände ausgerüstet. Unter der Führung von Ottobuon de Marin und Giovanni Cicala liefen sie abermals vor die Küste der Katalanen, obgleich sie unterwegs feststellen mußten, daß eine katalanische Flotte unter Raimondo Cordona, einer von Alfonsos Kapitänen, auf Gegenkurs ins Ligurische Meer lief. Im Gegenteil erschienen nun die Chancen für einen großen Schlag gegen die feindliche Küste gestiegen.

Alghero, Terranuova, Castel Pedro und das Gebiet der alten Stadt Oliva wurden besetzt, und unbemerkt von Cordona kamen unter der Führung von Salagro di Negro 10 genuesische Galeeren bis nach Sardinien und befreiten Alghero von der Belagerung.

Von einigen neutralen Schiffen erfuhren die Genueser dann, daß vier große Schiffe Mallorca verließen, auf denen 1400 Soldaten und 180 Ritter eingeschifft waren. In der hochgehenden See wartete Salagro di Negro auf diese Schiffe. Als sie in Sicht kamen, gelang es zunächst nicht, sie einzuholen. Die eigenen Schiffe waren zu schwer geworden. Zehn Tage lang dauerte diese Jagd. Dann ließ der Admiral allen überflüssigen Ballast und selbst den Großteil der Verpflegung über Bord werfen.

Damit waren seine Schiffe leichter und wendiger geworden. Er holte den Feind ein und trotz heftiger Gegenwehr der Katalanen wurden diese Schiffe gekapert. An Beute reich, mit Ehren überhäuft, kehrte die Flotte nach Genua zurück. Sie rüstete sofort wieder neu aus und als die Seeschäden ausgebessert waren, ging sie ein weiteresmal ankerauf und lief mit schneller Fahrt in das Meer um Sardinien hinein.

Da für Alfonso IV. dieser Kleinkrieg auf und um Sardinien zu verzwickt wurde, versuchte er, von dieser Last freizukommen. Aus diesem Grunde verlieh er dem Richter von Arborea eine Menge königlicher Privilegien und verpflichtete ihn für sich, ihn solcherart aus der Gruppe der Genueser herausbrechend.

Als diese sich nun allein sahen, willigten sie in einen Frieden ein. Die Bedingungen waren für beide Seiten annehmbar. Sie verpflichteten die Kriegführenden zur Herausgabe aller Gefangenen. Die Ländereien der Bürger Genuas mit ihren Familien sollten nach den Gesetzen der Republik Genua regiert werden. Der König von Aragonien sollte das, was er auf Sizilien erworben hatte, behalten; auf alle Ansprüche auf Korsika aber mußte er Verzicht leisten.

Genua im Innern – »Wir wollen einen Dogen!«

Seitdem die beiden verfeindeten Partcien der Republik Genua miteinander Frieden geschlossen hatten, traten neue Gesetze in Kraft, wurde versucht, eine Regierung des Ausgleichs zwischen Adel und Volk zu schaffen. Das begann mit der Einsetzung von Volksäbten, von denen 1335 acht gewählt wurden, die den acht Rektoren des Adels gleichberechtigt gegenüberstanden.
Alle waren unter den Befehl eines fremden Capitano gestellt. Im Jahre 1335 war es Bulgaro da Tolentin, der gewissermaßen von König Robert geschickt worden war, ohne daß den Ghibellinen vorher dessen Ankunft oder Absicht mitgeteilt worden wäre. Das brachte die Ghibellinen zu der Auffassung, daß dieser Capitano ein Guelfe sein und dementsprechend dem König näherstehen könnte, als dies für die neutrale Ausübung seines Amtes gut wäre.
Bereits im Februar 1335 kam es im Innern wieder zu Auseinandersetzungen der Gesellschaft der Imperiali, die aus der Familie der Pignatari mit den Guelfen bestand. Die ghibellinischen Familien ließen ihre Soldaten aus den Burgen anrücken und sperrten ihre Stadtviertel ab. Die Gesellschaft der Salvagi schloß sich ihnen an, und am 27. Februar entbrannte zwischen beiden Gruppen ein Gemetzel, das an die schlimmsten Zeiten des Bruderkrieges erinnerte.
Als die Fieschi sahen, daß die Zeche (Gesellschaft) der Salvagi von den Guelfen abgefallen war, verließen sie heimlich die Stadt, und als der Morgen des 28. Februar heraufdämmerte, waren die Ghibellinen Herrscher in Genua.
Der napolitanische Capitano mußte die Stadt verlassen. Am 9. März wurden der aus Sizilien gekommene Admiral Raffaele Doria und Galeotto Spinola di San Luca zu Capitani der Stadt gewählt. Die Ämter der acht Volksäbte wurden kassiert. An ihre Stelle trat ein Volksabt.
Damit war die alte Verfassung aus der Zeit der beiden »großen Oberto« (Doria und Spinola) wieder in Kraft gesetzt. Viele guelfische Familien wandten sich nun den Ghibellinen zu, und ebenso viele Popolani wurden ghibellinisch oder leisteten wenigstens nach außen hin den Unterwerfungseid. Lediglich die Fieschi blieben hart und zogen sich mit ihrem guelfischen Anhang nach Monaco zurück.
Gegen diese Fieschi und gegen Aragonien wurde der Kampf Genuas fortgesetzt,

doch bereits im September 1336 wurde mit Alfonso IV. Frieden geschlossen, nachdem ein vorhergehender Waffenstillstand die Verhandlungen eingeleitet hatte.

Von nun an übten die Ghibellinen in Genua die Herrschaft aus. 1337 verlängerten sie den beiden Capitani die Ämter um drei Jahre und schafften den Podestà ab. Hinzu kam, daß sie den Popolani das Recht nahmen, den Volksabt zu wählen, und diesen statt dessen von den Capitani wählen ließen, womit der Volksabt zu einem besseren Briefträger der Capitani wurde.

In Monaco waren inzwischen die Guelfen nicht untätig geblieben. Getreu dem genuesischen Wahlspruch, wer keine Feinde außerhalb hat, der macht sich eben welche im eigenen Hause, rüsteten sie eine große Flotte aus, die genuesischen und venezianischen Handelsschiffen auflauerte, die nach Flandern unterwegs waren, und diese kaperten.

Im folgenden Jahr vermieteten beide verfeindete Parteien dem König von Frankreich ihre Flotten zum Kampf gegen England. Hier geschah es dann, daß einander verfeindete Familien auf See und im Kriege gegen England einträchtig Schulter an Schulter kämpften.

Mit 1338 ging ein ruhiges Jahr zu Ende. Das folgende Jahr aber sollte das Pulverfaß zur Entzündung bringen, in das sich Genua mittlerweile verwandelt hatte.

Dies begann bereits auf der Flotte in Diensten Frankreichs. Hier kam es immer wieder vor, daß die Padrone die Soldzahlungen vergaßen, und als die Mannschaften aufmüpfig wurden, kam es zu Auspeitschungen und Verhaftungen. Dies war schließlich einigen Seeleuten zuviel. Sie stellten eine Delegation zusammen, die als Sprecher aller Genueser Seeleute dem König von Frankreich ihre Beschwerde vortragen sollte. An ihrer Spitze stand Pietro Capurro aus Voltri. Der König ergriff die Partei der größtenteils adeligen Padrone und ließ Pietro Capurro und 15 seiner Kameraden einkerkern.

Als dann 1339 die Schiffe nach Genua zurückkehrten, zogen die Seeleute vom Hafen herauf in die Stadt und riefen im Sprechchor:

»Capurro! – Vivat Capurro!« und: »Freiheit für Capurro!«

Danach kamen alle Seeleute und viele Freunde Capurros aus Voltri, Polcevera und Bisagno zu einem Gottesdienst nach San Donato in Savona.

Hierher kam auch Odoardo Doria, der als Admiral der Flotte alles daransetzen wollte, diese tüchtigen Seeleute friedlich zu stimmen. Er versuchte sie durch eine Ansprache dazu zu bringen, Frieden zu geben und nach Hause zu gehen. Durch seine Worte in Wut gebracht stürmten einige das Podest, auf dem Odoardo stand. Sie nahmen den Admiral fest und warfen ihn in den Turm des Stadthauses von Savona.

Nun stießen alle Handwerker Savonas zu den Matrosen. Sie ernannten aus ihrer

Mitte zwei Rektoren, die 40 Beisitzer erhielten und gemeinsam die eigene Credenza in Savona ins Leben riefen. Mit ihnen vereinigten sich die Popolani in Genua. Damit waren sie zu einer Macht geworden, die es zu beachten galt und auf die man Rücksicht zu nehmen hatte. In Genua zwangen diese Zusammenschlüsse die Capitani dazu, wieder die Wahl eines Volksabtes durch sie selber und nicht von den Capitani, vorzunehmen.

Als die Wahl am 23. September stattfinden sollte, die Dispute der Abgeordneten zu lange dauerten und man sich nicht einigen konnte, wurden die wartenden Menschen in den unteren Gemächern des Palastes des Volksabtes ungeduldig. Man verlangte die Wiedereinführung der alten Wahlordnung mit 20 vom Parlament bestätigten Deputierten. Aus Furcht, daß es bei einer Verweigerung wieder zu nicht zu bremsenden Tumulten kommen könne, wurde dies zugestanden.

Aber auch diese Deputierten konnten sich nicht auf einen Volksabt einigen. Abermals wurde es im Volke laut und ein Handwerker, er war Hersteller von Silberfolie, trat plötzlich vor und erstieg die provisorische Rednertribüne im großen unteren Saal.

»Ihr Herren!« rief er in die Menge, »wollt Ihr wissen, was Euch fehlt?«

»Nein, wir wollen es nicht wissen!« riefen einige. Andere wiederum, die sich einen herrlichen Spaß machen und die Zeit vertreiben wollten, forderten den Handwerker zum Weiterreden auf. Dieser ließ sich nicht lange bitten:

»Nun, so sage ich Euch! Simone Boccanegra muß es werden! Ihr müßt Simone Boccanegra zum Volksabt machen!«

Der Name dieser Familie, die bereits früher für die Republik Genua viel getan hatte, ging der Menge sofort ein.

»Ja!« brüllte sie. »Boccanegra, zu Boccanegra!«

Da man Simone Boccanegra in der Menge erkannte, wurde er gleich von einem Dutzend Menschen umringt und auf ihre Schultern gehoben. Alles brüllte durcheinander und dann formierte sich der Ruf:

»Das ist der Abt! – Das ist der Abt! – Es lebe Boccanegra!«

Dieser winkte den Menschen zu, forderte sie durch weitere Handbewegungen auf zu schweigen und begann zu sprechen:

»Ich danke Euch allen!« rief Boccanegra mit volltönender Stimme, »da aber meine Familie immer nur höchste Ämter bekleidet hat, kann ich dieses Amt als Volksabt nicht annehmen.« Dies bedeutete, daß er das Amt des Volksabtes als zu niedrig für seine adelige Familie ansah.

Nach einigen Sekunden lähmenden Schweigens rief wieder eine Stimme aus der Menge:

»Er soll unser Herr sein!«

»Ja, unser Herr!« fiel das Volk wieder im Chor ein.

Einer der Capitani und der frühere Volksabt, die nahe bei Boccanegra standen, zwängten sich zu ihm durch und baten ihn, auf alles einzugehen, was die Menge forderte, damit diese sich beruhige. Boccanegra nickte. Er wandte sich wieder der Menge zu:
»Meine Herren, es sei denn: ich will Euer Abt und Euer Herr sein, wenn Ihr dies so wollt.«
»Nein, unser Herr soll er sein, und nicht unser Abt!« brüllte die Menge begeistert, und dann brach zunächst ohrenbetäubender Jubel los. Als er sich etwas legte, forderte Boccanegra abermals zur Ruhe auf.
»Wie wollt Ihr, daß ich Euer Herr sei, da Ihr doch Capitani habt?« Und alles brüllte wieder dem einen Vorsprecher nach:
»So soll er unser Doge sein!«
Ein Sessel war blitzschnell zur Stelle. Sie rückten Simone Boccanegra darauf, hoben den Sessel auf ihre Schultern und trugen ihn nach San Siro.
In San Siro angekommen, hoben die begeisterten Menschen Simone Boccanegra auf einen Thron, schmückten ihn mit dem Dogenmantel und gaben ihm einen Stoßdegen in die Hand. Der Erzbischof segnete den neuen Herrn von Genua. Damit hatte die Stadt, die schon einmal einen Boccanegra als ersten Capitano gehabt hatte, auch einen Boccanegra als ersten Dogen.
Während der Jubelfeiern zu dieser Wahl versuchten einige Familien, diese spontan vom Volk inszenierte Angelegenheit ungeschehen zu machen. Sie machten jedoch die Rechnung ohne das Volk. Man ergriff sie und stellte sie vor ein Schnellgericht, das sie zur Enthauptung verurteilte. Diese Strafe wurde sofort vollstreckt.
Als die Capitani und deren Anhang heimgingen, waren sie in Gefahr, doch sie kamen heil durch und wo sie auch gingen, von überallher schallte ihnen der Ruf entgegen:
»Es lebe das Volk! Es lebe das Volk und die Republik Genua! Es lebe die Kaufmannschaft und unser Doge!«
Entfesselt wie die Menge war, stürzte sie sich auf die Häuser der Doria und der Salvagi und begann sie zu plündern.
Capitano Galeotto Spinola zog sich unmittelbar danach mit seinem Sohn Napoleone und seinem Anhang auf seine Burg im Scriviatal zurück, um sich dort in Sicherheit zu bringen. Der andere Capitano floh ebenfalls noch am selben Tage nach Loano.
Simone Boccanegra aber wurde in San Lorenzo feierlich zum ersten Dogen der Republik Genua gewählt. Einen Tag darauf billigte das einberufene reguläre Parlament die Einsetzung des Dogen mit fürstlicher Autorität und auf Lebenszeit.
Ihm zur Seite stand ein Rat von 15 Männern, die sofort gewählt wurden. Sie

waren sämtlich aus dem Volk und gehörten alle der Partei der Ghibellinen an. Zwei fremde Podestà, die man herbeirief, sollten dem Dogen zur Seite stehen. Der eine als Kriminal-Podestà für die gewöhnlichen Verbrechen, der andere als Stadt-Podestà für die Staatsverbrechen.
Die adeligen Guelfen wurden verbannt, ebenso die letzten Capitani mit ihren Verbündeten, obgleich sie der ghibellinischen Partei angehörten.
Ein bemerkenswerter Abschnitt in der Geschichte Genuas war zu Ende gegangen; ein neuer, nicht weniger bedeutsamer, sollte beginnen.

Genua als Weltmacht in Übersee und Europa

Die Festigung des Dogats – Simone Boccanegra regiert

Diese neue Regierungsform in Genua, die das gesamte Staatswesen umzustellen vermochte, mußte nach der Wahl von Simone Boccanegra unter Beweis stellen, daß sie die Bewohner der Republik auch ernähren und schützen konnte.
Noch immer war, wenigstens dem Namen nach, König Robert I. von Neapel Herrscher in Genua. Aber das machte den Genuesern nichts aus. Sie hatten jetzt ihren Dogen und 15 Consiglieri aus dem Volke. Die Guelfen und auch die Spinolas und Doria waren aus der Stadt verschwunden.
Das Volk räumte nun erst einmal auf. Das begann damit, daß das Kapitelhaus von ihm erstürmt wurde. Die dort lagernden Schuldbücher wurden in den Innenhof geworfen und angezündet, und die Abgaberegister in der Dogana ebenfalls.
Als sich Rebella de Grimaldi einmal vor der Tür seines Palastes sehen ließ, wurde er sofort ergriffen, und es bedurfte der ganzen Autorität des neugewählten Dogen, um ihn vor der Mordlust des Volkes zu schützen. Durch diese Rettungsaktion hatte Simone Boccanegra in Rebella de Grimaldi einen treuen Freund gewonnen, der mithalf, auch die zu Genua gehörenden Städte und Landstriche zur Unterwerfung unter das Gesetz des Dogen zu zwingen. Von Ventimiglia bis nach Magra unterwarf sich eine Stadt nach der anderen. Lediglich Lerici blieb fest in der Ablehnung eines vom Volke gewählten Oberhauptes.
Die vertriebenen Adelsfamilien mußten sich nun einen anderen als den bisher in Genua betriebenen Job suchen. Sie fanden ihn gleich nebenan auf See in der Seeräuberei. Die Marin, die Malocelli und auch ein Grimaldi wurden in dieser Zeit als Seeräuber aktenkundig, die es vorwiegend auf venezianische Schiffe abgesehen hatten.
Im Jahre 1340 übergaben die Besitzer von Lerici auch diese letzte noch abtrünnige Stadt dem Dogen und wurden dafür mit Geld abgefunden. Die Kämpfe bei Oneglia, wohin sich die Doria auf ihre Burgen zurückgezogen hatten, und jene bei Porto Maurizio gingen für Genua verlustreich zu Ende. In der Stadt selbst zettelten einige zurückgebliebene Adelige mit einem Teil des Volkes eine Verschwörung an. Der Doge sollte ermordet werden. Dieser Mordanschlag wurde durch den Verrat eines Popolanen unmittelbar vor seiner Ausführung entdeckt, die gefaßten Attentäter hingerichtet.
Dies festigte die Stellung des neuen Dogen, der Genua verständig und auch weise regierte. Simone Boccanegra ließ den Handel nach Kleinasien, nach Pera, Caffa,

Trapezunt und anderen Handelsplätzen des Orients verstärkt wieder aufnehmen, um die für die Beseitigung der Kriegsschäden notwendigen Mittel hereinzuholen.

Türkische Seeräuber traten auf, die versuchten, die genuesischen Schiffe zu kapern. Dagegen mußte ebenfalls etwas unternommen werden.

Als im Winter 1340 in Genua eine Hungersnot ausbrach, zeigte sich der Doge sehr besorgt. Es gelang ihm für einen hohen Preis, Getreide im Ausland einzukaufen.

Als man ihn verdächtigte, daß er aus der Not seiner Untergebenen auch noch Nutzen zu schlagen versuche und man ihn mit Haßtiraden bedachte, obgleich er nichts an diesem Getreidehandel verdiente, verfolgte er diese Gerüchtemacher mit drakonischer Härte. Er veranlaßte die Adeligen in der Stadt unter Strafandrohung, sich in das Volksverzeichnis einzutragen, was sie dem Volke gleich machte. Jeder, der des Dogen Loyalität und Güte anzweifelte und seine Autorität zu untergraben drohte, wurde verfolgt. So hielt sich Boccanegra auch in dieser kritischen Zeit im Sattel.

Man schrieb das Jahr 1341, als das erstemal nach längerer Pause eine genuesische Flotte von 20 Galeeren auslief, um unter Führung von Egidio Boccanegra, einem Bruder des Dogen, Alfons XI., König von Kastilien, zur Hilfe zu eilen, der mit den maurischen Herrschern in Marokko und Granada im Krieg stand.

Der ghibellinische Adel war in der Zwischenzeit nach Genua zurückgekehrt und plädierte dafür, den geplanten Waffenstillstand mit Pisa auf eine Zeitdauer von 25 Jahren zu unterschreiben, was Boccanegra denn auch tat.

Nachdem dies geschehen war, wurden die Markgrafen von Carreto, die bei Cervo und Finale noch Burgen in Besitz hielten, sowie eine Reihe Edelleute, die in Laigueglia ihre Burgen hielten, zur Übergabe ihrer Kastelle gezwungen und dieselben geschleift.

Dennoch gelang es dem Dogen und seinem Volksrat nicht, alle Gegner zu überwinden. In Ventimiglia hielten sich die aus Genua vertriebenen Doria, Spinola, Fieschi und einige Grimaldi. In Oneglia saß ein weiterer Teil der Doria, und die Grimaldi hatten sich in Monaco festgesetzt.

Im Jahre 1324 unterwarfen sich die Doria von Oneglia, mit Ausnahme von Antonio Doria. Die Burgen dieser Familie bei Oneglia, Loano und Pietralata wurden der Stadt Genua übereignet. Die übrigen Güter der Familie blieben in deren Besitz.

Noch im Jahre 1342 war die ausgesandte Flotte gegen die Mauren siegreich. Beim Sladofluß erlitten sie eine vernichtende Niederlage. Algeciras und Tarifa wurden nach längerer Belagerung befreit. Der Herrscher von Marokko floh aus Kastilien nach Afrika zurück. Durch diese Erfolge, an denen die genuesische Flotte maßgeblich beteiligt war, erhielten die Sieger eine so hohe Beute an Gold, daß der Goldpreis in Spanien rapide sank.

Egidio Boccanegra wurde vom kastilischen Monarchen zum Großadmiral von Kastilien ernannt.

Noch im selben Jahr erreichten Hiobsbotschaften aus Tana die reiche Handelsstadt Genua. In Tana war zwischen einem Untergebenen des Groß-Khan und einem Genueser ein heftiger Streit entbrannt, der mit dem Totschlag des Tatarenhändlers endete. Der Groß-Khan von Kaptciak ließ sofort alle genuesischen und venezianischen Händler aus Tana vertreiben. Anschließend befahl er den Genuesern in Caffa, diese Handelsniederlassung sofort zu räumen.

Doch die Genueser blieben in der Stadt und verteidigten sich entschlossen und hart. Die angreifenden Tataren erlitten eine schlimme Niederlage. Als sie schließlich um Frieden baten, erklärten die Genueser in Caffa, daß die Entscheidung über Krieg und Frieden allein in Genua getroffen werden könne. So kam gegen Ende 1342 eine tatarische Abordnung nach Genua und bat um Frieden. Dieser wurde ihnen gewährt, nachdem sich die Unterhändler verpflichtet hatten, die Kriegskosten und die Zerstörungen, die den Einwohnern von Caffa durch diesen Angriff entstanden waren, zu ersetzen.

Noch im selben Jahr konnte Simone Boccanegra einen weiteren Pluspunkt für seine Regierung verbuchen.

Es waren nämlich sechs genuesische Galeeren im Jahre 1340 von englischen Kaperschiffen, die im Auftrage Edwards III. handelten, aufgebracht und nach England entführt worden.

Ein Botschafter des Dogen überbrachte König Eduard III. die Aufforderung, diesen Schaden zu ersetzen. Nach einigen Verhandlungen erklärte sich der englische Monarch dazu bereit, und nach Vermittlung durch Niccolino Fiesco wurde die Summe des Schadenersatzes festgelegt und die Aussöhnung herbeigeführt.

Aus Monaco aber liefen nach wie vor die Schiffe der Grimaldi und einiger anderer Familien aus, um Seeräuberei gegen genuesische Kauffahrteischiffe zu unternehmen. Um diese Seeräuber in Schach zu halten, wurde eine kleine schlagkräftige Flotte schneller und stark bewaffneter Schiffe mit guten Kämpfern ausgerüstet und in See geschickt. Diese fegte das Meer frei und drang 1344 sogar in den Hafen von Monaco ein und nahm hier eine monegassische Galeere.

Danach sammelten sich die vertriebenen Familien, warben Söldner an und drohten, durch das Polceveratal nach Genua vorzustoßen. Dies zwang Boccanegra dazu, mit dem in der Stadt verbliebenen Adel, der bis dahin von der Führung ausgeschlossen war, einen Kompromiß zu schließen.

Der Rat des Dogen wurde nun aus 12 Mitgliedern gebildet, von denen sechs aus dem Volk stammten und die übrigen sechs vom Adel waren.

Dadurch konnte er aber nicht den Heerzug der Verbannten durch das Polceveratal aufhalten, und als das starke Söldnerheer anmarschierte, erhoben sich gleichzeitig die großen Familien in Chiavari, Recco, Rapallo und vertrieben die vom Dogen Genuas eingesetzten Podestà.
Das Angriffsheer drang weiter vor, erreichte die Vorstädte Genuas und nahm sie in Besitz. Damit schien die unbegrenzte Macht Boccanegras gebrochen. Nunmehr vom Adel abhängig, ließ sich der Doge von diesem Fesseln anlegen und seine Gewalt beschneiden. Die gesamte östliche Küste unterwarf sich den vier großen Familien, und am 23. Dezember 1344 erkannte Simone Boccanegra, daß er durch diese Beschränkung seiner Macht allen Einfluß verloren hatte. Er legte das Dogenamt nieder und zog sich zunächst in die Burgen und festen Häuser der Squarciafichi zurück. Wenig später ging er nach Pisa, um vor den Angriffen des genuesischen Adels sicher zu sein.
Nachdem Simone Boccanegra sein Amt niedergelegt hatte, versuchten die beiden Parteien, miteinander Frieden zu schließen. Alles schien gut zu verlaufen. Schon wurde den Verbannten zugestanden, wieder in die Stadt einzuziehen, als Galeotto Spinola unter Waffen in die Stadt einziehen wollte. Dies war nicht verabredet worden und da die Bürger ein Gemetzel befürchteten, ließen sie die Stadttore wieder verrammeln.

Der neue Doge

Am 25. Dezember wurde mit Giovanni di Murta ein neuer Doge gewählt. In seiner Antrittsrede erklärte er:
»Ipse quidem Dux boni nomen habens et recti, publica asseruit concione, se regulis subdi velle ad modum Venetiarum ducis.«
Damit wollte er zum Ausdruck bringen, daß für ihn als neuer Doge von Genua das Dogat der Dogen von Venedig zum Vorbild dienen würde.
Am 11. Januar 1345 wurde der Aufstand des Volkes von Savona, das die Edelleute aus der Stadt vertrieb, auch in Genua das Zeichen für einen Sturm gegen den Adel. Das genuesische Volk ergriff die Waffen.
»Viva il popolo! – Viva il Doge nuovo!«
Mit diesen Rufen zogen sie durch die Stadt. Als sie das Quartier der Adelsgesellschaft der Squarciafichi besetzten, kam es zwischen diesen und dem Volk zu einer blutigen Auseinandersetzung. In diesem Kampf blieb das Volk siegreich. Die Adeligen mußten sich in ihre festen Häuser und Türme zurückziehen. Die 12

Ratsherren des Dogen flohen aus dem Palast und an ihre Stelle traten 15 sofort neugewählte Ratsherren, die alle aus dem Volke stammten.

Am 14. Januar unternahm diese neue Volkspartei einen Ausfall aus der Stadt, um die vor der Stadt wartenden Adeligen zu schlagen. Die Belagerer wurden schwer geschlagen, zogen sich bei Einfall der Dunkelheit fluchtartig zurück und verkrochen sich wieder hinter die dicken Mauern ihrer Burgen.

Bis zum 18. Juni dauerten die Geplänkel fort, ehe es dem von beiden Seiten akzeptierten Schiedsrichter Lucchino Visconti gelang, einen Waffenstillstand zu erreichen. Während der weiteren Verhandlungen handelte Visconti dann einen Frieden aus, der allen vertriebenen adeligen Familien die Rückkehr nach Genua sicherte. Bis auf einige Ausnahmen: die Galeotto, Geraldo und deren Neffen, sowie Federigo Spinola di San Luca, Carlo und Antonio Grimaldi und ihre Neffen, Niccolò Rafaele und Zomanio Fiesco wurden ausgeschlossen und durften an die Stadt nicht näher als auf 10 Meilen herankommen.

Die Grimaldi setzten sich in der Festung Roccabruna und in Monaco fest.

Die übrigen verbannten Exilierten sammelten sich in Oneglia zu einem Angriff gegen Genua. Diese Stadt gehörte den Doria und den Serra. Sie hatten allen Verbannten Schutz angeboten. Ihnen schlossen sich die nach Porto Maurizio und Cervo geflohenen Adeligen an.

Gegen diese verbündeten Flüchtlinge schickte Genua eine Flotte von 20 Galeeren und ein Heer. Doch gleich zu Beginn dieses Vorhabens im Januar 1346 zeigte es sich, daß der Führer dieser Kampfgruppe den gestellten Aufgaben nicht gewachsen war. Das Unternehmen wurde abgebrochen. Die Flotte lief nach Genua zurück.

Dort hatte man nach dem erfahrenen Condottiere Guiscardo de Lanzi, den Generalkapitän der Bergamasker, geschickt und ihm die Führung der Expeditionsstreitmacht angetragen. Dieser nahm das Angebot an. Er inspizierte die Flotte, ließ Verbesserungen anbringen und lief dann mit ihr aus Genua aus und gelangte vor die Küste von Oneglia.

Hier gingen die Kämpfer an Land und besiegten die Streitmacht von Antonio Doria. Oneglia, Porto Maurizio und Cervo mußten sich dem erfahrenen Condottiere ergeben.

In Kastell Bestagno hielt Serra Doria am längsten stand. Als er aber erfuhr, daß seine Familie sich ergeben habe und nun die Gesamtstreitmacht des Gegners gegen seine Festung anrennen werde, kapitulierte er ebenfalls. Er schloß Frieden mit Genua und leistete der Stadt den Treueschwur.

Alle jene aber, die nicht kapitulieren wollten und nicht bereit waren, von Genua Verzeihung zu erbitten, zogen nun zu den Grimaldi nach Monaco und Roccabruna, das seit 15 Jahren den Grimaldi gehörte, darunter auch Antonio Doria.

In Monaco angelangt, begannen sie sofort mit der Arbeit an der Neuaufstellung einer schlagkräftigen Flotte, die sie gegen Genua einzusetzen beabsichtigten.
Es gelang ihnen binnen weniger Wochen, eine Flotte von 34 Galeeren zusammenzufassen. Diese wurden ausgebessert und mit neuen Rammspornen versehen. In der Zwischenzeit war es gelungen, 10 000 Armbrustschützen anzuwerben, die auf dieser Flotte eingeschifft und gegen Genua geführt werden konnten. In Genua selbst war man bei leeren Staatskassen kaum in der Lage, diesem Aufgebot etwas Gleichwertiges gegenüberzustellen. Man nahm nun zu einer Hilfe Zuflucht, die zwar allgemein auch in anderen Städten, vor allem in Venedig bekannt, aber in Genua in dem Maße noch nicht geübt worden war: eine Anleihe bei der Bevölkerung, mit dem Versprechen, das geliehene Geld mit reichen Zinsen nach dem Sieg über die Abtrünnigen wieder zurückzuzahlen.
Diese Art der Anleihe funktionierte überraschend gut. Es waren vor allem drei der vornehmen adeligen Familien, die reichlich spendeten. Den Löwenanteil aber stellten 26 bürgerliche Familien zur Verfügung. Damit war diese erste große Staatsanleihe geschafft. Es stand nun Geld genug zur Verfügung, um binnen eines Monats 29 Galeeren auszurüsten und diese mit jeweils 50 Armbrustschützen zu besetzen. Zum Admiral dieser Flotte wurde Simone Vignoso gewählt.
Am 24. April ging diese Flotte in See. Doch man fand den Gegner nicht. Er hatte sich mit seinen 34 Schiffen nicht in Richtung Genua gewandt, sondern war nach Südwesten ausgewichen und nach Marseille gesegelt. Dort ließ er sich von König Philipp von Frankreich für dessen Krieg gegen das England Eduards anwerben. Damit hatte die Republik Genua zwar eine Flotte, doch der Gegner, auf den sie zu treffen wünschte, war verschwunden.
Die genuesische Flotte lief nunmehr in Richtung neapolitanische Küste und schwenkte dann in die Ägäis ein, wo sie die Insel Chios, Phokäa und einige andere Stützpunkte teils zurückgewann, teils neu besetzte.
Als diese Flotte nach Genua zurückkehrte, brachte sie den Geldgebern die Versicherung mit, daß ihnen auf die Dauer von 20 Jahren 7000 Lire jährlich aus den Eroberungen zur Verfügung stünden. Als Sicherheit dafür wurden ihnen die Einkünfte des genuesischen Kapitelhauses und einer Reihe Ortschaften überschrieben.
Dies waren die ersten Schuldscheine der Stadt, die an Bürger ausgegeben wurden. Daraus entwickelte sich im Laufe der Zeit eine Gläubigergruppe. Da die Stadt diesen Gläubigern ihre Schulden nicht zurückzahlen konnte, übertrug sie ihnen die Zolleinnahmen des Hafens und anderer Einrichtungen. Da diese Zölle und Abgaben nicht jeweils von den einzelnen Gläubigern eingetrieben werden konnten, bildete sich ein Konsortium, dem von der Stadt die Casa di San Giorgio zur Verfügung gestellt wurde. Hier wurde nach einer turbulenten Versammlung ein

Direktorium von acht Finanzfachleuten gewählt. Es erhielt von den Gläubigern die Vollmacht, in ihrem Namen gegen die Stadt tätig zu werden, die Zölle einzutreiben und die so erhaltenen Gelder nach einem bestimmten Schlüssel an die Gläubiger zu verteilen.

Dies war der Beginn der Banco di San Giorgio, die sich sehr rasch zur Großbank entwickelte und die ihr Geld in alle Welt hinein verlieh, die alle Wirren der kommenden Zeit überstand und noch heute existiert. Dieses Unternehmen war so gut verwaltet, daß es von allen Einrichtungen der Republik nie in Korruptionsfälle verwickelt war. Es wurde schließlich mit der Einziehung der Steuern beauftragt, es lieh der Regierung Geld und erhielt dafür große Besitzungen in Ligurien und auf Korsika, im östlichen Mittelmeer und an der Küste des Schwarzen Meeres! Schließlich wurde der Banco di San Giorgio Staatsbank und war damit gleichzeitig staatliches Schatzamt und Privatbank. Sie nahm Einzahlungen entgegen, diskontierte Wechsel und gewährte Darlehen an Industrie, Handel, Schiffahrt und Schiffbau.

Da sämtliche Parteien in Genua mit dieser Bank in finanziellen Verbindungen standen, wurde die Bank von San Giorgio von allen Seiten respektiert und blieb durch sämtliche Kriege, Bürgerkriege, Revolutionen und andere Wirren hindurch unversehrt. Der prächtige Renaissancepalast der Banco di San Giorgio ist heute noch auf der Piazza Caricamento zu bewundern.

Das Bankwesen wurde von nun an zu einer führenden Institution entwickelt und Zinssätze, Gebühren und andere Banktermina wurden in Genua in der Banco di San Giorgio geprägt und entwickelt.

Doch zurück zum Geschehen in der Superba.

Genuas Streitkräfte im Südosten

Am 3. Mai des Jahres 1346 gelangte Simone Vignoso mit seiner Flotte nach Terracina, das gerade von Niccolò Graf Fondi belagert wurde. Als die Bewohner die Flotte aufkreuzen sahen, hißten sie die ligurische Flagge und baten den Admiral um Hilfe gegen den Belagerer, der ja mit Genua in Feindschaft lebte. Wenn Vignoso ihnen helfe, wollten sie ihm die Herrschaft in ihrer Stadt übertragen.

Das ließ sich der gewiefte Seemann nicht zweimal sagen. Er schiffte einige Hundertschaften seiner Armbrustschützen aus, zerstreute die Belagerer rasch und griff dann einige vom Grafen von Fondi bereits in Besitz genommene Ortschaften an, um auch sie zu befreien. Damit hatte er seine Aufgabe erfüllt, und Terracina unterwarf sich Genua.

Die Flotte lief nun nach dem Wiedereinschiffen der Schützen weiter nach Gaeta. Dorthin hatte sich der Graf von Fondi zurückgezogen. Im Angriff gegen dessen Burgen wurde das am stärksten verteidigte Kastell von Trajeto zuerst erobert, einige andere folgten. Es waren sämtlich von dem Grafen widerrechtlich in Besitz genommene Befestigungen.

Zuletzt lief die Flotte nach Suessa, das Königin Johanna von dem Grafen entrissen worden war. Auch diese Stadt wurde befreit, und der Graf von Fondi zog sich nach Negroponte zurück. Als er dort im Hafen 26 Galeeren antraf, die von den Venezianern ausgerüstet worden waren und von denen einige auch den Rhodosrittern gehörten, machte sich der Graf an den Admiral dieser Fotte, den Dauphin von Wien, heran. Er unterbreitete ihm den Vorschlag, mit dieser Flotte und seinen Schiffen gemeinsam Smyrna von den Türken zu befreien. Im Bunde mit den Venezianern versuchte er jedoch zuerst die genuesischen Besitzungen in Chios und Foglie Nuovo in seinen Besitz zu bringen.

Als Simone Vignose von diesem Anschlag erfuhr, ließ er dem Magistrat auf der Insel und jenem von Foglie Nuovo diese Gefahr übermitteln und bot seine Hilfeleistung an.

Er wurde verlacht und man war der Überzeugung, es aus eigener Kraft gegen jeden Feind aufnehmen zu können:

»Wir brauchen keinen Schutzherrn, wir sind uns selber Schutz genug!« erklärten sie.

Der genuesische Admiral lief nun gewaltsam mit der Flotte in den Hafen von Chios ein. Er ließ um die Stadt selbst einen Mauerwall errichten.

Chios war zunächst von 1304 bis 1329 im Besitz der genuesischen Familie Zaccaria gewesen, seit 1346 gehörte sie der Republik Genua. Die Insel war deshalb so wichtig, weil durch die Handelsgesellschaft Maona der Giustiani das Mastixmonopol ausgeübt wurde. Mastix wiederum war ein begehrtes Räucher- und Heilmittel. Mit Mastix wurden Perlen gereinigt und Schriften von Papyrusblättern gelöscht. Mastix wurde als eine Art Kaugummi benutzt, als Arznei- und Gesichtspflegemittel verwandt. Der beste Mastix stammte von Chios.

Simone Vignoso wollte diese große Insel auf alle Fälle für Genua erhalten. Er ließ neben der Mauer, noch im seichten Wasser, eine Barriere aus Palisaden und Stämmen errichten und sperrte so den Hafen und den Strand wirksam ab.

Damit waren die Einwohner von Chios abgeschnitten. Sie ergaben sich, als der Hunger zu groß wurde. Danach segelte die Flotte des Genueser Admirals nach Santa Foca und warf die dort sitzenden Türken hinaus. Als er noch weiterfahren wollte, kam es zu einer Protestbewegung an Bord der Schiffe. Die Seeleute wollten Ruhe haben.

Der Verband kehrte nunmehr nach Chios zurück. Hier begannen die Seeleute aus lauter Übermut zu plündern. Dies war für Admiral Vignoso zuviel des Guten. Er erließ sofort einen Tagesbefehl an alle seine Truppen und Matrosen. Darin gab er bekannt, daß jeder Plünderer ohne Ansehen der Person mit 20 Stockschlägen bestraft würde.

Die ersten Frevler in den Weinbergen und Gärten der Chioten wurden gefaßt und entsprechend bestraft. Schließlich erwischten die Wachen auch Francesco Vignoso, den jungen Sohn des Admirals, der aus Abenteuerlust und Übermut bei einer Plünderung mitgemacht hatte.

Das gesamte Heer und selbst der geschädigte griechische Bauer baten um Gnade für den jungen Mann, doch der Admiral blieb hart. Sein Sohn erhielt die gleiche Strafe wie alle anderen Plünderer.

Die Herrschaftsverhältnisse im griechischen Reich waren um diese Zeit verworren. Während in der Metropole Konstantinopel die Mutter des jungen Johannes V. Palaiologos für ihren Sohn die Regierungsgewalt ausübte, herrschte auf den Inseln des griechischen Archipels und in einem Teil Kleinasiens Johannes VI. Kantakuzenos, der den Türken hier Paroli bot.

Der kaiserliche Admiral Facciolati, der insgeheim dem abtrünnigen Kantakuzenos anhing, lief nach den Erfolgen der Genueser unter Vignoso mit der Flotte nach Pera. Ohne Einwilligung der Kaiserin beschlagnahmte er dort die genuesische Flotte. Als die Kaiserin befahl, diese Schiffe sofort wieder freizugeben, widersetzte er sich und deckte einen »lange vorbereiteten genuesischen Anschlag« auf.

Damit überzeugte er die Kaiserin. Diese stellte ihm eine Militärgarde-Abteilung zur Verfügung. Damit war der Verräter schwer bewaffnet. Er drang gegen Konstantinopel vor, besetzte ein Stadttor und ließ den Gegenkaiser Johannes VI. Kantakuzenos in die Stadt.

Die Kaiserin floh mit ihrem Sohn und der Leibgarde in den Blachernepalast, der gleichzeitig als starke Festung ausgebaut war. Sie bat durch einen Boten, dem es gelang, den Belagerungsring zu durchbrechen, die Galater um Hilfe. Diese konnten ihr nicht helfen. So wurde neben dem regierenden Kaiser noch ein Mitkaiser an der Führung im griechischen Reich beteiligt.

Johannes VI. Kantakuzenos rächte sich nun an den Genuesern wegen der vielen Niederlagen und der Nichtanerkennung seiner Machtansprüche. Er wollte Pera, den Sitz der Genueser Kolonie, dem Erdboden gleichmachen.

Ein Spion meldete dies, und die Genueser machten sich daran, die Stadt in Verteidigungsbereitschaft zu versetzen. Kuriere fuhren auf schnellen Schiffen zu den anderen genuesischen Besitzungen im Archipel.

Der Kampf begann im Frühjahr 1347. Aus dem Vorort Pera griffen die Genueser Konstantinopel an. Der Kampf wogte den ganzen Tag unentschieden hin und her. In der Nacht trat Ruhe ein. In der Frühe des nächsten Tages wurde der Kampf fortgesetzt, erstarb aber bald, weil die Griechen in ihrer eigenen Hauptstadt stärker an Waffen und Soldaten waren als die Genueser in der Vorstadt Pera. Dazu gelang es Johannes VI. Kantakuzenos, noch von den Türken und den Bulgaren Hilfe zu bekommen.

Damit war der Ausgang des Kampfes mehr als unsicher geworden. Die Genueser verschifften ihre Frauen und Kinder in die Heimat, um bedingungslos kämpfen zu können. Sie wurden bis nach Pera zurückgedrängt und verschanzten sich hier.

Nachdem der Winter eingefallen war, wurde es still, aber im Frühjahr 1348 zog ein starkes griechisches Heer in Richtung Pera und schlug unterhalb des Hügels, auf dem diese Vorstadt angelegt war, sein Lager auf. Die griechischen Schiffe liefen in Richtung Prinzeninsel. Als sie dort auf eine Genueser Galeere stießen, wurde sie angehalten und alle Menschen an Bord niedergemetzelt und ins Meer geworfen.

Danach versuchte die Flotte in den Bosporus einzulaufen. Hier gelang einem Genueser Capitano ein großer Gegenschlag. Im dichten Nebel griff er die vordersten Schiffe an und vernichtete sie. Die Griechen jagten auf die Küste zu und verließen dort ihre Schiffe.

Der Capitano, eine Kriegslist fürchtend, zögerte zuerst. Als er aber erkannte, daß die Griechen wirklich flohen, ließ er zu den verlassenen Schiffen hinüberrudern und nahm sie in Besitz.

Als weitere Schiffe auftauchten, wurden auch sie beinahe ohne jede Gegenwehr gekapert. Das griechische Landheer floh, und Johannes VI. Kantakuzenos schickte Unterhändler zu den Genuesern und bat um Frieden. Dazu aber mußte zuerst aus Genua eine Verhandlungsgruppe abgewartet werden. Als diese eintraf, wurden die Verhandlungen aufgenommen. Es gelang nicht, den griechischen Thronräuber zu verjagen, wenn sie auch einen anständigen Frieden und Sicherheit für Pera erzielten.

Die in Italien 1348 ausbrechende Pest, die sich blitzschnell verbreitete, erreichte auch Genua. Es liegen keine Dokumente vor, die über das Ausmaß dieser aus China kommenden und durch katalanische und genuesische Seeleute mitgeschleppten Krankheit etwas aussagen. Lediglich die Tatsache, daß die Münze in Genua aus Paris Prägemeister kommen lassen mußte, weil sie durch die Pest völlig verlassen war, zeigt das Ausmaß der heimtückischen Seuche an.

Als die Pest 1349 überwunden war, ging der Kampf in den genuesischen Kolonien weiter. Die Tatarenherrscher plünderten die in Tana befindliche genuesische Handelsstation. Von Caffa aus konnte dieser Sturm gestoppt werden. Der tatarische Herrscher anerkannte das dauernde ausschließliche Wohnrecht der Genueser in Tana und erklärte, daß allen übrigen Europäern auch die Schiffahrt im Palus Meotis (dem Asowschen Meer) verboten sei.

Von Genua aus wurde Venedig und Pisa Zollfreiheit und Aufnahme im Hafen von Caffa angeboten. Während Pisa dieses Angebot annahm, lehnte Venedig ab und forderte statt dessen seine Schiffsbesatzungen dazu auf, einfach durch die Enge zu laufen und sich nicht an den Genuesern zu stören.

Die Verhaltensweise Venedigs führte zu immer stärkeren Zusammenstößen, die dem auslösenden Punkt zum vierten Krieg zwischen Venedig und Genua entgegensteuerten. Es waren 12 venezianische Galeeren, die schließlich den Krieg ausbrechen ließen. Sie stießen vor Negroponte (Euböa) auf 11 Genueser Galeeren, verfolgten diese, holten sie ein und eröffneten den Kampf. Sieben Stunden dauerte das Seegefecht, in dem neun genuesische Schiffe aufgebracht und in den Hafen von Candia eingeschleppt wurden. Die Besatzungen wurden in die Verliese der Stadt geworfen. Die beiden Galeeren, die diesem Kampf entkommen konnten, liefen nach Pera weiter und meldeten den venezianischen Überfall. Sofort wurden sieben Kampfgaleeren ausgerüstet und mit den besten Bewaffneten besetzt. Mit den beiden entkommenen Galeeren ruderte diese Streitmacht nach Candia. Im Handstreich wurde im Morgengrauen in den Hafen eingelaufen. Die Soldaten gingen an Land und drangen unter der Führung einiger Männer, die Candia kannten, in die Stadt ein.

Unbarmherzig schlugen die Angreifer zu. Venezianer und Bewohner der Insel wurden zusammengehauen, wo sie sich zeigten. Dann waren die Kerker erreicht. Die Gefangenen wurden befreit, mit Waffen ausgestattet und beteiligten sich – nach diesem fürchterlichen Kerkeraufenthalt alles andere als zimperlich – an der Vernichtung der Feinde.

Danach zogen sie zum Hafen hinunter, schifften sich ein und fuhren nach Pera zurück.

Der um Hilfe angesprochene Simone Vignoso Caristo, der von der Stadt als Podestà nach Chios geschickt worden war, hatte zur gleichen Zeit eine Angriffsflotte zusammengestellt und lief mit ihr den südlichen Hafen der Insel Chios an. Er drang in den Hafen ein und stellte hier eine Flotte von 23 Galeeren, die mit Marmor beladen waren. Sie führten diese Schiffe im Triumphzug nach Genua.

Anfang Januar 1350 war in Genua der zweite Doge der Republik Giovanni de Murta di Antonio nach einer weisen Regierung gestorben. Als sein Nachfolger wurde am 9. Januar 1350 Giovanni Valente zum dritten Dogen gewählt.

Zwar waren in der Stadt Bemühungen der Spinola im Gange, einen ihrer Freunde, Lucchino da Facio, ans Ruder des Staatsschiffes zu stellen, der Chef einer Volkspartei war. Andere wiederum waren für die Wahl des Sohnes des verstorbenen Dogen. Doch nach einer Zusammenkunft in der Chiesa San Giorgio einigten

sich die Kaufleute auf Giovanni da Valente. Er war ein angesehener Mann und führte unmittelbar nach seinem Amtsantritt die Teilung der Ämter zwischen Volk und Adel der Stadt wieder ein.
Unter dem neuen Dogen wurde also der Adel wieder zu allen öffentlichen und militärischen Ämtern und Positionen zugelassen. Er rief auch die Flüchtlinge aus dem Exil zurück und tat damit für Genua Großes.

Seekrieg gegen Venedig

Der erste Sieg Genuas über Venedig ließ die Stadt alle Anstrengungen unternehmen, um möglichst rasch eine große Flotte auszurüsten, denn man befürchtete zu Recht, daß die Venezianer nicht ruhen würden, diese Scharte auszuwetzen.
Die Venezianer verbündeten sich mit Peter IV., König von Aragonien, und die italienischen Fürsten starrten auf diese Kriegsvorbereitungen und standen auf dem Sprung, um im rechten Augenblick, dann nämlich, wenn sich diese beiden großen Stadtrepubliken gegenseitig umgebracht hatten, zuzugreifen.
Einer der wenigen Männer, die für den Frieden warben, war Francesco Petrarca, der in einem Brief an Andrea Dandolo, dem berühmten Historiker und Dogen, darum bat, um den Frieden bemüht zu bleiben.
Mit 34 Galeeren lief der Admiral Venedigs, Niccolò Pisani, eines Nachts unbemerkt in den Golf von Pera ein. Er besetzte die Stadttore im Handstreich, öffnete sie und ließ seine Soldaten in die Genueserstadt ein.
Die Bewohner griffen zu den Waffen und stellten sich den Eindringlingen. Der Widerstand der Genueser war derart heftig, daß die Angreifer schließlich die Flucht ergriffen.
Admiral Pisani ging nun mit Johannes VI. Kantakuzenos einen Bündnisvertrag ein. Dieser schickte seinen Admiral, Constantino Tarcaniota, mit einer Flotte, die Weisung erhalten hatte, sich mit den venezianischen Schiffen zu treffen, sich dann mit ihnen zu vereinigen und die Genueser zu schlagen, die dem Kantakuzenos ein Dorn im Auge waren.
Damit sahen sich die Genueser in ihrer Niederlassung Pera mit dem gesamten griechischen Kaiserreich, dem Königreich Aragonien und der venezianischen Flotte im Krieg. Dennoch verzagten die Männer nicht. Sie bereiteten alles auf einen warmen Empfang der Angreifer vor und erwarteten das Eintreffen der 70 Galeeren starken genuesischen Flotte, die unter der Führung von Pagano Doria

in den griechischen Archipel unterwegs war. Wenn sie erst eintraf, wollte man die Gegner das Fürchten lehren.

Pisani erhielt nach Kenntnisnahme der Venezianer von der ausgelaufenen starken genuesischen Flotte durch einen Eilkurier Weisung, der großen ligurischen Flotte entgegenzufahren, diese zu stellen und zu vernichten.

Pisani brach alle Einzeloperationen ab und lief mit seiner Streitmacht der genuesischen Flotte entgegen. Als sie in Sicht kam und der venezianische Admiral die genuesische Überlegenheit erkannte, drehte er ab und ruderte so rasch wie möglich nach Caristo zurück, das wenig vorher von Venedig in Besitz genommen worden war.

Pagano Doria aber folgte den Venezianern. Er erreichte sie, als die ersten Schiffe bereits in den Hafen von Caristo eingelaufen waren. Die Mannschaften schifften so rasch wie möglich aus und versenkten ihre Schiffe.

An Land aber verteidigten sich die Venezianer. Sie zogen sich hinter die Mauern von Caristo zurück und hielten monatelang den Eroberungsversuchen der Sturmgruppen Dorias stand. Pagano Doria machte den Fehler, diese Stadt unter allen Umständen erobern zu wollen, obgleich Konstantinopel ihm anheimgefallen wäre, wenn er sich sofort dorthin gewandt hätte.

Als er schließlich nach zweimonatiger vergeblicher Belagerung durch die Propontis (das Marmarameer) einlief, um hier die große venezianische Flotte, die angekündigt worden war, zu erwarten, zwang ihn ein Wirbelsturm dazu, an den Strand von Eraclea zu laufen und dort Schutz zu suchen. Die Stadt Eraclea war für neutral erklärt worden, und Johannes VI. Kantakuzonos hatte ihre Neutralität ausdrücklich anerkannt.

Als nun zwei genuesische Seeleute an Land gingen, wurden sie von Bauern aus Eraclea gefangen und vor das Gericht der Stadt geführt. Beide wurden keinerlei Verletzung der Neutralität schuldig befunden. Dennoch wollte das Volk diese beiden »Feinde« getötet sehen. Das Gericht beugte sich dem Volkszorn und ließ die beiden Seeleute hängen.

Als diese Nachricht der genuesischen Flottenführung bekannt wurde, schrie man laut nach Rache. Pagano Doria mußte sich diesem Begehren beugen. Er ließ seine Expeditionsstreitmacht an Land gehen, die die Stadt angriff.

Die Ereclea zur Hilfe geschickte Reiterei des griechischen Kaisers konnte nichts gegen die genuesischen Armbrustschützen unternehmen. Ihr Angriff brach im Pfeilhagel der ausgezeichnet schießenden Genueser zusammen. Eraclea wurde erobert. Durch ein kleines Tor gelang es den Einwohnern zu fliehen. Ihre Häuser aber wurden geplündert und reich mit Beute beladen zogen die Seeleute und Armbrustschützen zu den Schiffen zurück.

Da dieser Angriff so gut geklappt hatte, kam man auf den Geschmack. Die nächstgelegene Stadt, Sozopoli (Selibria), wurde anschließend aufs Korn genommen. Sie ergab sich den Angreifern noch vor dem Abfeuern eines Schusses bedingungslos.

Die Gefangenen von Eraclea wurden mitsamt der großen Beute nach Pera geschafft. Dort wanderten sie in den Kerker.

Bischof Filoteo wollte sich für die Gefangenen opfern, und an ihrer Stelle ins Gefängnis gehen. Die Genueser stimmten dem Gefangenenaustausch zu. Als dann die Übergabe erfolgt war, ließen die Soldaten den Bischof ebenfalls frei. Sie erhielten für jeden freigelassenen Gefangenen ein bestimmtes Kopfgeld, das unter alle aufgeteilt wurde.

Als das Jahr 1352 heraufzog, lief die vereinigte Flotte der Venezianer, Katalanen und Aragonier in den Hellespont ein. Pagano Doria lief aus, um die Vereinigung dieser starken Flotte mit der griechischen Flotte zu verhindern. Dies mißlang und seine Schiffe wurden zu allem Überfluß noch von Pera getrennt, weil es dem Feind gelang, mit einem schnellen Geschwader nach der Vereinigung einen Keil von Schiffen zwischen Pera und die genuesische Flotte zu treiben.

Damit war Pagano Doria in eine Position manövriert worden, in welcher er gegen den Wind, das Meer und die drei feindlichen Flotten anzukämpfen hatte. Ein erneut losbrechender Wirbelsturm unterbrach den gerade entbrannten Kampf für einige Zeit. Danach wogte er in dem stets unruhigen von Strömung und Wind gepeitschten Marmarameer hin und her und zerflatterte schließlich in Einzelaktionen. Die Flotten konnten ihre Schlachtformationen nicht einnehmen.

In dieser Situation gelang es den Venezianern gemeinsam mit den katalanischen Schiffen, die Genueser Flotte auseinanderzudrängen. 13 Genueser Galeeren wurden vom Gros abgeschnitten und gejagt. Nacheinander strandeten sieben Galeeren, die restlichen sechs konnten sich ins Schwarze Meer hinein retten.

Die Situation deutete auf eine vernichtende Niederlage Dorias hin, aber noch einmal kamen ihm einige Galeeren mit den perfekt ausgebildeten ligurischen Armbrustschützen zur Hilfe. Als sie das Feuer eröffneten, fielen nacheinander ein Dutzend venezianisch-katalanische Schiffe aus. Diese Wunderschützen vollbrachten die Schlachtwende, als sie zielsicher und tödlich zu einer fürchterlichen Kampfmaschine wurden. Ein Teil der angreifenden Schiffe drehte und floh in den Bosporus, einige andere wurden gestellt, gerammt und geentert.

Als endlich die Nacht einfiel, war der Kampf wieder unentschieden. Die beiden Parteien waren müde und angeschlagen. Sie verließen das Gefechtsfeld und ruderten beide in einigem Abstand voneinander in den nahen Hafen Santa Foca ein. Sie hielten sich, soweit es der Hafen zuließ, auseinander und versuchten, die erlittenen Schäden auszubessern. Dann glaubten die Venezianer, daß sie einen weiteren Kampf nicht mehr durchstehen würden und legten noch bei Nacht wieder ab und zogen sich unbemerkt nach Terapia zurück.

Die zurückbleibenden Genueser hatten 14 venezianische und 10 katalanische Galeeren gekapert und 1800 Gefangene gemacht. Die eigenen Verluste beliefen sich auf viele Gefallene und Ertrunkene bei den gestrandeten Schiffen. 13 eigene Galeeren waren vernichtet oder gestrandet; die Zahl von 800 Verwundeten war zu beklagen.

Der Sieg aber war damit schließlich doch Pagano Doria zugefallen. Aus Genua wurden ihm 10 weitere große Galeeren geschickt. Doria ließ einen Unterhändler zu dem türkischen Kaperkapitän Orcane Bey aufbrechen und kam mit ihm zusammen. Er wollte versuchen, mit türkischer Assistenz das byzantinische Kaiserreich zu erobern und es zu einer genuesischen Kolonie zu machen. Was den Venezianern mit Hilfe des Kreuzritterheeres 1204 gelungen war, schien nun für die Genueser durchaus ebenfalls im Bereich des Möglichen zu liegen.

Johannes VI. Kantakuzenos aber unterlief diese Absicht Genuas, indem er ihnen rasch einen Frieden anbot, mit Bedingungen, die durchaus verlockend waren.

Und zwar sollte das Abkommen zwischen Pagano Doria und Orcane-Bey ratifiziert, jenes zwischen den Griechen, Venezianern und Katalanen aber aufgehoben werden. Griechenland würde in allen Häfen und Küstengebieten seines Imperiums keine Galeere der Liga zulassen. Griechische Schiffe würden venezianische und katalanische Häfen nicht mehr anlaufen, sondern immer in genuesische Häfen einlaufen und Handel treiben, beziehungsweise Waren bringen.

Die genannten Flotten der Liga sollten weder nach Tana noch nach Palus Meotis fahren dürfen, es sei denn, sie befänden sich in einem Konvoi mit genuesischen Schiffen, die von genuesischen Führern geleitet wurden. Alle ehemaligen Abkommen und Handelsvergünstigungen, die Genua innegehabt hatte, sollten wieder aufleben.

Dies war ein Abkommen, das Genua auf Jahrhunderte hinaus die Vorherrschaft in diesem Seegebiet verschafft hätte. Pagano Doria stimmte zu und unterschrieb diesen Vertrag. Er war sicher, daß diese großen Erfolge vom Volk und von der Führung der Republik anerkannt werden würden. Doch das Gegenteil war der Fall.

Er mußte sich, zurückgekehrt, den Vorwurf gefallen lassen, daß er zum einen seine Vollmachten überzogen und zum anderen Konstantinopel nicht eingenommen hatte, obgleich ihm dies möglich gewesen wäre. Er habe damit das Blut vieler Genueser für ein nicht zu Ende geführtes Unternehmen geopfert.

Der siegreiche Pagano Doria wurde verschmäht und bestraft, während man Loblieder auf den unterlegenen venezianischen Admiral sang. Giugno Carbone fand dafür eine plausible Erklärung.

»Das war der Unterschied zwischen einer Demokratie und einer Monarchie. Hier in Genua wirst du von deinesgleichen gerichtet, wobei der Neid stärker ist als bei Fürsten.« (Siehe Carbone Giugno: a.a.O.)
Das Jahr 1353 sah den Beitritt weiterer europäischer Mächte auf jeder Seite der kriegführenden Parteien. Während sich Genua mit dem König von Ungarn verbündete, dessen Absicht es war, Venedig und dessen Besitzungen in der Adria zu fleddern, unterzeichnete Venedig ein Bündnis mit Kaiser Karl IV. Vergeblich mahnte Papst Innozenz VI. zum Frieden. Aber die Genueser, durch den Sieg über Venedig in einem neuen Höhenflug, rüsteten weitere 60 Galeeren aus. Diese gingen in Richtung Griechenland in See.
Die Venezianer brachten es mit Hilfe der Aragonier auf 70 Galeeren, die ebenfalls zu dem alten neuen Kriegsschauplatz ausliefen. An Bord des ligurischen Admiralsschiffes stand Antonio Grimaldi und auf der vereinigten venezianischen Flotte hatten Niccolò Pisani und Bernardo Cabreta die Führung übernommen.
Die ligurische Flotte schien zunächst vom Pech verfolgt. In einem Sturm verlor sie vor Portovenere acht Schiffe. Dennoch wurde die Fahrt fortgesetzt, und vor Sardinien sichtete das Spähschiff beim Einlaufen in den Golf von Alghero den Feind, der sich hier so geschickt formiert hatte, daß die Anzahl seiner Schiffe bedeutend niedriger schien, als sie in Wirklichkeit war.
Admiral Grimaldi ließ in den Golf hineinfahren. Irrte er sich oder zogen sich die Venezianer wirklich zurück? Ja, sie zogen sich zurück, und die genuesische Flotte setzte rasant nach und – segelte in die Falle. Als Admiral Grimaldi die wirkliche Zahl der Schiffe erkannte, war es zum Wenden zu spät. Der aufkommende und von Land wehende Wind begünstigte die mächtigen katalanischen Koggen. Diese setzten alle Segel und jagten mit weit vorgereckten Rammspornen den genuesischen Galeeren entgegen. Ausweichmanöver fruchteten nichts. Drei Galeeren wurden von den spitzen, eisenbeschlagenen Rammspornen getroffen und durchbohrt. Die übrigen Genueser Galeeren aber konnten dank ihrer zielsicher schießenden Armbrustschützen den Gegner abweisen. Der Kampf wogte unentschieden hin und her. In einem Augenblick der Entscheidung, da es darauf ankam, den letzten durchschlagenen Angriff durchzuführen, ließ Admiral Grimaldi plötzlich durch einen Flaggenspruch eine Reihe Galeeren abdrehen, so als wollte er sich damit hinter den Feind setzen. Das wäre eine Möglichkeit gewesen, das Blatt zu genuesischen Gunsten zu wenden. Aber anstelle eines solchen Manövers drehte der Admiral diesen Teil der Flotte auf Gegenkurs und ließ dann mit schnellstem Ruderschlag in Richtung Genua ablaufen.
Damit war diese Schlacht entschieden. Es ergaben sich insgesamt 30 genuesische Galeeren, auf die Gnade und Großmut des Siegers vertrauend. Dem Rest der Flotte gelang die Flucht.

Die genuesischen Verluste in dieser Schlacht beliefen sich auf 2000 Tote, die entweder ertrunken oder gefallen waren. 3500 Gefangene mußten auf die venezianischen Schiffe überwechseln. Der Gegner nutzte die Gunst der Stunde und nahm auch noch Alghero, Castello Leone und andere sardische Gebiete in Besitz.
Als der geflohene Admiral nach Genua zurückkehrte, war man dort zu lethargisch, um ihm den Prozeß zu machen. Vielmehr nahmen die Streitigkeiten der verschiedenen Parteien untereinander wieder zu. Das Volk hungerte und aus Verzweiflung kam es politisch zu einigen Handlungen, die um Haaresbreite die Existenz und das Weiterleben von Genua aufs Spiel gesetzt hätten.
Man wandte sich an den Erzbischof Giovanni Visconti, der in Mailand gerade auch die weltliche Herrschaft übernommen hatte. Dieser hatte in Genua viele Freunde, die durch das Consiglio della Signoria und im Volksparlament vorschlugen, Genua als Fürstentum auf Lebenszeit an den Erzbischof zu übergeben. Eine Bedingung knüpfte Genua daran: daß er die Gesetze und Regelungen der Stadt einhalte und Genua hülfe, sich gegen alle Feinde zu verteidigen.
Um dies zu ermöglichen, stellte der Doge von Genua Giovanni Valente sein Amt zur Verfügung.
Erzbischof Giovanni Visconti nahm an und schickte seinen Stellvertreter, den Marchese von Cassano, Guglielmo Pallavicino nach Genua. Gleichzeitig damit stellte er eine große Summe Geldes zur Verfügung, um die Hungersnot in der Stadt zu beenden. Wenig später kamen große Getreidelieferungen aus Mailand in Genua an. Alles dies stimmte das Volk hoffnungsfroh und nahm es für den Stellvertreter des Erzbischofs ein.
Eine weitere Gesandtschaft wurde nach Venedig geschickt, um dort Frieden zu schließen. Venedig aber lehnte ab, denn zum einen war der soeben errungene Sieg Anlaß zu eigener Selbstüberschätzung und zum anderen wurden der Serenissima Signoria von den Scala aus Verona, den Carrara aus Padua, den de Este aus Modena und den Gonzaga aus Mantua Waffenhilfe gegen Mailand und Genua angeboten.
Diese Bündnisse kamen zustande, weil alle das Erstarken des ohnehin mächtigen Erzbischofs von Mailand und seinen damit verbundenen weiteren Machthunger fürchteten.
Sowohl Genua als auch Venedig rüsteten sich nunmehr zu einem weiteren Waffengang, bei dem die Flotten den Löwenanteil zu tragen haben würden. Unter der Führung des bewährten Niccolò Pisani auf venezianischer und des ebenfalls ruhmbedeckten Pagano Doria sollte eine entscheidende Seeschlacht geführt werden. Auf venezianischer Seite standen 35 Galeeren, sechs große Transportschiffe und 20 kleinere Schiffe, die Genueser Seite konnte 35 Galeeren und einige sehr schnelle Spähschiffe aufbieten.

Pagano Doria lief mit der Flotte zuerst aus, um den irgendwo in See stehenden Gegner zu stellen. Als er dessen Flotte nicht fand, beschloß er, einen Hafen in der Nähe Venedigs anzugreifen.

»Das«, so meinte er, »wird die Ratten aus ihren Löchern locken.«

Er lief in den großen Golf von Venezien ein, legte bei der Stadt Peranzo an und eroberte sie in 12stündigen Kämpfen. Die dort liegenden venezianischen Schiffe wurden ausgeraubt und soweit sie nicht gut in Schuß waren, versenkt.

Eine große Zahl der Einwohner von Peranzo floh nach Venedig und verbreitete mit den übertriebenen Meldungen von der Gewalt der genuesischen Flotte Angst und Schrecken. In Venedig fürchtete man bereits, daß Genua eine Invasion der Lagunenrepublik planen könne.

In aller Eile wurden die Befestigungen verstärkt. Alles wurde zum Empfang der Genueser vorbereitet. Dann aber erfuhr man, daß der Gegner Peranzo bereits wieder verlassen habe.

Durch diese Herausforderung wurde das angestrebte Ziel, Pisani mit seiner Flotte aus dem Osten zurückzuholen, erreicht.

Am 7. September 1354 starb in Venedig der Doge Andrea Dandolo. Sein Nachfolger, Marin Faliero, seit dem 11. September im Amt, rief Admiral Pisani mit der gesamten Flotte von Sardinien zurück.

Damit hatte Pagano Doria das Ziel erreicht. Der Gegner kam. Als Admiral Pisani die Genueser nicht fand, ließ er die beiden Mündungen des Golfes mit aneinandergeketteten Schiffen und 20 Galeeren dichtmachen. 15 weitere Galeeren mit Bewaffneten und die Saettie liefen unter der Führung eines Morosini in die Tiefe des Golfes zurück. Für den Fall, daß es den Genuesern gelingen sollte, die Sperre an den Mündungen zu durchbrechen und in den Golf einzulaufen, würden sie automatisch zwischen zwei Flotten stehen und von beiden Seiten angegriffen werden.

Als Pagano Doria erfuhr, daß die Venezianer zurückgekommen und in den Golf eingelaufen seien, ließ er den Kurs seiner Flotte auf Sapienza legen. In Sichtweite herangekommen, schickte er seine Herausforderung an Pisani und dieser erwiderte, daß er zum Kampf bereit sei und sie erwarte.

Dann geschah das Unvorhergesehene. Ein Neffe von Pagano Doria löste sich mit seinem Schiff aus dem Verband der heranlaufenden Flotte und lief in den Golf ein. 14 weitere genuesische Galeeren folgten ihm. Admial Pisani gab Befehl, nur wenig zu schießen und diese 15 Schiffe in die Bucht eindringen zu lassen, um sie dann in die Zange zu nehmen.

Als die 15 genuesischen Schiffe die Sperre durchbrochen hatten, wurden sie in wilder Fahrt auf das Land zugerudert. Dort aber wartete Morosini mit seinen Schiffen.

Als dieser die Flotte der 15 Genueser Galeeren in geordneter Schlachtformation anlaufen sah, fürchtete er, daß die am Eingang des Golfes aufgestellte Flotte Pisanis geschlagen sein müsse. Er leistete – durch diese offenbare Tatsache entmutigt – keinen großen Widerstand mehr, sondern ergab sich. Diejenigen seiner Schiffe, die den Kampf aufnahmen, wurden versenkt, die anderen in Brand gesteckt. Viele seiner Männer ertranken.

Die siegreiche genuesische Teilflotte signalisierte den Sieg zurück und lief nun, auf Gegenkurs drehend, wieder den venezianischen Schiffen in der Golfmündung entgegen. Dabei trieben sie einige angezündete Schiffe vor sich her, die ihr Heil in der Flucht suchten. Admiral Pisani war dank der tollkühnen Angriffsmanöver des jungen Doria in seiner eigenen Falle gefangen.

Die Venezianer ergaben sich. Ihre Schiffe fielen sämtlich in genuesische Hand.

Insgesamt waren 4000 venezianische Soldaten und Matrosen gefallen. 5870 gerieten in genuesische Gefangenschaft.

Pagano Doria hatte es nun in der Hand, in sofortiger Ausnutzung dieses großen Seesieges gegen die Venezianer direkt nach Venedig weiterzulaufen. Doch er tat weder dies noch lief er mit der Flotte nach Sardinien weiter, wo der Kampf um Alghero tobte, das schließlich den Aragoniern in die Hände fiel. Er ließ die Flotte, von der er wußte, daß sie ebenfalls angeschlagen war, nach Genua zurücklaufen.

In Genua selbst gingen nach dem Tode des Erzbischofs Visconti im Jahre 1355 die Parteihändel wieder an. Genua war gemäß den Abmachungen frei. Da das Gezänke der Parteien aber sofort wieder begann, ließ man die Herrschaft auf die drei Neffen und Nachfolger des Erzbischofs, Matteo, Bernabò und Galeazzo Visconti, übertragen.

Diese nahmen die Friedensverhandlungen mit dem geschlagenen Venedig auf, und dessen Doge Giovanni Gradenigo unterschrieb schließlich den Friedensvertrag, der für Venedig sehr belastende Artikel hatte. So durften venezianische Schiffe drei Jahre lang nicht mehr Tana anlaufen, sondern mußten nach Caffa fahren. Für die Freigabe der Gefangenen mußte Venedig 200 000 Goldgulden Lösegeld bezahlen. Venedig verpflichtete sich, den König von Aragonien zu veranlassen, daß er Alghero binnen dreier Monate freigab. Andernfalls werde Venedig von seinem Bündnis mit ihm zurücktreten und ihn allein lassen. Es wurde vereinbart, daß keine neuen Rüstungsanstrengungen auf beiden Seiten mehr unternommen würden. Falls zwischen Schiffen beider Nationen Streit aufkommen sollte, dürften diese Streitigkeiten nicht den allgemeinen Frieden zerstören.

Damit schien der Friede zwischen den beiden großen miteinander rivalisierenden Seehandelsstädten gesichert. Genua feierte in diesem Jahre 1355 auch die Fertigstellung des großen Aquäduktes, das von Tranzasco aus reines klares Bergwasser in die Stadt leitete.

Wie zu befürchten stand, verweigerte der König von Aragonien die Zurückgabe von Alghero. Genua schickte 16 Galeeren unter der Führung des Filippo Doria nach Sardinien.

Als er vor Alghero ankam, schlug ihm das Abwehrfeuer von Armbrüsten und Bögen aus der Stadt entgegen. Es war seiner Streitmacht nicht möglich, diese Stadt mit Gewalt zurückzugewinnen. Um nicht vergebens und ohne jedes Ergebnis wieder nach Genua zurückfahren zu müssen, verfiel Filippo Doria auf die Idee, nach Tripolis zu laufen und diese nordafrikanische Stadt, in der ein Diktator mit Namen Magnano regierte, zu brandschatzen.

Durch ein Vorhutschiff ließ Doria darum bitten, landen zu dürfen, damit seine Mannschaft sich am Strand erfrischen konnte. Er erhielt die Erlaubnis und schickte von der Küste aus Kundschafter los, die eine gute Chance für einen Raubzug erkunden sollten.

Magnano versuchte, diese ungebetenen Gäste durch reiche Geschenke friedlich zu stimmen und zum Abzug zu bewegen. Filippo Doria ließ ablegen, kehrte aber in der Nacht zurück, lief in den Hafen ein, kaperte alle dort liegenden Schiffe und nahm die Stadt im Handstreich. Der Herrscher Magnano floh, die Bevölkerung ergab sich den Genuesern. Admiral Doria ließ die Tore schließen und gab die Stadt zur Plünderung frei.

Den Männern seiner Flotte fielen Gold und Silber im Wert von 800 000 Goldgulden in die Hände. Damit hatte sich Filippo Doria der gemeinen Seeräuberei schuldig gemacht. Noch während er in Tripolis weilte, trat der Senat von Genua zu einer Gerichtssitzung darüber zusammen. Das Urteil des Senats gegen Filippo Doria lautete:

»Weil Filippo Doria ohne Grund und Auftrag gehandelt hat und den eigentlichen Auftrag, die Zurückgewinnung von Alghero, nicht erfüllte, wird er verurteilt, alle gemachte Beute sofort zurückzugeben. Tut er dies nicht, werden er und die gesamte ihm anvertraute Flotte auf Lebenszeit verbannt.«

Aber weder Filippo Doria noch seine Unterführer und Kapitäne hielten sich an den Spruch des Senats. Sie versteigerten Tripolis an den Meistbietenden für 50 000 Gold-Doppie (Gold-Doppelmünzen im Wert von 2 Golddukaten). Danach streiften sie in Europa umher.

Dieses Beispiel für den Gerechtigkeitssinn der Genueser zeigt auf, daß nicht alles, was ihre Kapitäne taten, die Zustimmung des Senats fand. Ein weiteres Beispiel dafür gab es in Caffa. Dort waren einem reichen Perser, der den Zwischenhandel betrieb, alle Waren im unermeßlichen Wert gestohlen worden. Der Konsul in Caffa, Girolamo Giustiniano, den der Perser um Hilfe bat, ließ sämtliche Waren

wieder herbeischaffen und dem Manne zurückgeben. Als der Perser den Konsul beschenken wollte, wehrte dieser mit den Worten ab:
»Ich werde von der Republik Genua gut bezahlt, damit ich die Justiz korrekt verwalte und sie nicht verkaufe.«
Als es im Jahre 1356 in Konstantinopel zu einer Revolution kam, steckte als Anstifter, Berater und Durchführer ein Genuese dahinter. In Konstantinopel herrschte Johannes VI. Kantakuzenos, während die rechtmäßige Kaiserin mit ihrem Sohn, Johannes V. Palaiologos, in Thessaloniki im Exil lebten. Der adelige Genuese Francesco Gattilusio, einer der in Konstantinopel selbst lebenden reichen Kaufleute, der zwei bewaffnete Galeeren in Dienst hatte und am kaiserlichen Hof verkehrte, drängte heimlich nach dem Tode der Kaiserin Anna ihren Sohn, sich die verlorene Krone zurückzuerobern. Dabei wollte Gattilusio ihm helfen.
Johannes V. beriet sich mit seinen Vertrauten. Diese arbeiteten eine moderne Version der Operation Trojanisches Pferd aus. Einer seiner engsten Begleiter nahm den Kaiser als Händler verkleidet auf eine seiner Galeeren, mit der er von den griechischen Inseln Olivenöl transportierte. Zunächst wurde auf Tenedos Öl geladen. In der größten Galeere aber befanden sich Johannes V. und 100 der besten Krieger, die zu seiner Wache gehört hatten.
Die Handelsflotte fuhr nach Konstantinopel. Dort sollte das Öl verkauft werden. Als sie das Öl im Hafen abluden und die Zöllner den Betrag des Zolls schätzen sollten, wurde ein Streit vom Zaun gebrochen. Es kam zu einer handgreiflichen Auseinandersetzung, in deren Verlauf die 100 Bewaffneten und der als Händler verkleidete König in die Stadt eindrangen. In der Stadtmitte warf Johannes V. Palaiologos die verdeckenden Kleider ab und gab sich den Bewohnern der Stadt als der rechtmäßige Kaiser zu erkennen. Das Volk jubelte ihm zu. Von allen Seiten eilten weitere Bewaffnete herbei, um dem rechtmäßigen Kaiser zu helfen.
Im Kaiserpalast wurde Johannes V. von seinem Nebenbuhler Johannes VI. empfangen. Dieser war waffenlos und gab dem rechtmäßigen Kaiser das Szepter zurück, dankte nun endgültig ab und zog sich als Mönch in ein Kloster zurück.
Als Dank für diese Hilfe erhielt Gattilusio die Schwester des Kaisers, die er liebte, zur Frau. Als Mitgift erhielt er die Insel Mytilene. Dies war eine Episode in Konstantinopel, in der die Rechtmäßigkeit wiederhergestellt wurde. In Genua hingegen wollte man – Freiheit.

Aufruhr in Genua gegen die Visconti

Der im Auftrage der Brüder Visconti in Genua residierende Pallavicino hatte 1356 ein Edikt vor dem Consiglio zu verlesen, in dem die beiden Visconti-Brüder (Matteo war aufgrund seiner Ausschweifungen inzwischen verstorben) von den Genuesern völlige Unterwerfung forderten. Als Sprecher derjenigen, die dagegen waren, meldete sich Maliano de Malloni, einer aus der Adelsgesellschaft der Cattanei, zu Wort. Er redete gewissermaßen Fraktur und wurde sofort nach Mailand zitiert, um sich vor den Brüdern zu rechtfertigen.

Maliano de Malloni wußte nur zu gut, was ihn in Mailand erwartete. Anstatt dorthin zu reisen, unternahm er den kleinen Fußweg von seinem Palast zur Piazza di San Giorgio. Hier hielt er eine Rede und protestierte laut gegen die Anmaßung fremder Herren, die nach dem Tode des Erzbischofs nichts mehr in Genua zu suchen hätten.

»Niemand ist mehr vor den Visconti sicher, wenn sich auch nur einer von uns einer solchen Vorladung fügt«, rief er in die Menge. »Wir müssen den übereifrigen Brüdern, deren Laster gen Himmel schreien, ein entscheidendes Halt entgegenrufen und ihre Gewalt über Genua abschütteln.«

Der Aufruhr brach los. Das Volk und die Adeligen marschierten nach langer Zeit wieder gemeinsam. Sie trieben den Gouverneur Pallavicino mit seinem Anhang am 14. November 1356 aus der Stadt.

Danach aber begann der Streit zwischen Adel und Volk abermals. Es sah so aus, als sollte wieder alles im altbekannten Gezänk und Streit enden.

Simone Boccanegra zum zweiten Male Doge

Heimlich wurde nach Simone Boccanegra geschickt, der sich noch immer im Exil aufhielt. Der hatte auf eine solche Gelegenheit gewartet; er drang mit seinen Getreuen in der Nacht zum 14. November in den Palast des Dogen ein. Von hier aus marschierte er am anderen Morgen mit 200 bewaffneten Popolani nach San Siro, wo er die Parlamentsglocke läuten ließ. Danach ging er zur Piazza des Palazzo pubblico weiter, um den dort sitzenden Capitano zu vertreiben.

Dieser öffnete, ohne Widerstand zu leisten, die Tore des Palastes. Von hier aus ließ Simone Boccanegra die große Sturmglocke läuten. Als die Popolani, die sich auf der Piazza di San Luca versammelt hatten, diese Glocke vernahmen, erkannten sie, daß die Gegner Mailands gesiegt hatten, und gingen wieder heim, denn nun war ja alles in bester Ordnung.

Am folgenden Morgen, man schrieb den 15. November 1356, wurde Simone Boccanegra zum zweitenmal zum Dogen gewählt. Das Unternehmen des Maliano de Malloni war anders ausgegangen, als es sich die Adeligen gedacht hatten. Eine Reihe der gefährlichsten Adeligen wurden von Boccanegra sofort verbannt. Denen, die in der Stadt verbleiben durften, wurde verboten, Waffen zu tragen. Suchgruppen holten alle Waffen und Rüstungen aus den Palästen der Adeligen ab. Die öffentlichen Ämter und die Stellen der Podestà durften nicht mehr an Adelige vergeben werden. Sie wurden außerdem aller Befehlshaberstellen in der Marine für verlustig erklärt.

Savona, Ventimiglia und die meisten anderen Städte Liguriens unterwarfen sich diesem Gebot. An die Spitze des genuesischen Feldheeres, welches das Gebiet Liguriens gegen Mailand hin sichern sollte, wurde der Feldhauptmann Bartolomeo Boccanegra, ein Bruder des Dogen, gestellt. Da die Popolani die Dogenautorität als zu groß ansahen, ließ Boccanegra, um sie zu beruhigen, neun Bürger wählen, die eine Reform des Staates und der Gesetze erarbeiten sollten. Diese Reform stellte sich folgendermaßen dar:

Das Parlament erhielt wieder seine alten Befugnisse. Das Dogenamt wurde auf Lebenszeit vergeben. Es kamen nur Angehörige des Volkes für dieses Amt in Frage. Der Doge durfte über schwerwiegende Fragen nicht selbständig entscheiden, sondern mußte dazu die Zustimmung der 12 Ältesten einholen. Sechs dieser Ältesten sollten aus dem Kaufmannsstand, die sechs übrigen Handwerker sein. Das Amt eines Vizedogen wurde eingeführt, um in Zeiten der Abwesenheit oder Krankheit eines Dogen einen Stellvertreter im Amt zu haben und wichtige Entscheidung fällen zu können. Fünf Sindici sollten die Einhaltung der Gesetze überwachen. Für die Gerichtssachen wurde ein ausländischer Podestà bestellt.

Daß diese Entscheidungen den Visconti nicht schmeckten, war allen klar. Doch noch ehe sie Gelegenheit fanden, einzugreifen, wurden sie ihrerseits vom Markgrafen von Montferrat überfallen.

Simone Boccanegra nutzte die Zeit, sich auch die Hochburgen seiner Widersacher Ventimiglia und Monaco zu unterwerfen. Savona wurde ebenfalls »heimgeholt«. Darüberhinaus unternahmen angeworbene Söldnertruppen, meistenteils vom Feldhauptmann Bartolomeo Boccanegra geführt, Vorstöße bis vor die Tore von Mailand.

Unter dem zweiten Dogat von Simone Boccanegra florierte alles. Der Staat war gefestigt. Die Bürger wurden beschäftigt, damit keine Streitereien untereinander vom Zaune gebrochen werden konnten. Die Beschäftigung bestand darin, den Pisanern in ihrem Kampf gegen Florenz zur Seite zu stehen. Dies geschah nicht

zuletzt aus Dankbarkeit auf Betreiben des Dogen, der ja in Pisa Asyl gefunden und lange Jahre dort gelebt hatte.
Doch die Florentiner wußten die Genueser zu nehmen. Es ging in dem Streit ja um Zollrechte, die Florenz den Pisanern weggenommen hatte, indem die Stadt ihren Warenverkehr nicht über Pisa und seinen Hafen laufen ließ, sondern über den Hafen der Sienesen, Talamone. Als nun Genua für Pisa Partei ergriff, bot Florenz dem genuesischen Senat an, alle Waren zur einen Hälfte über Talamone und zur anderen aber über Genua laufen zu lassen. Dies würde eine bedeutende Mehreinnahme bedeuten.
Vergeblich versuchte Simone Boccanegra dieses Vorhaben zu torpedieren. Er hielt im Senat eine flammende Rede gegen dieses Geschäft, aber der Senat und das Parlament entschieden, daß man neutral bleiben und die Vorteile des florentinischen Handels genießen wolle.
Das Image des Dogen wurde dadurch erheblich angekratzt, denn Boccanegra mußte die Pisa gewährten Hilfen zurückfordern. Pisas Glücksstern sank und der Haß gegen Boccanegra in Genua wuchs ständig. Es bedurfte nun nur noch eines Zündfunkens, um die Lunte zum Pulverfaß in Brand zu setzen.
Dieser Funke zündete anläßlich des Besuches des zyprischen Königs Peter I. im März 1363 in Genua. Die Empfangsfeierlichkeiten und die sie ablösenden rauschenden Feste gaben dazu allen Anlaß. Als Peter I. in der Villa des Pier Malocelli in Sturla weilte, wo ihm zu Ehren ein Riesenfest veranstaltet wurde, zu dem natürlich auch der Doge geladen war, kredenzte man dem Dogen einen Becher Wein, der mit Gift versetzt war. Simone Boccanegra wurde krank nach Hause gefahren.
Am 14. März 1363, als feststand, daß der Doge nicht mehr lange zu leben haben würde, brach ein neuer Aufstand der Gegenpartei los. Sie drang bis an die Zähne bewaffnet in den Palast des Dogen ein und nahm die Brüder des Dogen Bartolomeo, Giovanni und Niccolò Boccanegra gefangen. Ein am selben Tag eingesetzter Wahlausschuß von zehn Wahlherren wählte den reichen, aber aus dem Popolanenstand stammenden Kaufmann Gabriele Adorno di Daniele zum Dogen.
Diese Wahl wurde getreu der Dogenwahl in Venedig durchgeführt, indem die Popolanen 20, diese wiederum 60, diese 40 und die letzten 40 wiederum zehn Wahlmänner benannten, die ihrerseits den Dogen wählten.
Kurze Zeit später starb Simone Boccanegra, zweifacher Doge, der sich trotz aller Strenge um Genua verdient gemacht hatte. Er wurde ohne jedes Zeremoniell bestattet.
In den knapp sechseinhalb Jahren seines zweiten Dogates hatte Simone Boccanegra viel für die Republik getan und zu ihrer Festigung und ihrem Wiederaufblühen beigetragen. Simone Boccanegra war mit aller zur Verfügung stehenden

Macht gegen Rebellen und Aufrührer vorgegangen und hatte sogar im November 1362 einen Ghibellinen aus dem Volke, der als Oberhaupt einer Verschwörung entlarvt worden war, öffentlich vor dem Palazzo publico enthaupten lassen. Diese Härte hatte Genua eine Atempause beschert.

Von Gabriele Adorno bis Domenico da Campofregoso

Wie in Venedig standen dem neuen Dogen sechs Consiglieri zur Seite, die über die gesetzlichen Schranken zu wachen hatten, die der Dogengewalt gesetzt waren. Sie hatten auch jene Wahl zu treffen, die über die Verfassung von Genua wichtig war.
Der neue Doge, nicht so hart und unnachgiebig gegenüber allen Auswüchsen wie Boccanegra, sah sich bald einer langen Kette von Meutereien und Gewalttaten gegenüber. Die adeligen Familien, an ihrer Spitze die Doria, gefolgt von den Caretti, den Fieschi, den Finale und den Roccatagliata, empörten sich, und die Mailänder regten sich ebenfalls wieder.
Ambrogia Visconti, Sohn des Bernabò, nahm eine Freibeuter-Abteilung in Stärke von etwa 5000 Mann in Sold, mit der er die östliche Seite des Golfes von Genua unsicher machte. La Spezia wurde geplündert und die Menschen an der Küste flohen nach Genua hinein. Dies war Anlaß genug, einen neuen Staatsstreich zu versuchen. Vor dem Hause von Leonardo da Montaldo nahe San Siro versammelte sich das Volk und zog unter den Rufen »Viva il popolo e Messer Leonardo da Montaldo!« durch die Stadt.
Als sie San Lorenzo erreichten, versuchte der Podestà den Volkshaufen aufzuhalten. Er wurde von Leonardo da Montaldo, der sich an die Spitze dieses Zuges gesetzt hatte, zu Boden gestoßen. Die Menschen zogen zum Palazzo pubblico weiter.
Leonardo da Montaldo wollte den amtierenden Dogen stürzen. Als er aber, beim Dogenpalast angekommen, dessen Tore verschlossen fand und zahlreiche Bewaffnete sah, gab er dieses Vorhaben auf, zumal viele seiner guelfischen Freunde der Aufforderung, sich am Sturz des Dogen zu beteiligen, nicht Folge geleistet hatten.
Nun rotteten sich dichte Haufen ghibellinischen Volkes zusammen. Diese drangen, geführt vom Dogenbruder Gianotto Adorno, Giovanni da Magneri und Pietro Recanello, gegen die andere Gruppe vor. Leonardo floh mit seinem Anhang nach Pisa. Sein Haus wurde unmittelbar danach ausgeplündert.

Die von Mailand gedungenen Freibeuter waren inzwischen nicht untätig geblieben. 1366 hatten sie das Bisognatal erreicht und standen wenig später am Tor von S. Staffano, einer Vorstadt von Genua.
Als sich dieser wüste Haufen Soldateska im März 1366 entfernte, tauchte plötzlich, aus Pisa kommend, Leonardo da Montaldo im Bisognatal auf, mit ihm 400 schwerbewaffnete Söldner. Er verband sich mit Niccolò del Fiesco gegen Genua. Diese Gruppe brannte Recco und Cuarto Camaldoli nieder und drang nach Bolsonetto im Polceveratal ein.
Aron Spinola zog mit mailändischen Truppen bis nach S. Pietro. Der Doge mußte sich nunmehr mit den Visconti vergleichen und sie um Frieden bitten, der ihm gegen eine Zahlung von 4000 Goldgulden zugesichert wurde.
Da die Staatskasse leer war, mußte der Doge eine neue Steuer einführen, um das Geld zu bekommen. Der Friede, der im Juli 1367 geschlossen wurde, sah ferner vor, daß Genua 400 Armbrustschützen ständig für Mailand bereithalten mußte. Alle verbannten Edelleute durften in die Stadt zurückkehren.
Unter seiner Führung blieb es bis zum Sommer 1370 ruhig. Am 13. August dieses Jahres versammelten sich viele Bürger in der Kirche Santa Maria delle Vigne. An ihrer Spitze stand ein reicher Kaufmann der ghibellinischen Popolani mit Namen Domenico da Campofregoso. Dieser ergriff hier das Kommando, sammelte mehr und mehr Leute, bewaffnete sie und zog mit ihnen zum Dogenpalast.
Die dort stehenden Wachen zogen die Sturmglocke, doch niemand kam dem Dogen und seiner Mannschaft zur Hilfe. Die Belagerer versuchten Einlaß zu bekommen, als man ihnen nicht öffnete, wurde an das Palasttor Feuer gelegt. Der Doge muße seinen Palast verlassen. Noch am selben Tage wurde Domenico Campofregoso (auch kurz Fregoso genannt) zum neuen Dogen gekrönt. Der vorherige Doge wurde gefangengenommen und im nächsten Jahr in die Burg Volaggio geschafft.
Dem tatkräftigen fünften Dogen der Republik gelang es schnell, reinen Tisch zu machen. Das den Fieschi gehörende Kastell und die Ortschaft Roccatagliata wurde im nächsten Jahr den Aufständischen entrissen. Eine in Genua entdeckte Verschwörung der Fieschi wurde vorzeitig aufgedeckt, die Rädelsführer kurzerhand enthauptet. Der inzwischen zur Unterstützung dieses Aufstandes aus Vercelli mit einem Heerhaufen herbeigeeilte Bischof Giovanni Fiesco zog sich wieder zurück.
In diesem Jahr des Aufbaues 1371 schickte der neue Doge auch Galeeren-Flottillen aus, welche die Seeräuberei bekämpften und immer mehr Seeräubern das Handwerk legten.
Im Innern wurde das erstemal ein Staatsschulden-Tilgungsfonds eingerichtet. Die den Gläubigern des Staates bisher verpfändeten Zölle und andere Abgaben

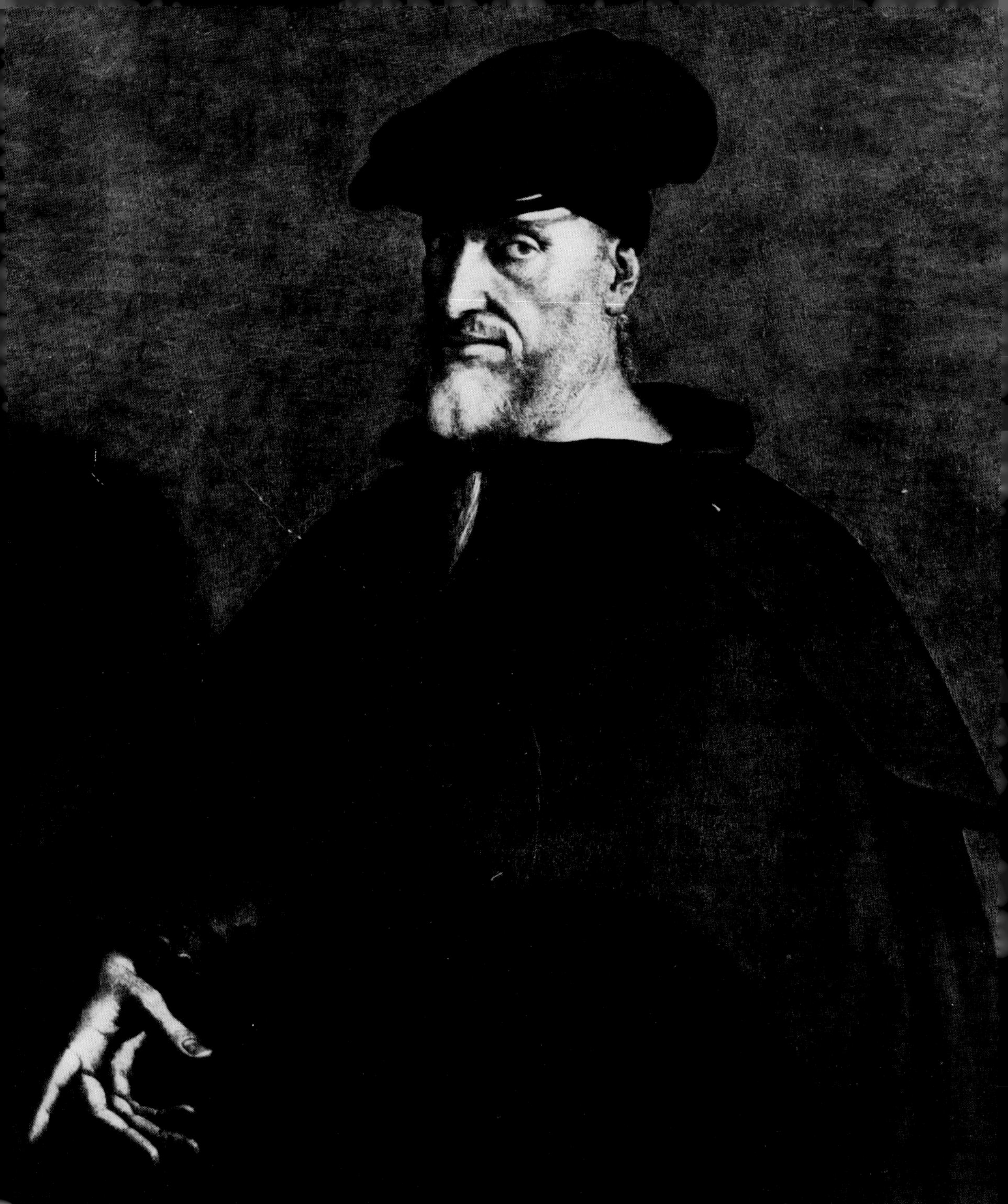

Andrea Doria (geb. 1466, gest. 1560) nach einem Gemälde von Sebastiano del Piombo. Doge und Admiral des Kaisers (Karl V.). Wie kein anderer trug er zum Aufstieg und zur Größe Genuas bei. (2)

von Ortschaften und Handwerken, die vom Kapitel aus dem Kapitelhaus verwaltet wurden, sollten durch Bezahlung der Gläubiger wieder der Republik zufließen. Die Staatsschulden waren in Stücke von jeweils 100-Lire-Schuldverschreibungen aufgeteilt. Jeder dieser Schuldscheine war ein »luogo della repubblica« und konnte weiterveräußert werden. Die Inhaber dieser »Luoghi« waren die Interessenten des Kapitels. So besaß beispielsweise Francesco de Vivaldi, ein genuesischer Popolane, 90 solcher Luoghi, was dem Betrag von 9000 Lire entsprach. Diese schenkte er der Republik, so daß sich ihre Schulden um 9000 Lire verringerten.

Das aufständische Korsika wurde zum Gehorsam gezwungen und der Seeräuber-Fluchtort Malta in einem kühnen Handstreich ausgehoben. England mußte unter dem ständig wachsenden Einfluß Genuas eine zu Unrecht genommene Prise mit 2000 Golddukaten wieder gutmachen.

Das Jahr 1372 sah schließlich einen neuen Seeeinsatz der genuesischen Flotte, der in Übersee begann. Es war nämlich bei der Krönung von Peter II. von Zypern zu einem Streit zwischen Genuesern und Venezianern über den Vortritt während der Feier gekommen. Der venezianische Bailo bestand darauf, daß er vor dem genuesischen Konsul zu stehen habe. Die Zyprioten unterstützten die Venezianer, und es kam zum Waffengang, an dessen Schluß binnen weniger Stunden acht Genueser getötet und eine Reihe weiterer verwundet wurden. Einem einzigen der bei dem Krönungsfest anwesenden Genuesern gelang die Flucht in die Heimat. Er berichtete von dem Mord, der an den Genuesern begangen worden war.

Als dieses schreckliche Massaker dem Senat berichtet wurde, erfolgte eine sofortige Abstimmung über die Frage der Rache an den Mördern. Einstimmig wurde die Ausrüstung einer Flotte beschlossen. 45 Galeeren wurden ausgerüstet. Unter dem zum Admiral ernannten Piero Fregoso, (auch Campofregoso genannt), einem Bruder des Dogen, lief die Flotte im Februar 1373 nach Zypern aus. Ihre Vorhut, schnelle Schiffe unter der Führung von Damiano Cattaneo, erreichte in den ersten Märztagen die Insel. Sie landete bei Salines Truppen. Cattaneo ließ eine Reihe der kleinen an der Küste liegenden Fürstentümer verwüsten, während er andere schonte. Die Getroffenen warfen den nicht geschädigten dann Verrat und Hilfeleistung für den Gegner vor. Dadurch dividierte Cattaneo die einzelnen Gruppen geschickt auseinander und stürzte alles in heillose Verwirrung. Als die Soldaten darangehen wollten, Frauen und Mädchen zu vergewaltigen, verbot er dies bei Todesstrafe:

»Dies ist nicht die Zeit«, sagte er, »sich die Zeit mit den gefangenen Frauen und Mädchen zu vertreiben. Die Unehre der Frauen ist nicht der rechte Sold eines Soldaten.«

Damit hatte er eigentlich zum erstenmal diese immer wieder geübte Tätigkeit unterbunden.
Am 3. Oktober traf Piero Fregoso im Golf von Salines ein. Er griff zugleich den Hafen von Famagusta, Deres und die Stadt Nikosia an. Täglich zogen sich die Zyprioten weiter zurück. Die Onkel von König Peter II., die diesen auf den Thron gehievt hatten, indem sie dessen Vater, Peter I. (den eigenen Bruder), meuchlings ermordeten, öffneten nun den Genuesern die Stadttore von Nikosia. Sie baten um Gnade. Ihnen blieb die Plünderung der Stadt erspart.
Piero Fregoso ließ auf ganz Zypern die genuesische Flagge setzen. Er setzte 1374 Peter II. wieder als König ein, allerdings unter der Schirmherrschaft Genuas. Der zyprische König hatte dafür an Genua jährlich 40 000 Goldgulden zu zahlen. Die Stadt Famagusta und deren Hafen blieb den Genuesern zu eigen.
Damit hatte Genua einen großen Erfolg errungen, der umso schwerer wog, als das vor der kleinasiatischen Küste gelungen war.

Venedig greift ein

Venedig war nach diesem genuesischen Sieg am meisten ins Hintertreffen geraten. Ihre Schiffe liefen nun nicht mehr den Hafen von Caffa, sondern jenen von Tana an, wo sie den Tataren den Zoll leisten mußten. Nachdem Genua auch noch von Andronikos IV. Palaiologos für besondere Hilfeleistung die Insel Tenedos erhalten hatte, war das Ungleichgewicht im östlichen Mittelmeer zu groß geworden, als daß die Venezianer hätten stillhalten können.
Die Genueser machten sich aus Pera auf den Weg nach Tenedos. Hier zeigten sie ihre von Andronikos IV. ausgefertigte Besitzurkunde vor, wurden dennoch von dem dortigen Kastellan abgewiesen. Dieser tat noch ein übriges, indem er einige gerade vorbeilaufende venezianische Galeeren um Hilfe bat. Sie liefen in den Hafen ein und übernahmen das Kastell von Tenedos. Der Senat von Venedig stimmte dem Vorschlag zu, dieses Kastell und die Insel als Gegengewicht zur ligurischen Übermacht im östlichen Mittelmeer besetzt zu halten. Carlo Zeno wurde als Bailo nach Tenedos geschickt. (Siehe Kurowski, Franz: a.a.O.)
Damit hatte sich Venedig über einen Erlaß des griechischen Kaisers und über ein genuesisches Recht hinweggesetzt und den nächsten Krieg ausgelöst.
1377 lief eine genuesische Flotte unter Aronne di Strupa mit 15 Galeeren nach Tenedos. Stalimene und Riva wurden zurückerobert. Aber als sie mit griechischer Hilfe auch nach Tenedos fuhren, erlitt sie dort eine gewaltige Niederlage. Damit

blieben die Venezianer die »Wächter des Hellespont«. Dieses venezianische Bollwerk auf dem Wege nach Pera und Caffa war für die genuesischen Karawanen ein gewaltiges und gefährliches Hindernis. Es konnte sogar den gesamten genuesischen Handel mit dem Schwarzen Meer zum Erliegen bringen.

Hier setzten die Venezianer zum ersten Mal die neuen Bombarden ein. Diese ersten Vorderlader-Pulvergeschütze, die Steinkugeln von 50 Pfund bis zu drei Zentnern Gewicht schleudern konnten, waren als Mauerbrecher und als Vernichter der Galeeren die neueste und furchterregendste Waffe, die es gab, und Venedig hatte sie als einer der ersten Staaten eingesetzt.

Die Bombarden, die aus dem Kastell von Tenedos auf die landenden und vorgehenden Genueser feuerten, rissen breite Lücken in die Schar der Angreifer und das Getöse dieser neuen Waffe und die grellen Flammenlanzen, die aus den Rohren sprangen, waren schon von ihrer moralischen Wirkung her phänomenal. Diese Pulvergeschütze waren, so sagte Giunio Carbone, »das Ende der Feudal-Tyrannei, da mit diesen Bombarden und Kanonen auch die Befestigungen dieser Wölfe zerstört werden konnten.« (Siehe Carbone, Giunio: a.a.O.)

Auf seiten Venedigs hatte Peter II. in den Kampf eingegriffen, weil er durch einen Sieg der Venezianer auch die drückenden Schulden gegenüber Genua loswerden würde. Barnabò und Galeazzo Visconti, die Genua wieder in ihre Hände bekommen wollten, schlugen sich ebenfalls auf die venezianische Seite.

Auf seiten der Venezianer standen außerdem: der Patriarch von Aquileja und der Herr von Padua, Francesco Carrara. Daß aber die beiden Städte Genua und Venedig die Hauptlast des Krieges trugen, sei noch angemerkt. Alle anderen wollten nur an den Siegen und den daraus resultierenden Vorteilen teilhaben.

Der Krieg gegen Venedig begann und führte die einander verfeindeten Adelsparteien wieder enger zusammen, weil sie nun einen gemeinsamen Gegner hatten. Ob es nun Spinola oder Doria, Grilli oder Malloni, Lomellini oder Fieschi waren, alle stellten sich als Truppenführer oder Admirale Genua zur Verfügung.

Es war Luigi Fiesco, der 1378 mit zehn Galeeren, die mit Geld, Belagerungsmaschinen und Armbrüsten voll beladen waren, in Richtung Tenedos liefen, um die Belagerung zu beginnen.

Diese Flotte stieß bei Capo Anzo auf 14 venezianische Galeeren unter Vettore Pisani. Der Kampf war einseitig, aber die Genueser wehrten sich bis zuletzt. Das Admiralsschiff wurde nach schwerem Kampf gekapert. Drei weiteren Schiffen erging es ebenso, ein Schiff sank und die restlichen fünf konnten fliehen.

Zu Lande schlossen sich die Markgrafen von Carroceto den Feinden Genuas an. Sie eroberten 1378 Albenga, Noli und Castelfranco bei Finale. Albenga wurde ihnen durch den ehemaligen Vizedogen und jetzigen Podestà dieser Stadt, Bartolomeo Visconti, übergeben. Wegen dieser kampflosen Übergabe der stark befestig-

ten und mit einer dicken hohen Mauer umgebenen Stadt wurde er später von den Genuesern im Hafen mit glühenden Eisen gefoltert und anschließend aufgehängt.
Der Doge Domenico Fregoso hatte sich inzwischen auch bei den einflußreichen Bürgern unbeliebt gemacht. Da man ihn aber nicht so einfach abwählen konnte, verfiel man auf den Trick psychologischer Kriegführung. Man setzte das Gerücht in die Welt, ein viscontisches Heer zöge aus der Lombardei gegen Genua. Als man dies dem Dogen meldete, befahl er selber die Bewaffnung des Volkes. Als dies am 15. Juni geschehen war, stürmte das Volk, solcherart bewaffnet, den Dogenpalast und nahm ihn am frühen Morgen des 16. Juni in Besitz.
Die sofort angesetzte Neuwahl brachte zunächst Niccolò da Guarco auf den Dogensessel. Das Volk aber wollte Antoniotto Adorno als neuen Dogen haben. Dieser wurde denn auch zum Dogen ausgerufen, aber wenige Stunden später mußte er endgültig zu Gunsten von Niccolò da Guarco zurückstehen.
Der neue Doge ließ sofort einige dringende Regierungsreformen durchführen. Das Parlament wurde in zwei Consiglii unterteilt und das Amt der Provisori – der Kriegsinspektoren – wieder eingeführt. Für die zypriotische Angelegenheit wurde ein Sondermagistrat eingerichtet. Die Edlen der Stadt waren wieder zur Hälfte an allen Ämtern und im Rat beteiligt. Die Fregoso, der Doge ebenso wie sein Bruder Pietro, wurden gefangengenommen und die gesamte Familie »auf ewige Zeit« verbannt. Es gelang Pietro Fregoso bald, aus dem Gefängnis zu fliehen.

Duell der Seestädte

Seegeplänkel gegen Venedig

Während die Lombarden zurückgedrängt wurden, begannen die Werften fieberhaft mit dem Bau neuer Schiffe. 22 Galeeren und 6 große Koggen mit den ersten Bombarden wurden ausgerüstet. Unter dem Befehl von Luciano Doria liefen sie sofort in Richtung Adria aus.
Der venezianische Admiral Vettore Pisani lief ihnen von Venedig aus entgegen, um diesen gefährlichen Gegner am Eindringen ins Innere der Adria zu hindern. Als beide Flotten sich einander bis auf Sichtweite genähert hatten, drehten die genuesischen Schiffe wieder ab und liefen in Richtung offene See zurück. Die venezianische Flotte folgte ihnen und holte rasch auf. Als sie die Gegner fast erreicht hatte, drehte die genuesische Flotte bei, so als wollte sie den Kampf aufnehmen. Dann aber schwenkte sie abermals ab und lief in Richtung dalmatinische Küste davon.
In Traù machte die genuesische Flotte im Hafen fest oder legte sich auf der Reede vor Anker. Pisani lief mit seiner Flotte dorthin, in der Hoffnung, die Genueser abschnüren und aushungern zu können.
Als dem genuesischen Kapitän Pier Piccone jedoch der Durchbruch durch den Ring der venezianischen Belagerungsschiffe gelang und seine Getreideschiffe wohlbehalten Traù erreichten, war diese Gefahr für Luciano Doria gebannt.
Für die Belagerer wurden nun die Vorräte knapp, weil sie nicht genügend Nachschub aus Venedig erhielten. Sie mußten schließlich diese Belagerung, die sie schwächer machte als die Belagerten, aufgeben. Durch ein schnelles Schiff, das nach Venedig geschickt wurde, bat Pisani seinen Senat, der Flotte die Überwinterung in der Heimat zu gestatten. Die Antwort lautete: »Die Flotte bleibt wo sie ist!«
Dieser Winter wurde für die Flotte und für Pisani selber zu einem Alptraum. In Pola, wo die Flotte zum größten Teil überwinterte, starben Soldaten an der Kälte. Viele desertierten, so daß schließlich die Kampfkraft der Flotte von 25 Schiffen auf ganze 12 zusammenschmolz.
Die Genueser gingen noch im Winter in Traù ankerauf und liefen nach Zara. Im Frühjahr endlich bekam Admiral Pisani Verstärkung aus Venedig und erhielt Weisungen, einen Getreidekonvoi von Sizilien aus zu begleiten, mit dem Venedig endlich Weizen aus Apulien erhalten sollte.

Drei große Lastschiffe, bis unter die Lukendeckel mit Getreide beladen, wurden von den 22 Galeeren des venezianischen Generalkapitäns Pisani in Richtung Venedig geleitet.
Luciano Doria lauerte diesem großen Konvoi auf, griff ihn in der günstigsten Situation an und vernichtete eine Galeere der Venezianer nach der anderen. 15 große Galeeren und alle drei Lastschiffe fielen ihm in die Hände. Insgesamt wurden 2400 Gefangene gemacht und 6000 Minen (eine Mine = 1/2 Scheffel) Getreide erbeutet. Etwa 750 Venezianer waren gefallen.
Mit den sechs letzten Galeeren gelang es dem Admiralsschiff Pisanis zu fliehen. Damit wollte Pisani wenigstens den Rest seiner Flotte retten.
In Venedig aber legte ihm das sofort zusammengetretene Gericht diese Flucht als Feigheit vor dem Feind aus. Pisani wurde zu sechs Monaten schwerem Kerker verurteilt. Außerdem erfolgte sein Ausschluß aus allen öffentlichen Ämtern für die Dauer von fünf Jahren.
Der große genuesische Sieg wurde mit dem Tode von Admiral Luciano Doria erkauft. Er wurde während des Kampfes von der Lanze eines venezianischen Soldaten im Munde getroffen und starb eines qualvollen Todes.
Als Nachfolger für den gefallenen genuesischen Admiral wurde zunächst Ambrogio Doria eingesetzt, der so lange die Flotte befehligen sollte, bis in Genua der Nachfolger von Luciano Doria gewählt war.
Die Wahl fiel auf Pietro Doria, der vom Senat der Stadt die Entscheidungsgewalt über alle Fragen des Adriakampfes erhielt. Er verließ die Stadt mit weiteren Galeeren, und als er eben fort war, kam Barnabò Visconti auf die glorreiche Idee, daß nunmehr, da Genua fast von allen Verteidigungskräften entblößt war, diese Stadt eine leichte Beute für ihn sein würde.
Er nahm die Freibeuterabteilung vom Stern unter Sold und drang mit ihr im Juli 1379 durch das Polceveratal bis nach Sampierdarena vor. Sechs Tage lang wurden Stadt und Umgebung geplündert, Gärten verwüstet, Villen ausgeraubt und viele Adelige und reiche Bürger gefangengesetzt, um sie gegen ein hohes Lösegeld wieder freizulassen.
Der Doge, Niccolò Guarco, der sich nicht wie sein Vorgänger den Ast absägen wollte, auf dem er saß, indem er die Bürger mit Waffen ausstattete, kaufte sich mit 19 000 Goldstücken von dieser entfesselten Horde frei und gewährte ihr außerdem noch freien Abzug mit aller Beute.
Nachdem dieser Coup so gut geklappt hatte, ließ der Visconti bereits im September ein zweitesmal losmarschieren. Diesmal stiegen die Söldner ins Val di Bisagno, in der Nähe der Stadt Genua, hinab. Bei San Francesco blieben die Vorhuten und auf dem Hügel von Albaro das Gros liegen.
Ihr Führer, Astorre de Manfredi, wartete auf ein Angebot Genuas. Doch diesmal

kam es anders. Der Bruder des Dogen, Isnardo Guarco, der von der Höhe von Calignano aus den Gegner beobachtet hatte, ließ in der kommenden Nacht die Hügel oberhalb von Albaro besetzen, um dem Söldnerhaufen von nur etwa 400 Mann den Rückweg abzuschneiden. Er selber stellte sich mit seiner Kampfgruppe zwischen dem Feind und der Stadt auf. Damit saßen die Söldner in der Falle. Außerdem wurden sechs Galeeren über See zur Bisagnomündung befohlen.
Vergebens flehten die Unterhändler der Söldner um das Leben der Männer, es wurde kein Pardon gegeben. Von allen Seiten angreifend, schlugen die Genueser diesen Haufen Kriegsknechte zusammen. Alle, die gefangengenommen wurden, unter ihnen auch der Anführer, Astorre de Manfredi, wurden zu Stockhieben und anschließender Galeere verurteilt.
Auf dem Gefechtsfelde wurden die Feldzeichen Venedigs, der Visconti und der Casali gefunden.
In ganz Italien wurde dieser genuesische Sieg über die Banditen gefeiert, denn »endlich hatte diese Pest, die nicht um Leben oder Freiheit, sondern um Geld kämpfenden Scharen, die überall soviel Unheil anrichteten, einen entscheidenden Schlag erhalten.« (Siehe Carbone, Giunio: a.a.O.)
Etwa zur gleichen Zeit standen auch in Pera die Zeichen auf Sturm. Dort waren Griechen, Venezianer und Türken Feinde der Genueser. Seeräuberei gegenüber genuesischen Schiffen war an der Tagesordnung.
Der militärische Befehlshaber Genuas in Pera war Capitano Niccolò di Parco, Podestà Luciano del Nero. Sie verteidigten sich entschlossen und es gelang ihnen, auf See zwei leichte und eine große Galeere der Griechen zu erobern. Kaiser Andronikos IV. Palaiologos mußte um Frieden bitten.
Die Kolonie Casta hatte sich gegen Khan Mamài zu verteidigen, der mit seinen Raubschiffen angriff. Auch er mußte schließlich um Frieden bitten. Die »Galater«, wie die Genueser genannt wurden, blieben siegreich.

Der Kampf um Venedig –
Bis zum Lido di San Nicolò

Die im Adriatischen Meer befindliche Flotte Genuas hatte inzwischen die bei Pola gekaperten Schiffe der Venezianer ausgebessert und für sich in Dienst gestellt. Daneben baute man große Kriegsschiffe. Die Sklaven und Griechen, die mit den Venezianern gekämpft hatten, wurden freigelassen und traten freiwillig in genuesischen Dienst, so daß die erbeuteten Schiffe auch bemannt werden konnten.

Sämtliche Buchten des großen Golfes wurden erkundet, und einmal lief ein genuesisches Geschwader bis vor den venezianischen Hafen San Nicolò und kaperte vor den Augen der am Ufer stehenden Venezianer eine große Kogge, ohne daß ihr ein einziges venezianisches Schiff zur Hilfe gekommen wäre. Dann fuhr diese Teilflotte im Triumphzug nach Zara zurück, wobei ein erbeutetes Banner von San Marco im Wasser hinter dem Admiralsschiff hergezogen wurde.
Als Pietro Doria in Zara eintraf, wurde ihm von seinem Bruder Ambrogio die Gesamtflotte übergeben. In mehrtägigen Beratungen mit den Schiffskapitänen und Führern der einzelnen Gruppen, bei denen es darum ging, ob und wie man Venedig angreifen und in Besitz nehmen könne, um »den venezianischen Löwen zu ergreifen und für immer zu fesseln«, kam man überein, daß man einen Angriff versuchen müsse.
Als Admiral Pietro Doria anschließend seine Streitkräfte inspizierte, stellte er fest, daß er 75 Galeeren, 114 kleinere Schiffe und 13 große Kriegsschiffe, teilweise schon mit Bombarden bestückt, zur Verfügung hatte. Überall wo er auftauchte, schrien die Schiffsbesatzungen und Kämpfer:
»Nach Venedig, auf nach Venedig!«
Zunächst sollte jedoch Chioggia, der südliche Eckpfeiler der Inselrepublik, erobert werden, bevor der Vorstoß in die Stadt hinein angetreten wurde.
Venedig, soviel stand fest, würde von Zigtausenden Bürgern verteidigt werden, die hier ihr Heim retten mußten, während Chioggia nicht so stark verteidigt werden konnte. Von Chioggia aus bestand dann die Möglichkeit der Erkundung und die der Vereinigung mit den Streitkräften des Carrara. Dieser sollte für den Nachschub an Proviant und Waffen sorgen. Seine leichten Kriegsboote, die Ganzaruolo, würden den Bachiglione oder die Brenta herunterkommen und bei der Belagerung Venedigs verschiedene wichtige Aufgaben übernehmen können.
Der Plan war gut und geschickt eingefädelt. Pietro Doria forderte Francesco da Carrara zu einem Treffen bei Chioggia an der Mündung des Bachiglione auf. Dieser sandte auf dem Flußwege 100 Ganzaruoli und 200 Lastschiffe, die am 9. August den Lido von Chioggia erreichten und ihn besetzten. Damit war die Vereinigung herbeigeführt, denn Pietro Doria hatte nach der Eroberung der istrischen Städte Rovigo, Umago, Grado und Caorle, die er fest in die Hand nahm, um weitere Absprungbasen für den Kampf gegen Venedig zu haben, den Kurs der Hauptflotte auf Chioggia legen lassen und diesen »Südeingang Venedigs« so weit in Besitz genommen, daß er den Hafen erreichte und die Stadt einschloß.
Ein Teil der Flotte lief nach der Vereinigung mit dem Landheer des Verbündeten in Richtung Venedig. Als sie am Lido di San Nicolò auftauchten, war dieser durch schwere Barrikaden und eine mächtige Eisenkette unpassierbar gemacht worden. 47 Galeeren Dorias liefen nun in Richtung Malamocco, um dort nach

einem Durchschlupf zu suchen, denn von hier aus waren es bis zum Zentrum der Lagunenrepublik nur noch fünf Kilometer.
Doch auch Malamocco fiel nicht. Das nächste Ziel der genuesischen Flotte war Pelestrina und Chioggia minore. Beide zu Venedig direkt gehörende Ortschaften fielen den Genuesern zu.
Die Bewohner von Venedig sahen aus diesen Ortschaften die Flammenbrände emporsteigen. Die Landstreitkräfte von Francesco da Carrara hatten inzwischen über Piove kommend Brondolo erreicht. Nun stand alles auf des Messers Schneide.
In Venedig war soeben der Prozeß gegen Admiral Vettore Pisani beendet. Als venezianische Unterhändler bei dem Carrara vorsprachen, um ihn aus dem Bündnis mit Genua herauszulocken, lehnte dieser ab. Auch der König von Ungarn verspürte keine Lust, Venedig zu helfen. Bittprozessionen auf dem Rialto fruchteten ebensowenig wie alles andere.
Doch nachdem Taddeo Giustiniano den Oberbefehl über die Landstreitkräfte erhalten hatte, wurden wenigstens die Verteidigungsanstrengungen forciert und auch das belagerte Chioggia stark befestigt.
Nach der Einschließung Venedigs griffen Genueser, Paduaner, Ungarn und Söldner aus mehreren anderen Staaten die Dämme nahe jener Brücke an, die mit ihren 400 Metern Länge das kleine mit dem großen Chioggia verband. Der Sturmlauf wurde erst auf ihrer Mitte beendet, als sich hier eine große venezianische Streitmacht hinter künstlichen Barrikaden verteidigte.
Doria stoppte in der Nacht den Angriff und verschob ihn von einem Tag zum anderen, um erst das Herankommen der paduanischen Hauptstreitmacht abzuwarten. Als die eintraf, wurde am 14. August 1379 der Angriff erneut aufgenommen. Der Kampf tobte mitten auf der Brücke am 16. August, dem Entscheidungstag, am schwersten. Mehr als 6000 Menschen sollen in diesem Handgemenge umgekommen sein.
Genueser Pioniere schafften es schließlich, mit einer Barke mitten unter die Brücke zu rudern. In dieser Barke lagen neben Pech und trockenem Schilf auch Schießpulver, Flintenläufe und andere Eisenteile, die das Boot zu einer schwimmenden Bombe machten. Es gelang den Männern, die Barke unter die Brücke zu rudern und sie dort in Brand zu setzen.
Schwimmend retteten sich die wenigen Männer der Besatzung ans andere Ufer. Das Pulver flammte auf, Eisenteile flogen durch die Luft. Die Brücke geriet in Brand. Ihre Verteidiger mußten sich vor dem Rauch und der sengenden Glut zurückziehen. Die Genueser drangen vor. Der Podestà von Chioggia, Pietro Emo, warf sich ihnen, mit 100 der besten Kämpfer durch den Rauch vordringend, entgegen. Fünfzig seiner Männer fielen, der Rest wich hinter das Stadttor am jensei-

185

tigen Ende der Brücke zurück. Sie begaben sich mit einer Reihe der Verteidiger in den Palast des Podestà, wo sie weiter verteidigen wollten.
Die Genueser aber gewannen die ganze Brücke, sprengten das Stadttor auf und drangen bis zur Piazza mit dem Palazzo pubblico des Podestà vor. Sie holten das Banner von San Marco vom Turm und hißten das Feldzeichen des Carrara und die Flagge des ungarischen Königs.
Pietro Emo und seine Getreuen gerieten in Gefangenschaft. (Emo wurde später durch die Zahlung einer Lösegeldsumme von 30 000 Golddukaten freigelassen.) Auf der Piazza von Chioggia wurde die Fahne von Genua gehißt, während das Haupttor mit der Fahne des Königreiches Ungarn geschmückt wurde.
Chioggia war in genuesisch-paduanischer Hand. In Venedig wurden die Glocken von San Marco geläutet und alle wehrfähigen Bürger aufgefordert, sich in die Stammrolle einzutragen, um unter Generalkapitän Taddeo Giustiniano gegen den Feind zu ziehen.
Doch das Volk wollte Pisani wiederhaben und nicht einen Greis wie den Giustiniano. Am 19. August, drei Tage nach dem Fall von Chioggia, bewilligten der Rat der Zehn und der Große Rat und nach ihnen auch der Senat die Freilassung Pisanis. Er wurde neben Giustiniano als zweiter Generalkapitän vereidigt. Die Landtruppen wurden von Giacomo Cavalli geführt.
Einige schnelle Schiffe wurden in den Nahen Osten geschickt, um Carlo Zeno, der dort Kaperkrieg führte, so schnell wie möglich zurückzurufen, um den Feind vor den Toren von Venedig in die Flucht zu schlagen und Chioggia zu befreien.
Die aus Chioggia kommenden Flüchtlinge berichteten nach ihrem Eintreffen in Venedig, wie gewaltig der Gegner sei. Es kam zu einem großen Tumult, ja zur Panik in der Stadt. Jeder genuesischen Flotte, die in dieser Situation nach Venedig gelaufen wäre, hätte man den Hafen geöffnet und die Lagunenrepublik übergeben.
Aber die Genueser kamen nicht. Sie ließen den Venezianern Zeit, die Anlagen im Hafen und an der Riva zu befestigen und in besten Verteidigungszustand zu versetzen. Die Klöster von San Nicolò und Santo Spirito wurden zu Festungen ausgebaut.
Danach traf eine Delegation aus Venedig, geführt von Pietro Giustiniano, in Chioggia ein, um ein Friedensangebot zu unterbreiten, das auch die Freilassung von Luigi Fiesco und fünf weiteren prominenten Genuesern einschloß, die sie mitgebracht hatten. Die Unterhändler traten in Chioggia vor Pietro Doria und Francesco da Carrara. Ihr Sprecher führte aus:
»Eure Macht, edle Herren, hat sich hier in ihrer vollen Größe gezeigt, denn Venedig, das bislang so viele Jahrhunderte hindurch zu siegen und Frieden zu ge-

währen gewohnt war, muß nun heute Euch um die Gewährung eines ehrenvollen Friedens bitten.
Venedig bringt Euch diese Eure Landsleute, die Venedigs Gefangene sind. Wenn Euch die Trunkenheit des Sieges vergessen machte, wie sehr flüchtig und vorübergehend die menschliche Blütezeit ist, so werden sie Euch daran erinnern.
Im Auftrage meiner Republik übergebe ich Euch dieses leere Blatt, auf das Ihr nach Eurem Belieben erträgliche Friedensbedingungen eintragen wollet. Sofern nur ihre Freiheit nicht angetastet wird, überläßt die Serenissima Signoria Eurem Ermessen alles weitere.«
Nachdem er dies gesagt hatte, verließ Pietro Giustiniano mit seinen Männern den Raum. Pietro Doria, Francesco da Carrara und die Kommissare der übrigen Verbündeten zogen sich zur Beratung zurück. Alle waren der Ansicht, daß es genug des Kampfes gewesen sei und daß ein Friede, in einer solchen Position der Stärke diktiert, schon etwas bringen würde. Allein Pietro Doria widersetzte sich. Er formulierte seine Abneigung folgendermaßen:
»Ich will die Republik Venedig nicht als Freundin, sondern ich will sie unterworfen haben.«
Seine Ansicht überzeugte schließlich auch die anderen. Die venezianische Delegation wurde gerufen und erhielt aus dem Munde Dorias die Antwort auf ihr Friedensersuchen:
»Von Euren Anmaßungen laufen die Meere und Länder über. Auf der ganzen Welt wollt Ihr Schiedsrichter sein und seid doch nichts als Tyrannen. Bei Euren Ansprüchen kennt Ihr kein Ziel und kein Maß, daher ist jeder Friede mit Euch unmöglich, denn Ihr bittet nicht etwa in der Absicht, Euch in Zukunft zurückzuhalten, sondern um jetzt der Strafe für Eure Verbrechen zu entgehen. Sobald wir den entfesselten Rössern auf Eurem Markusdom das Zaumzeug angelegt haben, gewähren wir Euch *den* Frieden, den Ihr verdient.
Nehmt die Gefangenen wieder mit, wir wollen keine Geschenke von Euch. Bald werden wir ohnehin kommen, um alle zu befreien.« (Siehe Carbone, Giunio: a.a.O.)
Als die Abgesandten dem Senat in Venedig Bericht erstattet hatten, war dieser am Ende. Man sann fieberhaft auf einen Ausweg und sah ihn in der Gestalt Ludwigs I., des ungarischen Königs, der mit 10 000 Berittenen nach Italien eingefallen war, um am großen genuesischen Sieg teilzuhaben.
Ludwig I., auch der Große genannt, war unter folgenden Bedingungen zum Friedensschluß mit Venedig bereit und entschlossen, auch gegen Genua zu ziehen:
»Bei jedem Feiertag wird das ungarische Banner auf dem Markusplatz gehißt. Die Wahl eines jeden Dogen ist durch König Ludwig zu bestätigen. Wird sie dies nicht, ist sie ungültig. Dem ungarischen Königreich werden in größeren Ab-

schlagszahlungen einmalig 500 000 Dukaten gezahlt. Als Pfand dafür wird ihm die brillantenbesetzte Dogenmütze übergeben werden.
Die jährlichen Abgaben Venedigs an Ungarn betragen 50 000 Dukaten.«
Das war ein Friede, der einfach zu teuer war. Dennoch schien man im Consiglio dei Pregati bereit, ihn zu unterschreiben, nur um den Klauen der Genueser zu entkommen.
Dann aber raffte man noch einmal allen Mut zusammen. Im Arsenal wurden 22 Galeeren ausgerüstet und Vettore Pisani gemeinsam mit Taddeo Giustiniano zum Admiral gewählt.
Die Genueser hatten in der Zwischenzeit – untereinander zu sehr zerstritten und unfähig, einen Sturmangriff auf Venedig einzuleiten – die umliegenden Ortschaften und Befestigungen erobert. Der Torre delle Bebbe fiel ebenso wie der Torre Nuova und das Kastell von Loredo. Cavarzere, die Festung im Polesine, ergab sich dem Herrscher von Padua, ebenso das Kastell von Monte Albano. Nur die Festung Saline blieb in venezianischer Hand.
Nachdem auf diese Art und Weise sämtliche Flüsse, die in den südlichen Lagunenteil mündeten, in genuesischer Hand waren, sollten nun auch alle Zuflüsse im Norden des Lagunengebietes besetzt werden, um jede Zufuhr von außerhalb zu verhindern. Die Soldaten Francesco da Carraras zogen nach Trevigi. Geführt wurde die Kampfgruppe Paduas von Francesco Novello Carrara, dem Sohn Francescos, die ungarische vom Neffen des Königs von Ungarn, Carlo della Pace.
Zwischen diesen beiden jugendlichen Stellvertretern kam es bald zu Auseinandersetzungen. Die Venezianer erhielten davon durch ihre Agenten Kenntnis und schickten heimlich Unterhändler zu Carlo della Pace, der ihnen daraufhin erlaubte, Lebensmittel in das vom Hunger arg gebeutelte Trevigi zu schaffen.
Diese Auseinandersetzungen trugen bereits den Keim der beginnenden Zerwürfnisse und – daraus herrührend – der genuesischen Niederlage, trotz der großen Anfangserfolge, in sich.
Als Pietro Doria davon erfuhr, witterte er sofort Verrat und sah seine Führung unterminiert. Er befahl, daß ihm 33 Galeeren nach Malamocco zu folgen hätten. Plötzlich und unerwartet brach diese Flotte, allen voran das Admiralsschiff, das wie einige andere mit Bombarden bestückt war, in den Hafen von Malamocco ein. Die dort errichteten Barrikaden wurden auseinandergeschossen und gesprengt, die Wachttürme nach mehreren Volltreffern der Bombarden vernichtet. Die kleine Insel Poveglia wurde im Sturm genommen. Damit befanden sich genuesische Waffen nur noch eine Bombardenschußweite von Venedig entfernt.
Von hier aus eröffneten die schweren Galeeren mit ihren Bombarden das Feuer.

Zum erstenmal in der Geschichte der glorreichen Seerepublik wurde die Lagunenstadt von diesen neuen gefährlichen Höllenmaschinen beschossen.
Doch der Schrecken war größer als der Schaden, und da die genuesischen Schiffe in der engen Lagune von beiden Seiten beschossen wurden, drehten sie etwas ab und richteten sich vor dem Lido von Malamocco ein. Die Fußtruppen errichteten am Lido selber eine große Bastei, die mit Armbrustschützen belegt wurde.
Einzelne Galeeren liefen von nun an immer häufiger auf Schußweite an Venedig heran, um einige Bombardenschüsse abzugeben und wieder nach Malamocco zurückzukehren.
Durch das Verbleiben in Malamocco kam Doria dem Ziele näher. Schon wurden in Trevigi die Lebensmittel abermals knapp und auf dem Rivo alto war das Volk beunruhigt, als auch hier die Lebensmittel zur Neige gingen.
Unruhestifter agierten in der Stadt, und als gerade der Doge Andrea Contarini sich im Senat beriet, hallte von draußen Geschrei zu ihnen herein. Der Doge stand auf, er straffte sich:
»Jetzt, Signori«, sagte er, »jetzt geht es nicht mehr um Worte, jetzt brauchen wir Taten! Ich bin der oberste Führer! Wer das Vaterland liebt, der folgt mir, dem Dogen!«
Er verließ den Sitzungssaal, stieg die große Freitreppe hinunter und trat auf die Piazza. Das Volk rannte herbei und bot dem Dogen und damit Venedig alle Habe an, um eine neue Flotte aufzustellen und Chioggia zu befreien.
Doch Contarini wartete noch, bis Carlo Zeno, nach dem ja geschickt worden war, aus dem Süden heimkehrte. Zeno war bei Portovenere auf genuesische Handelsschiffe gestoßen und hatte sie gekapert. Dann war er nach Tenedos und Beirut weitergesegelt, wo endlich der Schnellruderer des Dogen ihn erreichte.
Zeno ließ sofort Wasser und Proviant aufnehmen. Die Flotte lief zunächst so schnell wie möglich in Richtung Adria zurück.
Die Genueser ließen Malamocco wieder frei und beschränkten sich auf Chioggia, weil sie wußten, daß Zeno zurückkehren würde. Als die genuesischen Galeeren Malamocco verließen, fuhr Andrea Contarini mit der wartenden Flotte hinterher und erreichte, durch dichten Nebel geschützt, Piccola Chioggia. Er ließ mit 34 Galeeren, 2 großen Koggen, 60 Ganzaruoli und etwa 600 Barken in den Außenhafen vorstoßen. Alle Schiffe waren mit Bewaffneten besetzt. Am Lido von Piccola Chioggia ließ er 4000 Soldaten aus Venedig und 700 Söldner an Land setzen. Damit hatte er den ersten Keil in das genuesische Bollwerk getrieben. Die Kriegsübungen, die der Doge mit den unerfahrenen Soldaten auf dem Canale grande della Giudecca hatte abhalten lassen, trugen ihre Früchte.
Der erste Angriff auf den Lido von Chioggia wurde von den Genuesern zurückgeschlagen. An der Nordecke des Hafens ließ der Doge einen Turm errichten,

aber er wurde von den genuesischen Bombarden zerschossen. Dann wurde eine große Kogge mit Baumaterial für einen weiteren Turm in den Hafen geschickt. Die Kogge wurde angegriffen, von vielen kleinen Booten eingeschlossen und geentert, die Arbeiter und Soldaten getötet und die Kogge angezündet.
Dies sollte sich als Kardinalfehler erweisen, denn das riesige Schiff drehte sich schwankend herum und sank mitten in der Hafeneinfahrt auf den Grund. Als den Venezianern die große Möglichkeit der Einschließung der genuesischen Flotte bewußt wurde, schickten sie weitere Schiffe dort auf Grund, die die gesamte Ein- und Ausfahrt blockierten.
Da nun nur der Weg über Brondolo frei war, wurde Vettore Pisani dorthin geschickt. Er versenkte auch an diesem Ausgang einige Schiffe und damit saß die genuesische Flotte in der Falle. Die Genueser waren eingeschlossen. Dies verlieh ihnen eine derartige wütende Kraft, daß sie auch Brondolo eroberten.
Da sie mit ihren Galeeren nun nicht mehr in den Kampf eingreifen konnten, beschossen sie von Brondolo und Chioggia aus Land und Meer, sobald sich venezianische Soldaten oder Schiffe zeigten. Auf diese Weise zwangen sie die Venezianer dazu, sich weiter abzusetzen. Es gelang in der Folgezeit weder den Genuesern, sich aus dieser Falle zu befreien, noch Venedig, die Feinde zu vernichten. Beide Seiten waren mürbe geworden, und als der Dezember sich im letzten Drittel befand, verkündete der Senat von Venedig, daß man nur noch vier Tage auf das Zurückkommen Carlo Zenos warten könne.
»Wenn wir bis dahin keinen Sieg erringen und die Flotte Zenos nicht zurückkehrt, werden wir den Dogen mit der Flotte heimrufen, die Schiffe besteigen und uns einen neuen Platz für unsere besiegte, aus dem Vaterland vertriebene Republik suchen.«
Dieser Beschluß wurde Contarini zugeschickt. Dieser jedoch verwies auf den ihm geleisteten Treueeid und ließ weiterkämpfen.

Carlo Zeno kommt

Was war nun mit Carlo Zeno? Hatte er nicht versprochen, so schnell wie möglich heimzukommen? Der venezianische Kapitän war mit seinen reich mit Beute beladenen Schiffen zunächst nach Kreta gerudert. Hier erreichte ihn der zweite Rückruf in die Heimat. Als er diesem nicht nachkam, erschien bei ihm der venezianische Bailo der Insel. Er hielt das Richtschwert in der Hand und erklärte Zeno:

»Sobald die Glocke, die Sie jetzt vernehmen, zu schlagen aufhört, wird jedem Ihrer Leute, die sich noch auf der Insel befinden, Sie eingeschlossen, der Kopf abgeschlagen werden. Ihren werde ich mit eigener Hand vom Rumpf trennen.«
Carlo Zeno brach nun sofort auf und segelte heimwärts. Am 31. Dezember 1379 näherte er sich Venedig. Er hatte noch 15 Galeeren und eine Reihe kleinerer, zum Großteil erbeuteter türkischer Schiffe bei sich. Alle waren sie mit Beute und Getreide beladen.
Der Admiral und die Flotte wurden begeistert empfangen und sofort zu einem ersten Einsatz nach Löschung der Ladung und neuer Verproviantierung gegen die Genueser eingesetzt.
Die Beratungen im Senat ergaben folgende Kräfteverteilung in dem bevorstehenden Endkampf gegen die eingeschlossenen Genueser:
Der Doge Contarini erhielt insgesamt 37 Galeeren, mit denen er Chioggia erobern sollte. Vettore Pisani wurden 17 Galeeren zur Rückgewinnung von Brondolo zur Verfügung gestellt und Carlo Zeno erhielt das Kommando über die Landstreitkräfte in Stärke von 12 000 Mann und 5000 Söldnern. Barbarigo aber wurden in den Lagunen 200 kleine Boote mit Bewaffneten zur Verfügung gestellt.
Carlo Zeno, mit seinem Geschwader unmittelbar nach seiner Rückkehr zu der Durchfahrt von Brondolo geschickt, war dort verwundet worden. Sein Admiralsschiff war von einem Sturmstoß auf den Strand geworfen worden, wo der Feind gerade im Kampf mit venezianischen Truppen stand. Im Kampf gelang es ihm zwar, sich aus dem Getümmel zu retten. Dann traf ihn ein von oben abgeschossener Pfeil in den Hals. Er brach den Schaft ab, ließ das Eisen in der Wunde und kämpfte weiter.
Als der verwundete Admiral auf dem Kastell des Schiffes nach vorn eilte, stürzte er plötzlich in den unteren Kielraum. Er wurde scheinbar tot geborgen und nach oben geschafft. Doch dann kam er wieder zu sich. Die Galeere war ebenfalls wieder freigekommen, und als man Carlo Zeno an Land bringen und behandeln lassen wollte, wehrte er ab:
»Ich will hier sterben, wo ich gekämpft habe!« rief er.
Man ließ ihn an Bord. Aber der alte Haudegen starb nicht, sondern erholte sich und konnte wenige Wochen später bereits wieder das Landheer führen. Zeno eroberte mit diesem Landheer Loredo und Torrenuova zurück und marschierte dann gegen Brondolo. Es gelang ihm, zwanzig Bombarden im Schiffstransport heranzubringen und die Insel damit zu beschießen. Aber an dieser Stelle verteidigte Pietro Doria. Als sich dieser zu weit vorwagte, um eine eigene Bombarde auf den Gegner zu richten, wurde er von einem großen geschleuderten Stein an der Brust getroffen. Er stürzte tödlich verwundet zu Boden.

Das Militärparlament in Genua ernannte Napoleone Grimaldi zu seinem Nachfolger. Dieser versuchte nun, einen Ausweg aus der Falle zu finden. Er wollte die Schiffe zwischen den Sandbänken der Lagune und dem Strand entlang herausbugsieren.
Die Arbeit kam rasch vorwärts, doch dann wurde dieses Vorhaben von den Venezianern entdeckt und die Arbeiter sowie ihr geschaffenes Werk in einem raschen, harten Schlag vernichtet.
Gleichzeitig kaperten die Venezianer alle kleineren Ganzaruoli und Barken und griffen dann die Brücke zwischen den beiden Chioggia an.
Napoleone Grimaldi eilte zu der Brücke und organisierte den Widerstand. Der Feind wurde zurückgeworfen, die Brücke und damit der Zugang nach Chioggia gehalten, aber Brondolo, das gleichzeitig damit angegriffen worden war, ging verloren. 12 hier liegende genuesische Galeeren wurden in Brand gesteckt. Die Brücke aber, von dem Brand bereits beschädigt, brach unter dem Ansturm der Angreifer und der Verteidiger in der Mitte zusammen. Es gab viele Tote. Wer sich durch Schwimmen zu retten versuchte, wurde vom Ufer aus beschossen.
Die Belagerung um Chioggia wurde immer dichter gezogen, die bis dahin noch bestehende Verbindung nach Padua war nun unterbrochen. Dennoch kämpften die Genueser weiter. Sie eroberten eine oberhalb Vignale gelegene Bastei mitsamt den Waffen und der Besatzung. Sie kaperten eine Galeere und einen ganzen Getreidekonvoi aus dem Ferrara-Raum.
Da den Venezianern dieses Getreide fehlte, versuchte Taddeo Giustiniano mit einer Flotte nach Manfredonia zu laufen, weil es dort noch Getreide zu kaufen gab. Die gleiche Idee hatte auch Matteo Maruffo, ein genuesischer Admiral. Während Giustiniano über 14 Galeeren verfügte, standen seinem Gegenspieler derer 13 zur Verfügung. Als beide Flotten vor dem Hafen von Manfredonia aufeinanderstießen, kam es zu einem erbarmungslosen Duell. Den ganzen Tag über dauerte die Schlacht. Die ersten venezianischen Galeeren waren bereits gekapert, als die Venezianer ihre Schiffe verließen und nach Manfredonia hinein flüchteten. Alle venezianischen Schiffe wurden in Brand gesetzt. Die Sieger fuhren nach Zara, wo es eine Werft gab und sie die Schäden an ihren Schiffen ausbessern lassen konnten.
Hier trafen kurz darauf 5 Galeeren unter Kapitän De Mari und wenige Tage später 15 weitere Galeeren ein. Manfredonia aber hatte den letzten großen genuesischen Sieg in diesem dramatischen und blutigen Kampf gesehen.

Das Ende in Chioggia

In Chioggia sah es für die Genueser schlecht aus. Der kurz zuvor in Genua zum »General-Capitano der ligurischen Streitkräfte in den venezianischen Lagunen« ernannte Gaspare Spinola war mit 1000 Mann Soldaten eingetroffen. Aber das Pulver der ersten Vorderlader war durch die übergroße Feuchtigkeit unbrauchbar geworden, Mehl und andere Lebensmittel verdarben.

Nun suchten die Genueser zu Verhandlungen mit Venedig zu gelangen. Sie erklärten sich dazu bereit, das eroberte Land zu verlassen, das erbeutete Hab und Gut herauszugeben sowie die Gefangenen freizulassen. Dieses Angebot wurde abgelehnt. Der venezianische Senat ließ erklären, daß man alle Genueser und ihre Helfer als Gefangene haben wollte. Das aber war für Genua zuviel. Sie wollten lieber kämpfen und fallen, anstatt einen solchen Frieden anzunehmen.

Admiral Maruffo versuchte nun, die Eingeschlossenen zu entsetzen, aber auch dieses Vorhaben schlug nicht durch. Die eingeschlossenen Genueser bauten flachgehende Barken, um damit fliehen zu können. Dazu rissen sie Häuser und andere Gebäude ab, um das notwendige Holz zu bekommen. Carlo Zeno erkannte diese Absicht und vereitelte sie, indem er die Flüchtenden mit einem wahren Feuerhagel empfing.

Danach machten sich die Genueser an die ausländischen Söldnerführer heran und brachten sie dazu, Hilfsgüter in die eingeschlossene Stadt zu schmuggeln. Einer von ihnen, Roberto Recanati, wurde dabei von den Venezianern gefaßt, zum Tode verurteilt und sofort hingerichtet.

Der Hunger in Chioggia wurde immer ärger. Alles was lebte, einschließlich der Ratten, wurde verzehrt. Aber dann war der Tag gekommen, an dem die Genueser zu Kreuze kriechen mußten. Sie entsandten Tazio Cybo zu den Belagerern und ließ diesen die Schlüssel zu den Stadttoren von Chioggia überreichen. Der genuesische Unterhändler wurde zum Dogen geschafft und diesem und den anwesenden Capitani der Flotte vorgeführt. Er hielt eine ähnliche Rede, wie sie sein Gegenüber seinerzeit gehalten hatte:

»Vor kurzem kamt Ihr bittend zu uns, so wie wir jetzt zu Euch kommen. Wir haben Euch stolz und hochmütig abgewiesen, zu hochfahrend aufgrund der günstigen Lage. Wollt Ihr uns jetzt nacheifern?

Nur das nicht! Möge Euch unser Beispiel davon abhalten. Ihr habt uns durch Eure Tüchtigkeit besiegt, besiegt uns nun auch durch Euren Großmut. Es wird sicher Eurem Ruhm mehr dienen, uns zu verzeihen und uns unsere Freiheit wiederzugeben, als Euch zu rächen und uns in Eure Kerker zu werfen.

Nachdem wir tapfer gekämpft haben, begeben wir uns in Eure Hände.

Vielleicht haben wir Euch Euer Schicksal als zweifelhaft aufgezeigt, denn wir haben Euren starken Angriffen lange standgehalten. Hier sind die Schlüssel der Stadt, hier sind wir alle zu Eurer Verfügung. Wenn Ihr Euch jetzt nicht selbst besiegt, dann habt Ihr niemals mehr eine großartigere Gelegenheit dazu.« (Siehe Carbone, Giunio: a.a.O.)

Aber sowohl der Doge als auch die übrigen Führer der Belagerungstruppen blieben eiskalt. Dieses »Gewinsel« rührte sie nicht. Sie blieben dabei:

»Alle Gegner gehen in die Gefangenschaft!«

Der Abgeordnete wurde zurückgeschickt. Am Morgen des 22. Juni 1380 ergaben sich die Genueser in Chioggia den Belagerern auf Gnade und Ungnade. Die Venezianer gaben die Stadt drei Tage lang zur Plünderung frei. Auf der Piazza wurden die Verteidiger gezwungen, sich nackt auszuziehen, um zu zeigen, daß sie keine Wertgegenstände mehr bei sich hatten.

»Das war ein jämmerliches Schauspiel, die ausgehungerten armen Nackten, die eher wie Skelette oder Mumien aussahen, inmitten ihrer wütenden Henker zu sehen.« (Siehe Carbone, Giunio: a.a.O.) Danach wurden etwa 4000 Genueser und 2000 Paduaner auf die Schiffe gebracht und nach Venedig verfrachtet.

Als die Nachricht von der Aufgabe Chioggias bekannt wurde, zogen sich die noch im Golf stehenden genuesischen Galeeren unter Matteo Maruffo zurück. Sie fuhren nach Triest, Capo d'Istria und Pola, um danach, reich mit Beute beladen, nach Zara zu laufen.

Die beiden venezianischen Flotten unter Pisani und Zeno eroberten diese Städte zurück. Vettore Pisani starb auf dieser Fahrt am 13. August 1380. Carlo Zeno übernahm den Oberbefehl. Er versuchte den Torre delle Bebbe zurückzuerobern. Als er dies nach mehreren Versuchen schaffte, befanden sich nur noch 40 verwundete Genueser dort. Die übrigen Verteidiger waren gefallen.

In Genua und Venedig begannen die geheimen Friedensverhandlungen, die jedoch zu keinem Ergebnis führten. Nachdem Francesco da Carrara von Padua wieder in den Kampf eingegriffen und Trevigi, die Kornkammer für Venedig, eingekesselt hatte, wurde von der venezianischen Bevölkerung in wilden Tumulten verlangt, endlich Frieden zu schließen. Aber die überzogenen Forderungen der Angreifer ließen Venedig ablehnen. Sie traten das umstrittene Gebiet am 5. April 1381 kurzerhand an Herzog Leopold von Österreich ab. Dieser kam mit einer Truppe und zwang den Carrara aus Padua zum Rückzug.

Inzwischen hatte Genua 31 Galeeren neu ausgerüstet und griff in Richtung Adria an, während Carlo Zeno mit seiner Flotte Kurs auf Ligurien nahm, wo er allerdings überall abgewiesen wurde.

Venedig bat nunmehr Amedeo VI. von Savoyen, in Genua zu vermitteln. Nach seinem Vorschlag trafen sich die Abgesandten aller kriegführenden Parteien in

Turin, wo bis zum 8. August 1381 der Friede gebrieft, unterschrieben und gesiegelt wurde.

Die Hauptbedingungen lauteten: »Austausch aller Gefangenen. Rückgabe der von Venedig besetzten Kastelle von Carvarzere und Morenzano. Abtretung des Gebietes von Curam an Padua. Amedeo VI. erhielt von Genua die Insel Tenedos, die ja als Aufhänger zu diesem schrecklichen Seekrieg gedient hatte. Weder Genueser noch Venezianer sollten in Zukunft Tana oder Trapezunt anlaufen.« (Siehe Kurowski, Franz: a.a.O.)

Einige weitere Klauseln und Bestimmungen kamen hinzu. Als dieser Friedensvertrag verkündet wurde, jubelten alle befreit auf, und zwar sowohl in Venedig als auch in Genua, in Padua, Turin und Aquileja. Feste und Schauspiele wurden abgehalten. Aber schon tauchte eine neue Gefahr auf, die es zu überwinden galt. Verleumder hatten in Venedig das Gerücht aufgebracht, daß man die venezianischen Gefangenen in den Kerkern Genuas hätte verhungern lassen.

Das venezianische Volk wollte nunmehr auch die ligurischen Gefangenen umbringen. Der Senat der Serenissima Signoria wehrte diese Angriffe ab, und das war gut so, denn als die Gefangenen ausgetauscht waren, stellte sich heraus, daß alle Venezianer gesund heimkehren konnten, während von den 7200 genuesischen Gefangenen 3856 an Entbehrungen und schlechter Versorgung in den venezianischen Kerkern gestorben waren.

Venedig hatte gesiegt, weil man in Venedig eingedenk der Tatsache, daß hinter jeder Seemacht auch eine starke Landmacht stehen mußte, eine solche aus Hilfstruppen aufgestellt hatte. In Genua hingegen waren es die vielen stolzen Familien, die einen wirklichen Zusammenschluß der Stadt und der gesamten ligurischen Republik zu einem festen Staatsgebilde verhindert hatten. Unter diesen Familien herrschten immer wieder Fehden, die nur auf Zeit beigelegt werden konnten, um bei passender Gelegenheit neu aufzuflammen. Die Republik Genua, die ebenso und vielleicht noch höher als Venedig aufsteigen und sich zur absoluten Herrscherin im Mittelmeer hätte machen können, wenn diese dauernden Zwistigkeiten und Kriege vermieden worden wären, die nicht nur viel Geld, sondern auch viel gutes Blut kosteten, sank hingegen ab.

Es gab drei Gruppen in dieser großartigen Stadt, in der die besten Kapitäne und Seeleute zu Hause waren, die die damalige Welt kannte. Da waren einmal die Adeligen, die einander ständig bekämpften, auf ihren Vorteil bedacht waren und die Führung einander abzujagen versuchten, dann die Popolani, oftmals Führer und Verwalter der Republik, die in ähnlicher Weise versuchten, den Adel auszuschalten und sich damit ihrer klügsten Köpfe begaben und ihre besten Admirale und Führer außer acht ließen. Als dritte Gruppe kam das sogenannte »niedere Volk« hinzu; das Volk, das jene Führung am meisten lobte, die sie am besten mit

Rechten und Vorrechten bestach. Das Volk war es, das den Tumulten die Kraft gab und sich von der jeweils führenden Partei mit einspannen ließ oder aber ihren eigenen Favoriten auf den Schild hob und zum Herrn der Stadt machte.

Das Volk unterteilte sich wiederum in Genua in zwei Gruppen. Zur ersten Gruppe gehörten die Handwerker und Kaufleute, der zweiten gehörten die Arbeiter und die »Plebe« an. Jede dieser Gruppen war noch einmal unterteilt in »Weiße«, die Anhänger und Nachfolger der Guelfen, und »Schwarze«, die Anhänger und Nachfolger der Ghibellinen.

Welche Gruppe man auch immer sah, alle hatten Führungsansprüche zu stellen. Da waren einmal die Fregosi als Professoren der Notariatskunde, zum anderen die Adorni, die Gerber, gefolgt von der Plebe.

Das gegen die Adeligen ausgesprochene Verbot, sich in die Spitzenstellungen der Stadt und der Republik wählen zu lassen, war einer jener Punkte, die Genuas Aufstieg mehr und mehr hemmten, denn diese Adeligen zogen sich auf ihre Kastelle im Apennin zurück und bekämpften Genua. Jene aber, die diese Lehnsgüter nicht besaßen, dachten in der Stadt daran, wie sie ihren eigenen Vorteil mehren konnten und das öffentliche Wohl war für sie, die von der Führung ausgeschlossen waren, ein hohles Wort.

Angesichts dieser vielen Anfeindungen, der Kämpfe um Positionen, der Vergeltungszüge der Stadt gegen die rebellierenden Adeligen in den Städten der ligurischen Republik, blieb es ein Wunder, daß die Republik ihren Ruin überhaupt überlebte und zu solcher Größe aufsteigen konnte. Wäre es den Adeligen eingefallen, wenigstens einmal ein Jahrzehnt lang Frieden untereinander zu halten und alle Anstrengungen auf den Aufbau der Republik zu verwenden, hätte Genua der strahlende Stern in ganz Italien, am ganzen Mittelmeer und im gesamten Osthandel sein können.

Ein großer Vorteil für die einzelnen Familien war die demokratische Verfassung der Stadt, die jedem eine Chance gab. Aber dies war zugleich auch ihr Nachteil, der sie – zersplittert und untereinander uneins – oftmals zum Spielball fremder Mächte machte.

Wie sehr dieses Denken in einzelnen Geschlechtern und Familien die Entwicklung Genuas bestimmte und wie sehr es die Staatsführung beeinträchtigte, oftmals sogar lahmlegte und fremden Herrschern die Chance gab, hier in die Lücke einzudringen und sich Genua untertan zu machen, ist am besten aus der nächsten Zeit des Dogenkarussells zu entnehmen.

Genua und das Dogenkarussell

Der Doge Niccolò Guarco

Unter der Führung des Dogen Niccolò Guarco, der am 17. Juni 1378 den Dogensessel bestieg, schien Genua zur Ruhe zurückzufinden. Dennoch mußte auch dieser Doge auf seinen Hals aufpassen, und Guarco erwog auch die Aufstockung der Palastwache, die damals aus nur 75 Bewaffneten bestand. Das Münzamt, das darüber zu wachen hatte, daß die Verwaltung ihre Befugnisse nicht überschritt, widersetzte sich dieser Forderung und bis zum März 1383 blieb diese Anforderung unbeantwortet.
An diesem Tage wurde das Consiglio Maggiore einberufen. Die acht Mitglieder des Kassen- und Steuerwesens der Republik verweigerten das Geld für die Besoldung der Leibwache, die der Doge bereits eingestellt hatte. Diese Gruppe verlangte auch eine Verzichtsleistung des Dogen auf die Ausübung der Kriminalgerichtsbarkeit. Diese sollte allein dem Podestà überlassen bleiben.
Die Versammlung ging nach vielen Anschuldigungen und Gegenanschuldigungen zu Ende, ohne zu einem Ergebnis gekommen zu sein.
Die wenige Tage später erfolgende Versammlung der Schlächter, die unterhalb des Palazzo pubblico stattfand, beklagte sich über die Fleischsteuern. Bauern aus der Stadt schlossen sich diesen unzufriedenen Gruppen an und weitere Menschen kamen hinzu, deren Unmut sich durch gegenseitige Aufstachelung zu offener Empörung steigerte. Es war der Gründonnerstag 1383 und die Fleischpreise waren gerade zum bevorstehenden Osterfest eine wichtige Sache.
In den Tälern des Polcevera, Bisagno und Voltri rotteten sich die Menschen zusammen, und am Samstag vor Ostern kamen 2000 Bewaffnete, teils Genueser, teils Menschen aus den genannten Tälern, in die Stadt und besetzten das Dominikanerkloster. Durch die Stadt hallten die Rufe:
»Viva il popolo! Muoiano le collezioni!« (Collezioni waren die Abgaben und indirekten Steuern.) Ein Umsturzversuch bahnte sich an und als der Doge auf den Willen des Volkes einging und seine acht Anziani entließ, um solche aus dem Volke zu wählen, hatte er schon den Anfang seines Unterganges beschlossen.
Vor dem Palast des Dogen sammelten sich die Aufrührer. Sie erschlugen einen Korporal der Fußgarde, und weder die Brüder des Dogen, Isnardo und Lodovico, noch andere zur Vernunft mahnende Stimmen konnten sich durchsetzen.

Der Doge trat auf den Balkon. Man rief ihm zu, eine Steueränderung vorzunehmen. Der Doge stimmte zu und berief ein Ratskollegium ein, an dem 100 Bürger teilnahmen. Diese 100 sollten mit dem Volk sprechen.
Am Ostersonntag ging der Tumult in Genua weiter. Erst als der Doge zustimmte, daß die aus dem Volke gewählten Anziani mit ihm gemeinsam acht Männer ernennen würden, die die neue Verfassung für die Stadt ausarbeiten sollten, trat Ruhe ein.
Jene acht Männer, in deren Händen nun das weitere Schicksal Genuas lag, waren Frederigo da Pagana, Tommaso de Iglioni, Antonio Longo aus der Gesellschaft der Giustiniani und Francesco da Ancona aus der Kaufmannschaft. Diesen vier wurden die Vertreter der Zünfte – Jacopo Calazzo von den Schlächtern, Dagnano Pezoni, ein Wollweber, Manuele da Bobbio als Gewürzhändler und Apotheker – hinzugesellt. Die achte Stelle sollte einem Notar gebühren und so wurde noch der Jurist Leonardo da Montaldo benannt.
Diese acht Provisioni riefen die Bewohner Genuas zu einer Versammlung vor dem Dominikanerkloster zusammen.
Sie forderten zuerst die nach Genua gekommenen, nicht zur Stadtgemeinde zählenden Bürger auf, die Stadt zu verlassen, und baten die Bürger aus der Stadt, ihre Waffen niederzulegen. Dies war zuviel für die Menge, die lauthals einen neuen Dogen forderte. In diese Rufe hinein mischte sich der geschickt eingeworfene Ruf nach dem einen ganz bestimmten Dogen:
»Viva il popolo ed Antoniotto Adorno!«
Dieser Mann sollte in den nächsten Jahren immer wieder von sich reden machen und mehrfach aus Genua hinausgeworfen werden, um immer wieder in die Stadt zurückzukehren.
Der Doge berief nun die Bürger zu einer Versammlung am Osterdienstag.
Als die Menschen sich an diesem Morgen vor dem Dogenpalast versammelten, trat der Doge auf den Balkon des Palastes und bat sie, den Arm zu heben, wenn sie für ihn seien. Alle Arme hoben sich empor. Er wurde aber aufgefordert, die Steuern und Zölle zu senken, was er auch versprach.
Antoniotto Adorno, der von seinen Freunden nach Genua gerufen worden war, um den Volkswillen zu erfüllen und neuer Doge zu werden, traf erst am folgenden Tage in Genua ein und mußte sich nach Savona zurückbegeben. Er meinte, daß seine endgültige Berufung nach Genua nur eine Frage der Zeit sei.
Am 6. April erhielt er die Erlaubnis, nach Genua zurückzukehren. Da der Doge Angst vor ihm hatte, rief er seine Freunde um Hilfe herbei. Sie kamen von ihren Schlössern im Polceveratal in die Stadt und bezogen waffenklirrend den Dogensitz. Die acht Berater des Dogen trauten sich nun nicht mehr in den Palast hinein. Mit Leonardo Montaldo verbündet, zu dessen Familie noch die Fregosi kamen,

eilten die Anhänger Adornos schließlich zum Dogenpalast und belagerten ihn. Sie beschossen die Wachen, die das Feuer erwiderten, und am Abend des 6. April verließen der Doge, sein Sohn Antonio und seine Brüder Isnardo und Lodovico heimlich den Dogenpalast, um über See nach Finale Ligure zu fliehen, nachdem er vorher aus seinem Hause in San Giorgio alle Wertsachen mitgenommen hatte. In der Nacht zum 7. April wurde durch die niederen Zünfte Antoniotto Adorno zum Dogen ausgerufen. Die höheren Zünfte jedoch einigten sich auf Federigo di Pagana, aus einem reichen Kaufherrengeschlecht. Adornos Partei aber drohte diesem, ihn zu ermorden, falls er die Wahl annehmen werde. Daraufhin ergriff Federigo di Pagana die Flucht. Als man nun Leonardo da Montaldo um Hilfe bat und ihn aufforderte, die Wahl Antoniotto Adornos zu bestätigen, verweigerte er die Bestätigung. Er zog vielmehr am nächsten Morgen, von 60 schwerbewaffneten Männern umringt, nach San Siro, wohin er die angesehensten Popolanen einlud. Hier wurde Montaldo zum Ordner der Dogenwahl ernannt und berief 40 Wahlmänner, die einen Dogen wählen sollten. Diese 40 wählten ihn. Er erklärte sich bereit, das Amt anzunehmen, aber nur für den Zeitraum von sechs Monaten, bis Ruhe eingekehrt sei.

Diese Wahl des 7. April 1383 war für Antoniotto Adorno ein schwerer Schlag. Er saß mit 600 Bewaffneten im Dogenpalast. Leonardo schickte zwei angesehene Bürger zu ihm und forderte ihn auf, ihm zu huldigen. Antoniotto zog in das Dominikanerkloster und unterwarf sich. Der neue Doge verwies ihn wenige Tage später der Stadt. Nun kehrte scheinbar Ruhe ein.

Leonardo Montaldo ging daran, eine neue Geldquelle zu erschließen, der sich auch Guarco bereits zugewandt hatte, ohne sie zum Sprudeln bringen zu können. Er verfügte die sofortige Freilassung Jakobs von Zypern, der im großen Turm von Genua gefangengehalten wurde. Die bereits von Guarco gestellte Bedingung, daß Zypern der Republik Genua die Stadt Famagusta, deren Hafen, die Festungen und zwei Meilen Land im Umkreis übereignen sollte, wurde von Jakob ebenso akzeptiert, wie die Rückerstattung aller genuesischen Lehen und Besitzungen auf dieser Insel, die ihnen von dem früheren zyprischen König entrissen worden waren. Darüberhinaus sollte er an die alte Handelskompanie der Genueser auf Zypern eine Entschädigung von 852 000 Goldfiorini zahlen. Leonardo Montaldo setzte seine Unterschrift unter den Vertrag. Jakob wurde aus dem Gefängnis entlassen, eingekleidet und zu seiner Krönung in Genua mit allem Prunk eines Königs ausgestattet.

Anschließend fuhr Jakob mit einem Geleit von 28 Galeeren in sein Reich zurück. Diese erfolgreiche Aktion wurde Leonardo da Montaldo zugeschrieben und die Achtung des Volkes vor diesem Dogen wuchs.

Die Pest des Jahres 1384 setzte im Juni auch seinem Leben ein Ende. In der

Hauptkirche Genuas wurde diesem Dogen nach seinem Tode eine Statue errichtet.
Sein Nachfolger wurde Antoniotto Adorno. Seine Wahl am 16. Juni wurde vom Volk kaum beachtet, denn noch immer wütete die Pest verheerend in Genua.
Die Regierungszeit Antoniotto Adornos wurde zu einer wahren Tyrannei. Er erneuerte die Consigli, dann entriß er den Adeligen sämtliche Verwaltungsposten und schließlich gelang es ihm, unter Hinweis auf die Erhaltung der öffentlichen Sicherheit, sich mit einem Haufen Bewaffneter zu umgeben. Unter dem Eindruck dieser Ereignisse lieferten ihm die Markgrafen von Carreto, zu denen Niccolò Guarco nach Finale geflohen war, diesen im Jahre 1385 aus. Adorno ließ seinen ehemaligen Widersacher in Lerici festsetzen.
In den nächsten Jahren verlief es verhältnismäßig ruhig. Niemand wagte mehr aufzumucken. Wer dies tat, den sah man nicht länger auf den Straßen der Stadt. Antoniotto Adorno versuchte nun, in dem Schisma zwischen Urban VI. und Clemens VII. zu vermitteln.
In der Zeit dieser Spaltung der Kirche kam es zu fürchterlichen Verbrechen. So ließ Urban VI. sechs seiner Kardinäle, die er der Verschwörung gegen ihn verdächtigte, so lange foltern, bis sie alles gestanden, was man ihnen vorwarf.
Urban VI. rächte sich auf diese Weise an jenen Kardinälen, die seine rechtmäßige Wahl für ungültig erklärt und Clemens VII. zum Gegenpapst in Avignon gewählt hatten. Mit dieser Maßnahme begann das Große Abendländische Schisma der Kirche.
Antoniotto Adorno lud Papst Urban VI. nach Genua ein. Er wollte als Schiedsrichter auftreten und Ruhm für sich erlangen. Der Papst nahm an, und auf genuesischen Galeeren kamen er und seine Begleitung in die Superba, die sich rühmen durfte, bereits mehreren Päpsten Asyl gewährt zu haben. Im September 1385 traf der Heilige Vater mit seinem Anhang in Genua ein. Er wurde mit rauschenden Festen willkommen geheißen. Die Stadt, die sich nicht viel auf Kunst und Architektur zugute hielt, hatte dennoch ihr Festgewand angelegt und sah recht passabel aus.
Adorno und seine Berater setzten sich in mehreren Gesprächen für die sechs verurteilten Kardinäle ein und beschworen den Papst, sie zu begnadigen. Aber Urban VI. dachte nicht an Erbarmen; das predigte er nur anderen. Sein Handeln war von handfester Art. Er wollte Rache, und so wurde denn auch im Jahre 1386 das Todesurteil an fünf der sechs Kardinäle vollstreckt. Nur einer durfte aufgrund inständiger Bitten des englischen Klerus, dem sich der englische König anschloß, nach England ausreisen.
Antoniotto versuchte es jetzt auf der anderen Seite. Die anerkannte ihn als Schlichter, während Urban VI. ihn mit dem Bemerken abwies, daß er rechtmäßig

gewählt sei und daß es zu seiner Bestätigung keinerlei Verhandlungen bedürfe. Fragen der Tiara könnten nur vom Papst selber entschieden werden. Damit war dieser hochfliegende Plan Adornos fehlgeschlagen.
Nunmehr versuchte er sich an einer anderen Sache weiter zu profilieren. Er wollte jetzt das gesamte Mittelmeer von den Seeräubern reinigen, die vor allem der ligurischen Schiffahrt großen Schaden zufügten. Er beschloß, sie in ihren Schlupfwinkeln anzugreifen, und wählte die afrikanischen Seeräuberstädte aus. Dazu versicherte er sich der Mithilfe der Franzosen und Engländer.
Zunächst lief aber eine kleinere Flotte unter dem Bruder des Dogen, Raffaele Adorno, nach Tunis aus. Er machte einige Eroberungen, kam aber nicht an Tunis heran, das zu stark für ihn allein war. Er mußte so lange warten, bis die Flotten der Verbündeten ebenfalls bereit waren, gegen die Seeräuber zu fahren.
Diese große vereinigte Flotte mit vielen französischen Schiffen ging im Dezember 1389 unter Führung von Giovanni (Oltramarin) de Centurioni ankerauf und versuchte es abermals mit Tunis.
Die Belagerung dieser Stadt zeigte den Belagerern ihre Schwäche auf, zumal das ungesunde Klima und die schnelle feindliche Kavallerie immer größere Opfer forderten. Man mußte mit den Seeräubern Frieden schließen, erreichte aber, daß sie die christlichen Gefangenen freigaben, 10 000 Gold-Fiorini zahlten und versprachen, die Seeräuberei aufzugeben.
Damit hatte Antoniotto Adorno auch auf diesem Gebiet keinen durchschlagenden Erfolg errungen, denn Tunis bestand nach wie vor und die Seeräuberei wurde von dort aus fortgesetzt.
Im Sommer 1390 mehrten sich die Zeichen, daß das Volk wieder unruhig wurde. Die ersten Verschwörungen wurden gegen den Dogen aufgedeckt und schwer geahndet, ohne aber den schwelenden Brand zu löschen. Im August war der schlaue Fuchs Adorno sicher, daß er die nächste Revolution nicht überleben werde. Er schiffte sich mit den Seinen in der Nacht zum 3. August auf einer Galeere nach Loano ein.
Als am Morgen dieses 3. August 1390 die Flucht des Dogen bekannt wurde, schien sich ein neuer Tumult anzubahnen. Doch geschickt und blitzschnell wurde noch am selben Tage Jacopo Fregoso zum neuen Dogen gewählt, der die unter Adorno abgeschafften Gesetze wieder in Kraft setzte und damit seine eigene Macht freiwillig beschnitt.
Anfang 1391 unternahm Adorno mehrere Versuche, wieder nach Genua zurückzukehren und die Macht abermals an sich zu reißen. Als er am 9. April 1391 mit 600 Bewaffneten in die Stadt einrückte, gelang ihm die Besetzung des Palazzo pubblico. Er wurde am selben Tage zum drittenmal zum Dogen von Genua gewählt.

Seine Amtszeit dauerte nur ein Jahr. In diesem Jahr aber gelang ihm der Erwerb mehrerer Gemeinden in Ligurien. Ferner konnte er als Friedensstifter zwischen den Herren von Padua und Florenz auf der einen und jenem von Mailand auf der anderen Seite Erfolg erringen.

Nunmehr ließ er den noch immer nicht voll ausgebauten Dogenpalast beenden und mit einer festen Mauer umgeben. Dies wurde öffentlich mißbilligt. Einigen Rebellengruppen schlug er kräftig auf die Finger, den Fieschi nahm er die Stadt Savignone fort und schlug die in Buzalle befindlichen Spinola, denen er außer dieser Feste auch noch Borgo, Defornari und Ronco wegnahm.

So stand er binnen eines Jahres seiner dritten Regierungszeit auf der Höhe neuen Ruhmes. Dementsprechend groß wurde der Neid der Widersacher.

Mit der Unterstützung der adeligen Ghibellinen versuchte Antonio Montaldo, Sohn des verstorbenen Dogen Leonardo, das Dogat zu erkämpfen.

Antoniotto Adorno verschwand, als er Kenntnis von dem bevorstehenden Sturm auf den Dogenpalast erhielt, kurzerhand durch eine Geheimpforte zum Hafen, wo immer eines seiner Schiffe für alle Fälle auslaufbereit lag, und verschwand aus der Stadt. Er floh schließlich nach Mailand.

Antonio Montaldo wurde am 16. Juni 1392 zum elften Dogen der Republik Genua gewählt.

In Mailand wurde Antoniotto Adorno von Gian Galeazzo Visconti unterstützt. Er kehrte mit einer rasch zusammengerafften Söldnertruppe nach Ligurien zurück, um in einer günstigen Situation zur Stelle zu sein.

Doch zunächst griff Antonio Montaldo mit harter Hand gegen Aufrührer durch, stieß dann mit einer schnellen Truppe gegen die Streitmacht Adornos vor, schlug sie in die Flucht und verfolgte die Fliehenden.

Das Jahr 1392 sah den Aufstand von Savona unter seinem Bischof Antonio de Viali, der sich und die Stadt von Genua lossagte. Er eilte schließlich von den fieschischen Burgen, wohin er hatte fliehen müssen, mit 600 Mann zum Tor von San Stefano vor Genua. Battista Boccanegra, der Sohn des Dogen Simone, führte ihm 200 Kämpfer zu, und Lodovico da Guarco sammelte ebenfalls Soldaten um sich und zog zum Tor von S. Andrea.

Als diese Gruppen heftig aus Genua angegriffen wurden, zogen sie sich zurück. Um sich in Sicherheit zu bringen, floh Guarco nach Rhodos. Battista Boccanegra wurde verbannt.

Während der fliehende Feind verfolgt wurde, ergriffen die Fregosi in der Stadt ihre Chance. An der Spitze Pietro Fregoso drangen sie in den Dogenpalast ein und zwangen den amtierenden Dogen, seinen Sitz zu verlassen. Damit war ein Abschnitt erreicht, der als »Genueser Dogenkarussell« in die Geschichte eingehen sollte. Es ist unmöglich, die ganzen Wirren detailliert darzustellen, weil dies den

Rahmen des Werkes bei weitem sprengen würde. Selbst die summarische Zusammenstellung unter Ausklammerung vieler Details liest sich noch wie eine Mischung aus Verwirrspiel, Groteske und Tragödie.

Der am 13. Juli 1393 neugewählte 12. Doge wurde vom Volk abgesetzt und an seine Stelle Clemente di Promontorio zum Dogen ernannt. Nach gut 12 Stunden Amtszeit wurde er durch Francesco Giustiniano ersetzt. Während in der Stadt eine Verschwörung die andere, ein Komplott das andere jagte, wurde Genua auch noch von außen bedroht. Wieder einmal mehr war es Antoniotto Adorno, der diesmal versuchte, mit 700 Bewaffneten die Stadt in die Knie zu zwingen und sich erneut zum Dogen zu machen. Dagegen begehrte Antonio Montaldo auf, sammelte seine Truppe um sich, griff den Adorno überraschend an und besiegte ihn. Danach machte sich Montaldo am 1. November 1393 zum zweitenmal zum Dogen.

Damit nicht genug, begannen im Frühjahr 1394 die Parteienkämpfe erneut. Diesmal war es Battista Boccanegra, der das Amt des Dogen begehrte. In den Tälern oberhalb Genuas versuchte er Truppen zu sammeln. Doch bevor er einsatzbereit war, kam ihm Antonio Montaldo mit einer schlagkräftigen Truppe entgegen. Er besiegte den Boccanegra und ließ ihn ins Gefängnis werfen. Boccanegra wurde vom Maestro della giustizia – dem obersten Richter Genuas – zum Tode verurteilt.

Als der Henker mit seinem Delinquenten unterhalb des Balkons des Dogenpalastes zur Vollstreckung des Todesurteils bereitstand, erkannte Boccanegra, aufblickend, den Dogen. Er bat ihn um Gnade und Montaldo gewährte sie ihm.

Zwar beschwerte sich der oberste Richter, daß es dem Dogen nicht zustehe, in seine Gerichtsbarkeit einzugreifen, aber Boccanegra war gerettet. Der Zwist mit dem Richter veranlaßte Antonio Montaldo schließlich, von seinem Amt zurückzutreten. Am 24. Mai 1394 wurde Niccolo Zoagli di Gottifredo zum neuen Dogen von Genua gewählt. Aber auch ihm sollte keine längere Amtszeit beschert sein. Obgleich er ein ruhiger Mann war und binnen zweier Monate Ruhe und Frieden in der Stadt wiederhergestellt hatte, wurde auch er befehdet. Doch Zoagli ließ sich nicht provozieren.

»Ich habe das Amt angenommen, um Genua zur Ruhe zu verhelfen, die die Stadt braucht, um wieder zu sich selber zurückzufinden. Ich werde so lange im Amt bleiben, bis dieses Ziel erreicht ist. Zu viele sind vorzeitig zurückgewichen. Ich gehe erst, wenn meine Aufgabe erfüllt ist.«

Dies waren seine Worte, als er einmal bestürmt wurde, einigen Unruhestiftern zu weichen.

Am 17. August, als Ruhe eingetreten war, übergab er sein Amt an den gewählten Nachfolger Antonio Guarco. Als dieser eben sein Amt angetreten hatte, empörten sich schon die Guelfen und Ghibellinen gemeinsam gegen ihn. Dies ließ den ebenso skrupellosen wie ehrgeizigen Antoniotto Adorno abermals auf eine Chance spekulieren. Vorsorglich lief er auf seiner Galeere in den Hafen von Genua ein, um zur Stelle zu sein, wenn das Volk nach ihm rief. Daß es nach ihm rufen würde, dafür hatten die von ihm bestellten Schreier schon durch freigebig verteilte Spenden und himmelhohe Versprechungen gesorgt.

Aber auch diesmal hatte er die Rechnung ohne seine Feinde gemacht. Montaldo, sein erklärter Gegner, griff ihn an, nahm ihn gefangen und ließ ihn ins Gefängnis werfen. Dies mißfiel allerdings dem amtierenden Dogen, der der Ansicht war, daß ihm Montaldo durch diese und ähnliche Aktionen das Wasser abgrabe.

Daraufhin befreite Montaldo seinen Gefangenen und verbündete sich mit ihm gegen den Dogen. Die beiden wollten ihm das Amt wegnehmen und sich auf einen neuen Dogen ihrer Wahl einigen, wobei sie die Annahme dieses Amtes durch sie selber ablehnten.

Der Doge, der versuchte, die beiden Widersacher mit einem Schlage loszuwerden, übernahm sich mit diesem Zug. Er wurde selber geschlagen und zur Flucht nach Savona gezwungen. Die siegreichen Soldaten und Söldner der beiden Anführer zogen in die Stadt ein und verübten allerlei Untaten und Frechheiten. Ganz Ligurien litt unter diesen »Banditen«, wie sie im Volksmund genannt wurden.

Als es an die Wahl des Dogen ging, verstand es Adorno geschickt, alle Stimmen auf sich zu vereinigen. Am 3. September 1394 wurde er zum viertenmal zum Dogen von Genua gewählt. Das Volk war mit dieser Wahl zufrieden, aber viele adelige Familien mißtrauten ihm und seine Gegner verließen die Stadt, um nicht von Adorno eingekerkert zu werden.

Viele Städte und Gemeinden fielen von Genua ab und einflußreiche und begüterte Familien verließen ebenfalls die Stadt. Savona ergab sich dem Herzog von Orléans, die Guelfen besetzten Lerici, Monterosso und Portovenere, Giovanni und Lodovico Grimaldi bemächtigten sich wieder einmal Monacos. Antonio Montaldo sammelte in der Lombardei eine schlagkräftige Truppe, während die Familien Carretto und Doria sich an der westlichen Riviera zum Handstreich auf Genua rüsteten.

Einmal mehr war Genua mit sich und ganz Ligurien zerfallen. Der Nachteil einer Demokratie zeigte sich mehr und mehr, und Antoniotto Adorno sann darüber nach, wie er sich behaupten konnte, ohne einem anderen seinen Platz abtreten zu müssen. Er verfiel auf einen Ausweg, der in Genua nicht neu war: die Übergabe der Stadt an einen starken ausländischen Fürsten oder kirchlichen Herrn.

Der König von Frankreich als neuer Herr der Superba

Im Rat der Stadt versuchte Boccanegra die Beisitzer davon zu überzeugen, daß die Übergabe der Stadt an einen hohen Herrn für Genua das beste sei und verwies auf Zeitabschnitte, in denen dies ebenso gewesen war. Er schlug auch eine Reihe Fürsten vor, denen man die Stadt anvertrauen könne. Andere schlugen ebenfalls neue Herren vor. Schließlich einigte man sich auf den König von Frankreich.
Karl VI. hielt es für einen klugen Schachzug, sich Genua einzuverleiben, denn immerhin verfügte diese Stadt über eine ausgezeichnete Flotte und ebenso ausgezeichnete Kolonien in Kleinasien und in der Ägäis. Er schickte seinen Botschafter nach Genua und ließ den Übergabevertrag aushandeln.
Da einige italienische Herren und auch Papst Bonifatius IX. dagegen waren, verzögerten sich die Verhandlungen. Aber als Karl VI. die günstigsten Bedingungen bot, wurde ihm abschließend die Herrschaft über die Republik Genua übertragen.
In den Übergabebestimmungen wurde beschlossen, das Dogenamt abzuschaffen, das nur Ärger und Streit gebracht hatte. An seine Stelle sollte ein königlicher Gouverneur treten. Der Stadtstaat Genua sollte nicht zerstückelt, neue Steuern würden nicht eingeführt werden.
1396 war dieser Vertrag unter Dach und Fach. Antoniotto Adorno trat vom Dogenamt zurück und wurde zum ersten französischen Gouverneur gewählt, wie er sich dies in dem Vertrag ausbedungen hatte.
Damit hatte Adorno sein Vaterland an eine fremde Macht verkauft, um selber an der Macht zu bleiben. Doch weder Friede noch Sicherheit kehrten in die Stadt ein. Die alten Streitigkeiten lebten wieder auf und erreichten einen solchen Stand, daß Gouverneur Adorno 1397 König Karl VI. bat, ihn aus dem Amt zu entlassen. Sein Nachfolger wurde Valerando von Luxemburg. Er erreichte, daß die Festung Castellazzo dem König zugesprochen wurde. Die Genueser Rechtswissenschaftler gaben dem König gegenüber den eigenen Consiglio Recht. Der Herzog von Orléans wurde durch die geschickte Handlungsführung des Gouverneurs zur Rückgabe Savonas an Genua veranlaßt. Die Montaldi gaben Gavi an die Stadt zurück, und die Doria trennten sich von Porto Maurizio. Die Besitzer der Burgen von Giutenice und Pietra, die nicht klein beigeben wollten, vertrieb er mit Waffengewalt aus ihren festen Sitzen.
Als die Pest einsetzte, verließen der Gouverneur und seine Beamten und Ratgeber fluchtartig die Stadt. Sicher wäre es zu neuen Auseinandersetzungen gekommen, wenn nicht Antonio Montaldo und Antonietto Adorno ebenfalls der Pest zum Opfer gefallen wären.

Aber weder die Pest noch das fremde Regime noch die Schäden, die diese fürchterliche Seuche auch in Genua verursachte, konnten es 1398 verhindern, als sie ohne Gouverneur war, wieder wie ein kochender Teufelstopf überzusprudeln. Der Bischof von Mô, der kurzfristig die Stellung des Gouverneurs übernahm, hatte einen schweren Stand. In Chiavari kämpfte man unter Führung von Antonio di Cocorno. Dieser fiel den königlichen Soldaten in die Hände und starb in den Kerkern an den Folgen der Folterungen, denen er unterzogen wurde.

In der Stadt selbst hatte man scheinbar jede Ordnung und Zucht vergessen. Trotz der vielen Kriege war ja nach wie vor ein Strom von Waren und Gold nach Genua geströmt und hatte die reichen Familien noch reicher gemacht. Pomp und Schmuck wurden bei Männern und Frauen bis zum Exzeß hochstilisiert, das wilde Zusammenleben von Männern mit Frauen ohne den heiligen Bund der Ehe wurde zu einem Ärgernis. Die Ghibellinen, die Chiavari erobert hatten, trieben den dortigen genuesischen Vicario Damiano Embriaco in die Flucht.

Auf See mußten sich die Handelsschiffe mit Galeerenbegleitung der Seeräuber erwehren, deren Zahl überhandnahm, weil niemand da war, der sie ernstlich bekämpfte. Wenn Seeräuber gefangen wurden, erfolgte ihre Hinrichtung in der Stadt durch Hängen.

Das Amt des Capitano di Giustizia wurde abgeschafft. Im Val de Polcevera taten sich die genuesischen Ghibellinen mit Männern aus Bisagno zusammen. In Polcevera, Bisagno und Voltri kam es zu Unruhen gegen Genua. Die dortigen Rebellen argwöhnten, daß der Stellvertreter des Gouverneurs und Bischof die Guelfen begünstige. Er bot allen Rebellen Vergebung an, doch diese griffen abermals zu den Waffen.

Antonio Montaldo und Antonio Guarco wurden als Vermittler angerufen. Man verdächtigte sie der Komplizenschaft, und so wurden sie gezwungenermaßen ebenfalls zu Rebellen.

Nun wurde der Sturm auf Genua vorbereitet. Bei San Michele drangen die Rebellen in die Stadt ein. In der Stadt eilten ihnen Bewaffnete entgegen. Straßenbarrieren wurden errichtet, von den Türmen der Palazzi donnerten die Gewehre los. Kleine und kleinste Kampfgruppen bildeten sich und bekämpften einander auf den Straßen, von Haus zu Haus und von Turm zu Turm.

Den Ghibellinen gelang es schließlich, zwei Galeeren aus dem Arsenal zu holen und zu bemannen. Damit machten sie sich zu Herren des Hafens und konnten so die Guelfen aushungern. Sie griffen die Klöster an und stellten ihre Batterien sogar auf den Glockentürmen der Kirchen auf.

Die Massaker untereinander wollten kein Ende nehmen. Als die Kräfte erschöpft waren, kam es endlich zu Verhandlungen und zu einer oberflächlichen Aussöhnung untereinander.

Die bis dahin im Consiglio unterrepräsentierten Ghibellinen erhielten in diesem Gremium zwei Mitglieder mehr als die Guelfen. Man beschloß, die Befestigungen des Castelletto zu schleifen. Dies wiederum mißfiel den Guelfen, die in der erneut aufbrechenden Zwietracht den Podestà gefangennahmen, weil sie der Überzeugung waren, daß er Ghibelline sei. Sie nahmen ihm nicht nur das Amt weg, sondern folterten ihn auch noch.

Aus Zorn über diese Handlungsweise besetzten die Ghibellinen den alten Palazzo della Repubblica. Die Guelfen drangen gegen den Palazzo vor und setzten ihn in Brand.

Der Kampf wogte hin und her. Verträge wurden geschlossen und gebrochen. Ein neuer Podestà wurde eingesetzt. Am 24. August griffen die Ghibellinen abermals an und mußten sich im Hospital von San Stefano verschanzen. In dem um dieses Krankenhaus entbrennenden Kampf ging schließlich alles in Flammen auf. Mit dem Hospital wurden 11 weitere Häuser eingeäschert.

Danach kehrte einige Wochen lang Ruhe ein. Der Schreck war Freund und Feind gleicherweise in die Glieder gefahren. Ende September setzten die Kämpfe und Brandanschläge wieder ein, denen 22 der schönsten Häuser der Stadt zum Opfer fielen.

Ein neuer Friedensschluß, der vierte in ununterbrochener Reihenfolge, wurde ausgehandelt. Der Capitano di Guistizia wurde wieder eingesetzt und endlich traf auch der neue königliche Gouverneur Collardo di Callevilla ein.

Die Waffen schwiegen, weil wieder einmal ganz Genua erschöpft und ausgeblutet war. Den Beobachtern, die in die Stadt kamen, zeigte sich diese als ein »Jammerbild einer Republik«. Wo man hinblickte, Brandruinen und dies auch auf dem Lande, wo sogar die Felder verbrannt worden waren. Dieses schreckliche Jahr 1398 sah in Genua das Schlimmste, was an Anarchie und Tumulten jemals bis dahin geschehen war.

Das nächste Jahr war ebenfalls von Unruhen und Tumulten gekennzeichnet, wenn auch nicht in der blutigen Form des Vorjahres. Ein Aufstand der Handwerker schaffte es, den königlichen Gouverneur abzusetzen. Sie ernannten 1400 Battista Boccanegra zum Capitano del Popolo und ließen damit wieder einen alten Brauch neu aufleben. Dies war weder den Fregosi noch den Adorni oder Guarchi und Montaldi recht. Sie setzten Boccanegra ab und schlugen Battista de Franchi zum neuen Capitano vor.

De Franchi regierte ein Jahr, ehe er abgesetzt wurde und Antonio Giustiniano und Adornino Adorno an seine Stelle traten. Sie sollten das Amt bis zum Eintreffen des neuen königlichen Gouverneurs gemeinsam innehaben.

Karl VI., der dauernden Unruhen in Genua überdrüssig, entsandte nunmehr einen Mann, der diese Unruhen mit eiserner Hand niederwerfen würde: Giovan-

ni Le Meingre, Marschall von Boucicaut, in Italien Buccicaldo genannt. Mit ihm kamen etwa 1000 Ritter, Soldaten und Berater. Dieser als Geisel der Mauren in Spanien, der Rebellen in Frankreich, und der Türken in Bulgarien bekannte Soldat, der ein eisenharter Befehlshaber war und manchen Sieg für Karl VI. errungen hatte, schlug – in Genua angekommen – unbarmherzig zu.
Seine erste Amtshandlung war die Auflösung des Consiglio degli Anziani. Danach entließ er einen Teil der Soldaten der Republik Genua, ließ alle Festungen mit eigenen Soldaten besetzen und setzte ein Militärtribunal ein, das alle vor seiner Zeit begangenen Verbrechen aufzuklären hatte. Er ließ Battista de Franchi und Battista Boccanegra ins Gefängnis werfen und ihnen den Prozeß machen. Als widerrechtliche Besitznehmer königlicher Macht und Rechte wurden sie zum Tode verurteilt.
Man brachte sie mitten in der Nacht auf die Piazza, wo der Henker bereitstand. Als dieser dem Boccanegra ein Zeichen gab, sich zum Empfang des tödlichen Streiches niederzuknien, wich Boccanegra im letzten Moment aus. Der Henker wurde wütend und schlug ihm auf den Kopf, Boccanegra fiel tot um. Die Wachen riefen weisungsgemäß nach der ersten Hinrichtung »Viva il re!«
Auf den Lärm hin kamen die aus dem Schlaf gerissenen Menschen ins Freie. Sie rannten auf die Piazza und griffen die Soldaten an, die den Scharfrichter zu schützen hatten.
Der überraschte Henker und die Soldaten suchten das Weite und in dem Getöse gelang es de Franchi zu entkommen.
Doch Buccicaldo wußte sich zu helfen und seinen Ruf zu retten. Der Ritter, der das Hinrichtungskommando befehligte und dem die beiden Delinquenten übergeben worden waren, wurde nun anstelle des Entflohenen geköpft. Beide Köpfe wurden auf Lanzen gespießt und auf dem Balkon des Dogenpalastes ausgestellt.
Nun nahmen die Gonfalonieri (Bannerherren) und Contestabili (Verkünder der Mitteilungen) der einzelnen Stadtviertel ihre Entlassungen entgegen, und auch die Bruderschaften hielten still. Alle legten die Waffen nieder, nachdem der Gouverneur noch einmal dazu aufgefordert und eine letzte Frist gesetzt hatte.
Damit nicht genug, ließ der Marschall von Boucicaut die Festung Castelletto vollenden, und befestigte die Darsena. Den Carretti nahm er das Kastell von Pieve fort und den Grimaldi die Stadt Monaco. Nichts konnte ihn aufhalten. Wer aufmuckte, der verschwand auf Nimmerwiedersehen von den Straßen.
Daß er dennoch ein guter Gouverneur war, wurde andererseits von vielen Seiten bestätigt. So habe er die verrückten Vergnügungen der Reichen beendet, die »Keuschheit der Frauen bewahrt und den Notleidenden geholfen.« (Siehe Carbone, Giunio: a.a.O.)

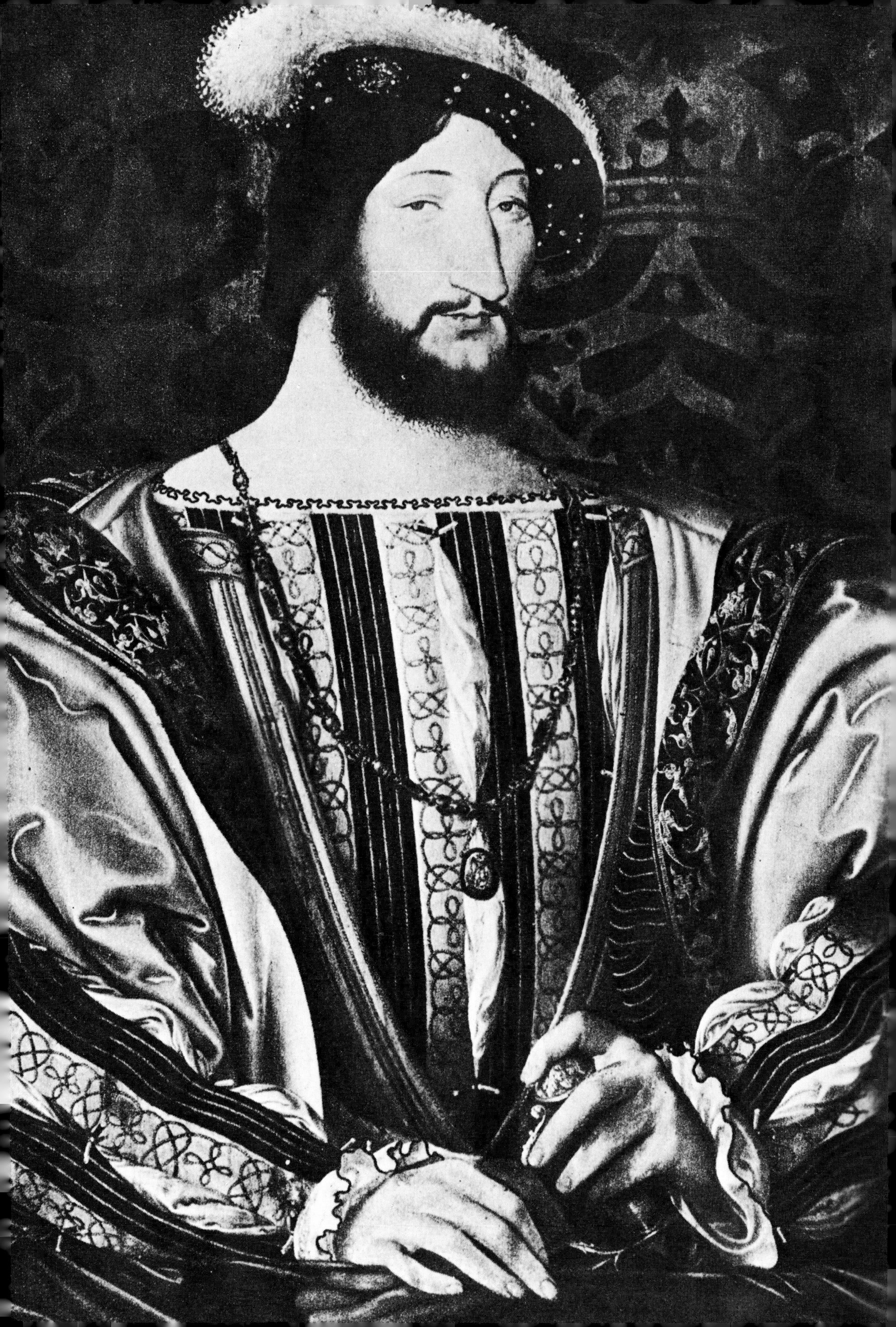

Franz I. König von Frankreich (geb. 1494, gest. 1547) nach einem Gemälde von Clouet. Er gewann Genua und verlor es durch das Geschick und die Tapferkeit Andrea Dorias. (1)

Buccicaldos Auslands-Einsätze

Nachdem er solcherhand mit eisernem Besen Genua ausgekehrt hatte, wandte sich der Gouverneur den auswärtigen Angelegenheiten der Stadt zu. Es ging zunächst darum, die Zypernfrage zufriedenstellend zu lösen. Dort war nach dem Tode König Jakobs dessen Sohn Giano, der während der Zeit der Gefangenschaft seines Vaters in Genua geboren worden war, an die Macht gekommen. Dieser versuchte, die Genueser von der Insel zu vertreiben und sich zum König von ganz Zypern zu machen. Zunächst begann er mit Verhandlungen um Famagusta, das von seinem Vater Genua übereignet worden war.
Gouverneur Buccicaldo setzte diesem Ersuchen ein eisernes Nein entgegen. Als Giano versuchte, Famagusta mit einem herangeschafften Heer zu erobern, wurde er abgewiesen. Er belagerte die Stadt. Diese Belagerung zog sich bis 1403 hin. Dann tauchte Buccicaldo auf, der die Führung der genuesischen Flotte persönlich übernommen hatte, während Pierre de la Ville als sein Stellvertreter in Genua zurückblieb.
Buccicaldo ließ die Truppen nahe Famagusta ausschiffen und griff sofort an. Die Männer des zyprischen Königs wurden dank der raffinierten Kriegskunst des Marschalls vernichtend geschlagen. Buccicaldo, einmal in Rage, zog nun nach Nikosia weiter, wohin sich König Giano zurückgezogen hatte. Dank der Vermittlung des Großmeisters von Rhodos entging Giano der Vernichtung und neuen Abgaben. Famagusta blieb genuesisch, seine Sicherheit mußte garantiert werden.
Buccicaldo, mit diesem Zug noch nicht ausgelastet, verdingte sich noch als Helfer von Kaiser Manuel II. Palaiologos und stand ihm gegen die Türken zur Seite. Er ließ die Flotte nach Syrien laufen, nahm Beirut in Besitz, griff Tripoli an, wurde abgeschlagen und versuchte zwei Angriffe gegen Ägypten, die ebenfalls nicht durchschlugen. Dann kehrte er nach Genua zurück.
Zwischen Modon und dem Hafen Panchi in Morea stieß die genuesische Flotte auf eine venezianische unter der Führung von Admiral Zeno. Zeno griff mit seinen 11 Galeeren sofort an und Buccicaldo, im Seekrieg unerfahren, mußte eine Niederlage einstecken. Er verlor drei Schiffe an die Venezianer, drehte ab und lief heimwärts.
In Venedig wurde dieser Beutezug Zenos gebührend gefeiert. Allerdings tat man bei der Feier des Guten etwas zuviel, als wegen der vielen brennenden Opferkerzen das Dach der Kathedrale niederbrannte.
Nach Genua zurückgekehrt, nahm Buccicaldo einige Neuerungen in Angriff. Er wollte dem Arbeitsausfall und Müßiggang aufgrund der vielen kirchlichen Feier-

tage entgegentreten und die Feiertage auf die alte Zahl zurückschrauben. Der Bischof zeigte sich entrüstet, und anstatt Feiertage abzuschaffen, führte er neue ein, die das Volk jubelnd begrüßte.
Für den Gouverneur des Königs von Frankreich war dies Anlaß genug, die Stadt vom Gehorsam gegenüber dem rechtmäßigen Papst in Rom abzuziehen und sie dem in Avignon sitzenden Pietro di Luna, der sich Benedikt XIII. nannte, zuzuführen. Um dies zu erreichen, versuchte er zunächst Kardinal Luigi Fiesco dazu zu bringen, Benedikt XIII. anzuerkennen. Doch dieser blieb unnachgiebig.
Nunmehr berief Marschall Boucicaut den bekannten spanischen Dominikanerprediger Vincenzo Ferreri, einen Anhänger Benedikts XIII., nach Genua. Ihm gelang es schließlich, den Erzbischof und Kardinal umzustimmen, womit der Gouverneur sein Ziel erreicht hatte. Er lud Benedikt XIII. nach Genua ein, und als er dort eintraf, wurde er von einem dichten Spalier von Tausenden von Menschen empfangen.
»Benedetto, Benedetto, che viene nel nome del Signore!« riefen die Wartenden und Schaulustigen dem Gegenpapst zu, was soviel bedeuten sollte wie »Benedikt, der da kommt im Namen des Herrn!«
Doch anstelle der Fröhlichkeit zog bald Heulen und Zähneklappern in Genua ein, denn die Pest regte sich und nach wenigen Wochen war aus vereinzelten Fällen eine Epidemie geworden. Der redegewandte Pater Vincenzo Ferreri rief zur Buße auf und ließ »Büßerprozessionen« stattfinden, durch die sich die Seuche noch schneller verbreitete.
Buccicaldo ließ sich jedoch nicht beirren. Es gelang ihm schließlich, Sarzana und das Kastell in Val di Magra von seinem Schützling Gabriele Visconti zu bekommen und beide Festungen der Republik Genua einzufügen.
Die Staatskasse, die aufgrund der vielen Prunkfeiern leer war, sollte nun durch erhöhte Steuern und Abgaben aufgefüllt werden. Die Bürger mußten Anleihen aufnehmen, um diese Steuern zahlen zu können und die widerwillig-bewundernde Haltung des Volkes gegenüber Buccicaldo schlug nun in Haß um.
In dieser Phase trat der Banco di San Giorgio abermals auf den Plan und wurde nun endgültig zur Staatsbank. Man schuf ein Amt, das Handlungsvollmacht für die Ablösung und Befreiung der Einkommen der Gemeinde erhielt, womit die Orte und Erwerbungen der Gemeinde entschuldet werden konnten. Dazu gehörte die Befugnis, die ausgegebenen staatlichen Schuldverschreibungen zu verkaufen, die Anweisungen wieder einzuziehen, die Einnahmen zu beschließen und Ermäßigungen und Änderungen durchzuführen, die für die Stabilisierung geeignet erschienen. Damit war der Banco di San Giorgio in seiner endgültigen Gestalt geboren. Die Staatskasse wurde durch diesen 1408 getanen Schritt gekräftigt.

Gabriele Maria Visconti, der Sohn von Gian Galeazzo, dem Herrscher von Mailand, dem Buccicaldo geholfen hatte, sein Erbe anzutreten und zu halten, wurde in Mailand bedroht und flüchtete sich nach Genua. Buccicaldo wollte diesen Mann nicht sehen, denn immerhin hatte er ihm einige Besitzungen weggenommen. Er ließ ihn verleumden, an einer Verschwörung gegenüber dem Gouverneur beteiligt gewesen zu sein. Auf der Folter wurde Gabriele Maria Visconti ein Geständnis abgepreßt und ihm der Prozeß gemacht. Er wurde dem Henker überantwortet.
Doch diesmal wurde der Kopf des Verurteilten nicht durch das Henkerbeil vom Rumpf getrennt, sondern auf eine Weise, die Buccicaldo sich selbst ausgedacht hatte.
Der Delinquent wurde wie ein Stück Schlachtvieh aus dem Kerker vor seine Tür bis auf die öffentliche Straße gezerrt. Dort wurde er auf der Erde ausgestreckt und mit vier Seilen an Händen und Füßen festgebunden. Man legte Tücher um ihn herum, damit sein Blut nicht die Straße hinunterlaufen konnte, und dann erst trat der Henker in Aktion und schlug ihm den Kopf ab. Der Gouverneur war selbst zugegen und gab die entsprechenden Regieanweisungen.
Mit diesem Ereignis eröffnete Buccicaldo eine Reihe brutaler Aktionen, die oftmals von ausgesuchter Grausamkeit waren, die er während der Zeit seiner Geiselschaft gesehen oder gehört hatte. Danach erarbeitete er neue Gesetze für Genua und ließ alte Gesetze einfach außer Kraft setzen.
Ein neuer großer Coup gelang Buccicaldo im August 1405. Mailand und die Lombardei wurde von vielen italienischen Fürsten begehrt, nachdem Gabriele Maria Visconti in Genua hingerichtet worden war. Buccicaldo gelang es, dessen Nachfolger davon zu überzeugen, daß er allein Mailand helfen könne, unabhängig zu bleiben und nicht von den anderen geschluckt zu werden. Wenn er in die Stadt einziehe, ließ er verkünden, dann sei Mailand sicher. Man bat ihn zu kommen.
Mit 6000 Berittenen zog der Marschall nach Mailand. Er wurde aufgenommen und empfing mit dem Mailänder Szepter in der Hand die beiden Viscontibrüder. Buccicaldo erhielt den Titel eines Gouverneurs der Lombardei. Lediglich das Kastell von Mailand unterwarf sich nicht.
Als man in Genua hörte, daß sich jemand gegen den Buccicaldo auflehnte und nicht zermalmt wurde, brach auch hier der Aufruhr los. Die Emigranten, die Genua hatten verlassen müssen, mischten sich ein. Einer ihrer Führer, Battista de Franchi, Herr in Alessandria, übernahm die Koordinierung. Facino Cane und Teodoro II., Marchese von Montferrat, kamen hinzu. Im Val die Polcevera trafen sich alle Aufständischen.
Der stellvertretende Gouverneur in Genua wollte gegen sie antreten, doch das

Volk in Genua erhob sich ebenfalls und so blieb ihm nichts anderes übrig, als sich ins Castelletto zurückzuziehen. Auf dem Wege dorthin wurde er von einem Bewohner des Polceveratales erschlagen, der seinen Bruder rächen wollte.
Wenige Tage später war Genua nach langer Herrschaft unter französischen Gouverneuren und der Tyrannis des Gouverneurs wieder frei. Marquis Teodoro II. wurde zum Capitano della Repubblica gewählt.
Als Buccicaldo in Mailand von diesen Genueser Ereignissen erfuhr, marschierte er wutschnaubend mit der Truppe nach Genua. Unterwegs stieß er auf Truppen unter Facino Cane. In einem mehrstündigen Kampf wurde der Gouverneur geschlagen. Während Facino Cane nach Alessandria weiterzog, wich Buccicaldo nach Gavi aus, wo er sich in dem Kastell verbarrikadierte.
Dort hielt er sich noch zwei Monate, um Weisungen seines Königs zu erhalten. Dann wurde er nach Frankreich zurückgerufen. Der König hatte die Herrschaft über Genua als zu anstrengend und teuer aufgegeben. (Giovanni Le Meingre, Marschall von Boucicaut, kam in der Schlacht bei Azincourt in Gefangenschaft und starb, wie viele seiner Gegner vorher, im Tower in London.)

Das zweite Dogenkarussell

Genua war nun zwar frei von Feinden der Republik und fremden Eindringlingen, nicht aber von der Feindschaft der einzelnen Familien untereinander. Die Ghibellinen erreichten noch zur Zeit, da sich Buccicaldo in Gavi aufhielt, die Einsetzung eines Conservatore della Giustizia. Dieser hatte das Recht, Verdächtige zu foltern und die Geständigen zum Tode zu verurteilen, ohne die formellen Gesetze beachten zu müssen. Danach erklärten sie den Fieschi den Krieg, den sie mit fieschischem Gelde bezahlten, indem sie deren Güter in San Giorgio beschlagnahmten. Nur dem entschlossenen Einschreiten des Marquese von Montferrat gelang es, Schlimmeres zu verhindern. Als er sich aber 1410 nach Montferrat begab, besetzten in der folgenden Nacht 400 Bewaffnete unter Tommaso Fregoso die Stadt. Sie setzten die alten Magistrate ab und versammelten den Consiglio maggiore zu neuen Wahlen.
Giorgio Adorno, der in Savona gekämpft hatte, kam plötzlich nach Genua zurück. Er war stärker bewaffnet als sein Nebenbuhler, so daß er schließlich am 27. März 1413 zum neuen Dogen der Stadt gewählt wurde. So wurde der Bruder des bereits viermal zum Dogen berufenen Antonio Adorno neuer Doge.
Im selben Jahr kam es zum Feldzug von Teodoro von Montferrat, der mit seiner

Truppe Vado und Savona besetzte. Der Doge bekriegte ihn, als aber der Kampf zu lange dauerte, entschädigte er ihn mit 24 500 Genovinen.
Giorgio Adorno berief das Parlament ein und schlug von einem Reformierungsrat neu aufzustellende Grundgesetze vor.
Die frühere Verfassung wurde abgeschafft. Ein ausländischer Podestà sollte mit einem Gehalt von 5000 Lire im Jahr verpflichtet werden. Ihm wurde das Richteramt für alle Angelegenheiten übertragen, die nicht den Magistrato della Mercatura, das Handelsgericht, betrafen. Die Consiglio degli Anziani sollten als Beigeordnete des Dogen fungieren und ihn beraten. Alle schwierigen Fälle und Geschäfte sollten auch dem Consiglio dei Quaranta, dem Rat der Vierzig, vorgelegt werden, und über Krieg oder Frieden hatte allein der Consiglio maggiore zu entscheiden.
In beiden Räten sollte der Doge den Vorsitz übernehmen. Als Überwachungs- und Kontrollgremium waren die Sindacatori – die Kontrolleure – eingesetzt. Unter ihrer Überwachung standen die Magistrate, Richter und Advokaten. Die Unterbindung von Befugnisüberschreitungen, von welcher Seite sie auch ausgeübt werden würden, fielen in ihren Bereich. Pflichtvergessene sollten durch sie bestraft und zur Verantwortung gezogen werden. Die Provisori, Inspektoren gleich, waren als Verbindungsglied zwischen den Bürgern und der Regierung eingesetzt, damit diese immer wußte, was den Bürger auf der Straße bewegte und man darauf eingehen oder durch Bürger angeprangerte Mißwüchse abstellen konnte. Sie hatten auch die Ausgaben der Regierung zu überprüfen.
Schließlich war das Uffizio della Moneta, das Münzamt, neu in das Gesetz aufgenommen worden. Es erhielt die Aufgabe, alle Geldgeschäfte zu kontrollieren, die Geldeingänge zu verwalten, die Ausgaben der Regierung zu tätigen und die öffentliche Kasse zu überwachen. Der Magistrato della Guerra beriet mit dem Dogen und seinem Consiglio über Krieg und Frieden der Republik, und dem Ufficio della Mercatura, dem Handelsgericht, waren alle Aufgaben übertragen worden, die sich aus Handel und Schiffahrt, einschließlich der Meinungsverschiedenheiten in diesen beiden Zweigen, ergaben.
Zum Schluß wurde ein Passus in die neue Gesetzgebung eingefügt, mit welchem der Cliquen- und Vetternwirtschaft begegnet werden sollte. Es sollte niemand mit dem Podestà Freundschaft schließen dürfen. Niemand erhielt die Erlaubnis, mit ausländischen Fürsten zu verhandeln. Darüber hinaus sollten zur Kampfbereitschaft Genuas die Wehrübungen der Armbrustschützen unter der Führung von zwei Capi di Guerra wieder aufgenommen werden.
Der Doge und seine Ältesten wurden ermächtigt, falls Zeit und Umstände dies erlaubten oder erforderlich machten, eine Reform durchzuführen. Voraussetzung dafür war, daß sie dem Cancelliere die neuen Gesetze und Vorschriften vor-

her zugänglich machten. Diese sollten dann von dem Cancelliere im Consiglio dei Quaranta vorgelesen, erörtert und durch die Vierzig gebilligt werden. Wurden sie nicht gebilligt, waren sie abgelehnt. Bewilligte man sie, dann mußte der Doge gemeinsam mit den Ältesten und den Münzbeamten acht Reformatoren benennen, die Vollmacht erhielten, die neue Vorschrift oder das neue Gesetz auszuarbeiten.
Diese neue Verfassung, von Giorgio Adorno di Adornino vorgeschlagen, wurde einstimmig angenommen.
Das neue Gesetz von 1413 unterband damit zum erstenmal die Kontaktaufnahme reicher Familien mit ausländischen Fürsten, wie dies oftmals zum Schaden Genuas geschehen war. Es sah so aus, als würde Genua endlich zur Vernunft kommen, um sich aus der Zerrissenheit der Vergangenheit zu lösen und eine neue größere, strahlendere Stadt zu werden.
1414 wurde beschlossen, eine Reihe von Caporali zu ernennen. Diese sollten an wichtigen Stellen eingesetzt werden. Nur wer aus Familien stammte, die sich um das Wohl Genuas verdient gemacht hatten, konnte Caporal werden. Diese Caporali sollten auch in den genuesischen Besitzungen für Ruhe und Ordnung sorgen. Einer der ersten Caporali wurde nach Korsika entsandt, jener Insel, auf die Genua Anspruch hatte und auf der in regelmäßigen Abständen Unruhen und Streitigkeiten aufflammten. In jede der korsisch-genuesischen Gemeinden wurde einer der Caporali entsandt, mit der Weisung, auch als politischer Inspektor zu wirken. Alle zusammen wurden dem Generalgouverneur auf der Insel direkt unterstellt.
Alles dies hätte eine neue lange und stabile Regierungszeit bringen müssen. Daß dies nicht so war, lag an den Versuchen anderer großer genuesischer Familien, die Macht wieder an sich zu reißen. Es gelang dem Dogen Adorno nicht, die Zerrissenheit untereinander zu beseitigen und die aufklaffenden Gräben der Zwietracht zuzuschütten. Er ließ diese Parteiungen bestehen und so nahm es nicht wunder, daß schließlich Battista Montaldo im Auftrage einiger anderer Aufrührer Söldner anwarb und sie insgeheim nach Genua schaffte.
Als dem Dogen diese Vorkommnisse gemeldet wurden, unterband er sie nicht und trug durch seine Unentschlossenheit und falsche Rücksichtnahme dazu bei, daß die Dinge eskalierten. Seine Gegner bewaffneten sich weiter und in der Nacht des Aufstandes begann eine neue genuesische Tragödie; die wievielte, wußte niemand mehr zu sagen.
Die Aufrührer schleppten Bombarden herbei und warfen Brandfackeln in die Häuser ihrer Gegner. Geschütze spien Flammenlanzen aus. Pfeile zischten von Armbrüsten. Die ersten Paläste gingen in Flammen auf. Das Castelletto wurde ebenso von den Aufrührern besetzt wie das alte Kastell.

Der Aufstand dauerte an. Täglich wurden neue Massaker verübt. »Die ganze Stadt wurde zum Schlachtfeld!«
Der Doge versuchte vergebens, den Frieden wiederherzustellen. So ging dann für Ligurien ein so hoffnungsfroh begonnenes Jahr mit neuen Freveln und Vernichtungen zu Ende. Viele einflußreiche Familien verließen Genua.
Zu Beginn des Jahres 1415 kamen Genua aus der Lombardei 200 Berittene und die doppelte Anzahl Infanteristen zur Hilfe. Aber auch Montaldo da Monferrino konnte auf Hilfstruppen zurückgreifen. Der Kampf entbrannte noch einmal auf das heftigste. Der Doge vermochte nicht Frieden zu schließen. Nunmehr versuchte es der Klerus. Es wurden insgesamt neun Schiedsrichter aus den miteinander befehdenden Parteien ausgewählt, die eine Staatsreform durchführen sollten. Der Doge Giorgio Adorno di Adornino wurde nach dem Friedensschluß am 6. März 1415 entlassen. Er legte sein Amt am 23. März nieder.
Der Rat der Vierzig ernannte für die Interimszeit bis zur Wahl eines neuen Dogen die beiden Nobili Tommaso da Campofregoso und Jacopo di Antonio de Giustiniani zu Prioren für eine Zeit von drei Monaten. Doch bereits am 28. März beriefen diese beiden eine Bürgerversammlung ein, und die 800 erschienenen Männer der Stadt beschlossen, so rasch wie möglich einen neuen Dogen zu wählen.
Die Wahl fiel auf Barnaba Goano di Ottobuono. Er wurde am 29. März gewählt. Der neue Doge hatte zwei Möglichkeiten, sich im Amt zu halten. Er mußte entweder die Anführer in der Stadt für sich gewinnen oder sie unterdrücken. Als er letzteres versuchte, schlugen die Wogen der Empörung sofort hoch empor.
Am 3. Juli griffen Adorno und Campofregoso gegen den Dogen zu den Waffen. Von diesen beiden einflußreichen Familien aufgestachelt, stürmte das Volk den Dogenpalast. Der Doge floh, und am 4. Juli wurde Tommaso Campofregoso di Pietro zum neuen Dogen gewählt. Isnardo da Guarco und Battista da Montaldo verließen die Stadt.
Auf Wunsch des Volkes wurde Tommaso Campofregoso auch noch zum Signore ausgerufen. Der neue Doge, der aus einer großen Familie mit einflußreichen und starken Anhängern stammte, kannte sich im Regierungsgeschäft ebenso gut aus wie im Waffenhandwerk. Er kreierte eine neue Masche, sich die Gunst des Volkes und der gesamten Stadt zu erhalten. Seine Devise lautete:
»Gebt dem Volk Brot und Spiele, laßt die Reichen reicher werden, bietet Luxus und Zerstreuung!«
Diese Spekulation ging auf. Wer sich dennoch widersetzte, verschwand irgendwo in einem Kerker oder wurde ausgewiesen.
In Genua kehrte der Friede ein. Der Wohlstand mehrte sich wieder. Den Hauptanteil am Wiedererstarken der Stadt hatte die erneute Aufnahme und Forcierung der Handelsbeziehungen mit West- und Südwesteuropa. Diese Art der Expan-

sion in »die andere Richtung« sollte sich später als eminent nützlich erweisen, als die große Zeit der Entdeckungsreisen begann und alle jene Staaten und Städte, die auf den Osten gesetzt hatten, schlagartig aus dem Rennen geworfen wurden. Nach der Entdeckung des Seeweges nach Indien und Amerika waren die Landwege und damit die Ostrouten via Venedig und durch das Mittelmeer überflüssig geworden.

Die Veranstaltungen und Festlichkeiten in Genua wurden nun, was Luxus und ungezügelte Wildheit anlangte, größer und prunkvoller. Dadurch hoffte Campofregoso die Gedanken seiner Widersacher vom Dogenamt abzulenken und seine Position zu sichern. Darauf allein zu setzen, wäre ihm jedoch nicht gut bekommen. Er griff nach einem weiteren Hilfsmittel der Stärkung seiner Position. Seinen Bruder Battista beförderte er zum Capitano Generale. Savona übergab er seinem anderen Bruder Spineta. Er schickte seinen dritten Bruder Abramo als Gouverneur nach Korsika und den vierten, Bartolomeo, nach Famagusta auf Zypern. Um seinen Hauptwidersacher Giorgio Adorno zu bändigen, entsandte er ihn nach Caffa.

Seine Sicherung nach außen bestand in einem Hilfsabkommen zu Wasser für den König von Frankreich. Dieser bestätigte im Gegenzuge die Herrschaft von Campofregoso.

Die zu dieser Zeit nach Genua kommenden Reisenden erlebten großartige Zeiten. Man sah in Purpurkleidung herumflanierende Männer vom Adel. Die Patrizierinnen waren geputzt und geschmückt, mit Perlen und Goldgehängen und allem erdenklichen Schmuck bedeckt und mit prunkvollen Roben bekleidet.

Diesen großen Vorbildern versuchten natürlich auch die Bürgerfrauen nachzueifern, und selbst die Frauen der Handwerker und Bauern standen den reichen Frauen oft in nichts nach, was die Kleidung anlangte. Zu allen Jahreszeiten wurden rauschende Feste gefeiert. Die einfachsten Frauen trugen perlenbestickte Seidenschuhe. Es herrschte eine Gier nach Freude um jeden Preis. In Genua gab es Bettler, die die ganze Woche hinduch bettelten, sich von dem erbettelten Geld Sonntagskleider liehen und mitfeierten.

Im Sommer verließ jeder, der auf sich hielt, die Stadt, um sich in Villen und Häuser auf dem Lande zurückzuziehen und das Dolce far niente zu genießen.

Die tollsten Blüten aber trieb dieser Prunk im Dogenpalast. Bei einem großen Fest, das der Doge den Honoratioren und Nobili der Stadt sowie den ausländischen Gesandten gab, »konnte man 700 in Goldtücher gehüllte Damen bewundern, die infolge des übergroßen Gewichtes an Diamanten und anderen Juwelen und Geschmeiden kaum tanzen konnten«. (Siehe Carbone, Giunio: a.a.O.)

Das war wahrlich ein abgrundtiefer Kontrast zu den Zeiten der Kämpfe und Zwiste. Daß sich darin aber die Tätigkeit des Dogen erschöpft hätte, war zum Glück für Genua nicht der Fall. Tommaso Campofregoso ließ Promontorio mit den beiden umliegenden Bergkuppen Peraldo und San Barnardo befestigen. Die beiden zerstörten Tore von Arco und San Tommaso wurden wieder aufgebaut. Der Bau der bei der Ghibellinen-Belagerung begonnenen Mauer wurde beendet. (Sie wird heute als alte Mauer bezeichnet, da später [1639] ein dritter Mauerring um die Stadt gezogen wurde, der eine Gesamtlänge von 12 Meilen hatte.)

Eine der wichtigsten Arbeiten Campofregosos war die Erweiterung des Eingangs zum Binnenhafen. Er ließ die einengenden Felsen abtragen, den Kanal auf 15 Fuß vertiefen und von allen Ablagerungen reinigen. Durch diese Tätigkeiten, die vielen Menschen in Genua Arbeit gaben, verschaffte sich der Doge neues Ansehen und größere Autorität.

Die Bemühungen der Adorni, an die Macht zu gelangen, ließen nicht nach. Diesmal war es Teramo Adorno, ein Schwager des Dogen, der die Macht an sich zu reißen versuchte. Dazu tat er sich mit den Guarchi und Montaldi zusammen, die als erklärte Gegner der Adorni und Fregosi galten. Doch in der Stadt konnten sie keine Mehrheit zu einem Umsturz finden. Sie verfielen auf einen Ausweg und wandten sich an Filippo Maria Visconti.

1416 gelang es, das Territorium der Stadt weiter auszudehnen. Vorwand dazu war ein Mord, der an einem genuesischen Beamten in La Spezia verübt wurde und der dem Markgrafen Malaspina von Villafranca zur Last gelegt wurde. Eine Strafexpedition nahm diesem Lunigiana fort.

Abramo da Campofregoso, der Bruder des Dogen, griff Tommaso Malaspina, der sich an der Westküste von Korsika festgesetzt hatte, an und schlug ihn ebenso wie den Markgrafen Henrico da Ponzono, der dem Malaspina helfen wollte. Der Waffenstillstand mit dem Hause Aragonien wurde nach diesen Siegen erneuert.

Das Jahr 1417 sah weitere Intrigen der vertriebenen Familien gegen Genua. Diese hatten eine Reihe von Feinden der Republik zu einer Liga zusammengebracht, unter anderem den Herzog von Mailand, den Markgrafen von Montferrat und jenen von Carreto. Nachdem letzterer den Kampf im Oktober eröffnete, rückten im Dezember 1500 Reiter und 2000 Söldner gegen Genua vor.

Tommaso Campofregoso ließ einen Befehl verkünden, daß kein Bürger der Stadt, der nicht dazu von ihm aufgerufen worden sei, zu den Waffen greifen dürfe. Damit wollte er verhindern, daß sich Freunde der Belagerer von innen gegen Genua wandten.

Die anrennenden Haufen der Söldner wurden bei Bolsonetto geschlagen und zogen sich in das Scriviatal zurück. Am 31. 12. 1417 überfielen sie Gavi, das im Januar 1418 fiel und dem Herzog von Mailand übergeben wurde. Capriata fiel im Februar in ihre Hände. Als es ihnen im März gelang, bis nach San Pietro dell'Arena dicht vor Genua vorzudringen, wählten sie hier einen Gegendogen. Es war

Teramo Adorno. Bis zum 11. April blieben sie hier liegen. Als sie endlich abzogen, fiel Battista Campofregoso aus Genua aus, setzte ihnen nach und brannte am 14. April die Ortschaft der Aufständischen, Buzalla, nieder.

Der Kampf setzte sich in den entfernteren Gebieten Genuas fort und den Mailändern gelang es, Genua sämtliche Ortschaften und Burgen jenseits des Apennin bis auf die Ortschaften Ponzono und Pareto fortzunehmen, die von Montferrat gewonnen wurden. Capriata und Tajolo fiel dem Gegendogen Adorno zu. Den Truppen des Visconti gelang es 1418, durch das Polceveratal bis Genua zu gelangen und den Torre del Faro durch Verrat zu besetzen. Der Doge ließ in der Stadt alle verdächtigen Bürger entwaffnen und seine Anhänger bewaffnen. Er verbot Versammlungen und Zusammenrottungen, vor allem nächtliche Gesellschaften. Gegen den Herzog von Mailand erhielt er die Hilfe durch Piacenza, die ihm 1000 Infanteristen und 1000 Pferde schickten. Auch Pandolfo Malatesta, Herrscher in Bergamo, unterstützte Genua.

Als alles nichts fruchtete und Malatesta beim Übergang über die Adda geschlagen wurde, wandte sich Tommaso Campofregoso an Filippe Visconti und schlug ihm einen Pakt vor. Er bot dem Mailänder die Ländereien von Capriata, Serravalle und Borgo de Fornari an und legte noch 200 000 Dukaten darauf. Der Friede wurde im Sommer 1419 geschlossen, der Herzog ließ nach Mailand zurückmarschieren.

Inzwischen hatte Alfonso V., König von Aragon, die Gelegenheit genutzt, den Genuesern die Herrschaft über Korsika zu entreißen.

Korsisches Intermezzo

Unter der Führung des Condottiere Vicentello landeten die Truppen des spanischen Königs in Korsika. Es gelang ihnen, die ligurischen Capitani in den verschiedenen Bezirken der Insel zu besiegen und auf Korsika Fuß zu fassen.

Alfons V. schickte nunmehr eine größere Flotte, die Kurs auf Alghero nahm und dort ebenfalls Truppen landete.

Gegen diese Streitkräfte konnte Tommaso Campofregoso keine entsprechenden Gegenkräfte einsetzen. Doch dank seiner weitreichenden Verbindungen an den verschiedensten Höfen, die oftmals dem Banco di San Giorgio verschuldet waren, gelang es ihm, einige Herrschaften für sich zu gewinnen.

Als der spanische König in Alghero eintraf, fand er hier bereits zwei Gesandtschaften vor, die ihm entgegengeschickt worden waren: einmal jene von Papst Martin V. und zum anderen die von Königin Johanna II. von Neapel.

Der Papst ließ Alfons V. bitten, der genuesischen Republik, die soviel für den Heiligen Stuhl getan habe, nicht zu schaden. Königin Johanna, die von Ludwig III., Herzog von Anjou, angegriffen wurde, forderte Alfons V. zu ihrer Verteidigung auf. Sie wolle ihn an Sohnes Statt annehmen und er sollte nach ihrem Tode das Königreich Neapel erben.

Alfons V. beschwichtigte den Papst, hielt aber gleichzeitig am Plan der Eroberung Korsikas fest. Daß er den Vorschlag von Königin Johanna II. annahm, verstand sich von selber. Auch zu damaliger Zeit bekam man nicht allzu häufig ein Königreich auf silbernem Tablett gereicht.

Seine Truppen nahmen im Verfolgen der Eroberungspläne Calvi ein. Danach wurde Bonifacio belagert. Sieben Monate hielten sich die Verteidiger in der Stadt. Erst nachdem alle Vorräte aufgebraucht waren, schickten sie einen Gesandten nach Genua, der dort erklären sollte, daß man binnen 40 Tagen Hilfe von der Vaterstadt erwarte. Wenn sie nicht erfolge, müsse sich Bonifacio übergeben. Das, so hoffte man, würde Genua zum Handeln veranlassen.

Als der Gesandte aus Bonifacio in Genua eintraf, waren Glanz und Luxus bereits wieder aus der Stadt verschwunden. Die Pest hatte abermals zugeschlagen und die Verwaltung schlief mit offenen Augen. Es fanden keine Veranstaltungen mehr statt, die Militärübungen waren vergessen, der Marktbesuch kläglich.

Als der Gesandte, der Genua kannte, diesen Verfall sah, als er bemerkte, daß sich jeder nur um seine eigenen Belange kümmerte, zweifelte er an dem Erfolg seiner Bemühungen. Dennoch erbat er eine Audienz beim Dogen. Nach einigem Hin und Her wurde sie ihm gewährt. Der Rat sollte dabei sein und wurde zusammengerufen. Doch nur ein Teil des Rates folgte dieser Aufforderung.

Der korsische Gesandte trat vor den Dogen und die versammelten Mitglieder des Rates und legte ihnen die Lage auf der Insel dar. Zum Schluß sagte er:

»Wenn unsere Kolonie von den Nöten hier in Genua gewußt hätte, hätte sie mich niemals hierhergeschickt. Viel eher hätte sie Euch ihre Söhne geschickt, um die dezimierte Einwohnerschaft der Superba wieder aufzufüllen.

Jetzt ist dies nicht mehr möglich, weil uns König Alfons V. von Aragon bedrängt und Bonifacio seit sieben Monaten eingeschlossen hat. Wir müssen Euch nun um Hilfe anflehen.

Wenn Bonifacio in die Hände des Feindes fällt, wird die ganze Insel dem spanischen König gehören, denn Bonifacio ist das letzte große Bollwerk Korsikas.

Wenn Ihr uns in dieser Situation nicht unterstützt – so schwer es Euch fallen möge – dann werdet Ihr nicht nur großen Schaden erleiden, sondern darüberhinaus auch Euer Ansehen verlieren. Wer seine ureigensten Interessen nicht mehr vertreten und seine treueste Kolonie nicht mehr verteidigen kann, der gilt nichts mehr in der Welt.

Wir aber sind in äußerster Bedrängnis und flehen Euch an, uns zu helfen, wenn Euch an Eurem Nutzen und an Eurer Ehre weiterhin gelegen ist.«

Das waren starke Worte. Sie zeigten dem Rat und dem Dogen die Lage klar und unmißverständlich. Das Unerwartete geschah. Der Doge, sonst nur auf die Erhaltung seiner eigenen Macht bedacht, war an seiner Ehre gepackt worden. Der Rat, nicht in der vorgeschriebenen Mehrheit versammelt, konnte keine Entscheidung treffen. Er blieb stumm sitzen. Da stand der Doge als Privatmann auf.

»Ich werde alle meine Wertgegenstände veräußern und aus ihrem Erlös Kriegsgerät, Waffen und Lebensmittel kaufen. Dann werde ich eine Flotte anheuern und sie Euch zur Hilfe schicken.«

Der Erlös der zum Verkauf angebotenen Gegenstände des Dogen in Lucca erbrachte die Summe von 30 000 Gold-Genovinen. Damit wurden in aller Eile sieben Schiffe ausgerüstet und mit Hilfsgütern beladen. Befehlshaber dieser kleinen Flotte wurde Giovanni Campofregoso, ein erfahrener Flottenkommandeur.

Die kleine Flotte segelte los und erreichte am 24. Dezember 1420 Bonifacio. Die enge Hafeneinfahrt war von den Aragoniern mit einer eisernen Kette gesperrt worden. Auf dem Strand standen die dort aufgefahrenen Bombarden, die das Feuer eröffneten und die genuesische Flotte auf Distanz hielten. Hinter der Kette hatte man die großen aragonischen Schiffe versammelt.

Als die Sonne des Heiligen Abends 1420 unterging und die verzweifelten Verteidiger die genuesische Flotte sichteten, wagte es ein guter Schwimmer zu den ligurischen Schiffen hinauszuschwimmen, um zu erfahren, was die Flotte beabsichtige. Admiral Giovanni Campofregoso erklärte, daß er angreifen, die Eisenkette zerstören und in den Hafen einlaufen werde.

»Wenn die Stadt noch 24 Stunden aushält, wird sie frei sein!«, versprach er dem Schwimmer, der auf demselben Wege wieder in die Stadt zurückkehrte.

Der Kampf begann noch am Abend dieses Tages. Die genuesischen Schiffe eröffneten das Feuer und segelten auf die Eisenkette zu. Es gelang, sie beim ersten Anlauf zu sprengen. Schiff kämpfte nun gegen Schiff, doch die Überzahl der aragonischen Fahrzeuge kam in dem engen Hafenbereich nicht zur Entfaltung.

Mit dem Mute der Verzweiflung wurde auf beiden Seiten gefochten. Die ersten aragonischen Schiffe sanken oder standen bereits in Flammen. Dennoch schien sich der Sieg den Aragoniern zuzuwenden, als schließlich wieder ein einzelner die Schlacht entschied.

Ein guter genuesischer Schwimmer hatte sich – angespornt von der Leistung des bonifacischen Schwimmers – erboten, unter Wasser an das Admialsschiff der Aragonier zu gelangen und dessen Ankertaue zu kappen. Die »Tauchente«, wie dieser Schwimmer genannt wurde, schwamm bis in die Nähe des Admiralsschif-

fes, tauchte dann und säbelte nacheinander in zweimaligem Tauchgang die Ankertaue des Admiralsschiffes durch.
Als sich das Admiralsschiff plötzlich drehte, durch seine Eigenbewegung die Ordnung der anderen Schiffe störte und schließlich gewissermaßen als Schirm vor den genuesischen Schiffen lag, gab Campofregoso den Befehl zum Durchstoß. Seine Schiffe liefen durch die Mitte der Feindgruppen, schossen nach allen Seiten und gelangten zum Hafen und an die Mole von Bonifacio, wo sie anlegten. In Eile wurde alles ausgeladen und die Verstärkungen, einige hundert Bogenschützen, an Land und in die Verteidigungsstellungen gebracht.
Campofregoso mußte nun wieder aus dem Hafen hinausgelangen, um nach Genua zurückzukehren und weitere Hilfe zu holen, die inzwischen organisiert sein würde. Da die aragonische Flotte sich nun als dichter Kordon um die Ausfahrt gelegt hatte, ließ er seiner Flotte, die bereits mit gehißten Segeln losfuhr, ein Boot mit kleiner Besatzung vorausrudern, das bis an den Dollbord mit leicht brennbarem Material vollgepackt war.
Dieses Boot lief genau auf die Mitte des feindlichen Belagerungsringes zu. Obgleich es sofort beschossen wurde, ruderten die Männer weiter, bis sie dicht genug herangekommen waren. Dann wurde das Boot in Brand gesetzt und mit einigen letzten Ruderschlägen in Richtung Feind getrieben. Nun sprangen die Ruderer über Bord und schwammen zurück. Das große Boot trieb genau auf den Gegner zu.
Die beiden Schiffe in der Mitte, auf die das brennende Boot zulief, drehten ab und durch die aufklaffende Lücke steuerten die genuesischen Schiffe, vorbei an dem brennenden Boot, in die freie See hinaus.
Bonifacio war für einige weitere Monate der Belagerung gerüstet. König Alfons V. ließ die Belagerung abbrechen und fuhr mit der Flotte in Richtung Neapel, allerdings nicht ohne vorher noch einige seiner Freunde aufzuwiegeln, sich Korsikas zu bemächtigen. Hinzu kamen die aus Genua Verbannten.
Filippo Maria Visconti aus Mailand, der Graf von Carmagnola und die Marchesi von Finale schlossen sich diesen Angriffsgruppen an. Sie spekulierten auf persönliche Erfolge. Erstere landeten an der ligurischen Westküste. Die genuesischen Rebellen aber, deren Hauptvertreter Guido Torello, die Montaldi, die Fieschi, Francesco Spinola und Teramo Adorno waren, zogen ins Polceveratal.
Die Galeeren der Katalanen und der Marchesi von Finale verwüsteten die ligurischen Seeorte, Vincentello, der Admiral König Alfons V., belagerte nacheinander Calvi und Bonifacio.
Es sah bereits so aus, als müsse Abramo Campofregoso, der Gouverneur Korsikas, die Insel aufgeben. Nun aber verfiel man in Genua auf einen genialen Plan. Zu Beginn des Jahres 1421 wurde im Rat der Ältesten beschlossen, Livorno zu

verkaufen. Florenz erwarb mit dieser Stadt zugleich einen direkten Hafen am Meer. Dafür zahlte man 100 000 Gold-Florentiner. Die von Genua ausgehandelte Meistbegünstigtenklausel sicherte ihnen in Pisa ebenso wie im Gebiet Livorno und im Hafen von Pisa völlige Immunität und entsprechende Privilegien.
Diese Bedingungen besagten ferner, daß alle Waren, die von Florentiner Schiffen irgendwo in Flandern oder England gekauft wurden, auf genuesischen Schiffen transportiert werden mußten, falls sie auf Genueser Hoheitsgebiet oder in die toskanischen Maremmen bis nach Talamone gebracht werden sollten.
Aus dem Erlös dieses Verkaufes, der sich zudem noch positiv auf den Genueser Handel auswirkte, konnten Soldaten für Korsika angeworben werden. Mit sieben Galeeren lief Battista Campofregoso nach Korsika aus. Er nahm den Kampf auf und bald schon schien der Gegner überwunden.
Der Verrat dreier Schiffe, deren Kapitäne ein Komplott gegen Campofregoso geschmiedet hatten, kosteten diesem den Sieg und die Freiheit. Alle genuesischen Schiffe fielen in die Hand des Feindes.

In den Fängen Mailands

Als diese niederschmetternde Nachricht Genua erreichte, beschlossen die Brüder Campofregoso, an der Spitze der Doge, Genua mit allen zur Republik gehörenden ligurischen Besitzungen an den Herzog von Mailand zu übergeben.
Die Mailänder waren einverstanden. Tommaso Campofregoso legte sein Dogenamt nieder und übergab die Stadt und deren Besitzungen in Ligurien. Für die Übergabe von Savona mußte Mailand an Spineta Fregoso 15 000 Gold-Florentiner zahlen. Der abgedankte Doge erhielt als Geschenk 30 000 Gold-Florentiner und als eigenen Besitz die Stadt Sarzana mit den umliegenden Kastellen.
Dafür fiel die gesamte Herrschaft der Republik Genua an den Herzog von Mailand, mit sämtlichen Privilegien die zur Zeit König Karls VI. von Frankreich vereinbart worden waren. Am 2. Dezember 1421 wurde Genua übergeben.
Für den Herzog von Mailand zog der Graf von Carmagnola mit 600 Berittenen und 3000 Infanteristen in die ligurische Hauptstadt Genua ein. Am 2. Dezember 1421 wurde Genua übergeben.
Der Condottiere Carmagnola hatte es geschafft. Er war klug genug, zunächst alles beim alten zu belassen. Selbst die Räte des Dogen blieben im Amt und berieten nun den Söldnerführer. Carmagnola setzte es jedoch durch, daß der Herzog von Mailand in Genua das Sagen behielt, den Podestà der Stadt wählte und die übrigen Beamten ernannte.

Im März 1422 traten die vier Räte des Mailänder Herzogs, Pietro de Giorgi, der Bischof von Novara, Guido Torelli, Sperone di Pietra Santa, und Franchino da Castiglione die Regierungsgeschäfte in Genua an. Sie führten das Regiment jedoch nur bis zum 5. Dezember. Dann wurden sie durch den Grafen von Carmagnola abgelöst, weil die Bewohner der Stadt um ein Oberhaupt anstelle der vier gebeten hatten.

Unter dem Gouvernement Carmagnolas wurde im Jahre 1423 eine Genueser Flotte ausgerüstet, die dem Herzog von Anjou das Erbe von Neapel sichern sollte, das er beanspruchte. Carmagnola wollte diese Flotte selber führen. Aber Filippo Visconti mißtraute ihm. Er schickte als Admiral Guido Torelli nach Genua, einen der größten Nebenbuhler Carmagnolas. Dieser übernahm 13 große Schiffe voller Material und Kriegsgerät, 21 Galeeren, drei Galeotten und eine Brigantine. Mit diesen Schiffen zog er dem König von Aragon, der als zweiter Anwärter auf das Erbe Johannas' II. von Neapel auftrat, entgegen. Es galt, Alfons' V. Träume zu durchkreuzen, die darauf gerichtet waren, nach dem Gewinn von Neapel einen Anspruch auf ganz Italien und auf Korsika zu erheben.

Außerdem trug sich Filippo Visconti mit der Absicht, eine Tochter des Herzogs von Anjou zu heiraten; er hoffte, daß dieser sie ihm geben würde, falls er seine Sache vertrat.

Die Genueser Flotte kam im Frühjahr 1424 vor Neapel an. Königin Johanna II. hatte inzwischen die Adoption Alfons' V. widerrufen und jene des Anjou bestätigt.

Alfons V., durch den Angriff Johannas von Kastilien gezwungen, in die Heimat zurückzueilen, hatte im Großraum Neapel und in der Stadt seinen Bruder Pietro zurückgelassen.

Ihn griffen die Genueser an. Sie eroberten nacheinander Procida, Castellamare, Vico, Sorrento und Massa zurück, befreiten eine Reihe kleinerer Ortschaften am Golf und hatten schließlich Neapel eingeschlossen. Hier vereinigten sie sich mit den Truppen des Anjou und jenen der Barone, die der Königin ergeben waren, und griffen die Neapel verteidigenden Streitkräfte Pietros an.

Den Genuesern wurde eines Nachts das Markttor geöffnet. Sie drangen in die Stadt ein und besiegten die Spanier. Don Pietro floh nach Messina. Alle Festungen fielen den Siegern zu. Der Herzog von Anjou zog im Triumph in Neapel ein. Nicht weniger triumphal gestaltete sich die Rückkehr der genuesischen Flotte nach Genua. Guido Torelli, der ruhmreiche Admiral, befleckte hier seinen Ehrenschild, indem er das Banner von St. Georg stahl und es nach Mailand entführte.

Herzog Filippo fürchtete nun, daß Carmagnola dies zum Anlaß nehmen könnte, Rache zu nehmen. Er berief ihn noch 1424 ab.

Jacopo de Isolani folgte dem Carmagnola als Gouverneur von Genua nach. Die Zeit der Ruhe wirkte sich segensreich für Genua aus, dessen Ansehen in der Welt mehr und mehr zunahm und dessen Handelsschiffe auf See zu dauernden Einrichtungen wurden.

Ein Aufstand, von Tommaso Campofregoso im Jahre 1425 angezettelt und von den Fieschi genährt, brachte seine Flotte bis in den Hafen von Genua. Dort aber wurde sie vom Feuer der neuen weitreichenden Bombarden empfangen und zerschossen. Sie drehte unverrichteter Dinge ab, wandte sich nach Portofino und verübte einige weitere Streifzüge.

Die Städte Recco, Rapallo, Sestri und einige andere an der Ostküste fielen von Genua und Mailand ab und wandten sich den Fregosi zu. Der mailändische Gouverneur ließ eine Flotte ausrüsten, um den fregosischen Abtrünnigen das Handwerk zu legen. Führer der Flotte wurde Antonio Doria. Doch beide Flotten taten einander nichts.

Die Wogen der Empörung schlugen hoch, als Mailand nicht nur mit dem ärgsten Feind Genuas, dem Herzog von Aragonien, Frieden schloß, sondern ihm auch noch Lerici und Portovenere als Pfand überließ.

Ein versuchter Aufstand unter Führung von Abramo da Campofregoso und Teodoro Fiesco, die sich mit ihren Anhängern in die Stadt schlichen, wurde im Herbst 1426 niedergeschlagen.

Mit dem neuen Gouverneur Genuas, dem Erzbischof von Mailand, Bartolomeo della Capra, der im Februar 1428 in Genua eintraf, ging es mit Genua weiter bergauf. Monaco, auf das die Grimaldi ihre Hand gelegt hatten, wurde von Giovanni de Grimaldi für 15 000 Lire von Genua eingelöst.

Die Geldwirtschaft des Erzbischofs führte zur Konsolidierung der Finanzen. Die Luoghi der Banco di San Giorgio, die seit zehn Jahren im Keller waren, stiegen bis zu 70 Prozent, und in Genua mehrten sich die Stimmen, daß nunmehr die Zeit zu einer Fusion mit Mailand gekommen sei, weil man dann wirklich stark und unabhängig sein würde.

Der Versuch von Barnabo Adorno, im November 1429 die Macht an sich zu reißen, schlug fehl. Die Fregosi verloren 1430 Sestri und Oneglia und den Fieschi wurde Portofino wieder entrissen. Niccolò Piccinino erstürmte einen Großteil der fieschischen Kastelle zwischen Toreglia und Pontremoli.

Mit Hilfe venezianischer Schiffe konnte 1431 Francesco Spinola von der genuesischen Flotte geschlagen werden. Niccolò Piccinino fiel bei einer Schlacht auf der Landseite Genuas in die Hände des dort angreifenden Barnabà Adorno. Die Angriffe Venedigs auf Chios wurden von dem dortigen genuesischen Befehlshaber Raffaele da Montaldo gegen eine große feindliche Übermacht abgewiesen.

Der Vorstoß venezianischer Schiffe im Sommer 1432 gegen die genuesische Ost-

küste drang nicht durch, und der Friede, der zwischen Mailand und Venedig geschlossen wurde, beendete diese Unternehmungen.
Nunmehr waren jedoch die Ereignisse in Korsika auf einem Kulminationspunkt angelangt. Es war dem korsischen Adel gelungen, fast überall die genuesische Vorherrschaft abzuschütteln. Graf Vincentello della Rocca hatte die Herrschaft über die Insel an sich gerissen. Lediglich die genuesischen Städte S. Bonifacio und Calvi konnten sich ihm gegenüber behaupten.
Um die Genueser zu zermürben, ließ er deren Handelsschiffe auflauern und kapern. Diese Akte echter Seeräuberei brachten Genua in Rage. Eine Flotte unter Zaccharia Spinola lief aus und schlug die Seeräuberflotte des Gegners. Auf einem der gekaperten Schiffe wurde auch Graf della Rocca gefangengenommen.

Ein Notar wird Admiral

Als im Jahre 1432 der Herzog von Anjou starb, der als Erbe von Königin Johanna II. für das Königreich Neapel eingesetzt war, wurde dessen Bruder Renato von Königin Johanna II. adoptiert.
Nach ihrem Tode erhob der Papst Widerspruch und König Alfons V. einen Besitzanspruch auf Neapel. Mit sieben Galeeren besetzten die Spanier die Insel Ischia.
Der nun zwischen den beiden Kontrahenten ausbrechende Krieg sah Genua wieder in voller Aktion. Der Anlaß ergab sich, als Alfons' Truppen die Stadt Gaeta belagerten, in der neben dem Mailänder Botschafter Ottolino Zoppo viele ligurische Familien lebten. Filippo Visconti half nun den Gaetanern und forderte die Genueser auf, eine große Caracca und eine Galeasse auszurüsten, diese mit 400 Infanteristen und 400 Armbrustschützen zu bemannen und gegen Gaeta zum Einsatz zu bringen. (Caracca = ein großes Handels- und Kriegsschiff mit hohem Bord und zwei Vorderdecks, das besonders von Portugiesen und Genuesern im XIV. bis XVII. Jahrhundert benutzt wurde.)
Francesco Spinola war Capitano dieser beiden Schiffe. Sie erreichten Gaeta, und Spinola avancierte zum Generalgouverneur der Stadt.
Die Truppen Alfons' V. hatten bereits einige Vororte von Gaeta in Besitz genommen. Artillerie schoß in die Stadt hinein, aber die Genueser leisteten entschiedenen Widerstand. Stadt und Hafen wurden eingeschlossen. Als eine Hungersnot ausbrach, versuchte Spinola mit der Flotte einen Ausbruch.
Ein Artillerievolltreffer, der den Hauptmast der großen Caracca traf, machte das

Schiff manövrierunfähig. Spinola ließ nun die Caracca mit einigen Ruderbooten dicht an die Mauerbresche heranziehen und dort mit Steinen beladen und als Hindernis versenken.

Als dann auch noch Don Pietro mit einer aragonischen Flotte auftauchte, wurde zum gemeinsamen Generalangriff gegen die Stadt angetreten. Gaeta hielt durch, Spinola wurde zwar an der Hüfte verwundet, konnte aber den Feind zurückschlagen.

Die Verhandlungen, die wegen des Hungers angeknüpft wurden, verliefen ergebnislos. Alfons V. verlangte bedingungslose Kapitulation.

Doch dann tauchten plötzlich eines Tages am Horizont die Segelaufbauten einer Flotte auf. Es waren ligurische Schiffe aus Genua unter der Führung des genuesischen Notars Biagio Assereto.

König Alfons V. ließ mit 14 großen Caracchen und 13 Galeeren gegen diese Flotte segeln. Er selbst bezog mit seinen Vertrauten und Freunden auf dem Admiralsschiff Quartier. Zwischen der Insel Ponza und dem Festland bei Terracina stießen sie auf 14 genuesische Schiffe und 3 Galeeren.

Ein Unterhändler der Genueser kam auf einem Schnellsegler zum Admiralsschiff Alfons' und verkündete ihm, daß sie lediglich Lebensmittel nach Gaeta bringen wollten, um den Verhungernden zu helfen. Der Unterhändler wurde verhöhnt, man forderte ihn auf, seinem Herrn zu melden, daß sie weiterziehen könnten, wenn sie sämtliche Segel ablieferten.

Als Biagio Assereto davon hörte, hielt er den auf seinen Schiffen befindlichen Soldaten eine Ansprache, in der er auf den Hunger der Eingeschlossenen hinwies und sie aufforderte, trotz der Überlegenheit des Gegners den Durchbruch zu wagen.

Alle jubelten ihm zu. Die Genueser Flotte lief nun mit gesetzten Segeln los. Asseretos Schiff hielt genauen Kurs auf das Schiff Alfons' V. Armbrustschützen und Bombardenbedienungen eröffneten das Feuer.

König Alfons V. mußte sich unter Deck retten. Das schlecht austarierte Schiff bekam durch den verrutschenden Ballast mehr und mehr Schlagseite, und als Assereto mit seinem Enterkommando an der zum Meeresspiegel hinuntergeneigten Seite auf das Admiralsschiff sprang und in die unteren Räume eindrang, begann ein fürchterlicher Nahkampf auf und unter Deck.

Das Schiff, von mehreren Bombardentreffern durchlöchert, begann zu sinken. König Alfons V. ergab sich den Genuesern. Mit dem König von Aragon wurde auch der König von Navarra und eine Anzahl übriger Herrscher und Fürsten des Reiches gefangengenommen.

Durch diesen Seesieg ermutigt, unternahmen die Gaetaner einen Ausfall, der ihnen gelang. Der Sieg gehörte ihnen.

In Genua löste die Nachricht von diesem grandiosen Erfolg des Notars, der ein Admiral geworden war, begeisterte Siegesstimmung aus. Man wollte den Sieg feiern, doch Filippo Visconti dachte bereits weiter. Er wollte nach diesem leichten Sieg auch Sizilien überfallen und schickte Geheimbotschaften an Assereto, den gefangenen König direkt nach Savona zu bringen.

Assereto gehorchte dem Herzog und brachte damit seine Mitbürger um den Triumph, die gefangenen Herrscher in Genua an Land gehen zu sehen. Die Bewohner waren nun wütend auf den Seehelden und brachten Assereto dazu, Genua zu verlassen. Er wurde von Herzog Filippo mit dem Lehen von Serravalle reich belohnt. Außerdem wurde er zum Gouverneur von Mailand ernannt.

Nun aber schlug Herzog Filippo abermals eine Volte, indem er sich mit König Alfons V. einigte und ihm versprach, ihn wieder als Herrscher Neapels einzusetzen.

Genua, das gerade einen Krieg gegen Alfons V. geführt und ihn gefangen hatte, mußte nunmehr zu einem neuen Krieg für Alfons V. aufbrechen. Dies war ein schwerer Schlag, zumal Filippo Visconti nicht einmal die Rückgabe von Lerici und Portovenere an Genua verlangt hatte.

Freiheit für Genua

Nunmehr rüstete sich Genua, das verhaßte Joch Mailands abzuschütteln. Aus Gaeta zurückgekehrt, hielt Francesco Spinola eine flammende Ansprache an seine Mitbürger. Er zeigte die verzweifelte Lage der Stadt auf, die sich durch einen Tyrannen und dessen Söldnerheer knechten ließ, anstatt die Freiheit zurückzuerkämpfen.

Die Verschwörung nahm Formen an, und als zu allem Überfluß auch noch Ermes Triulzio den verhaßten Gouverneur Olzati abgelöst und durch noch scheußlichere Untaten von sich reden gemacht hatte, kam es zur offenen Rebellion.

Man schrieb den 15. Januar 1436, als Gouverneur Triulzio vor Genua eintraf. Bereits an der Pforte San Tommaso kam es zum Aufstand einiger junger Verschwörer, die diesen Eingang besetzten. Mit seinen Soldaten zog Francesco Spinola durch die Straßen der Stadt.

Die beiden Gouverneure, der alte und der neue, befanden sich in der Porta Vacca. Von hier aus floh Triulzio ins Castelletto und Olzati in Richtung Palast zurück. Er gelangte jedoch nicht mehr hinter die rettenden Mauern des Palastes. Von den Frauen mit Blumentöpfen beworfen, dann von den Aufständischen verfolgt, wurde er gestellt und erstochen.

Der Triulzio im Castelletto ergab sich. Alle befestigten Orte wurden eingenommen, die Besatzungen derselben ergaben sich ebenfalls.
Damit war die Republik Genua wieder frei und kündigte Herzog Filippo Visconti die Souveränität auf.
Der Mailänder Herzog schickte sofort Niccolò Piccinino nach Genua. Dieser nahm den Weg durch das Polceveratal, wo sich ihm ligurische Kampfgruppen entgegenwarfen und ihn stoppten.
Nunmehr richtete er seinen Vorstoß gegen die westliche Riviera, wo er sich mit Alfonso Carreto, dem Markgrafen von Finale, verbündete.
Diese beiden griffen nun Albenga an, wurden aber abgewiesen. Nunmehr zog Piccinino zur östlichen Riviera und eroberte Sarzana, ohne jedoch sein Ziel Genua erreichen zu können.
Das Volk versammelte sich nach der Befreiung von Genua in San Siro. Hier wurde Ende 1436 Isnardo Guarco, ein siebzigjähriger verdienter Genuese, zum neuen Dogen gewählt.
Nun begann das, was in der genuesischen Geschichte als neues Dogenkarussell bekannt wurde.
Nach nur siebentägiger Amtszeit wurde Guarco durch Tommaso Campofregoso ersetzt, der sich das Amt mit Gewalt angeeignet hatte. Aber noch während in der Kirche die Thronbesteigung Tommasos gefeiert wurde, besetzte sein Bruder Battista – vom Mailänder Herzog dazu animiert – den Palast und ließ sich zum Dogen proklamieren.
Tommaso eroberte mit einer großen Gruppe Bewaffneter den Palast zurück und setzte seinen Bruder wieder ab.
Nachdem er durch einige gewaltsame Bereinigungen seinen Thron gesichert hatte, verbündete er sich mit den Venezianern und Florentinern und eroberte mit deren Hilfe die Festung Lerici und Portovenere zurück.
Den Genuesern wurde schließlich nach einigen Verwicklungen die Freiheit offiziell bestätigt. Leider war Tommaso Campofregoso nicht der Doge, den Genua gebraucht hätte. Er erließ neue Steuererhöhungen und machte riesige Schulden, um seinen eigenen Neigungen frönen zu können. Dennoch hielt er sich lange Jahre an der Macht. Er regierte selbstherrlich und war immer auf sein Wohl bedacht. Kein Zweifel konnte jedoch daran bestehen, daß Genua unter seiner Ägide weiteren Aufschwung nahm, der allerdings mit Steuererhöhungen und aufgenommenen Schulden bezahlt werden mußte.
Die Jahre gingen dahin. Während die Unzufriedenheit wuchs, sahen die Adorni und Fieschi ihren Weizen blühen. Sie schürten geschickt die ausbrechenden Unzufriedenheiten, und Giovan Antonio Fiesco, einer der großen Herren im Apenningebiet, sammelte im Herbst 1442 seine Männer und drang mit ihnen in Rich-

tung Genua vor. Er erreichte den Osten der Stadt beim Tempel San Nazario. Von hier aus gelang es ihm, über eine zerfallene Mauer bei Nacht in die Stadt einzudringen. Mit Tagesanbruch weckte er seine Freunde in der Stadt. Dann liefen sie durch die Straßen und stießen ihren Schlachtruf aus: »Es lebe das Volk!«
Es kam zum Kampf zwischen den Anhängern des Dogen und den Männern Fiescos. Die Dogenanhänger wurden schwer geschlagen. Dennoch wollte Tommaso Campofregoso nicht aufgeben.
Giovan Antonio Fiesco griff nun den Dogenpalast an. Er erstürmte ihn und setzte den Dogen ab. Danach ließ er den Allgemeinen Rat einberufen. Die Anzahl der Ältesten wurde verdoppelt und festgesetzt, daß immer zwei von ihnen für die Dauer von zwei Monaten das Dogenamt ausüben sollten.
Ganze zehn Tage hatte diese neue Regelung Bestand, bis sie aufgehoben wurde. Schließlich versuchte man es wieder mit der alten Form der Capitani. Giovan Antonio Fiesco und Raffaele Adorno übernahmen für ein Jahr dieses Amt. Die Ruhe wollte jedoch immer noch nicht einkehren, und ein neu zusammengestellter Großer Rat kam zu Beratungen über die Wiederherstellung der öffentlichen Ruhe und Ordnung zusammen. Intrigen und Machenschaften vielerlei Art führten schließlich am 28. Januar 1443 zur Wahl eines neuen Dogen. Es war Raffaele Adorno figlio di Giorgio.
Der Große Rat beschloß folgendes: Der Doge wird ab sofort von allen Steuern befreit. Anstelle des Salärs von 8500 Lire im Jahr erhält er in Zukunft 9600 als Provision.
Der Platz des Palazzo pubblico wird von einer Garde, bestehend aus 300 Lanzenträgern, bewacht. Bei Streitigkeiten, die den Staatshaushalt angehen, kann sich der Doge einschalten und das Urteil fällen. Die von Tommaso Campofregoso vorgenommene Verteilung der Ämter wird ab sofort annulliert. Die ersten Wahlen der neuen Amtsinhaber werden unter Aufsicht des Dogen durch den Rat erfolgen.
Gian Antonio Fiesco, der nun seinen Mit-Capitano das Dogenamt erlangen sah, erhob dagegen Protest. Er eroberte Portofino und Recco. Doch der Doge verstand es, sich mit ihm auszusöhnen. Auch die übrigen Feinde des Dogen wurden bevorzugt behandelt. So erhielt Tommaso Campofregoso seinen früheren Besitz Sarzana zurück. Mit Alfons V., nunmehr auch König von Neapel, wurde Friede geschlossen.
Raffaele Adorno war eine knapp vierjährige Regierungszeit beschieden, länger, als der Großteil der Dogen das Amt innegehabt hatten. Er wurde praktisch Ende 1446 durch seinen Bruder Barnaba zum »freiwilligen Rücktritt« gezwungen. Dieser besetzte am 3. Januar 1447 den Dogenpalast und ließ sich am darauf folgenden Tag zum Dogen ernennen. Um vor den eigenen Mitbürgern sicher zu

sein, denen er zu Recht mißtraute, bat er den König von Neapel um die Stellung einer Söldnertruppe.

Als dies ruchbar wurde, stürmte Giano Campofregoso am 30. Januar 1447 den Dogenpalast, verjagte diesen unwürdigen Dogen und wurde neuer Doge. In den knapp zwei Jahren seiner Regierungszeit ließ er mit beträchtlichem Geldaufwand das Castelletto wiederherstellen und bewaffnen.

Noch immer rotierte das Dogenkarussell. Es brachte am 16. Dezember 1448 Lodovico Fregoso auf den Dogensessel. Dieser wurde am 8. Dezember 1450 durch Pietro Campofregoso abgelöst, den das Volk aufgrund der hohen Verdienste seines Onkels Tommaso gewählt hatte.

Während der Amtszeit dieses Dogen verlor Genua seine wichtige Kolonie Pera, die in türkische Hände fiel. Danach gingen auch Chios und die Besitzungen in Morea verloren.

Genua wird französisch

Während Genua diesen Zugriffen der Türken tatenlos zusehen mußte, versuchte im Nahbereich der Republik König Alfons V. die Eroberung von Korsika. Er folgte damit den Einflüsterungen von Flüchtlingen aus Genua.

Wieder einmal mehr schickte er den Condottiere Vincentello, der nun den Titel »de Istria« erhalten hatte, im Jahre 1453 dorthin. San Fiorenzo wurde besetzt. Dies brachte Genua wieder in Zugzwang. Durch Battista Doria konnte es Fiorenzo zurückerobern. Als die genuesische Flotte mit einer bedeutenden Streitmacht auf Korsika für Ordnung sorgte, was auch immer man damals darunter verstand, griff Alfons V. mit seiner Flotte Genua an.

Pietro Campofregoso, seit dem 8. Dezember 1450 Doge, ließ eine kampfkräftige Besatzung reich verproviantiert im Castelletto zurück und verließ mit dem Rest seiner Anhänger die Stadt. Als nunmehr die Aragonier, geführt von den genuesischen Flüchtlingen, die sich König Alfons V. angeschlossen hatten, den Dogenpalast in Besitz nahmen, kehrte der Doge mit seiner Streitmacht um und fiel den Angreifern in den Rücken. Zwischen zwei Feuer geratend, wurden viele Aragonier getötet, der Rest ergriff die Flucht. Die aragonische Flotte setzte Segel und verschwand.

Der neue Papst Calixtus III., der 1455 den Stuhl Petri bestieg, brachte die Aragonier dazu, Korsika zu räumen und mit Genua Frieden zu schließen. Als wenig später zwei aragonische Schiffe ein mit unermeßlichen Schätzen beladenes großes

genuesisches Handelsschiff kaperten und nicht freiließen, rüstete Genua 6 große Schiffe, 2 Brigantinen und mehrere Ruderboote aus. Diese Streitmacht segelte unter der Führung von Gian Filippo Fiesco nach Neapel.
Diesmal schaffte Alfons V. seine Flucht nur mit einer saftigen Bestechung, die den genuesischen Flottenchef dazu brachte, langsamer zu sein als sein fliehender Gegner. Fiesco zog sich nach Procida zurück und die Aragonier konnten sich in Neapel verschanzen. Von hier aus griffen sie, nachdem sie Nachschub erhalten hatten, Ligurien und Korsika an.
Wieder bekam es die Genueser Führungsspitze mit der Angst zu tun, und Pietro Campofregoso nahm 1458 mit Karl VII. von Frankreich Verhandlungen auf. Dazu entsandte er die Edlen Marco Grillo, Gian Ambrosio Marin, Gotardo Stella und Battista Goano dorthin. Sie boten dem französischen König Genua an. Dieser erhielt, nachdem er die Verfassung der Stadt und die Unantastbarkeit des Banco di San Giorgio anerkannt hatte, die Oberherrschaft über Genua.
Damit hatte sich Genua abermals unter fremde Oberhoheit begeben. Genua, la Superba genannt, die Kaisern, Königen und Päpsten getrotzt hatte, war wieder durch die Unruhe in den eigenen Reihen verraten worden und hatte sich demütigen müssen.
Von dem Zeitpunkt vor über 200 Jahren an, da sich die Stadt in die beiden Fraktionen der Guelfen und Ghibellinen teilte, war ihr Aufstieg gebremst und oftmals in Rückschritt verkehrt worden.
Die Familien wurden in ihrem Bemühen, Sieger zu werden, durch kein höheres Ideal getrieben, mehr für Genua als für sich selber zu wirken.
Alle Voraussetzungen für eine Stadtrepublik, die ihresgleichen suchte, waren bei Genua gegeben. Im Kampf mit dem Meer, in der Bezwingung der Weiten durch ihre Flotte und der Schaffung neuer Handelsplätze waren die Genueser Familien groß und stark geworden. Sie waren im Waffenhandwerk erfahren und tapferer als jedes Söldnerheer. Für ein Ziel eingesetzt, unter einer Führung, mit einem großen Ideal ausgestattet, wäre Genua sicherlich zur weltbeherrschenden Handelsmacht geworden.
Trotz der politischen Zerrissenheit, trotz der opfervollen Geschlechter- und Familienkriege war Genua in bezug auf den Handel noch so etwas wie eine Großmacht des Geldes, repräsentiert durch den Banco di San Giorgio. Diese Bank, die mit der ganzen Welt Geschäfte betrieb, war wie ein Staat im Staate, durch nichts zu erschüttern, weil jede Seite sie brauchte. Sie war die einzige Institution, die den Wert des Geldes hochhielt, mit und durch Geld regierte und alle zur Vernunft zwang. Hier war eine dritte Kraft herangewachsen, von der genuesischen Kaufmannsaristokratie geführt.
Schließlich wurde dank der Bank von San Giorgio und dank dem Unterneh-

mungsgeist genuesischer Handelsimperien diese Stadt aus der Tiefe ihrer Niederlage wieder ans Licht geführt, um mit Beginn des 16. Jahrhunderts einen neuen großartigen Höhenflug anzutreten und wirklich zur stolzen und unbeugsamen Stadt der Städte zu werden.

Wie sich der Banco di San Giorgio mit seiner Gesellschaft der Staatsschuldner von San Giorgio und der Giustiniani auf Chios aus den Vernichtungsorgien der adeligen Familien der Doria und Spinola, der Fieschi und Grimaldi ebenso, wie der popolaren Familien der Fregosi und Montaldi, der Adorni und Guarchi, wie ein Phönix aus der Asche erhob und schließlich beinahe ganz Ligurien und die überseeischen Handelsniederlassungen per Pfand in seine Hände brachte, so mußte es auch möglich sein, – von diesen Faktoren ausgehend – Genua wieder die alte neue Weltgeltung zu verschaffen.

Zunächst aber wurde Prinz Johann von Anjou Gouverneur in Genua. Die Stadt wurde an Frankreich übergeben.

Alfons V. versuchte nunmehr Genua zu erobern. Er ließ seine Flotte um 20 Schiffe und 10 Galeeren verstärken, schickte dem Heer der Adorni einige tausend Mann und befahl Genua zu erobern.

Sehr bald herrschte in Genua der Hunger. In letzter Stunde wurde die Stadt durch eine Art von Gottesurteil befreit. König Alfons V. starb; und fast zur gleichen Zeit starben auch seine Heerführer, die Brüder Adorni. Das Heer der Genuaflüchtlinge, das die Adorni geführt hatten, zerstreute sich, die aragonischen Schiffe hoben zur See die Belagerung auf und kehrten nach Spanien zurück.

Damit war Genua erlöst, und auch der Versuch von Pietro Fregoso und Gian Filippo Fiesco, die Mauern zu besetzen und den jungen Gouverneur zu verjagen, schlug fehl. Die beiden Anführer wurden umgebracht.

Nunmehr wollte der genuesische Gouverneur Johann von Anjou den Spieß umkehren und Neapel erobern. Unter den Genuesern, die sich gen Neapel einschifften, befand sich auch der junge Christoph Kolumbus.

Die hohen Kriegskosten wurden – wie immer – dem Volk aufgebürdet, das sich bewaffnete und zum Aufstand aufrief. Der Gouverneur konnte sich in letzter Sekunde ins Castelletto retten.

Die Ältesten der Stadt versuchten, das Volk zu beschwichtigen. Erzbischof Paolo Fregoso (Bruder des verstorbenen Dogen Piero und Führer der Genuaflüchtlinge) tat sich mit Prospero Adorno, dem Führer der Gegenpartei, zusammen.

Sie drangen 1460 in Genua ein und brachten das Volk von den Friedensplänen, die es bereits hegte, wieder ab. Sie beriefen ein Parlament ein, wählten acht Älteste und jagten alle Gegner fort. Mit einem großen Haufen Bewaffneter belagerten sie anschließend das Castelletto. Von diesem erhöhten Standort aus ließ Johann von Anjou einen Geschoßhagel auf die Stadt herunterprasseln.

Kampf gegen Frankreich und Mailand

Inzwischen war die Meldung von der Revolte nach Frankreich gelangt. Karl VII. schickte eine Truppe von 6000 Mann und genügend Pferde. Von Marseille aus gingen 10 Galeeren unter der Führung von König René in See. Ihr Ziel war ebenfalls Genua.

Inzwischen war es 1461 geworden. Als das Volk eine so große Anzahl an Feinden sah, setzte es die Ältesten ab und wählte Prospero Adorno di Barnaba zum neuen Dogen. Während er für die Ordnung und Ruhe im Innern sorgen sollte, erhielt Erzbischof Paolo Fregoso den Auftrag, die gegenüberliegenden Bergjoche zu besetzen, um den Vormarsch der Franzosen zu stoppen.

Als die Franzosen dort angriffen, erlitten sie eine schwere Niederlage. Sie flohen in hellen Scharen in Richtung Küste. Doch die Schiffe, die sie dort zu ihrer Aufnahme liegen wähnten, waren verschwunden. René hatte ablegen lassen und war mit seiner Flotte nach Marseille zurückgekehrt.

In dieser Schlacht ließen 2500 Franzosen und Ritter mit goldenen Sporen ihr Leben. Viele weitere ertranken, die anderen wurden gefangengenommen.

Erzbischof Paolo Fregoso, der nach Genua zurückkehren wollte, sah zu seiner großen Überraschung die Tore verschlossen. Er ließ zum Meer marschieren, requirierte Schiffe aller Art und erreichte Genua auf dem Seeweg. Von allen Seeleuten unterstützt, zog er schließlich im Triumphzug in den Dogenpalast ein.

Sein geheimer Wunsch war das Dogenamt. Als er jedoch bemerkte, daß die Vollversammlung ihn nicht wählen wollte, schlug er seinen Vetter, Spineta Fregoso, für das Amt vor, und der wurde am 8. Juli 1461 gewählt.

Nunmehr kehrte auch der frühere Doge Lodovico Fregoso aus Sarzana nach Genua zurück. Der Vizegouverneur, La Vallée, der sich noch im Castelletto hielt, übergab ihm aufgrund eines mit den Franzosen getroffenen Geheimabkommens diese Festung. Spineta wurde zur Abdankung gezwungen, und der Erzbischof verließ Genua. Am 24. Juli 1461 wurde Lodovico Fregoso neuer Doge.

Dieser Doge erwies sich als ausgemachter Tyrann, was seine Amtszeit nicht lange werden ließ. Die von Giovanni Carreto in Finale und Lamberto Grimaldi in Monaco und Ventimiglia angezettelte Rebellion warf ihn aus dem Sattel, und am 14. Mai 1462 bestieg Paolo Fregoso den Dogensessel.

Am 8. Juni errang Lodovico Fregoso den Sitz zurück. Ein Jahr darauf war es abermals Paolo Fregoso, der die Dogenwürde ein weiteres Mal erlangte.

Der Magistrat wurde gehaßt, Parteien entstanden, die einander auf den Tod befehdeten. Die besten Familien verließen die Stadt, um nach Mailand ins Exil zu gehen.

Herzog der Lombardei war derzeit Francesco Sforza, der durch rücksichtslosen Einsatz von List und Tücke vom Condottiere zum Herrscher aufgestiegen war. Er wollte sich nun auch Genua einverleiben. Es gelang ihm, Prospero Adorno auf seine Seite zu ziehen. Dieser sammelte ein Heer von Gegnern und Vertriebenen Genuas, das durch Truppen Sforzas verstärkt wurde. Diese Truppe wurde von Gaspare da Vicamercato geführt.
Paolo Fregoso sah sich von Feinden umgeben. Er griff wie viele andere vor und nach ihm zum letzten Hilfsmittel, indem er Verbindung mit dem französischen Hof aufnahm. Als die Verbindung hergestellt war, bot er Ludwig XI. von Frankreich die Republik Genua an. Dieser dankte und schickte ein Schreiben mit folgendem Inhalt:
»Ihr ergebt Euch mir und ich gebe Euch dem Teufel!«
Seine Berater hatten ihm gesagt: »Das Volk, das sich dir aus Verzweiflung in deine Hand gibt, wird dich umbringen, wenn es deiner überdrüssig ist.« (Siehe Carbone, Giunio: a.a.O.)
Damit war alles verloren, und dem Dogen blieb nur noch die Flucht. Das Volk empfing »freudig wie immer« den Mailänder Gouverneur und dann schickte man eine Gesandtschaft zu Sforza mit den Bedingungen der Übergabe. Die Gesandtschaft führte auch die Wappen der Republik mit sich.
Auf diese Weise wechselte Genua ständig von der Freiheit in die Knechtschaft. Es konnte die eine nicht erhalten und die andere nicht ertragen. Die verschiedenen Parteien bekämpften einander verbissen und auf Kosten der Republik.
Ins Castelletto hatte sich die Witwe des Dogen Pietro Campofregoso zurückgezogen. Diese Festung war ihr von Paolo Fregoso bei dessen Flucht übergeben worden. Sie verteidigte das Castelletto erbittert, mußte sich schließlich aber der Übermacht ergeben.
Die nächsten Jahre blieb es in Genua, das in einer Art von Agonie lag, ruhig. Alle Zeichen des ligurischen Handels verschwanden in den folgenden Jahren aus dem Schwarzen Meer. Famagusta ging an die Türken verloren, Caffa auf der Krim ebenfalls. Die Blütezeit Genuas schien für immer vorbei, die Knechtschaft auf ewig zementiert.
Zehn Jahre waren verstrichen, und als 1475 direkt nach Caffa auch noch die Kolonie Chios verlorenzugehen drohte, versuchte Genua noch einmal aufzubegehren. Es gab Herzog Galeazzo Maria Sforza, dem Sohn Francescos, der die Regierungsgewalt übernommen hatte, das Kapital aus 300 neugegründeten Ortschaften Liguriens. Galeazzo ging zum Schein darauf ein, empfing das Geld und ließ damit durch den Gouverneur in der Stadt das Castelletto ausbauen.
Dazu mußten eine Reihe Wohnhäuser abgerissen werden. Dies war für viele Bürger der Zeitpunkt, der Duldung der fremden Herrschaft in ihrer Stadt ein Ende

zu bereiten. Girolamo Gentile versuchte eine große Revolte zu entfesseln. Das Vorhaben mißlang.

Sehr bald wurde Galeazzo Maria Sforza von drei jungen Mailänder Adeligen ermordet. Dieses Vorkommnis ermutigte die vertriebenen Familien Tommaso und Paolo Fregosi, Carlo und Prospero Adorno und Ibleto Fiesco, nach Genua zurückzukehren und zur Erhebung gegen die fremden Herrscher aufzurufen.

Die Aufrührer griffen den Palast des Dogen an und der Gouverneur nahm Zuflucht zum Castelletto. Von den Aufrührern wurde ein Oberster Rat, bestehend aus sechs Capitani della Libertá, gewählt.

Herzogin Bona, die Witwe des verstorbenen Mailänder Herzogs Galeazzo Maria, schickte sofort Truppen nach Genua, um diesen Aufstand zu unterdrücken. Prospero Adorno, unzufrieden mit dem, was aus seinem Freiheitsversuch geworden war, wechselte auf diese Seite über.

Das Mailänder Heer marschierte entlang der Scrivia über den Apennin und entlang dem Polceverabach bis zu dessen Mündung, wo zunächst gelagert wurde.

In Genua war man nicht untätig geblieben. Die sechs neuen Capitani della Libertà setzten zur Verteidigung jener der Stadt gegenüberliegenden Berge Ibleto Fiesco und dessen Bruder Luigi sowie den Erzbischof Paolo Fregoso ein. Letzterer hatte bereits mehrfach unter Beweis gestellt, daß er nicht nur das Kreuz zu handhaben verstand.

Am Berg Promontorio kam es zum ersten Gefecht zwischen den angreifenden Mailändern und den Genueser Verteidigern.

Ein Bruder von Prospero Adorno (neben Prospero kämpfte ein zweiter Adorno auf mailändischer Seite) umging die Kämpfenden mit einem schlagkräftigen Kampfverband und nahm die Tore von San Tommaso im Handstreich. Nunmehr mußten sich die Verteidiger, in der Gefahr, auch im Rücken angegriffen zu werden, zurückziehen.

Prospero Adorno jagte ihnen nach und drang in die Stadt ein. Dort wurde er mit Begeisterung empfangen und erließ, am Dogenpalast angelangt, ein Dekret, in dem er zum Gouverneur erklärt wurde. Das Volk billigte diese Entscheidung Mailands. Zunächst ging Prospero Adorno daran, die Fregosi-Familie zu vernichten. Einigen ihrer Mitglieder gelang es zu fliehen.

So endete der Aufruhr und die kurze Zeit der Regierung der sechs Capitani della Libertà in Genua. Als schließlich 1478 die Mailänder ihre Lage in Genua als gefestigt ansahen, kam es dazu, daß eine Frau jenen Schritt vollbrachte, den viele Genueser heimlich erwogen, aber immer wieder verwarfen, weil sie die Folgen kannten, die dieser für sie haben würde.

Herzogin Bona verdächtigte nämlich einige ihrer Schwager und Capitani, die zum Teil von ihr verbannt worden waren, der Konspiration mit ihren Feinden.

Da Prospero Adorno wußte, daß er auf der Liste der Verdächtigen ganz oben stand, knüpfte er Geheimverhandlungen mit Papst Sixtus IV. an und wandte sich auch an den König von Neapel, Ferrando, der Mailand feindlich gesinnt war.

Der neue Feind heißt Mailand

Diese Geheimumtriebe blieben den Mailänder Spionen in der Stadt nicht verborgen. Sie meldeten es der Herzogin, und sie schickte einen neuen Gouverneur in die Hafenstadt. Prospero wurde seines Amtes enthoben. Er bewaffnete daraufhin seine gesamte Familie und die Dienerschaft. Damit griff er die herzogliche Besatzung an und zwang sie dazu, ins Castelletto zu fliehen.
Ihm zur Hilfe eilte zunächst Roberto da Sanseverino, ein ausgezeichneter Heerführer, der von der Herzogin in die Wüste geschickt worden war. Neapel schickte zur Entlastung Genuas sechs Galeeren, und der Papst unterstützte die Stadt mit einer großen Geldsumme.
Die beiden genuesischen Gruppen schlossen sich zusammen. Während Agostino Fregoso 300 Infanteristen führte, standen unter dem Befehl von Luigi und Matteo Fiesco 300 Bergbewohner. Sanseverino befehligte in der Stadt alle freiwilligen Verteidiger und seine Söldner. Die Verteidigungsanlagen im Promontorio wurden verstärkt. Beim Castellazzo wurde ein Kampfgraben aus Holz errichtet und mit Artillerie bestückt. Hinter dem Berg Due Fratelli wurde eine 400 Meter lange Bastei drei Fuß breit und fünf Fuß hoch aufgebaut. Die dort liegenden Steine wurden zum Bau verwandt. Das Flußbett des Val di Bisagno wurde durch eine dicke Mauer mit Zinnen und einer Art Zitadelle befestigt.
Als das Mailänder Heer in Stärke von 20 000 Fußsoldaten und 6000 teils berittenen, teils leichtbewaffneten Soldaten sich den Verteidigungsanlagen näherte, ließ Sanseverino durch Luigi Fiesco den Torrazza einnehmen, der auf einer Anhöhe lag. Seine Musketenschützen sollten hier den Vormarsch des Feindes stoppen.
Diese Gruppe wurde von der Übermacht zerschlagen. Der Rest suchte in der Bastei Zuflucht. Als die Stimmung auf den Nullpunkt zu sinken drohte und man mit dem Gedanken spielte, sich Mailand auf Gnade zu ergeben, gelang es, einen Kurier der Herzogin abzufangen, der dem mailändischen Heerführer einen Befehl brachte. Darin hieß es:
»Genua muß für immer so bestraft werden, daß es keinen weiteren Aufstand mehr planen kann. Die Stadt soll alle Privilegien verlieren und den lombardischen Soldaten zur Plünderung freigegeben werden.«

Dieser Brief wurde vor San Lorenzo und in San Siro dem Volk verlesen. Damit war die Wankelmütigkeit mit einem Schlage beendet. Alle Waffenträger stellten sich zur Verteidigung bereit. Die Bastei wurde besetzt und der angreifende Feind nach einem blutigen Gefecht zurückgeworfen. Überall flammten die Kämpfe auf.

Die Ligurer fochten mit dem Mute der Verzweiflung. Der Gegner wurde zerschlagen und zog sich zurück. Dieser Rückzug artete an einigen Stellen zu einer zügellosen Flucht aus. Die Bewohner des Polceveratales hieben in den Nächten die lagernden Soldaten Mailands zusammen und plünderten sie aus. Nur knapp der Hälfte der mailändischen Truppen gelang es zu entkommen.

Herzogin Bona griff nun zu einer List, die schon mehrfach in Genua erfolgreich gewesen war. Sie schürte den Zwist unter den großen Familien. So gelang es ihr 1479, Batista Fregoso gegen Prospero Adorno einzunehmen. Sie versprach ihm in einer geheimen Unterredung alle Festungen und den Herrschaftsanspruch über Genua, wenn es ihm gelänge, Prospero und sein Regime zu vertreiben.

Fregoso begab sich nun mit seinen Leuten ins Castelletto und besetzte anschließend die Festung Lucolo. Danach zeigte er den Bewohnern, daß ihm alle Festungen versprochen waren und daß es zu einer endgültigen Aussöhnung mit Mailand kommen werde; und dies alles ohne jedes Blutvergießen. Es sei mit einer einzigen Maßnahme zu gewinnen: mit der Absetzung von Prospero Adorno.

Wieder kam es zu bewaffneten Auseinandersetzungen unter der Bevölkerung zwischen den Befürwortern und Gegnern dieser Vorschläge. Schließlich setzte sich die neue Idee des kampflosen unblutigen Friedens durch. Prospero Adorno wurde abgesetzt und am 25. November 1478 Batista Fregoso di Pietro zum neuen Dogen eingesetzt. Dessen Vetter Ludovico übernahm als Capitano generale die Führung der genuesischen Streitkräfte.

Nunmehr kehrte tatsächlich für einige Jahre Ruhe in der Republik Genua ein, bis etwa im Herbst 1482 der Onkel des Dogen, Erzbischof Paolo, abermals nach dem Dogenamt strebte. Dieser verbündete sich mit Agostino Fregoso, dem Capitano generale der Republik, und mit Lazzaro Doria, einem der mächtigsten Bürger in der Stadt. Lodovico Sforza, genannt il Moro, erfuhr von dieser Verschwörung und stimmte ihr zu.

Erzbischof Paolo Fiesco ging mit aller Raffinesse ans Werk. Er ließ am 25. November 1483 im Bischofspalast zu einem Gastmahl laden. Zu diesem kam auch sein Neffe, der Doge, mit seiner Frau und den Kindern.

Es herrschte eine fröhliche gelockerte Atmosphäre. Als die Stimmung auf den Höhepunkt gestiegen war, gab der Erzbischof dem an der Tür stehenden Sekretär einen Wink. Dieser verschwand und wenig später stürzte eine große Schar Bewaffneter mit Waffengeklirre in den Festsaal und nahm alle Gäste fest.

Der Erzbischof tat noch ein weiteres, um seinem Neffen den Wunsch nach weiterem Thronbesitz in Genua auszutreiben. Er ließ alle jene Folterwerkzeuge zeigen, die er anzuwenden beabsichtigte. Alles Flehen und Bitten der Frau des Dogen und der Kinder half nichts. Der Erzbischof blieb hart. Er bezichtigte seinen Neffen geheimer Verhandlungen mit dem Kaiser, um sich mit dessen Mithilfe zum alleinigen Herrscher über Genua zu machen.

Das Ergebnis dieses Gastmahles war, daß Battista Fregoso di Pietro sein Dogenamt los war und am 25. November 1483 Erzbischof Paolo Fregoso sich zum drittenmal zum Dogen wählen ließ.

Damit war Paolo Fregoso neben seinem Amt als Erzbischof zugleich auch Kardinal und Doge in Genua. Das große Vermögen, das er zusammengerafft hatte, diente ihm zur Verstärkung und Festigung seiner Macht.

Was aber die Menschen in Genua besonders aufbrachte, war nicht die tyrannische Regierungsform des Erzbischofs, sondern die Machenschaften seines außerehelichen Sohnes Fregosino, der es offenbar darauf anlegte, mit allen Damen Genuas intim zu werden. Er zeigte für das Volk nur Verachtung und versagte dem Adel allen schuldigen Respekt.

Immer wieder kam es zum Aufruhr, den der Erzbischof und Doge stets blutig niederwarf. Nächtliche Gemetzel zur Beseitigung eines angeblichen oder wirklichen Feindes waren an der Tagesordnung. Die Regierung des Erzbischofs drohte in ein Terrorregime umzuschlagen.

Die geflohenen Mitglieder der Familie Adorno, die sich in das Kastell Silvano zurückgezogen hatten, sannen darauf, wie sie »den Pfaffen auf dem Dogenthron« beseitigen oder zumindest absetzen konnten. Sie verbündeten sich mit dessen Neffen Battista, der seinem Oheim nicht vergaß, wie er mit ihm umgesprungen war.

Diese inneren Unruhen wurden noch durch Kriege im Ausland verstärkt, die einen Großteil des Staatsvermögens fraßen.

Ein Erzbischof als Doge in Genua

Lorenzo de Medici, der ein Auge auf Sarzana geworfen hatte, eröffnete mit der Belagerung von Pietrasanta den Krieg gegen Genua.

Genuesische Truppen unternahmen Vorstöße entlang der Küste der Toskana. Drei Jahre lang zogen sich die Kämpfe hin, ehe es den Florentinern gelang, Pietrasanta, Sarzanello und Sarzana zu erringen. Danach versuchte Lorenzo de Medici, Lodovico Sforza zu einem Angriff gegen Ligurien zu animieren, indem er ihm Hilfe bei der Vernichtung dieses Gegners versprach.

In Genua hatte zur gleichen Zeit der Sohn des Erzbischofs, Fregosino, einen Skandal entfesselt, der die Einsetzung eines Sondergerichtes notwendig machte. Als einer der Richter dieses Gerichtes aus dem Hause der Grimaldi die losen Sitten und die Verderbnis von Fregosino angriff, wurde er durch Schergen des Erzbischofs unter Beihilfe Fregosinos ermordet.

Nunmehr war die Spannung in der Stadt auf den Siedepunkt gestiegen. Der Erzbischof und Doge Paolo mußte feststellen, daß sein Stern im Sinken begriffen war. Er nahm Verbindung mit Mailand auf und bot den Verkauf der ligurischen Republik an.

Es kam zu einem Geheimtreffen, auf dem vereinbart wurde, daß der Herzog Sforza die Republik Genua unter den alten Bedingungen übernehmen sollte. Fregosino sollte Madonna Chiara, die Witwe des Grafen del Verme heiraten, die eine uneheliche Schwester des Herzogs war. Durch die Knüpfung verwandtschaftlicher Bande hoffte Paolo Fregoso, einmal einen Ausgleich für seine verlorene Macht zu erhalten und zum anderen an Ansehen zu gewinnen.

Durch diese Handlungen und Aktionen bewies er den aufständischen Genuesern jedoch nur, daß er Furcht hatte. Die vertriebenen Fieschi und Adorni verbündeten sich. Der Ex-Doge und Neffe des Erzbischofs, Battista Fregoso, kam hinzu und alle zogen sich auf ihre Besitzungen zurück, um dort Waffen und Männer um sich zu versammeln.

Der Doge wandte sich nun an Ibleto Fiesco und versuchte ihn mit Versprechungen zu ködern, auf seine Seite zu treten. Dieser, bereits auf der Seite der Widersacher des Erzbischofs, ging zum Schein auf das Angebot ein und kam mit 100 Fußsoldaten zur Porta di Capra. Hier überwältigte er die Wache, drang in die Stadt ein und verschanzte sich in der Kirche San Stefano.

Der Doge beging nun einen entscheidenden Fehler. Hätte er Ibleto Fiesco angegriffen und vernichtet, wären die Verschwörer sicher abgeschreckt worden. Aber er unternahm nichts dagegen, sondern trat in Verhandlungen mit Ibleto und verriet so seine Schwäche. Ibleto zog die Verhandlungen so in die Länge, bis Luigi Fiesco mit den anderen Verschwörern und Bergbewohnern Genua erreichte.

In der nächsten Nacht griff Ibleto mit seinen Männern den Dogenpalast an und eroberte ihn. Der Doge floh ins Castelletto; sein Sohn und die engsten Vertrauten gingen mit ihm.

Die Aufrührer waren im Besitz der Stadt. Sie beriefen den Senat ein und beauftragten ihn, eine Staatsreform durchzuführen. Nachdem man solcherart drastisch erkannt hatte, daß das Dogenamt zwangsläufig zu Auseinandersetzungen

führen mußte, die den Fern- und übrigen Handel und alle öffentlichen Arbeiten zum Erliegen brachten, kam man überein, dieses Amt abzuschaffen.
An die Stelle des Dogen sollten 12 Reformatoren gewählt werden, die je zur Hälfte vom Adel und vom Volk gestellt wurden. Die neue Regierung beschloß ferner, im Frühjahr 1488 das Castelletto zu befreien. Doch der Erzbischof hatte alle das Castelletto umgebenden Häuser in Festungen verwandeln lassen und verteidigte sich darin mit seinen Anhängern. Er schlug alle Angriffe blutig ab und beschoß mit den Bombarden des Castelletto die Stadt, so daß überall Brände ausbrachen. Diese durch den Bürgerkrieg hervorgerufenen Zerstörungen waren schrecklicher als alles andere vorher. Sobald die Angreifer eines der befestigten Häuser eingenommen hatten, zündeten sie es an und brannten es bis auf die Grundmauern nieder. Im Gegenzug beschossen die Anhänger des Erzbischofs die größten und berühmtesten öffentlichen Gebäude.
Als die Reformatoren zu der Überzeugung gelangten, daß sie den Kampf nicht gewinnen konnten, verfielen sie auf den Ausweg, Genua dem König von Frankreich anzubieten.
Als Erzbischof Paolo Fiesco dies erfuhr, schickte er sofort einen Boten zu Lodovico il Moro nach Mailand. Er beschwor ihn, auch um seiner eigenen Sicherheit willen, einzugreifen, denn »wenn sich Genua nicht selbst zu regieren vermag, dann soll unsere Stadt wenigstens von einem Italiener regiert werden, anstatt von einem Fremden.« (Siehe Carbone, Giunio: a.a.O.)
Il Moro handelte unverzüglich. Er schickte ein rasch aufgestelltes Heer unter der Führung von Gian Francesco Sanseverino mit Weisung nach Ligurien, die beiden Parteien zu schwächen, sich dann aber mit der stärkeren Partei zu verbünden und die schwächere zu vernichten.
Sanseverino machte den Vorschlag, Genua entsprechend den dort entstandenen Fraktionen aufzuteilen, und zwar schlug er vor, daß die Adorni Savona und die westliche Riviera, die Fregosi Genua und die östliche Riviera bekommen sollten. Noch während die Aufsplitterung Liguriens verhandelt wurde, kam es innerhalb der Adorni-Gruppe zum Zwist, und Agostino Adorno trat in Geheimverhandlungen mit Sanseverino ein.
Die Ergebnisse dieser Verhandlungen gipfelten in dem Plan, Genua unter die Oberherrschaft des Herzogs von Mailand zu bringen, während Agostino Adorno für zehn Jahre Gouverneur von Genua werden sollte. Um die Herrschaft zu erlangen, würden ihm mailändische Truppen zur Verfügung gestellt, die das Castelletto erobern sollten.
Paolo Fiesco, der Kardinal, versuchte nun fieberhaft, mit Frankreich handelseinig zu werden. Doch er schaffte es nicht mehr. Die Kapitulation, die er schließlich anbieten mußte, wurde angenommen. Er konnte das Castelletto mit allen sei-

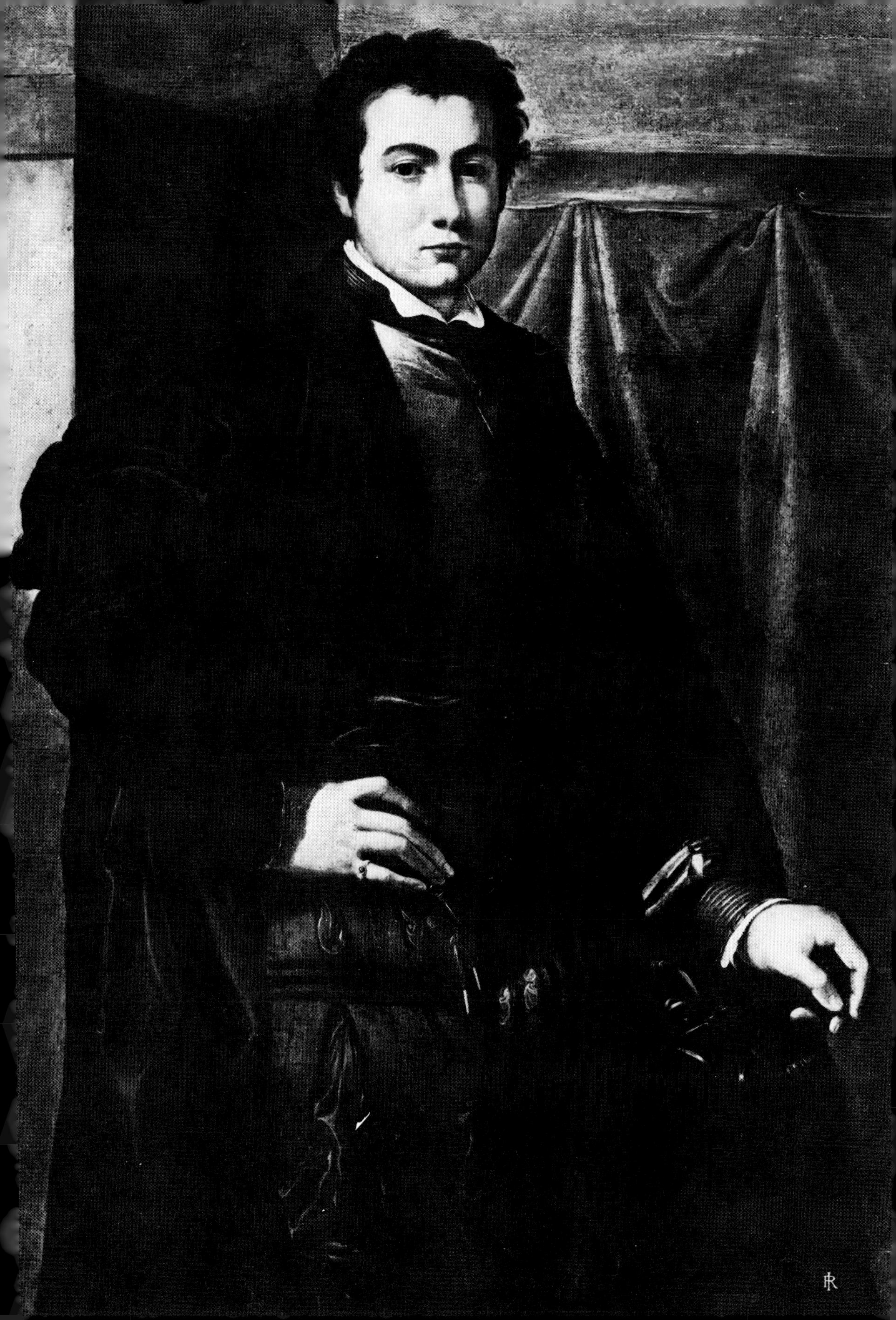

Gianettino Doria, Neffe des Andrea Doria nach einem Gemälde von Bronzino. Der erklärte Erbe Andrea Dorias fiel 1547 der Verschwörung der Fieschi zum Opfer. (2)

nen Anhängern frei verlassen und erhielt eine Leibrente von 6000 Gold-Scudi (Gold-Scudi = eine italienische Münze mit dem Wappen-Scudo – des jeweiligen Herrschers).

Der dreifache Doge, Kardinal und Erzbischof Paolo Fregoso verließ Genua, das er einmal tapfer verteidigte, das andere Mal tyrannisch beherrscht hatte und schließlich verkaufen wollte.

Das Jahr 1488 neigte sich dem Ende zu. Lodovico il Moro versuchte in Genua Ruhe und Ordnung herzustellen. Der Handel lebte wieder auf. Sehr rasch wurde der Hafen wieder von Schiffen aufgesucht, liefen andere Schiffe aus Genua nach Westeuropa und Nordafrika aus, um die ins Stocken geratenen Handelsverbindungen wieder aufzunehmen.

Gouverneur wurde Corrado Stanga, ein Mann, der gerecht und vertrauenswürdig war und rasch das Vertrauen des Volkes gewann. Nach Wiederherstellung der Ordnung in Genua ging der Herzog von Mailand 1489 daran, mit den noch immer im Kriege liegenden Florentinern Frieden zu schließen. Vier Jahre später wurde auch der Friede mit dem König von Aragonien unterzeichnet.

In den folgenden Jahren herrschte Ruhe, bis 1496 Gian Galeazzo, Herzog von Mailand, durch seinen Onkel Lodovico il Moro vergiftet wurde. König Karl VIII. von Frankreich nahm Neapel ein und forderte dadurch eine Liga vieler italienischer Fürsten und Mächte heraus.

In Genua kam es zu einigen Umsturzversuchen der Vertriebenen. Karl VIII. erlitt bei Rapallo eine vernichtende Niederlage und kehrte nach Frankreich zurück. Als es 1496 zwischen Florenz und Pisa zum Krieg kam, bat Lodovico il Moro Genua um Hilfe für Pisa und gegen Florenz. Die Genueser kamen dieser Aufforderung nach und nahmen die florentinischen Besitzungen in der Lunigiana in Besitz. Sie bestachen mit dem Gold aus dem Banco di San Giorgio die französischen Kastellane der Burgen Sarzana und Sarzanello und besetzten sie.

Da il Moro den Genuesern nicht auch Pietrasanta überließ, auf das sie ein Auge geworfen hatten, schlug in der Stadt die Stimmung gegen ihn um. Diese Stimmung nutzte Gian Luigi Fiesco und bot Ludwig XI. von Frankreich an, ihm die östliche Riviera zu übergeben, falls er ihn, Fiesco, zum Gouverneur auf Lebenszeit einsetzen werde.

Ludwig XI. stimmte zu und kam 1499 mit einem französischen Heer nach Italien. Er eroberte Mailand. Lodovico il Moro floh nach Deutschland. Genua entschloß sich nun, die Waffen zu strecken und Ludwig XI. als neuen Herrscher anzuerkennen. Dieser schickte seinen Vetter Philipp von Kleve nach Genua und machte gemäß den Vereinbarungen Gian Luigi Fiesco zum Gouverneur der östlichen Riviera. Danach kehrte Ludwig XI. nach Frankreich zurück. Genua war französisch geworden.

Genua und der Welthandel

Vom Ost- zum Westhandel

Bereits im 12. Jahrhundert wurde mit dem Sieg über die mittelmeerischen Seeräuber durch Genua und Pisa und durch die Wiedereröffnung der reichen Handelsniederlassungen in der Levante durch Venedig, Pisa und Genua eine wirtschaftliche und damit zugleich auch kulturelle Blütezeit eingeläutet. Dies wiederum bewies die enge Verzahnung von Reichtum und kulturellem Aufschwung.
Daß der Aufschwung des Handels durch den des Schiffbaues zustande kam, sei am Rande vermerkt und wird durch die Tatsache bekräftigt, daß jene Städte, die über Waffen und Dockanlagen verfügten, auch die reichsten Handelsstädte wurden. Dies ist am Beispiel Venedigs, Genuas, Barcelonas und Pisas erkennbar.
Die europäischen Handelsstädte wie Marseille, Flandern, Brügge und viele andere kamen hinzu, so daß schließlich ein verwirrendes Netz an Verbindungslinien bestand, die die Schiffahrt und den Handel in aller Welt sicherstellte. Jene Waren, die aus China und Indien auf dem Landwege zur kleinasiatischen Küste gelangten, wurden dort auf Schiffe umgeladen und durch das Mittelmeer zu ihren Bestimmungsländern geschafft. Das gleiche galt für Waren aus Innerasien und aus der Mongolei, die über das Kaspische und Schwarze Meer mit ihren Häfen ebenfalls durch das Mittelmeer verschifft wurden.
Diese Häfen waren nach den Kreuzzügen fest in genuesischer, pisanischer und venezianischer Hand, ebenso die Häfen auf den Inseln der Ägäis und entlang der griechischen Küste.
Von den Häfen Afrikas führten ebensolche Schiffahrtslinien durch das Mittelmeer zu dessen Nordküste.
Von der Nordküste des Mittelmeeres gingen die Waren aus vielen Häfen über die Alpenpässe nach Norden, oder wurden später auch durch die Straße von Gibraltar nach Südwest- und Westeuropa verschifft. Bereits im 13. Jahrhundert liefen genuesische Schiffe durch diese Verbindungsstraße aus dem Mittelmeer in den Atlantik. Ihnen folgten ab 1317 auch venezianische Schiffe. Aber in diesem westlichen Seegebiet behielt Genua die Überhand, weil dieser Hafen eben um mehrere Tagesreisen günstiger nach Westen lag, als Venedig.
Als etwa ab 1310 der Handelsverkehr über die Alpen nach Norden abnahm, war es vor allem Genua, das diesen Handel über See in zunehmendem Maße pflegte.

Nachdem Genua bereits 1180 in Akkon sein erstes Konsulat errichtet hatte, gelang es der Seerepublik Ende des 12. und 13. Jahrhunderts auch in Europa, gleiche Einrichtungen zum Schutz seiner Handelsflotten zu schaffen.
Während Venedig sich immer noch fest auf seine östlichen Handelsverbindungen verließ, war Genua bemüht, sich auch die westlichen zu erschließen und mit dem Hansischen Bund ebenso wie mit dessen Städten an der Nordsee- und Atlantikküste in Verbindung zu treten, um sich ein »zweites Bein« zu verschaffen.
Die Handelsexpansion nach Westen, der man um diese Zeit bereits revolutionäre Bedeutung zumaß, wurde von Genua aus maßgeblich betrieben und als große Konkurrenz zum venezianischen Monopol des ägyptischen Orienthandels betrachtet, der vor allem mit Gewürzen und Farbstoffen betrieben wurde.
Die Genueser dehnten ihre Märkte nach Westen aus und verkauften Getreide, Farbstoffe, Seide und Zucker; aber sie traten auch bereits als Geldverleiher auf.
Schon vorher hatte Genua, das seine Weltstellung durch Venedig im Handel mit dem Osten gefährdet sah, seine intensiven Handelsbeziehungen mit Nordafrika aufgebaut. Genuesische Niederlassungen waren in Ceuta ebenso entstanden, wie an der marokkanischen Küste. Die Häfen Saleh, Arzila und Larache wurden zu großen Umschlagplätzen mit ebenso großen genuesischen Handelskontoren ausgebaut. Die genuesische Handelszentrale für den gesamtafrikanischen Raum aber war Cadiz, das man im letzten Viertel des 15. Jahrhunderts das »zweite Genua« nannte.
Daraus folgerte, daß man auch entlang der spanischen und portugiesischen Küste solche genueser Handelsniederlassungen einrichten mußte. Dies war eine Entwicklung, die auf bereits vorhandenen Verbindungen fußte. So besaßen die Genueser in Sevilla, der Hauptstadt Andalusiens, seit dem Jahre 1251 bereits einen Fondaco, wie die damaligen Handelshäuser genannt wurden, um den herum ein eigenes Stadtviertel entstand. Von diesem Zeitpunkt an bis zum 15. Jahrhundert verfügten alle großen Handelshäuser Genuas in Sevilla über starke Vertretungen. Hier saßen die Centurioni und die Berardi, die Pinello, Spinola, Di Negro und nicht zu vergessen die Doria. Mit diesen reichen Familien trat Christoph Columbus in Verbindung, als er Mittel zur Erkundung des Seeweges nach Westindien suchte. Diese Familien waren an den überseeischen Kolonien Spaniens beteiligt und beuteten sie mit aus.
Dies alles reichte mit Anfängen bis ins 13. Jahrhundert zurück, und seit diesem Zeitpunkt konnten genuesische Handelshäuser auch in den portugiesischen Überseehandel eindringen und ihn wenige Jahrzehnte später sogar kontrollieren.
Aus Spanien führten die genueser Handelsschiffe Südfrüchte, Wein und Leder aus. Als erste beteiligten sich Genueser Handelshäuser am Zuckerrohranbau in der Algarve und auf der Insel Madeira.

Nach und nach traten diese Familien auch mit den vornehmen, häufig adeligen spanischen und portugiesischen Familien in verwandtschaftliche Beziehungen. So heirateten beispielsweise genuesische Kaufherrensöhne die Töchter des iberischen Adels und umgekehrt.

Durch ihren Einsatz in den beiden iberischen Ländern haben vor allem genuesische Kaufleute und Seefahrer die wirtschaftliche Entwicklung Kastiliens und Portugals stark gefördert und der maritimen und kommerziellen Expansion dieser Länder starken Auftrieb gegeben. Man vergaß vor allem in Spanien nicht jene Hilfe, die Genua den Spaniern gegen die Mauren hatte angedeihen lassen.

Die Genueser, reich geworden am Handel mit dem Orient, stellten den noch nicht reichen Spaniern und Portugiesen das Geld für die atlantische Expansion und schließlich für die Kolonisation zur Verfügung. Sie vermittelten diesen aufstrebenden Mächten die Techniken des Fernhandels und kapitalistische Methoden agrarischer und gewerblicher Produktionssteigerung, und spornten ihren Unternehmungsgeist an.

Natürlich war dies nur deshalb so erfolgreich, weil eben Portugiesen und Spanier ebenso wie die Genueser gute Seeleute und Schiffsbauer waren, und nachdem für sie die finanziellen Möglichkeiten für den Fernhandel mit Fernost und Übersee geschaffen waren, tatkräftig ans Werk gingen und sich ein Weltreich eroberten.

So nahm es nicht wunder, daß eine der kapverdischen Inseln nach jenem Manne benannt wurde, der sie gefunden und damit begonnen hatte, sie zu kolonisieren. Es war Antonio Noli.

Das verweist auf die Tätigkeit genuesischer Entdecker und Seefahrer, die mit der Expedition zweier Genuesen, der Brüder Ugolino und Vadino Vivaldi, zugleich auch den Beginn christlich-abendländischer Entdeckungen bedeutet. Sie bereisten mit der Unterstützung reicher genuesischer Kaufleute im Jahre 1291 jene unbekannten Regionen, »in die vordem kein anderer vorzudringen versucht« hatte.

Mit nur zwei Galeeren, die jedoch auf das Beste ausgerüstet, verproviantiert und mit erfahrenen Seeleuten besetzt waren und von Genua im Mai 1291 nach Ceuta geschickt wurden, machten sie sich auf den Weg, um »über den Ozean nach den indischen Ländern« zu fahren. Sie wollten dort Handel treiben und vollbeladen mit Waren zurückkommen.

Den beiden Kapitänen Vivaldi zur Seite standen zwei junge Mönche, nicht um an Bord wirksamer beten zu können, sondern weil sie sich in der Nautik auskannten.

Daß diese Expedition zur gleichen Zeit aufbrach, da die Venezianer die Familie Polo und mit ihr Marco Polo nach Ostasien geschickt hatten, läßt darauf schließen, daß Genua mit dem Vivaldi-Unternehmen die Handelsrivalität mit Venedig

zu seinen Gunsten verändern wollte. Wenn es Genua schaffte, zu Schiff, und damit schneller, nach Ostasien zu gelangen, als die über Land vordringende Polo-Expedition, dann waren sie gemachte Leute. Dann nämlich schlugen die billigeren und rascheren Transporte über See alle Landtransporte der Venezianer durch Asien. Außerdem war der teure Zwischenhandel über Ägypten ausgeschaltet.
Die Expedition der Brüder Vivaldi ist durch keinen Bericht oder Logbuch auf uns gekommen. Nach der Umschiffung von Kap Noun blieben die beiden Seefahrer mit ihren Schiffen verschollen. Der Sohn von Ugolino Vivaldi startete um 1325 herum zu einer Unternehmung mit dem Ziel, nach Spuren seines Vaters vor der ostafrikanischen Küste zu suchen, jedoch vergeblich.
Eine Folge dieser aufsehenerregenden Fahrt ins Ungewisse und der spätere Versuch, die Verschollenen wiederzufinden, war die Wiederentdeckung der Kanarischen Inseln.
Aus der Feder Petrarcas haben wir die Nachricht einer alten Überlieferung, daß »eine bewaffnete genuesische Flotte zu diesen Inseln gelangte«. (Siehe Petraccio, Francesco: Opera omnia.) Genuesische Dokumente oder Logbücher, die diese Legende bestätigen, gibt es allerdings nicht. Es sind auch heute noch nur Indizien, die diese Vermutung nähren. So die Tatsache, daß einige der kanarischen Inseln zum erstenmal auf einer Seekarte auftauchten, die der Katalane Dulvert im Jahre 1339 zeichnete. Die heutige Insel Lanzarote heißt auf dieser Karte »Insula de Lanzarotus Marocelus« und neben dieser Beschriftung befindet sich das genueser Wappen. Erhärtet wird die Vermutung, daß der Genuese Lanzarotus Marocelus Lanzarote entdeckte, durch die Tatsache, daß um diese Zeit in Genua eine Familie mit Namen Marocelli, später Malocelli lebte und eine der bekanntesten genueser Kaufmannsfamilien war.
Darüberhinaus sagt das Libro del Conoschimento (Buch der Erkenntnis), das um 1350 verfaßt wurde, daß der Entdecker der Insel Lanzarote ein Genueser dieses Namens war.
Als Petrarca, der 1354 zwischen Venedig und Genua vermitteln sollte, nach Genua kam und die Stadt sah, schrieb er:
»Du erblickst in Genua eine Stadt von herrscherlichem Wesen, an schroffen Berghängen gelegen, prächtig an Mauern und Männern.«
Von genuesischer Kunst schrieb er nichts. Das hatte seine besondere Bewandtnis, denn zunächst war es das Streben nach Reichtum, das den genuesischen Handel so enorm ausgeweitet hatte, bis schließlich die großen Handelsplätze der Welt Genuas Metropolen des Handels wurden. Das ging von Tunis über Akkon und Rhodos, Samos, Chios und Pera nach Korsika und Sardinien, ins Schwarze Meer und ins Kaspische Meer.
Genueser Schiffe fuhren nach Cadiz und Sevilla, nach Rouen und Brügge. Die

doppelte Buchführung wurde in Genuas Kontoren erfunden, die Seeversicherung ebenfalls. Genuas Handelsherren verstanden es, sich billige Kredite zu besorgen und mit tausendfachem Gewinn zu verwerten. Wer auch immer im damaligen Genua einen Namen hatte: die Spinola und Grimaldi, die Doria und Fieschi, sie waren immer dabei, wo es etwas zu verdienen gab. Genua knüpfte deshalb auch eher als Venedig und andere Mittelmeer-Republiken und Fürstentümer den Seehandel mit Europa und Übersee.
Als der Fall von Konstantinopel 1453 für Venedig zu einem vernichtenden Schlag wurde, war Genua zwar auch betroffen, doch diese Stadt hatte mit dem Westhandel ein zweites Eisen im Feuer und baute ihn weiter aus, um besser über die Runden zu kommen.
Was aber war aus Genuas Gewinn geworden? War aller Reichtum dieser Stadt in den verheerenden Bürger- und Bruderkriegen aufgezehrt worden? Zeugt nichts in dieser stolzen Stadt mehr von ihrer einstigen Größe?

Kultur und Kunst in Genua

Genua wird in allen alten Dokumenten die Serenissima Repubblica und in vielen Berichten noch dazu »la Superba« – die Stolze – genannt. Die Stadtrepublik hatte trotz der von außen kommenden, oftmals provozierten Bedrohungen, trotz der fortdauernden Kämpfe der einflußreichen Familien um Führungsstellen in der Superba ihren wirtschaftlichen Aufstieg vollendet und sich zu einer führenden Stadt im westlichen Mittelmeer aufgeschwungen.
In der mittelalterlichen Stadt wurden eine Reihe prächtiger Patrizierhäuser und Kirchen errichtet. Die Kathedrale San Lorenzo, die an der Stelle errichtet worden sein soll, an der der Heilige Lorenzo auf seiner Reise von Spanien nach Rom im Jahre 260 Rast gemacht haben soll, ist einer der frühen Bauten. Im Jahre 985 wurde diese erste Kathedrale Genuas Bischofssitz, im 11. Jahrhundert weiter ausgebaut und 1218 geweiht. Der Architekt Albini errichtete das unterirdische Gewölbe, das den Kirchenschatz beherbergt, in dem sich auch ein Glas aus dem 1. nachchristlichen Jahrhundert befindet.
Neben dieser Kathedrale prägten einige weitere Kirchen in der ersten großen Blütezeit Genuas das Stadtbild. So die 1180 von den Jerusalemer Ordensrittern gegründete Chiesa S. Giovanni di Prà und die aus 1278 stammende Chiesa S. Matteo.
Die erste Kathedrale Genuas aber war zweifellos San Siro, deren Ursprünge auf

das IV. Jahrhundert zurückgehen. Sie wurde jedoch erst nach S. Lorenzo, und zwar im Jahre 1000, zur romanischen Abtei umgebaut und in den folgenden Jahrhunderten weiter ausgebaut. Vor den Kirchen von San Siro und San Lorenzo trafen sich die Genueser zu ihren Versammlungen. Die Kirchen waren der geistige und zugleich religiöse Mittelpunkt dieser Kaufherrenstadt.
Dort, wo sich die Tore der ehemaligen Stadtfestung Genuas befanden, sind noch die Mauern des großen Walles zu erkennen, der von 1155–1159 errichtet wurde. Er verläuft von der Porta del Vacca bis hinauf zum Castelletto und von dort wieder zur Porta Soprana. Das zweite große Tor Genuas, S. Andrea, ist heute noch erhalten. Es steht zwischen zwei halbzylindrischen Türmen.
Der in seinem ersten Teil bereits im XIII. Jahrhundert errichtete Palazzo San Giorgio, dem im XVI. Jahrhundert ein zweiter Teil angebaut wurde, ist der Sitz des Banco di San Giorgio. Hier wurde 1483 der erste Wechsel ausgestellt. Dort befindet sich heute der Sitz der freien Genossenschaft des Genueser Hafens.
Neben den Palazzi und Türmen der adeligen und reichen Kaufmannsfamilien und der Kirchen war Genua jedoch eine durchaus nüchterne Stadt, die erst mit Beginn des XVI. Jahrhunderts unter der Herrschaft des Andrea Doria, des berühmtesten Mannes dieser Stadt, seine besondere Strahlkraft gewann. Unter seiner Führung wurden die Strada nuova, die heutige Via Garibaldi, und einige andere Straßen ausgebaut und mit Palästen bebaut. Zu beiden Seiten der Strada nuova befinden sich die großartigen öffentlichen Gebäude. Der Palazzo Doria Tursi gehört ebenso dazu wie die Palazzi Rosso und Bianco, die Paläste Cambiaso, Gambaro, Parodi, Correga-Cataldi, die Palazzi der berühmten Familien Spinola, Doria, Adorno-Cattaneo und andere, die dieser Straße ein großartiges Gepräge geben und sie zu einem prächtigen Schaustück der Kunstgeschichte und Architektur des XVI.–XVII. Jahrhunderts machen.
In der Via Balbi wiederholte sich dieser architektonische Rausch zu Anfang des XVII. Jahrhunderts. Hier war es jedoch nicht ein großer Condottiere und Staatsoberhaupt wie Doria, sondern einzelne Familien, die alle Palazzi, die glänzenden Zeugnisse alter Baukunst, erstehen ließen. Dort stehen die Paläste Durazzo-Pallavicini, die Universität und Balbi Senarego, ein Werk des berühmten Architekten Bartolomeo Bianco.
Den Palazzo Doria-Pamphily, dessen Bau ebenfalls von Andrea Doria angeregt wurde, schufen bedeutende Künstler. Er überstrahlt heute noch die Pracht der Gebäude der berühmten Rivalen der Doria, so den Palazzo der Fieschi in Carignano, den Doria später abreißen ließ.
Der Palazzo Ducale, der ehemalige Sitz der genueser Dogen, stammt aus dem Ende des XII. Jahrhunderts und wurde im XV. und XVI. Jahrhundert ausgebaut und schließlich 1780 von der Familie Catoni neu errichtet.

Im Westen Genuas, in Voltri, liegen die Landvillen der berühmten Familien, ebenso in Pegli und Nervi. Einige dieser Bauwerke seien im Folgenden kurz skizziert, um einen Eindruck von ihrer Größe und Innenausstattung zu vermitteln.
Der Palazzo Tursi beispielsweise besteht aus einem riesigen Rechteck, in dem im Geschoß der Nobili acht Räume untergebracht sind. Die Straßenfront ist 22 Meter und die Seitenfront 35 Meter lang. Der Hof in der Mitte ist 14 mal 7,5 Meter groß. Der Salone Principale, die Sala della Giunta und das Gabinetto des Sindaco, sowie jenes des Vize-Sindaco, sind die Haupträume. Daß hier der Bürgermeister und Vizebürgermeister residierten, versteht sich aus dem späteren Verwendungszweck des Gebäudes als Municipio.
Der Bauherr, Noccolò Grimani, Privatbankier von Philipp II., der für seine finanziellen Meriten zum Fürst von Salerno, Herzog von Eboli und Grafen von Rapallo ernannt worden war, einer der reichsten Herren Genuas, ließ auf dem Gelände, das er dafür kaufte, den Palazzo Bianco erstehen.
Leider stoppte der Gigantismus von Niccolò Grimaldi die gesamte Phase der Architektur. Sein Glück war so eng verbunden mit dem spanischen König, daß er im Jahre 1575 den schwersten Bankrott erleiden mußte. 1593, er war inzwischen alt geworden, mußte er den Palazzo an Giovanni Battista und Giovanni Stefano Doria verkaufen.
Nach den vorliegenden Dokumenten begannen die ersten Arbeiten an diesem Palast im Jahre 1565. Die Maurerarbeiten begannen jedoch erst 1568, als Niccolò Grimaldi die Erlaubnis der Patres von San Francesco, denen er das Gelände direkt an der Kirche gleichen Namens abgekauft hatte, dazu erhielt, zum Bau der Straße die Palmen zu einem Drittel entfernen zu dürfen.
Die Bauführung übernahmen die Brüder Giovanni und Domenico Ponzello. Domenico war ein berühmter Architekt von militärischen Bauten, während Giovanni als Erbauer der Villa Scassi in Sampierdarena und einiger anderer Palazzi bekannt war. Im Jahre 1572 wurde er beim Konsul der Künste des Magistrates und 1576 bei der Architektenkammer nominiert. Ihnen standen eine Reihe Helfer für die Innenausstattung und die Gärten zur Verfügung. Es waren Techniker, Steinmetze, Bildhauer. Zu nennen wären Giovanni Domenico Solari aus Chiona, der spätere Konsul der Kunst von Piccapietra, Taddeo Carlone, der unter anderem auch das Portal fertigte, und nicht zuletzt Giovanni Lurago, der ältere Bruder von Rocco, der die Steinquadern erstellte. Der Palast war 1575 fertiggestellt.
Als dritter Palast zur linken Seite der Piazza Fontane Marose liegt der Palazzo Spinola-Doria aus der Mitte des XVI. Jahrhunderts, erbaut an der Strada nuova. Der Bau wurde durch eine Kommission der Gebrüder Gianbattista und Andrea

Spinola 1563 in Auftrag gegeben. Er wurde quasi ausschließlich von Gianbattista, genannt der Valenza, realisiert.

Leider wurde der Palazzo Spinola-Doria wie eine Reihe anderer in der Strada nuova in den folgenden Jahrhunderten umgebaut. Der Palast hat eine Grundfläche (ohne Garten) von 30 mal 25 Meter mit zwei Stockwerken, dem Piano Terreno und dem Piano Nobile. Die Fresken im Obergeschoß sind von Semino, jene im Salone Centrale und im Salotto von Luca Cambiaso gefertigt. Gian Giacomo Paracce, genannt Valsoldo, errichtete den prächtigen Kamin im Salone Centrale mit den fein gearbeiteten Skulpturen der Träger. Seine Fresken sind aus der Mythologie entlehnt. So sehen wir ein Sofitto, das Perseo (Perseus) und Andromeda zeigt, ein anderes Fresko zeigt den Mythos von Jupiter und Danae. Eine Reihe weiterer Künstler haben diesen Palazzo zu einem Schmuckstück gemacht.

Der Palazzo Bianco wurde nach der Zerstörung der Chiesa S. Francesco und dem Verschwinden des Forts Castelletto zwischen 1530 und 1540 von Bartolomeo Lomellini aus Vallechiara errichtet und vor 1548 beendet. Den Auftrag erteilte Gerolamo Grimaldi. Seine Nachfolger erweiterten und schmückten ihn aus. 1658 wurde er von der Familie de Franchi erworben und 1711 an Maria Durazzo Brignole Sale, der Marchesa von Groppoli, weiterveräußert.

Im Jahre 1889, nach dem Tode von Maria Brignole Sale, Frau des Herzogs Raffaele De Ferrari di Galliera, ging er in das Eigentum der Gemeinde Genua über, weil die Verstorbene diesen Palast der Stadt zur Einrichtung einer Galerie und zu jährlichen Kunstausstellungen schenkte. 1892 wurde die erste Ausstellung »Unsere Kunst in der Antike« dort veranstaltet. 1940 geschlossen, wurde der Palazzo Bianco 1950 wieder dem Publikum geöffnet.

Hier hängt das großartige Bild von Jan Massys »Ritratto di Andrea Doria« ebenso wie »Venus und Mars« von Peter Paul Rubens. Antonio van Dyck, Stefan Murillo mit der »Flucht nach Ägypten«, Barnardo Strozzi, Valerio Castello und nicht zu vergessen Gregorio de Ferrari haben hier ihre Meisterwerke für uns hinterlassen.

Im Palazzo Rosso ist ebenfalls eine Kunstgalerie untergebracht. Dieser Palast, seit dem Ende des XVI. Jahrhunderts so genannt wegen des roten Festschmucks der Fassade, ist einer der letzten Paläste der Strade nuova in der chronologischen Reihenfolge, die in der Mitte des XVI. Jahrhunderts erbaut wurden. Er war über zwei Jahrhunderte die Wohnung der Familie Brignole Sale. Diese Familie ist eine der ältesten in Genua. Sie bildete sich um 600 durch die Heirat von Giovanni Francesco Brignole mit Geronima Sale, Tochter des Giulio Sale, Marchese von Groppoli.

Auch dieser Palast wurde durch Maria, die Frau des Raffaele De Ferrari, in eine

Galerie umgewandelt und 1874 der Stadt Genua mit seiner gesamten Kollektion von Kunstgegenständen übergeben. Der Palast wurde erbaut durch die Brüder Rodolfo und Giovanni, Söhne des Anton Giulio Brignole Sale.
Die kostbaren Dekorationen dieses »Roten Hauses« wurden von 1686 bis 1687 gefertigt und erst 1692 beendet. Berühmte Freskenmaler Genuas haben sie in Zusammenarbeit mit bekannten Stukkateuren wie Haffner, Viviano und Mochi gefertigt. Grigorio de Ferrari, sein Schwiegervater Domenico Piola und dessen Sohn Paolo Gerolamo Piola, arbeiteten zeitweise zwischen 1687 und 1698 an den Zimmern, dem Salon und an der Loggia. Von 1691 bis 1692 kam Antonio Haffner hinzu. Giovanni Andrea Carlone, Bartolomeo Guidobono und Carlo Antonio Tavella folgten.
Mehrere der berühmten Fresken wurden während zweier amerikanischer Luftangriffe des Jahres 1944 teilweise zerstört, so auch die Allegorien des Frühlings und Sommers.
Die Loggia des ersten Stockwerkes ist ebenso wie die achteckige Treppe ein Kunstwerk für sich.
Das Fresko von Gregorio de Ferrari »Allegorie des Sommers« und seine »Allegorie des Frühlings« sind Meisterwerke auf diesem Kunstgebiet, ebenso wie Domenico Piolas »Allegorie des Herbstes«. Paolo Gerolamo Piolas »Zerstörung des Tempels der Diana« in der Loggia, die Dekorationen und Skulpturen von Imperale Bottino haben neben den Gemälden, wie Veroneses »Judith«, Pisanellos »Ritratto« und Luca Cambiosas »San Gerolamo«, und die »Heilige Familie« von Pellegro Piola, den Palazzo Rosso zu einem Schrein bester Kunst gemacht. Barnardo Strozzis »Köchin« und Anton von Dycks »Bildnis der Geronima Sale mit Tochter«, ferner sein Bild der »Paolina Adorno Brignole Sale«, Albrecht Dürers »Bildnis eines Jünglings« und Rubens »Christus trägt das Kreuz« fügen sich diesen Kostbarkeiten gleichwertig ein.
Der Palazzo Ducale auf der Piazza de Ferrari, zu dem der Palazzo der Äbte, der Turm, der Palazzo von Alberto Fiesco mit dem großen Bogengang sowie dem kleinen und großen Hof miteinander verbunden sind, ist mit seiner Gesamtbreite von rund 43 Metern einer der größten Paläste Genuas. Der Chronist Jacopo d'Oria berichtet, daß die Gemeinde zu Ende des Jahres 1291 keinen Amtssitz für den Capitano des Volkes hatte. An den Palazzo von Alberto Fiesco angrenzend wurde ein weiterer Palast für die Volksäbte errichtet und auch ein Teil für die Capitani del Popolo angebaut, so daß der Turm und die Casa Fiesco mit den Anbauten zum Palazzo Ducale wurden.
Die traditionellen Amtsgeschäfte des Ducale del Comune unter der Leitung von Marino Boccanegra, dem Operarius des Kais und des Hafens, wurden ab 1339 im Palazzo Ducale ausgeübt. Weitergebaut, ausgebaut und komplettiert wurde

das große Bauwerk 1388 und erhielt damals unter dem Dogen Antoniotto Adorno auch das Atrium.
Unter der Leitung von Simone Carlone wurde schließlich zwischen 1538 und 1539 das letzte Stockwerk des Turms gebaut.
Der Neubau begann 1586 unter Andrea Ceresola, genannt der Vannone da Lanzo (aus Como), der das endgültige Gesicht dieses Bauwerks zwischen 1586 und 1596 prägte.
Die Außendekorationen wurden von Simone Cantoni für das Stockwerk der Nobili und für das Atrium erstellt. Der kleine Hof mit dem Brunnen, zur Piazza Ponticello hin gelegen, war das Werk von Giovanni Mezzetti und entstand 1642.
Der Torso von Andrea Doria wurde von Giovanni Andrea Montorsoli geschaffen. Ein Fresco von Lazzaro Tavarone zeigt in der Mitte einer Menschenmenge Andrea Doria, der auf der Piazza San Matteo zum Volk spricht.
Die Kapelle des Palastes wurde künstlerisch von Giovanni B. Carlone gestaltet, während der Salone del Maggior Consiglio vom Architekten Simone Cantoni errichtet wurde und Carlo Fozzi die Dekorationen schuf. In seiner endgültigen Form ist der Palazzo Ducale 55 Meter lang und mit den beiden vorspringenden Seitenflügeln 36 Meter breit. Er enthält neben dem großen und kleinen Hof mit ihren Loggien das Appartamento des Dogen, die Kapelle, den Saal des großen sowie den Saal des kleinen Consiglio.
Der Palazzo Reale wiederum, auf der Via Balbi gelegen, ist mit seinem prächtigen Innenhof und den Bodenmosaiken schon an seinem Äußeren als »modern« zu empfinden. Das Gebiet, auf dem der Palast liegt wurde 1642 von Stefano Balbo gekauft. Am 20. Februar 1643 beauftragte Balbo die Architekten Pier Francesco Cantone und Michele Moncino, einen Palazzo für die Summe von 50.000 Lire zu erbauen. Letzterer war ein neuer Name im Panorama der barocken genovesischen Architektur. Die Bauzeit dauerte von 1643 bis 1655. Einige Innenteile, darunter auch der Zentralbalkon, wurden erst zwischen 1682 und 1685 vollendet.
Das Stockwerk der Nobili enthält 23 Räume, darunter auch eine Dienerkapelle. Auch hier ist die Kunst eines Valerio Castello in verschiedenen Freskenmotiven zu sehen. So in zwei Putten, die eine Medaille halten und »Die Aufsicht« sowie »Der Ruhm« heißen. Angelo Michele Colonna und Agostino Mitelli schufen die Fresken »Allegorie der Zeit«. Weitere Künstler, die an der Ausschmückung des Palastes beteiligt waren, sind die Brüder Giovanni Andrea und Giovanni Battista Carlone und Lorenzo De Ferrari.
Der Thronsaal, das Zimmer der Königin, der Saal des Friedens und der Saal der Zeit sind ebenso wie der große Ballsaal von seltener Erlesenheit. An Gemälden

sind zu nennen: Antonio van Dyck, »Kruzifix«, und einige Werke niederländischer Meister.
Der Palazzo San Giorgio wurde unter der Herrschaft des Capitano del Popolo Guglielmo Boccanegra im Jahre 1260 geplant. Er wurde im XIV. Jahrhundert zum Sitz der Banco di San Giorgio und blieb von dem Zeitpunkt an der Hauptsitz für alle ökonomisch finanziellen Fragen der Republik Genua. Der Saal des Capitano del Popolo ist auch heute noch von imposanter Größe.
Der Palazzo diente für fünf Jahrhunderte dem Staat und nach 1796 dem französischen Gouverneur, seit dem Wiener Kongreß dem Königreich Sardinien und schließlich dem Staat Italien.
Unmittelbar nach seinem Bau war er der Sitz der Ämter der Dogen. Zunächst provisorisch dem Banco di San Giorgio als Sitz übergeben, wurde er definitiv 1451 Sitz dieses Geldinstituts. 1904 wurde der Palazzo Sitz des autonomen Konsortiums des genuesischen Hafens.
Von Alfredo D'Andrade haben wir noch die Designer-Skizzen des Palastes, seiner Teile und Details.
Das Denkmal des Francesco Lomellino in diesem Palast wurde 1509 von Pace Gaggini geschaffen. Antonio della Porta schuf jenes von Antonio D'Oria. Im Saal der Protettori befindet sich der großartige Kamin von Giovanni Giacomo della Porta. Das Hauptbild von San Giorgio (Sankt Georg) im Kampf mit dem Drachen wurde 1444 von Luchino da Milano gemalt.
Der Palazzo Doria-Spinola, die spätere Präfektur, wurde mit der Ausmessung des Standortes am 22. Februar 1541 begonnen, und ein Dekret der Padri del Comune aus dem Jahre 1543 eröffnete die Konstruktionsarbeiten. Nach Ende der Amtszeit des Architekten Angelo Montorsoli rückte Architekt Alizeri nach, der die Sache wieder aufnahm, »ohne Dokumentationen und ohne alles«. Er war sieben Jahre zu spät in Genua angekommen. Einige Dokumente, mit Vorschlägen von Bernardino Cantone, waren jedoch vorhanden. Einige Stilproben ließen auf Mitarbeit von G. B. Castello, il Bergamasco, schließen.
Der Bau wurde von einer Reihe Künstler betreut. So schuf Taddeo Carlone das grandiose Eingangsportal, das auf das Jahr 1580 datiert ist und über dessen Tür heute »Palazzo del Governo« steht. Das Fresko im Atrium mit der Medaille des Capitano Antonio Doria wurde 1584 von M. A. Calvi geschaffen, während Silvio Cosini das Eingangstor zum Hof an der Nordseite erstellte.
Dieser große Bau, von dem Condottiere Antonio Doria, Marchese von San Stefano d'Aveto und Ginosa des Königreiches Neapel, initiiert, brachte dem Doria eine große politische und persönliche Reputation.
Im Jahre 1624 wurde der Palast von Spinola di San Pietro erworben. Im Jahre 1815 kam der König von Sardinien nach Genua und bezog in diesem Palast Woh-

nung, über dessen Portal Marchese Massimiliano Spinola die Inschrift anbringen ließ: »Omnia tempus habet – Jede Sache hat ihre Zeit.«
1876 wurde der Palast an die Gemeinde verkauft.
Groß ist die Zahl der Palazzi und Villen in den Vororten und in der weiteren Umgebung von Genua. Zu nennen wären z. B. die Villa Spinola in San Pietro, die Villa Grimaldi und der Palazzo Centurione in Sempierdarena, die Villa Luxoro in Nervi, die Villa Pallavicini in Pegli und andere.
Im Palazzo Spinola auf der Piazza Pellicceria befindet sich die Nationalgalerie mit kostbaren Skulpturen, Gemälden und Fresken.
Besondere Bedeutungen für die Hauptstadt Liguriens gewinnen die Festungen und Kastelle von Genua, die in großer Zahl auf den Höhen um die Stadt verteilt liegen. Das beginnt vom Turm der Sternwarte bis Fort Belvedere mit dem Castellaccio, dem Forte Sperone, Begato, Tenaglia und Crocetta und führt vom Forte Quezzi über Torre Quezzi, Forte Ratti, Forte Richelieu, Forte Santa Tecla und Forte San Martino nach Forte San Giuliano, und vom Forte Puin über Forte Fratello Minore zum Forte Diamante.
Diese Befestigungen haben jenen Eindruck des Stolzes und der Unbesiegbarkeit Genuas geprägt und ihren Ruf als Superba – Stolze – begründet. Auf diese Forts gestützt, konnte sich Genua gegenüber Königen und Kaisern, Fürsten und Päpsten behaupten.
Der wichtigste Teil Genuas aber ist sein Hafen. Dieser bereits in der römischen Zeit vorhandene kleine Hafen war ein idealer Zufluchtsort für Schiffe und sowohl nach Westen, als auch nach Osten geschützt.
Die ersten Dokumente über den Hafen stammen aus dem XII. Jahrhundert. Der erste zusammenhängende Bericht über den Schutz und die Verteidigung des Hafens stammt aus dem XIII. Jahrhundert, in dem die Brüder Oliveiro und Bruder Filippo als »Operai del molo e del porto« genannt wurden. Danach entstand in sukzessiver Arbeit der Molo Vecchio und darauf der Binnenhafen vorne am Strand von Prè. Dieser war aufgeteilt in drei Becken: l'Arsenale im Westen, bestimmt für den Bau der Galeeren, der Innenhafen der Galeeren, und der sogenannte Innenhafen des Weines oder das Handelsbecken.
Der Hafen und die ökonomischen Möglichkeiten des Meeres lagen ebenso wie die Investitionen dort in den Händen der reichen Familien, die in der zweiten Hälfte des XII. Jahrhunderts den Handel mit Übersee forcierten. Im gleichen Tempo steigerte die Stadt ihre Macht im gesamten Mittelmeer.
Dieses Moment der spürbaren Vereinigung hat den Bau eines Palazzo del Mare (heute Palazzo San Giorgio) als Sitz des Capitano del Popolo Guglielmo Boccanegra gefördert, der schließlich zu einer Schatzkammer des Staates Genua wurde.

Zwischen dem XIV. und XVI. Jahrhundert, während des Anwachsens des Seeverkehrs von und nach Genua, wurde dieser Hafen zum größten des Mittelmeeres. So begann im XIV. Jahrhundert durch den Ausbau aller Hafenanlagen das rasche Wachstum der ökonomischen Größe Genuas.
In der zweiten Hälfte des XVI. Jahrhunderts wurde der Ausbau fortgesetzt und nicht mehr exklusiv auf den Hafen und das Meer konzentriert, sondern auch im Landesinnern gefördert. Die Tendierung nach dem Orient blieb trotz der vielen Verbindungen nach West- und Südwesteuropa bis ins XIX. Jahrhundert hinein bestehen.
Zur Sicherung des Hafens wurde 1639 durch die Finanzhilfe des Banco di San Giorgio binnen vier Jahren der Neue Molo errichtet, der die endgültige Gestalt des Hafens prägte. In den Jahren 1797 bis 1821 förderte man die Verlängerung des Molo Vecchio parallel zum Molo Nuovo.
Die großen Speicherhäuser für alle Waren des Orients, der große Leuchtturm, die Lanterna, die seit 1543 den Hafen hoch überragt und zum Wahrzeichen der Stadt wurde, die vielen Molen, die wie Finger ins Meer greifen und von einer Wellenbrechermauer von zehn Kilometer Länge geschützt werden, sind bekannte Wahrzeichen dieser Stadt geworden.

Andrea Doria als Bauherr und Mäzen

Es war Admiral Andrea Doria, der die genuesische Kunst fast so nachhaltig beeinflußte wie die Politik der Republik. Er ließ 1529 Fra Giovanni da Montorsoli aus Florenz kommen, um den Palazzo Doria umzubauen. Perino del Vaga kam auf seine Bitte hin aus Rom nach Genua, um den Palazzo Doria mit Fresken und Stuckreliefs auszuschmücken und ihn damit zu einem der reichstdekorierten Wohnsitze Italiens zu machen.
Leone Leoni, einer der berühmtesten Metallgießer, kam ebenfalls aus Rom, um ein Bildnis des Admirals in Medaillenform zu gießen, während Montorsoli die Pläne für sein Grabmal schuf.
Andrea Doria veranlaßte den Ausbau der Stadt und zog zum erstenmal Kunstschaffende aus ganz Italien in die Superba. So wurde er neben dem Retter des Vaterlandes auch noch zum Schmücker seiner Heimatstadt.
In Andrea Dorias neuem Palast, der sich als ein Wunderwerk der Architektur und Kunst über Genua erhob, hatte der große Schüler Michelangelos, Montorsoli, sein Meisterwerk vollbracht. Dieser Landsitz von wundervollem Aufbau, im harmonischen Wechselspiel der Gärten und des Wassers, von Marmor und

Stein, mit den Terrassen, die sich beinahe aus dem Meer erhoben, fand nicht seinesgleichen in Genua.
Buonaccorsi, Meisterschüler Raffaels, hat die wundervollen Friese gemalt und jene Deckengemälde geschaffen, die jeden Beschauern entzücken. Leuchtend tauchten sie aus dem kunstvollen Zierrat auf und schienen mit dem Stuck der Wände und Decken zum Leben zu erwachen. Marmorkamine von unerhörter Pracht und viele Schätze, die die Dorias durch Jahrhunderte angesammelt hatten, machten aus diesem Palazzo ein Schmuckkästchen, von dem Kaiser Karl V., als er zu Gast bei Andrea Doria weilte, staunend und bewundernd gestehen mußte, daß er noch niemals vorher solchen Prunk gesehen habe.
Dieser Palazzo war zweifellos eines der herausragenden künstlerischen Werke, die durch Doria initiiert wurden. Hier wurde Andrea Doria, neben seiner geschichtlichen und politischen Bedeutung, zum fürstlichen Mäzen und Wegweiser in der genuesischen Architektur.
Dieser Palazzo war nicht der einzige, der während seiner großen Zeit begann. Auf der Strada Nuova waren eine Reihe weiterer in Bau und deuteten bereits jetzt an, was Andrea Doria auch auf diesem Gebiet für die Stadt bedeutete. Glanz und Herrlichkeit und fürstliches Leben waren der Lohn für den Condottiere des Meeres, und er gab seiner Stadt reichlich davon ab.
Nicht nur auf diesem Gebiet wurde Andrea Doria zu einem der großen Mäzene. Seine besondere Neigung galt der Verbesserung der Schiffahrt. Seine Arbeiten auf diesem Gebiet waren die Vorläufer auf dem Wege zu den späteren Panzerschiffen. Doria ließ den Rumpf einer riesigen spanischen Galeone, der »Santa Ana« mit kupfernen Platten beschlagen und machte sie so gegen die Stückkugeln der Türken unverwundbar.
Andrea Doria, nach Kolumbus der größte Genuese und für seine Heimat selber sicherlich der bedeutendste, erkannte schon während seiner Zeit als Condottiere des Meeres die bedeutenden Möglichkeiten der Ausnutzung des Windes für die raschere Fortbewegung seiner Flotte. Er ließ von den fünf kurzen Masten, welche Galeeren im allgemeinen führten, den vorderen zum Bugspriet werden und den letzteren zu einer Art von Flaggenstock kürzen. Die schräggestellte Rah der lateinischen Segel, die in Gebrauch waren, ließ er zu den waagrechten stehenden Mars- und Bramsegeln werden und verwendete die lateinischen Segel nur noch als Klüver- und Stagsegel.
Mit dem Fockmast, dem Groß- und Besanmast machte er mit einem einzigen Schlage die jahrtausende alten langsamen Ruderschiffe zu schnellen Seglern und damit zu sehr beweglichen Vollschiffen. Die Dreimasttakelung war seine Idee, und er ließ sie auch als erster in die Tat umsetzen, auch wenn die Caravellen der Entdecker sie schon in ähnlicher Weise kannten.

Dies genügte ihm allerdings noch nicht. Die Abmessungen und Formen der Schiffe verbesserte er, ihre Seetüchtigkeit und die Segelmanöver nicht minder. Die Schiffe, die mit seinen Männern besetzt, getrimmt und erprobt waren, liefen schneller, steuerten genauer, waren gefährlicher, als alle anderen.
Seine Schiffe waren allen anderen an Wendigkeit und Einhaltung der befohlenen Schlachtordnung überlegen. Er führte alle Manöver so aus, wie er wollte. Seine neuen Schiffsverbände, sowohl auf der Fahrt als auch in Angriff und Verteidigung, boten etwas völlig Neues, das mit den neuen Bombarden und Kanonen Schritt hielt, ja diese erst voll zur Wirksamkeit brachte. Seine Fahrt- und Gefechtsformationen waren ausgeklügelte Meisterstücke, die das Schiff mit allen Waffen, im Einzelkampf ebenso wie im Kampf im Verband, bestmöglich zur Wirkung brachten.
Dazu kam seine eigene persönliche Art, die seine Mannschaften vom einzelnen Matrosen bis zum untergebenen Schiffsführer und Kommandeur an ihn fesselten. Seine rücksichtslose Härte, erst gegen sich selber, die geforderte und gegebene absolute Unterordnung unter seine Befehle und sein großer Weitblick, mit dem er Ereignisse vorausdenken, ja vorauszuahnen vermochte, machten ihn zu *dem* Flottenführer der Welt.
Seine Schiffe waren bestmöglich gearbeitet, die Bestückung optimal, die Mannschaft erlesen. So erwarb er durch einen ganz neuen Kriegsschifftyp und eine völlig neue Seetaktik seinen Ruhm als Führer neuer Segelschiffsflotten. Von den kleinsten Dingen des Schiffsbaus, die er auf den Werften unter Beweis stellte, bis zur Führung eines riesigen aus mehreren Hundert Schiffen bestehenden Großverbandes war Andrea Doria erfahren. So nahm es nicht wunder, daß er im Mittelmeerraum sehr bald schon einen legendären Ruf genoß.
Im Folgenden beginnt der große Abschnitt einer Zeit, die von Andrea Doria, dem »Fürsten von Genua«, wie er oft genannt wurde, entscheidend geprägt wurde.

Anbruch des 16. Jahrhunderts in Genua

Nachdem Ludwig XI. 1499 seinen Vetter Philipp von Kleve nach Genua geschickt und gemäß seinen Versprechungen Gian Luigi Fiesco zum Gouverneur der östlichen Riviera gemacht hatte, reiste er nach Frankreich zurück.
Der nach Deutschland geflohene Lodovico il Moro kehrte nach Italien zurück und wurde überall als Befreier begrüßt. Es gelang ihm, alle Kleinstaaten zurückzuerobern, lediglich Novara blieb in französischer Hand. Als er versuchte, diese

Stadt mit Waffengewalt in Besitz zu nehmen, wurde er von einem französischen Heer angegriffen und geschlagen. Er geriet in französische Gefangenschaft und wurde in die Festung Loche geschafft, wo er kurz darauf starb.
Genua war und blieb in französischer Hand und sah sich wieder einmal mit einer Auseinandersetzung auf Korsika konfrontiert, als Gian Paolo Leca, aus Sardinien kommend, auf der Insel landete.
Ambrogio di Negro konnte, wie bereits dreimal vorher, auch diesen vierten Aufstandsversuch mit Waffengewalt niederschlagen. Leca floh nach Sardinien zurück.
Die Führung des Banco di San Giorgio, dem eigentlich Korsika gehörte, ließ dem verdienten genueser Kriegsmann im großen Saal der Bank eine Marmorstatue errichten.
Als Ludwig XI. seinen Kriegszug gegen Neapel vorbereitete, verlangte er von Genua die Gestellung von vier voll ausgerüsteten Kriegsschiffen. Er gab jedoch nicht den eigentlichen Auftrag bekannt, sondern betonte, einen Kriegszug gegen die Türken führen zu wollen.
Eingedenk der Tatsache, daß durch eine genuesische Beteiligung an einem solchen Feldzug der Levantehandel gestört würde, möglicherweise sogar ganz zum Erliegen kommen könnte, lehnte der Senat dieses Ansinnen ab.
Der französische Gouverneur in Genua, Ravasteno, tat nunmehr alles, um die Stadt zu demütigen und ihren Handel zu schwächen. Als sich Abgesandte der Stadt beim französischen König darüber beschwerten, versprach Ludwig XI. ihnen, alles zu ihrer Zufriedenheit zu regeln, falls sie seinem Wunsche nach vier Galeeren nachkämen.
Diesmal sagte Genua zu und rüstete noch mehr Schiffe als gefordert aus. Ravasteno wurde zu deren Admiral gemacht und segelte damit in Richtung Neapel. Als er dort nicht landen konnte, nahm er Kurs in Richtung Adria. Er verbündete sich mit den Venezianern, um gegen die türkischen Piratenschiffe und vorgeschobenen Seeräuberposten zu kämpfen. Die Belagerung von Mytilene erbrachte nichts. Die Türken verteidigten sich hier erfolgreich, und die Flotte kehrte unverrichteter Dinge nach Venedig und Genua zurück.
Im Jahre 1505 bot sich für Genua die Chance, Piombino von Giacomo Appiano zu kaufen, als dieser durch Cesare Borgia bedroht wurde. Doch König Ludwig verbot diesen Kauf. Als sich auch Pisa, das von den Florentinern bedrängt wurde, an Genua wandte und sich unter den Schutz der ehemaligen großen Gegnerin stellen wollte, war es wieder Ludwig XI. der dies zu verhindern wußte.
Ende des Jahres 1505 brach in Genua die Pest aus. Der eingesetzte Gesundheitsrat ordnete sofort an, daß alle Bürger in ihren Häusern zu bleiben hätten, um die Ansteckungsgefahr zu verringern. Eine große Zahl junger Männer versahen ei-

nen freiwilligen Hilfsdienst, um die in den Häusern befindlichen Menschen mit Lebensmitteln und Wasser zu versorgen. Durch diese Maßnahme konnte die tödliche Gefahr in kurzer Zeit überwunden werden. Die Zahl der Todesopfer lag bedeutend niedriger als bei früheren Epidemien.

Zu Beginn des Jahres 1506 kam es in Genua zu Unruhen, und zwar empörte sich das Volk gegen den Adel, der in der Stadt immer überheblicher wurde. Jedesmal, wenn sich das Volk gegen Übergriffe der Nobili zur Wehr setzte und die Gerichte anrief, wurden die angestrengten Verfahren entweder unterdrückt oder parteiisch zu Ungunsten des Volkes durchgeführt.

Obgleich der Adel nur ein Drittel der Bevölkerung ausmachte, bekleideten seine Abgesandten über die Hälfte aller öffentlichen Ämter. Das Volk verlangte in einer Resolution zwei Drittel der öffentlichen Ämter, gemäß ihrem Anteil an der Gesamtbevölkerung, für sich. Diese Forderung war auf regulärem Wege nicht durchzusetzen.

Es kam zur Bewaffnung; der Ausbruch des offenen Bürgerkrieges stand unmittelbar bevor, als sich der Statthalter Frankreichs einmischte und den Wunsch des Volkes in die Tat umsetzen ließ.

Nun trat oberflächlich Ruhe ein. Der Adel war es diesmal, der auf Revanche sann. Als dessen Vorbereitungen ruchbar wurden, empörte sich das Volk abermals.

Ludwig XI. der diesem Hin und Her bis dahin zugesehen hatte, schickte den Herrn von Kleve, der mit einem Heer in der Lombardei stand, nach Genua. Ihm wurde ein starkes Kontingent Truppen beigegeben. Ein Teil der vertriebenen Adeligen folgten im Troß mit.

Französische Wachen wurden aufgestellt, und auf der Piazza ließ der Herr von Kleve zur Abschreckung Galgen aufrichten. Doch das Volk ließ sich dadurch nicht einschüchtern. Es wandte sich nun gegen den Anführer der Adelspartei, der diese französische Besatzung angeregt hatte: Luigi Fiesco. Als sich das Volk offen gegen diesen Nobile richtete, floh Fiesco aus der Stadt.

Durch königliches Dekret wurde die Zweidrittelmehrheit des Volkes in den öffentlichen Ämtern bestätigt. Um dieses neue Prestige zu festigen und die errungene Gewalt zu halten, wurde vom Volk der Rat der Acht eingeführt und gewählt. Diese acht Männer, wie in Rom Tribunen genannt, wurden mit höchster Autorität ausgestattet.

Die Tribunen wichen in ihren Tätigkeiten von der Praxis der früheren Räte ab. Darüberhinaus versuchten sie, dem Zorn des Volkes gegen den königlichen Statthalter an der östlichen Riviera, Luigi Fiesco, stattzugeben. Sie schickten eine Truppe von 2500 Mann, die dem Fiesco alle Besitztümer an der östlichen Riviera entrissen.

Luigi Fiesco beschwerte sich beim König. Der aber war eigentlich froh, daß sein großzügiges Versprechen gegenüber dem Fiesco sich nun von selber erledigt hatte. Er bestätigte den Spruch der Tribunen, die sich Anwälte des Volkes nannten, und gewährte ihnen volle Straffreiheit. Dem Fiesco befahl er, zu seinem früheren Amtssitz zurückzukehren, entzog ihm aber einen Hauptteil der erteilten Vollmachten.
Damit war die Zwietracht nicht etwa beseitigt, sondern verstärkt worden. Es kam zu Reibereien zwischen dem Adel und dem Volk. Der Adel und der königliche Gouverneur umgaben sich mit Gruppen von Bewaffneten und warben den Condottiere Tarlatino aus Città di Castello mit 2000 Mann zu ihrem Schutz an.
Dieser Tarlatino erwies sich als völliger Fehlgriff. Seine Soldaten verbrüderten sich mit dem Volk. Die Skandale wurden nicht bekämpft, sondern gefördert. Als der Senat Tarlatino aufforderte sich nun endlich klar zu entscheiden und Flagge zu zeigen, entschied er sich für das Volk.
Danach zog er nach Monaco, um diese Stadt und ihren Hafen den Adeligen fortzunehmen. In Genua waren es die Tribunen, die an der Zügellosigkeit nicht geringe Schuld trugen.
Ludwig XI. befahl Anfang 1507 dem Gouverneur von Mailand di Sciomonte, die Zugänge Genuas zur Lombardei zu sperren und beauftragte Galeazzo Salazaro, Befehlshaber der genuesischen Festung Castelletto, die Stadt zu schikanieren und unter ständiger Kontrolle zu halten. Ludwig XI. versuchte nun jede Art von Freiheit in Genua zu beseitigen und für immer jeden Anlaß zu einer Erhebung auszurotten. Blut und Terror regierten in Genua, und keiner der Volksvertreter, die zu Ludwig XI. wollten, wurde vor den König gelassen. Als man sich um Vermittlung an Papst Julius II. wandte, wurde auch dessen Vermittlungsversuch schroff zurückgewiesen.
Der Gouverneur von Mailand di Sciomonte marschierte mit seiner Truppe direkt auf Genua zu. Die Franzosen kamen von der anderen Seite, und Genua mußte erkennen, daß ihr Beschützer Frankreich zum Erzgegner geworden war. Der Senat trat zusammen und erließ ein Dekret, daß die Stadt sich nun verteidigen müsse, um nicht unterzugehen. Dem König von Frankreich wurde darin der gegebene Schutzauftrag entzogen.
Unmittelbar nach der Veröffentlichung dieses Erlasses wurden die beiden genuesischen Hauptverteidigungsanlagen, das Castelletto und das Castellaccio befreit und die französische Besatzung verjagt.
Am 10. April 1507 wurde Paolo da Nove di Giacomo zum Dogen gewählt. Nach 19 Jahren saß wieder ein Doge auf dem Genueser Thron. Dieser neue Doge, ein populärer und integrer Mann, der als Weiser beliebt war, vereinigte in sich die

höchsten Staatsämter, nicht weil er als herrschsüchtiger Tyrann in die Geschichte eingehen wollte, sondern als Retter Genuas.

Die Franzosen und die ihnen zugelaufenen vertriebenen Adeligen, darunter auch piemontesische Truppen, versuchten das Blatt zu wenden. Es gelang ihnen, Monaco zu befreien. An der östlichen Riviera aber waren die Truppen des Volkes siegreich. Die Fieschi, die dagegen ein Söldnerheer von 3000 Mann und einige Hundert Berittene aufboten, wurden geschlagen.

Als Ludwigs XI. Söldnerheer über die Pässe ins Polceveratal eindrang, bekam man es in Genua doch mit der Angst zu tun. Lediglich der Doge behielt klaren Kopf. Er ließ die Stadt befestigen.

Mit dem Angriff auf den Promontorio eröffneten Ludwigs XI. Truppen den Angriff auf Genua. General Palisse und seine Truppen wurden zurückgeworfen. Der Herzog von Alba übernahm den Platz des bei diesem Angriff verwundeten Palisse.

Aber auch er konnte nichts ausrichten. Als er bereits den Angriff einstellen und abziehen lassen wollte, kamen ihm die Truppen Sciomonte's zur Hilfe. Genua war von drei Seiten eingeschlossen. Es wurde mit schweren Geschützen beschossen. Die Festung Promontorio mußte sich nach verlustreicher Verteidigung ergeben. Auf dem höchsten Gipfel des Promontorio wurde das Lilienbanner gehißt.

Nun verlegte sich Genua aufs Verhandeln. Botschafter wurden zum König geschickt. Dieser weigerte sich, sie zu empfangen. Er ließ durch den Kardinal von Rouen eine vorbereitete Antwort verlesen:

»Die Stadt hat sich ohne Bedingungen der königlichen Gnade zu ergeben; der König läßt sich niemals auf Verhandlungen mit Rebellen ein.« (Siehe Carbone Giunio: a.a.O.)

Die Genueser ergaben sich nicht in ihr Schicksal, sondern unternahmen nach diesem vergeblichen Friedensversuch einen Ausfall mit allen kampffähigen Männern. Der Ausfall gelang; der Gegner wich, und die nachsetzenden Verteidiger drangen bis ins königliche Heerlager ein. Um ein Haar wäre König Ludwig XI. von ihnen gefangen genommen worden. Er konnte sich nur durch schnelle Flucht diesem Schicksal, das dem Kampf eine entscheidende Wende gegeben hätte, entziehen.

Die nun im feindlichen Lager befindlichen Genueser wurden umzingelt und zogen sich durch die letzte offengehaltene Schneise auf das Castellaccio zurück. Der Doge und seine engsten Mitarbeiter mußten fliehen. Das Volk ergab sich und öffnete den Franzosen die Stadttore.

Alle öffentlichen Plätze Genuas wurden von starken französischen Truppenkontingenten besetzt, die Bürger entwaffnet. Am 28. April 1507 hielt König Ludwig XI. seinen triumphalen Einzug in Genua. Begleitet von seinem gesamten

Hofstaat und den Adeligen, die sich ihm angeschlossen hatten, erreichte die Kavalkade die Porta San Tommaso. Hier hielt der König an. Er zog seinen Stoßdegen und rief mit weithallender Stimme:

»Stolzes Genua, ich habe dich mit der Waffe bezwungen!«

Die Ältesten der Stadt und viele Bürger eilten herbei, um die Lobrede von Stefano Giustiniano auf den König und das im Namen des Volkes abgegebene Schuldgeständnis zu hören.

Während die vertriebenen und nun im Gefolge des französischen Königs zurückgekehrten Adeligen ihren Triumph nicht verbergen konnten, tauchte mit einem Male auf der Straße nach San Tommaso ein Zug von 6000 ligurischen Mädchen und Frauen auf, alle in Weiß gekleideten mit einem Olivenzweig in der Hand. Sie riefen im Chor:

»Mitleid! – Erbarmen!«

König Ludwig unterließ daraufhin, so lautet die offizielle Geschichtsschreibung, die Plünderung der Stadt. Richtiger ist wohl, daß eine Plünderung der Stadt und des Banco di San Giorgio Papst Julius II. auf den Plan gerufen hätte.

Ludwig XI. forderte eine Entschädigung von 300.000 Goldfiorini. Am 11. Mai ließ er die Verfassung der Republik Genua auf der Piazza verbrennen und erklärte Genua zur eroberten Stadt. Für die Heereskosten hatte die Stadt zusätzlich 24.000 Goldfiorini zu zahlen, weitere 30.000 für die Bezahlung der Schweizer Söldner, 40.000 zur Errichtung einer Festung am Capo di Faro die »La Briglia« – »Zügel Genuas« – genannt wurde. Weitere 60.000 wurden den beiden Rivieren auferlegt. Darüberhinaus wurde die Stadt zur Gestellung und Ausrüstung von 200 Soldaten und drei Galeeren verpflichtet.

Das Gesetz der Zweidrittelmehrheit des Volkes wurde aufgehoben. An seine Stelle trat wieder die Regierung des Adels. Eines wagte Ludwig XI. jedoch nicht: sich mit dem Banco di San Giorgio anzulegen. Dieser behielt sämtliche Vorrechte. Vielmehr übertrug er dem Banco Sarzana, Sarzanello und Korsika, über die Ludwig aufgrund seiner Eroberungen verfügte, als Eigentum.

Die Münzprägung wurde dahingehend modifiziert, daß er die Wappen und Zeichen Genuas durch seinen eigenen Namen und durch das Wappen seines Hauses ersetzen ließ. Der Herr von Mons wurde zum neuen Gouverneur ernannt.

Damit neben der Gnade auch die Strenge des Königs demonstriert werde, ließ Ludwig XI. auf der Piazza Galgen errichten und viele der Rebellen, die gefangen worden waren, öffentlich aufknüpfen. Demetriano Giustiniano aber ließ er enthaupten. Er hatte als Verhandlungsführer einer Delegation mit dem Papst verhandelt. Die Häuser einiger Hauptradelsführer wurden niedergerissen. Als eines der ersten war der Palazzo des entkommenen Dogen Paolo da Nove di Giacomo in Portoria an der Reihe.

Der Doge selbst, der nach Pisa gereist war, schiffte sich in Marina di Pisa auf dem schnellen Schiff eines zwielichtigen Kapitäns namens Corsetto ein, um nach Rom zum Heiligen Vater zu gelangen. Corsetto verriet ihn für 800 Dukaten an die Franzosen. Diese brachten ihn nach Genua zurück. Dort handelte man gemäß dem bereits in seiner Abwesenheit gegen ihn gefällten Schuldspruch. Der Doge mußte im »Verbrechergewand« mit auf dem Rücken gebundenen Händen die Hinrichtungsstätte besteigen. Dort wurde das gegen ihn ergangene Urteil verlesen und ihm ein Schlußwort gestattet. In dieser Minute, angesichts des Todes, bewies der Doge Größe und Festigkeit. Er rief in die herbeigelaufene Menge:
»Meine Landsleute!
Für Eure Befreiung und zu Eurem Nutzen habe ich das Ruder des Staates übernommen. Ihr wißt mit welchem Mut und welcher Treue ich dies tat.
Wir haben uns tapfer geschlagen, die Sache unseres unglückseligen Vaterlandes mit Herz und Sinnen, mit Mühe, Schweiß und Blut verteidigt. Ist es vielleicht Sünde zu unterliegen, wenn das Glück uns nicht beigestanden hat?
Ich schäme mich meiner Flucht! – Hätte ich doch als Euer Anführer die Freiheit an den Toren der Stadt verteidigt. Jetzt aber wird mein Blut diesen Makel auslöschen. – – – Du mein Genua aber bleibst und ich freue mich bei dem Gedanken, daß du nach so vielen unglückseligen Jahren eines Tages wieder vom Glück bedacht werden wirst.« (Siehe Federigo Donaver: La Storia della Repubblica di Genova)
Der Henker tat anschließend sein Werk. Die Größe Liguriens schien auf immer vernichtet.
In der Stadt schien alles Leben erloschen. Die allgemeine Lethargie ließ das Volk untätig in den Händen des gewalttätigen Gouverneurs stöhnen. Dieser übertraf an Grausamkeit und blindwütigem Haß alle seine Vorgänger. Sobald sich auch nur einer erhob und gegen ihn opponierte, oder um Gerechtigkeit bat, wurde er mundtot gemacht; wenn es sein mußte durch Mord. Der Papst versuchte mit Hilfe von Ottaviano Fregoso, Genua zu befreien. Dieser Versuch scheiterte, weil das Volk nicht mehr im Stande schien, sich aus seiner Lethargie zu lösen.
Die Liga von Cambrai, mit dessen Hilfe Julius II. die Franzosen aus dem Lande jagen wollte, blieb ebenfalls erfolglos. Bei Ravenna wurden ihre Truppen am 11. April 1512 durch das Heer des jungen französischen Generals Gastone di Foià (Gaston de Foix) geschlagen. General di Foià fiel; er war erst 22 Jahre alt.
Dann aber löste sich dieses Heer auf. Mailand wurde von päpstlichen und venezianischen Truppen befreit, und unter Giano Fregoso sollte nun im Auftrage des Papstes auch Genua befreit werden.
Fregoso zog mit seinem Kampfverband nach Chiavari und besetzte diese Stadt,

nahe genug an Genua gelegen, um von dort aus zu einem überraschenden Handstreich auszuholen.
Der Statthalter in Genua bekam es nun mit der Angst zu tun. Er verließ den Palast und begab sich mit allen Truppen in das Fort La Briglia.
Am 29. Juni 1512 zog Giano Fregoso in die Stadt ein und wurde noch am selben Tage einstimmig von den wie aus einem Alptraum erwachenden Bürgern zum neuen Dogen gewählt.
Nun ging das Volk daran, unter Führung von Giano Fregoso die noch im Castelletto verteidigenden Franzosen hinauszuwerfen. Dies gelang und nur noch La Briglia blieb übrig.

Genuas goldenes Zeitalter

Zeit schnellen Wandels

Als die Truppen Ludwigs XII. nach ihrer Niederlage 1512 bei Ravenna im Rückzug über den Po gingen, meldete sich in Genua wieder der Freiheitsdrang. Am 29. Juni wurde Giano Fregoso di Tommaso zum neuen Dogen der Republik gewählt.

Der französische Gouverneur der Stadt Sieur de Rochechouard zog sich in die Zitadelle zurück und verteidigte sich hier, in der Hoffnung, daß französische Truppen das Blatt noch einmal würden wenden können.

Der neue Doge ernannte den in der Stadt befindlichen Andrea Doria zum Befehlshaber der Flotte. Dieser Condottiere, der seit Beginn des 16. Jahrhunderts in mehreren kleineren Unternehmungen geglänzt hatte, erwies sich als genau die richtige Wahl.

Für Andrea Doria, der bis dahin lediglich Söldnertruppen geführt hatte, brach eine neue Zeit an. Während er die ersten Schiffe ausrüstete, saß der Gouverneur noch immer in der Hafenzitadelle, La Briglia, die auch das Laternenfort genannt wurde. Er hatte durch Eilkuriere seinem Herrn die beschwörende Bitte um Hilfe gesandt, denn noch war nichts verloren und es galt, Genua, den Schlüssel zur Herrschaft über ganz Italien, in der Hand zu behalten.

In diesem Sinne handelnd wies der Gouverneur alle Aufforderungen zur Übergabe der Zitadelle ab.

Als sich Lebensmittelmangel bemerkbar machte, tauchten – wie eine Rettung des Himmels, – zwei schnelle französische Schiffe im Hafenbereich auf. Mitten in der Nacht durchstießen sie in einem tollkühnen Unternehmen die Reihe der genuesischen Blockadeschiffe und legten am Laternenfort an. In fieberhafter Hast wurden die Vorräte ausgeladen.

Kurz darauf gelang es einem dritten Schiff, einem dalmatinischen Schnellsegler, durch das Feuer der Belagerungsflotte hindurchsteuernd, bis zu den Riffen der Zitadelle durchzubrechen und man begann, unter dem Feuerschutz der Falkonetten der Festung seine Ladung zu löschen.

Dies ließ den neuen Befehlshaber der Flotte, Andrea Doria, nicht ruhen. Er warb um 300 Freiwillige, bemannte damit, noch bevor der dalmatinische Segler seine Ladung löschte, ein Handelsschiff des Capitano Emmanuele Cavallo. Solcherart getarnt steuerte er in Richtung Hafenausfahrt.

Das Kauffahrteischiff lief dicht an dem Dalmatiner vorbei, der sich nicht um dieses harmlose Schiff kümmerte. Dann ließ Doria alle Segel setzen und lief direkt auf den Segler zu.

Hart stießen Bord an Bord. Die Enterhaken flogen herüber und die hinter den hohen Borden des Kauffahrers verborgenen Soldaten stürmten das dalmatinische Schiff.

Aus der Festung eröffnete man das Feuer auf das angreifende Schiff. Andrea Doria wurde von einem herunterfliegenden Balken getroffen und stürzte besinnungslos auf die Planken. Doch Capitano Cavello beendete das Werk. Der Segler wurde von dem Kauffahrerschiff in den Hafen geschleppt. An Bord befand sich noch die Goldladung, mit welcher der Sold für die Zitadellenbesatzung bezahlt werden sollte.

Doch dieser Sieg war anscheinend der erste und letzte, den der neue Flottenbefehlshaber feiern würde, denn bereits wenige Wochen später tauchten französische Truppen vor Genua auf. Andrea Doria nahm den Dogen und dessen Familie sowie alle anderen, die die französische Herrschaft zu fürchten hatten, auf seine Galeeren auf und segelte nach La Spezia.

Im Juni 1513 schlug bereits die Stunde der Freiheit. Die französischen Truppen wurden bei Novara westlich Mailand von den schweizer Söldnern geschlagen.

Mailand wurde geräumt und der Rückzug der Franzosen über die Alpen artete in eine regellose Flucht aus.

Das war die Stunde für den zupackenden Doria. Er ließ die Galeeren bemannen und segelte nach Genua, um die Stadt für den Dogen im Handstreich zurückzugewinnen und den von den Franzosen eingesetzten Gouverneur Adorno abzusetzen.

Doch dazu kam es nicht mehr, weil die gegen Frankreich verbündeten Truppen bereits in Genua eingezogen waren. Am 11. Juni wurde Ottaviano Fregoso di Agostino neuer Doge. Dieser bestätigte Andrea Doria in seinem Amt als Flottenbefehlshaber. Dazu erhielt dieser neue Mann auch noch die Position eines Hafenadmirals.

Man erteilte ihm den Befehl, in die Gewässer um Korsika zu laufen und die dort auftretenden Piraten zu bekämpfen und zu vernichten.

Hier bereits zeigte sich das besondere Talent des neuen Admirals, seine Schiffe geschickt im zusammengefaßten Angriff einzusetzen. Bei Elba gelang es Doria eine an Zahl überlegene Flotte der Seeräuber aus Algier, Oran und Tripolis zu stellen.

In dem entbrennenden Kampf wurde der Großteil der Raubschiffe in Brand geschossen, versenkt oder geentert. Auch die genueser Flotte erlitt Verluste und

hatte 490 Todesopfer zu beklagen, dennoch war dieser erste Schlag ein schwerer Schock für die Seeräuber.
Nach dem Tode Ludwigs XII. am 1.1.1515 wurde Franz I. König von Frankreich. Sein großer Gegenspieler sollte wenig später Karl I. von Spanien werden. Franz I. ließ wieder gegen Italien antreten, um gegen die schweizer Truppen und die Spanier zu kämpfen, mit dem Ziel, die Vorherrschaft in Italien zu erlangen und die Kaiserwürde anzustreben.
In der am 13. September 1515 beginnenden und bis zum 14. dauernden Schlacht bei Merignano siegten die Franzosen und zementierten ihre Vorherrschaft in ganz Oberitalien.
Genua unterwarf sich wieder den Franzosen und Ottaviano Fregoso wurde Gouverneur. In den folgenden Jahren gelang es der Republik, in einer Zwischenphase der Reorganisation wieder zur Ruhe zu kommen. Die Vorherrschaft der Sforza aus Mailand über Genua war gebrochen, und scheinbar waren auch alle Familienfehden vergessen.
Nach dem Tode von Kaiser Maximilian I. am 12. Januar 1519 in Wels bewarb sich Franz I. vergeblich um die Kaiserkrone. Im ersten Wahlgang wurde Friedrich der Weise, Kurfürst von Sachsen, zum Kaiser gewählt, doch er nahm die Wahl nicht an. Im zweiten Wahlgang wurde König Karl I. am 28. Juni genannt. Am 6. Juli erhielt er in Spanien die Nachricht von seiner Wahl.
Damit waren die Weichen gestellt zu einer endlosen Feindschaft zwischen Spanien und Frankreich, in die Genua immer wieder hineingerissen wurde. Franz I. wollte den Rivalen, der ihn bei der Kaiserwahl übertrumpft hatte, entscheidend treffen, um möglicherweise das Blatt doch noch zu seinem Gunsten zu wenden.
Karl nannte sich von nun an Karl V.
Im Frühjahr 1522 überschritten französische Truppen unter General Lautrec die Alpen und die schweizerischen Söldner, die angeworben waren, kamen von der anderen Seite. In der lombardischen Ebene sollten sich beide Heere vereinigen.
Im riesigen Park der Villa Bicocca nahe Mailand hatte Prospero Colonna mit spanischen Verbündeten eine feste Stellung bezogen. Leyva hatte mit seinen Truppen die Franzosen umgangen und Mailand besetzt.
Die Schlacht begann, und das französische Heer wurde geschlagen. Die Schweizer zogen sich wieder über die Alpen zurück und die Venezianer, die Frankreich unterstützt hatten, verließen ebenfalls das Kampfgebiet. Der spanische General Pescara marschierte nun mit seiner Truppe in Richtung Genua. Zur gleichen Zeit lief Pedro Navarro mit fünf Galeeren nach Genua, um den französischen Verteidigern zur Hilfe zu kommen. Er gelangte zwar dorthin, konnte aber nichts am

Schicksal dieser Stadt wenden, denn Pescaras Truppen eröffneten am 30. Mai 1522 gegen Mittag den Sturmangriff auf die Stadt. Der Angriff war erfolgreich. Genua war in spanischer Hand.

Was nun folgte, war die übliche Plünderung. Ottaviano Fregoso di Agostino, der Gouverneur, wurde von den Spaniern gefangengenommen. Auch Pedro Novarra erlitt dieses Schicksal und mit ihm seine fünf Galeeren.

Am 2. Juni ernannten die neuen Machthaber in Genua Antoniotto Adorno di Agostino zum kaiserlichen Statthalter. Dieser Adorno war der letzte seines Namens, der das Dogenamt verwalten sollte, und zwar bis 1527.

Andrea Doria, der Admiral Genuas, weigerte sich, diesem Statthalter von Karls V. Gnaden zu dienen, vor allem deshalb nicht, weil er aus der Familie Adorno stammte, den Erzfeinden der Doria. Er wandte sich den Franzosen zu und bot König Franz I. seine Dienste an.

Niemand verstand damals Dorias Schritt, denn alle Zeichen deuteten darauf hin, daß Karl V. die Oberhand behalten würde. Dem hatte sogar Herzog Karl von Bourbon, der Großkämmerer von König Franz I. Rechnung getragen, als er sich auf die Seite Karls V. schlug.

Doria verfügte noch über ganze vier genuesische Galeeren. Als Admiral von Genua, das ja unter Giano und Ottaviano Fregoso französisch gewesen war, schien es für viele Menschen der damaligen Zeit nur natürlich, daß er sich auf die Seite des Verlierers Frankreich schlug. Da ihm aber Genua als wichtige Basis und Stützpunkt für seine und die ihm möglicherweise unterstellten französischen Schiffe verlorengegangen war, sann er darauf, sich einen Ersatzhafen zu verschaffen. Dafür schielte er nach Monaco.

Lucian Grimaldi, Fürst von Monaco, war in Verhandlungen mit Karl V. eingetreten, deren Ziel es war, sein Herzogtum unter dessen Schutz zu stellen. Spione, die Doria in allen Städten der westlichen Riviera hatte, berichteten ihm von dieser Geheimverbindung des Grimaldi mit dem Spanier.

Nun wandte sich Andrea Doria an seinen Vetter, Bartolomeo Doria, ein Neffe Grimaldis, der seit geraumer Zeit einen geheimen Plan auskochte, seinen Oheim »zu den Vätern zu versammeln«.

Das war für Doria die Chance, sich Monacos zu bemächtigen, von wo aus er die Schiffahrtsroute von Spanien nach Genua wirkungsvoll angreifen und den Gegner schädigen konnte.

Doria hatte in mehreren Werften, vor allem in Oneglia, bereits einige neue Galeeren nach seinen Entwürfen in Bau gegeben. Sobald diese fertig waren, mußte er für sie einen sicheren Hafen haben.

Er sicherte seinem Vetter volle Unterstützung zu, falls dieser den Umsturz in Monaco plane. Auf ein vereinbartes Lichtzeichen hin wollte er in den Hafen ein-

dringen und ihn für Bartolomeo in Besitz nehmen. In Wahrheit dachte er bereits weiter und sah sich als neuer Herzog von Monaco.
Doria segelte mit seiner Flotte nach Lyon, um Franz I. zu huldigen. Bei dem folgenden Zusammentreffen mit dem König enthüllte er ihm seine Pläne, nach denen das französische Heer und die vereinigte französische Flotte zur Wiedereroberung von Italien vorgehen und Rache für Bicocca nehmen sollten. Franz I. stimmte ihnen zu.
In Lyon erhielt Doria die Nachricht seines Vetters, daß er sich für das bewußte Unternehmen bereithalten solle. Doria ließ die Flotte ankerauf gehen und lief von Lyon in Richtung Monaco. Am 30. August 1523 erreichte der Schiffsverband Dorias Monaco, und Andrea ließ einen Kurier in den Hafen rudern und um Erlaubnis zum Einlaufen bitten. Die Erlaubnis wurde ihm überbracht.
Zur gleichen Stunde wurde Lucian Grimaldi von gedungenen Mördern erdolcht. Die Attentäter vergaßen jedoch das vereinbarte Lichtzeichen zu setzen. Dorias Galeeren blieben auf der Reede von Monaco liegen und liefen nicht ein. Auf einem Ruderboot entkam Bartolomeo Doria den Soldaten des ermordeten Fürsten mit knapper Not und floh in das französische Lager.
Das französische Heer marschierte unmittelbar darauf ein weiteresmal über die Alpen. In der Schlacht an der Sesia fiel auf französischer Seite einer der berühmtesten Heerführer seiner Zeit, der Seigneur de Bayard, der »Ritter ohne Furcht und Tadel«.
Im Gegenzug drangen Herzog Karl von Bourbon mit dem Markgrafen von Pescara in die Provence ein. Ein Geschwader von 16 Transportschiffen sollte die schweren Geschütze über See in Richtung Frankreich nachführen und darüberhinaus die Armee Karls V. auf der linken, der See zugekehrten Flanke decken. Ziel dieses Angriffes waren Lyon und Marseille. Wenn es den Angreifern gelungen wäre, diese Städte zu erreichen, dann wären alle französischen Träume ausgeträumt.
Doria erhielt deshalb Weisung, mit allen seinen Galeeren die kaiserlichen Schiffe zu stellen und zu vernichten.
Als die beiden Flotten aufeinanderprallten, kam es zu einem 12 Stunden dauernden Zweikampf. Mit seinem Admiralsschiff enterte Doria die spanische Kapitana, auf welcher der Prinz von Oranien befehligte. Drei andere Schiffe wurden auf den Strand gedrängt.
Das war für die kaiserlichen Truppen ein schwerer Schlag. Dennoch gelang es ihnen, tiefer nach Frankreich einzudringen und Marseille einzuschließen. 16 spanische Kriegsschiffe schlossen Marseille hermetisch ab.
Abermals war es Andrea Doria, der die Entscheidung erzwang. Als Marseille bereits ausgehungert schien und die Übergabe nur noch eine Frage der Zeit war, lief

Doria mit zehn seiner Galeeren bis Arles die Rhône herauf, nahm dort Mannschaften und Proviant an Bord und fuhr wieder in den Golf von Lyon zurück. Mit seinen überwiegend schnelleren Schiffen durchbrach er in einem tollkühnen Husarenstreich die Sperrkette der spanischen Galeeren, die unter dem Befehl des Admirals Moncada standen. Er lief auf die Molen von Marseille zu, legte an, ließ die Schiffe entladen und drehte sofort wieder zum Auslaufen. Aus allen Geschützen feuernd gelang es ihm, ein zweitesmal die Sicherungskette der spanischen Schiffe zu durchbrechen, ohne auch nur ein Schiff zu verlieren.
Die Spanier zogen sich über die Seealpen zurück. Ihnen auf den Fersen blieben die Kavallerietruppen des Marschalls Montmorency. Die Spanier verloren sämtliche Kanonen, und nur die strenge Disziplin des Herzogs von Pescara verhinderte Massendesertionen.
Während Franz I. noch den Gegner verfolgte, hatte Admiral Doria die ligurische Küste erreicht, das auf der Rückzugslinie des spanisch-deutschen Heeres liegende Viareggio erobert und auch Savona, die Rivalin Genuas, den kaiserlichen Besatzungstruppen entrissen.
Generalkapitän Moncada lief nun mit seiner Flotte in Richtung Viareggio und landete dort 5000 Soldaten. Er eroberte die Stadt.
Durch das Schlachtgetöse wurde die Flotte Dorias alarmiert, die inzwischen von Savona aus in den Golf von Vado gelaufen war, um dort zu überwintern. Sofort ließ Doria ankerauf gehen und in schnellstem Rudertakt in Richtung auf das Kampfgetöse halten. Er erreichte den Feind, als dieser gerade Savona anlief.
In dem nun entbrennenden Seegefecht zeigte sich bereits die besondere Taktik Dorias, der seine Galeeren als geschlossenen Kampfverband angreifen ließ und den Großteil der spanischen Schiffe vernichtete. Nur sehr wenige entkamen nach Genua.
Admiral Doria nahm die Verfolgung der nach Westen laufenden Schiffe auf und trieb sie auf die Klippen von Nizza. Die Kapitana wurde auf dem Strand zerschossen und Generalkapitän Moncada gefangen genommen.
Moncada wurde nicht gegen ein Lösegeld freigelassen, das Doria zugestanden hätte, sondern gegen den später bei Pavia in Gefangenschaft geratenen Reiterführer Montmorency ausgetauscht. Dadurch wurde Doria um sein hohes Lösegeld gebracht, das ihm nach damaligem Brauch zugestanden hätte. Dies war die erste unkluge Handlung Franz I. der noch einige weitere folgen würden, die für ihn höchst fatale Folgen haben sollten.
Als die Kaiserlichen am 24. Februar 1525 bei Pavia siegten, brach für Frankreich alles zusammen. Franz I. wurde unter seinem tödlich getroffenen Pferd begraben und beinahe von einem spanischen Soldaten erstochen, aber noch in letzter Sekunde gerettet. Er mußte seinen Degen an General Lannoy übergeben.

Zu den verschiedenen Plänen, König Franz I. aus spanischer Hand zu befreien, gehörte auch jener Plan Dorias, den spanischen Konvoi zu überfallen, der von Genua aus nach Barcelona aufbrach. Ein Schreiben König Franz I. verbot Doria diesen Handstreich.

Für die Flotte Dorias brach eine kritische Zeit an. Der französische Sold blieb aus. Dennoch schaffte der Admiral die Reste des französischen Heeres auf seinen Galeeren nach Marseille und trat danach gegen Zusicherung eines hohen Soldes in den Dienst Clemens VII., der sich am 22. Mai 1526 dem »Heiligen Bund« – der Liga von Cognac – angeschlossen hatte. Dieser Liga gehörten Franz I., Clemens VII., Venedig, Florenz und Mailand an. Andrea Doria befehligte nunmehr die wenigen eigenen, die elf ihm zugeführten päpstlichen und 11 venezianische Schiffe und hatte damit 31 Galeeren zur Verfügung. Mit dieser Flotte nahm er Kurs auf Genua, um die spanientreue Regierung der Stadt zu stürzen. Von der Landseite sollte der Herzog von Urbino mit seinem Heer, das durch 8.000 angeworbene Schweizer verstärkt worden war, Dorias Angriff unterstützen.

Ende August 1527 vereinigte sich die französische Flotte unter Pedro Navarra mit der päpstlichen unter Doria in Livorno. Von hier aus lief die französische nach Savona, während sich Dorias Flotte nach Portofino wandte. Von diesen Punkten aus wurden die westliche und die östliche Riviera und Ligurien erobert und die Handelsverbindungen und Lebensmittelzufuhren Genuas unterbrochen.

Der Papst aber wurde durch den Kampfverband des Herzogs von Sessa aus der Liga herausgelöst. Die Colonnas hatten sich nämlich mit 8000 Mann, im Einverständnis mit General Moncada, nach Rom gewandt und das Tor von S. Giovanni im Handstreich genommen. Clemens VII. rief die Römer vergebens zur Hilfeleistung auf. Er mußte auf das Castell S. Angelo (die Engelsburg) fliehen. Die colonnesischen Truppen drangen in den Vatikan ein, plünderten ihn und anschließend auch die Peterskirche (siehe Varchi Benedetto: della Fiorentina storia, libr. II.)

Der Papst war gezwungen, einen Waffenstillstand zu schließen und schied damit zunächst aus der Liga aus. Er befahl nun seinem Admiral Doria, der aus Spanien kommenden Flotte des Vizekönigs von Neapel, Charles de Lannoy, den er von der Liga abberufen hatte, entgegenzulaufen und sich mit ihm zu vereinigen. Dann sollten sie gemeinsam der spanischen Flotte entgegenlaufen und sie vernichten.

Doch sie schafften es nicht mehr und die spanische Flotte erreichte ohne große Verluste Porto di San Stefano an der italienischen Küste. Von dort aus lief sie nach Gaeta weiter, wo Truppen ausgeladen wurden. Der Papst machte den Spaniern ein Friedensangebot.

Die Friedensbedingungen, die Clemens VII. aushandeln konnte, waren schlecht. In Citta Castellana lagen die Truppen der Liga. Civitavecchia war von Andrea Doria mit der Flotte besetzt. Admiral Doria hatte vom Papst noch 14.000 Scudi Sold zu bekommen. Bis zur Bezahlung dieser Summe hatte er Civitavecchia als Pfand in Besitz genommen.

Als der Condottiere diesen Betrag nicht erhielt und außerdem sein auf ein Jahr befristeter Sondervertrag abgelaufen war, wechselte er abermals das Lager und ging mit seinen acht eigenen Galeeren ankerauf, um sie der französischen Flotte zur Verfügung zu stellen.

Andrea Doria erhielt von Franz I. neun französische Galeeren, womit seine Seestreitmacht sich auf 17 kampfkräftige Schiffe vergrößerte. Mit diesen machte er sich an die Blockade Genuas.

Antoniotto Adorno, der kaiserliche Statthalter, zog sich ins Castelletto zurück, als die Genueser zu den Waffen griffen. Er bot den Franzosen von selber die Übergabe der Stadt an, weil er Genua wieder unter französischen Schutz gestellt sehen wollte, falls diese auf die Ausübung von Rache und Vergeltung verzichteten.

Cesare Fregoso, der einen französischen Truppenverband führte, sagte dies zu und durfte nach Genua zurückkehren. Antoniotto Adorno zog sich nach Leyva bei Mailand zurück, wo er kurze Zeit später starb. Als französischer Statthalter kam Teodoro de Trivulzi nach Genua. Damit war Genua wieder einmal französisch geworden.

Andrea Doria befreit Genua vom französischen Joch

Am 9. Januar 1528 zogen die französischen Truppen unter General Lautrec durch die Romagna nach Neapel. Es sah zunächst so aus, als sollte Frankreich den gesamten verlorengegangenen Boden in Italien wieder zurückgewinnen. Doch dann vergaß Franz I. den Geldnachschub für die Truppe und die Sache wurde bedenklich.

Um Rom lag das kaiserliche Heer Karls V., das am 6. Mai 1527 die Heilige Stadt geplündert hatte; es war ein wilder Haufen, durch Pest und erzwungene Untätigkeit geschwächt und kampfesunlustig. Es sollte nunmehr durch den Prinzen von Oranien zurückgeführt und gegen die vordringenden Franzosen zum Einsatz gebracht werden. Philibert führte es am 17.2.1528 zurück. Die in dem Heer dienenden Italiener standen unter der Führung des Marchese del Guasto.

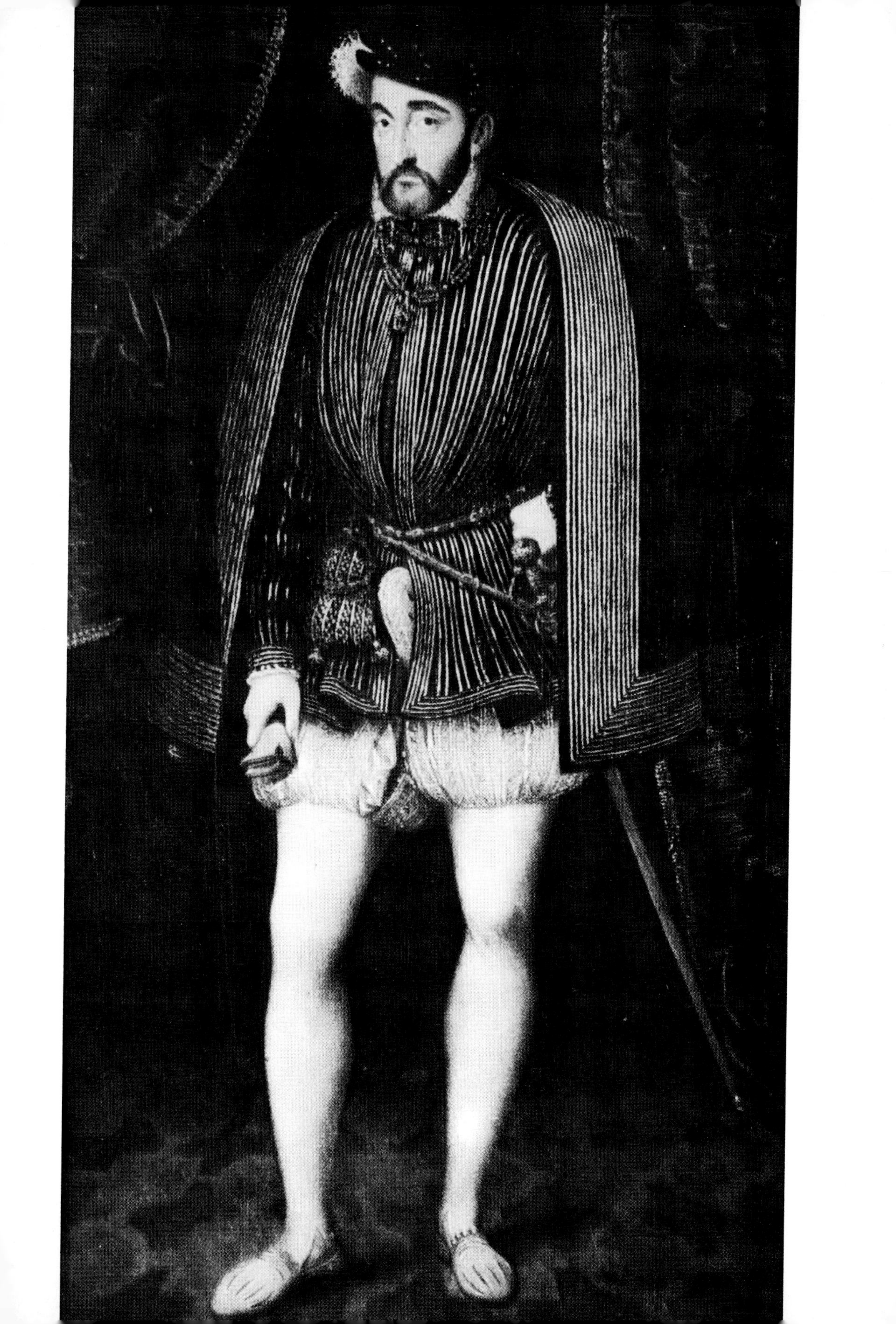

Heinrich II. König von Frankreich (geb. 1519, gest. 1559). Als Verbündeter von Sultan Suleiman II. ließ er Korsika belagern, um es den Genuesen zu entreißen. (1)

General Lautrecs Truppen erreichten Neapel am 29. April. Die Stadt wurde umstellt. Von See her griffen die acht Galeeren Dorias, diesmal geführt von dessen Neffen Filippo, an, weil Doria selbst – wenn auch noch auf ihrer Seite – mit den Franzosen unzufrieden war. Die venezianische Flotte, die Karl V. zur Hilfe eilen sollte, lag noch bei Brindisi.
Moncada und der Marchese del Guasto griffen die Schiffe Dorias am 28. Mai an, weil sie hofften, sie schlagen zu können, bevor die venezianische Verstärkung herangekommen war.
Doch die Galeeren unter der Führung von Filippo Doria schossen die Angreifer zusammen. Hier zeigte es sich ein weiteresmal, daß die Flotte des Condottiere Doria besser geschult und bedeutend kampfkräftiger war als jeder Gegner. Der Marchese del Guasto und eine Reihe hoher spanischer Offiziere gerieten in Gefangenschaft.
Am 10. Juni 1528 traf schließlich auch die von Pietro Lando geführte venezianische Flotte vor Neapel ein.
Die beiden einander bekämpfenden Armeen, geführt von Lautrec und dem Prinzen von Oranien, waren durch Hunger und ausgebrochene Seuchen fast am Ende.
Nun hätte Andrea Doria als Zünglein an der Wage zugunsten Frankreichs die Entscheidung herbeiführen können. Doch Franz I. zahlte nicht nur die Lösegeldsummen nicht an Doria, sondern machte auch noch den Herrn von Barbesieux, Francois de la Rochefoucault, zum Admiral in den Meeren der Levante. Als er dann auch noch die Genua zugestandenen Privilegien, die vor der Kapitulation der Stadt festgelegt worden waren, mißachtete, sah Andrea Doria die Zeit seines Ausstiegs aus dem französischen Dienst gekommen.
Er hatte erfahren, daß Franz I. seine Heimatstadt Genua dadurch zu ruinieren versuchte, indem er Savona anstelle von Genua zum Haupthafen in der Levante machen wollte. Darüberhinaus sollte Savona zu einer waffenstarrenden Festung ausgebaut werden.
Andrea Doria, der sich zu diesem Zeitpunkt – nicht ohne ein sicheres Gefühl für den richtigen Zeitpunkt – in Genua aufhielt, schickte am 1. Juni 1528, dem Tage, da sein Soldvertrag mit Frankreich auslief, einen Boten an Franz I. Hof und forderte Entschädigung für alles Unrecht, seine Einsetzung als Admiral in den Gewässern der Levante und die sofortige Zahlung der rückständigen Gelder. Zugleich aber forderte er Gerechtigkeit für Genua, dessen Einwohner sich an ihn gewandt hatten, weil sie in ihm einen einflußreichen Fürsprecher bei Franz I. sahen.
General Lautrec warnte Franz I. vor unüberlegten voreiligen Schritten gegen Doria und plädierte dafür, dem Admiral alle Forderungen zu erfüllen, weil

Frankreich sonst seine stärkste Stütze zur See verlieren würde. Aber die Berater des französischen Monarchen waren anderer Ansicht. Sie brachten den König dazu, folgenden Entschluß zu fassen:
»Der neue Admiral der Levante-Seestreitkräfte übernimmt in Genua den Oberbefehl über alle genuesischen und französischen Schiffe. Er wird angewiesen, Andrea Doria gefangen zu nehmen und nach Frankreich vor Gericht zu bringen.«
Da der Condottiere auch am französischen Hof seine Spitzel hatte, wurde ihm dieser Befehl hinterbracht. Er ließ alle Schiffe, die ihm gehörten, aus Genua auslaufen und brachte seine Flotte nach Lerici.
Als ein Abgesandter Franz I. hier erschien und die Rückgabe aller Schiffe verlangte, trat ihm Andrea Doria voller Spott und Entschiedenheit entgegen. Dennoch leierte der Gesandte seinen Auftrag herunter:
»Sie haben die Flotte, die unser König Ihnen übergeben hat, sofort nach Genua zurückzubringen und sie dort dem neuen Oberbefehlshaber der levantinischen Gewässer, Admiral Francois de la Rochefoucault zu übergeben.« (Siehe: Guizot, Fr.: History of France)
Doria erwiderte: »Ich werde den französischen Galeeren freien Abzug gewähren. Sie können sich dorthin begeben, wohin sie wollen. Aber meine eigenen Schiffe werde ich behalten.«
Das war eine Sprache, die dem französischen König den Atem verschlug, denn nun spürte er, daß ihm der Wind mitten ins Gesicht blies.
Doria war, seinem Naturell und seiner Erfahrung entsprechend, nicht untätig gewesen. Mit dem Marchese del Guasto, der von seinem Neffen gefangengenommen worden war, hatte er bereits bezüglich seines Übertritts ins kaiserliche Lager Unterhandlungen aufgenommen. Der Marchese sandte am 20. Juli 1528 einen Boten nach Spanien, um dem kaiserlichen Hof die Bedingungen zu überbringen, unter denen Doria sich zum Übertritt ins spanische Lager bereiterklärte. Andrea Doria hatte für sich einen Jahressold von 60.000 Dukaten gefordert, dafür wollte er mit seinen nun insgesamt 12 Galeeren in spanischen Dienst treten. Seine Hauptbedingung aber lautete:
»Anerkennung Genuas als freie ligurische Republik durch den Kaiser, Anerkennung Genuas als Herrscherin über Savona und die gesamte ligurische Küste.«
Kaiser Karl V. stimmte zu, und auf den Galeeren Dorias wurde die spanische Flagge gehißt.
Mit seinen 12 Galeeren segelte Doria zunächst nach Gaeta. Doch bevor seine Schiffe von See her gegen Lautrecs Truppen zum Einsatz kamen, ließ der französische General unter Aufgabe aller Geschütze in der Nacht zum 29. August 1528 zum Rückzug blasen.

Da nun Dorias Flotte frei war, ließ der Admiral umdrehen und Kurs auf Genua nehmen, wo noch immer Statthalter Trivulzo mit seiner französischen Besatzung lag. Dieser hatte zwar einigemale um Verstärkung gebeten, war aber wegen der in der Stadt herrschenden Pest abgewiesen worden.

Man schrieb den 12. September, als die Flotte Dorias in der Bucht von Genua auftauchte. Der französische Admiral Barbesieux, der ebenfalls mit einer Flotte nach Genua unterwegs war, zog sich sofort zurück, als seine Spähschiffe das Auftauchen der Flotte Dorias meldeten. Er lief nach Savona, um dort Schutz zu suchen.

Filippo Doria und Cristoforo Palavicini drangen mit ihren Schiffen in der nächsten Nacht in den Hafen von Genua ein und gelangten mit 500 Bewaffneten in die Stadt. Die Bürger bejubelten den Einzug der Befreier vom französischen Joch und schlossen sich ihnen, sehr schnell bewaffnet, zu Hunderten an.

Die Franzosen zogen sich unter ihrem Befehlshaber auf das Castelletto zurück. Von hier aus schickte Trivulzo noch einmal einen Hilferuf an den Grafen von St. Pol nach Pavia, ihm 3000 Mann Verstärkung zu schicken. Doch bevor diese nach Gavi gelangten, waren die dortigen Bergpässe von genuesischen Freiwilligen besetzt.

Nun versuchte der Graf von St. Pol wenigstens, Savona zu entsetzen. Aber auch das mißlang, und Savona mußte sich am 21. Oktober den Belagerern ergeben. Der Hafen dieser Stadt wurde völlig zugeschüttet, damit die Franzosen ihre Vorhersage, ihn zum Haupthafen der gesamten ligurischen Küste zu machen, nicht wahr machen konnten. Wenige Tage darauf kapitulierte auch Trivulzo im Castelletto.

Genua war befreit, und diesmal sollte das nach dem Hin und Her der vergangenen Jahre für lange Zeit so bleiben. Einer der Garanten für die genuesische Freiheit war Andrea Doria.

Genuas neue Zeit – Die Alberghi

Nunmehr schien es in Genua an der Zeit, eine neue dauerhafte Verfassung aus der Taufe zu heben. Diese mußte so beschaffen sein, daß die vielen Interessen der verschiedenen Parteien und Familien endlich unter einen Hut gebracht wurden. Anstelle des Eigeninteresses sollten alle Bewohner der Stadt das Staatsinteresse stellen.

Es war vor allem die französische Herrschaftszeit, die den Genuesern gezeigt hatte, daß sie nur vereint, miteinander und füreinander einstehend, ihre volle Unabhängigkeit verteidigen konnten.

Das kurz vor der Erneuerung der französischen Herrschaft in der Stadt eingesetzte Kollegium der 12 Reformatoren war während der Fremdherrschaft im Amt geblieben. Sobald Barbesieux den Hafen von Genua verlassen hatte, erteilte der Senat diesem Kollegium die Weisung, eine neue Verfassung zu erarbeiten, die allem früheren Parteienhader ein Ende bereitete.

Die 12 Reformatori begannen zuerst damit, sämtliche vorhandenen Adelsgesellschaften und Adelshäuser neu zu ordnen. Alle Familien, selbst jene bürgerlichen, die eine zeitlang eine bedeutende Rolle in der Stadt gespielt hatten, waren nicht nur durch Familienbande untereinander verbunden, sondern auch durch eine Reihe von Genossenschaften, die sie noch enger zusammenschweißten. Jene Familien, die popolanen Ursprungs waren, hatten sich inzwischen, soweit sie an die Spitze irgendwelcher Verbindungen traten, zu den Nobili aufgeschwungen.

Nunmehr wurde bestimmt, daß alle alteingesessenen Genueser Familien, die in Genua oder in der Republik über Grundeigentum verfügten, gleichberechtigt seien. Es gab also keine minderberechtigten Familien mehr. Alle sollten nun die Gesamtheit des genuesischen Adels verkörpern.

Jede Familie, die in Genua sechs Häuser und mehr besaß, sollte ein Albergo, oder eine Adelsgesellschaft bilden, an die sich dann die weniger begüterten Familien anzuschließen hatten. Lediglich die Fregosi und die Adorni wurden hiervon ausgenommen. Sie durften weder eine Adelsgenossenschaft, noch ein Albergo gründen. Sie mußten sich vielmehr als Familienverband auflösen und einzelnen anderen Gesellschaften anschließen. Auf diese Weise teilte sich der Adel Genuas in 28 Alberghi oder Casati (Häuser). Es waren dies die Casati der:

Calvi, Catani (Cattanei), Centurioni, Cibo (auch Cybo), Doria, Fieschi, Fornari, Franchi, Gentili, Grilli, Grimaldi, Giustiniani, Imperiali, Interiani, Lercari, Lomellini, Marini, Negri, Negroni, Palavicini, Pinelli, Promontori, Salvaghi (Salvaggi), Sauli, Vivaldi, Ususmari.

Es genügte den Reformatoren des Staatswesens jedoch nicht, die Adorni und Fregosi in die verschiedensten Gesellschaften umzuschichten, sondern man versuchte darüberhinaus den bisher guelfisch gesinnten Familien in ghibellinische Alberghi und ghibellinische Familien in guelfische Casati zu verpflanzen. Man achtete außerdem genau darauf, daß jeder Albergo Glieder der adornischen und fregosischen Familien erhielt. Durch diese Vermischung untereinander wollte man das Ausbrechen neuer Familienfehden verhindern. Diese neue Stammteilung der Vollbürger Genuas unter Andrea Doria sollte von entscheidender Bedeutung für die Stadt werden.

Aus den 28 Alberghi wurde schließlich der Senat in Stärke von 400 Senatoren gewählt. Von diesen 400 schieden in regelmäßigen Abständen ganze Gruppen aus und machten Neueintretenden Platz. Niemand durfte länger als ein Jahr Senator sein.

Der Senat wiederum ernannte alle Beamten und Würdenträger der Republik. Es waren vor allem folgende Ämter, die durch ihn besetzt wurden:

1. Das Dogenamt, das alle zwei Jahre neu ausgeschrieben wurde und den Dogen für diesen Zeitraum als Repräsentanten der Republik Genua sah.
2. Die Behörde der Signori, die aus acht Signori bestand, die dem Dogen helfend und beratend, aber auch beschränkend, zur Seite standen. Zwei von ihnen mußten ständig im Dogenpalast wohnen.
3. Acht Procuratori del Comune, die ein Kollegium bildeten, das die innere Verwaltung der Republik leitete und deren Vorsitz der Doge innehatte.
4. Fünf Sindaci oder Censori, in deren Händen die Kontrolltätigkeit lag. Sie wurden für die Dauer von vier Jahren gewählt.
5. Der Rat der 100. Dieser blieb nur ein Jahr im Amt und beriet den Senat und alle übrigen Staatsstellen.

Die Genueser hatten Andrea Doria zum ersten Dogen auf Lebenszeit machen wollen, doch er hatte abgelehnt. Außerdem hatte er auch den Vorschlag Karls V., unter ihm auf Lebenszeit Fürst von Genua zu werden, nicht akzeptiert. Er war es, der die Amtsdauer der zu wählenden Dogen auf zwei Jahre festlegte.

Am 12. Dezember 1528 wurde Oberto Cattaneo, ehemals Lazaro di Batista, zum ersten Dogen der neuerstandenen Republik Genua ernannt.

Auch das Amt des Censors auf Lebenszeit lehnte Andrea Doria ab und nahm es – wie alle anderen auch – nur für eine vierjährige Amtszeit an.

Damit waren die genuesischen Verhältnisse bis auf die Stellung des Popolo minuto (des minderen Volks) genau geordnet. Der Popolo minuto war in der neuen Verfassung überhaupt nicht berücksichtigt worden. Auch die Bewohner Liguriens fanden keine Berücksichtigung. Sie alle durften nicht in die Führungsposition der Stadt gewählt werden, sie waren »nichts anderes als Untertanen«. (Siehe Carbone Giunio: a.a.O.)

Das einzige, was man ihnen allgemein zugestand, war die Aufnahme in einen der Alberghi, wenn sie sich durch besonderen Einsatz als dafür würdig erwiesen hatten.

Genuas größte Zeit

Dieser Gesinnungswechsel des Andrea Doria, der zum Kaiser übergewechselt war, bedeutete für die Franzosen einen vernichtenden Schlag. Von nun an stand ganz Genua, geeint, und dadurch um vieles stärker als zuvor, auf der Seite des Kaisers. Die genuesische Flotte wurde zu einer entscheidenden Verstärkung Karls V., und der Banco di San Giorgio lieh dem Kaiser jede Geldsumme.
Das Bündnis Karls V. mit Genua erwies sich in Italien als *das* Zünglein an der Waage und ermöglichte Karl V. das Durchhalten des acht Jahre dauernden Krieges in Italien, an dessen Ende der Sieg über Frankreich stand.
Von nun an reiste Karl V. stets auf genuesischen Schiffen von Spanien nach Italien und wieder zurück, und fast ständig dienten genuesische Galeeren auch als Transportschiffe für die spanischen Truppen. Dank des Bündnisses mit Genua war für Karl V. der Weg nach Italien hinein weit geöffnet.
Kaiser Karl V. ließ schließlich Andrea Doria nach Barcelona bitten. Dort belehnte er den Condottiere mit dem von ihm eingezogenen Fürstentum Melfi und ernannte ihn damit gleichzeitig zum Fürsten.
Danach wurden die genuesischen Galeeren besichtigt, die den Kaiser nach Italien bringen sollten. Am 29. Juli 1529 gingen diese Schiffe in Barcelona ankerauf, und am 12. August erreichte der Konvoi von 30 Galeeren wohlbehalten Genua.
Mit dem Kaiser wurde eine Truppe von 1000 Reitern und 9000 Mann zu Fuß nach Genua geschafft. Weitere 8000 »Lanzknechte« warteten in der Lombardei.
Karl V. wollte sich durch den Papst zum Kaiser krönen lassen. Damit wollte er die von Karl dem Großen begonnene Tradition fortsetzen. Darüberhinaus hatte er den Ehrgeiz, Italien zu befrieden, was keinem seiner Vorgänger gelungen war. Es war der Befehlshaber in Norditalien, General Antonio de Leyva, der ihn in einem Handschreiben vom Mai 1929 zu diesem Schritt ermutigte:
»Möge es Gott gefallen, daß Eure Majestät nach Genua kommen, denn von dort aus wird es leichter sein, die Dinge in Italien in einer Art zu schlichten, wie es Euren Notwendigkeiten entspricht. – – Ihr müßtet in Genua ebenso sicher sein, wie Ihr es in Barcelona seid. Und seid Ihr einmal in Genua, so werdet Ihr ganz Italien Eure Partei nehmen sehen.« (Siehe Leyva an Karl: Mailand 13. Mai 1529, in AGS, Estado leg. 1553)
Genua hatte also auch von diesem bekannten Strategen eine Schlüsselrolle zugewiesen erhalten. Daß diese Stadt wirklich der entscheidende Besitz war, sollte Karl V. noch für ein weiteres Vierteljahrhundert erfahren. In diesen 25 und mehr Jahren war es Andrea Doria, der hier des Kaisers bester Mann war, eine große, vielleicht die größte Persönlichkeit, die Genua je hervorgebracht hatte.

In Bologna erhielt Karl V. auch die Nachricht, daß General Leyva am 21. Juni 1529 bei Landriano die italienischen Truppen entscheidend geschlagen habe.
Da inzwischen aber die Türken in ihrem Vorstoß auf Wien entscheidende Geländegewinne erzielt hatten, ließ sich Karl V. im Palazzo del Podestà von Bologna am 22. Februar 1530 die Krone Italiens und zwei Tage darauf in Bologna durch Clemens VII. die Kaiserkrone aufs Haupt setzen.
In den vier Monaten, die seit ihrer Ankunft in Genua verflossen waren, gelang es Karl V. mit dem Papst, Venedig, Mailand, Savona und Genua eine Liga gegen die Türken zu bilden. Er selber brachte Sizilien und Sardinien in diese Liga ein.
Zusammen mit seinem Bericht ließ Kaiser Karl V. die geplante Expedition gegen die Ungläubigen in Algier bekanntgeben. Befehlshaber der gesamten Flotte wurde Andrea Doria.
Die Belagerungsarmee wurde von Fürst Philibert von Oranien geführt. Vorher aber half er, Florenz, das man belagerte, in die Knie zu zwingen. Da sich diese Stadt aber erst im September 1530 ergab, war der Feldzug gegen Algier wegen der vorgeschrittenen Jahreszeit nicht mehr möglich.
Die Flotte Dorias, die auslaufbereit lag, erhielt Weisung, weiterhin gegen die im Mittelmeer operierenden türkischen Seeräuber auszulaufen.
Während nun Doria im Mittelmeer die Türken jagte, sodaß sie sich schließlich zurückziehen mußten, wurde am 4. Januar 1531 in Genua der nach der Verfassung bestimmte Nachfolger für das Dogenamt gewählt. Es war Battista Spinola di Tommaso. Alle waren darin einig, daß Andrea Doria dies alles bewirkt habe.
Das dankbare Volk von Genua schenkte dem nunmerigen Generalkapitän des Meeres, Andrea Doria, in Fassolo einen Palazzo. Über dem großen Eingangstor wurden die Worte eingemeißelt:
»Senat. Cosn. Andreae de Oria Patriae Liberatori Munus Publicum – Andrea Doria, dem Befreier des Vaterlandes.«
Im Jahre 1532 hatte die kaiserliche Flotte unter Andrea Doria mit den Angriffen gegen Koron und Patras die Türken in Unruhe versetzt. Die Hohe Pforte setzte nun Chaireddin Barbarossa, den Herrscher in Algier, gegen das westliche Mittelmeer an. Damit war dem Bündnis Spanien-Genua ein gleiches zwischen der Türkei und Algier gegenübergestellt. Der Seeräuber Chaireddin Barbarossa wurde von Sultan Soliman zum Admiral der osmanischen Flotte ernannt.
Noch im selben Jahr griffen diese Seeräuberschiffe die Küste Süditaliens an und gelangten bis vor die Mauern von Rom. Auf dem Rückweg überfielen die Piraten Tunis und eroberten dieses Königreich für sich. Sultan Muley Hassan mußte nach Spanien fliehen. Danach erzielte Chaireddin Barbarossa sogar ein Bündnis mit Frankreich. Von Tunis aus war es für diesen berühmten Admiral und Befehlshaber der türkischen Flotte ein leichtes, Italien anzugreifen.

In Genua wiederum wurde am 4. Januar 1533 ein neuer Doge gewählt. Er hieß Battista Lomellino di Girolamo. Die Regierung Genuas stand offenbar fester denn je und nichts schien die Eintracht in der Stadt zu stören, die nun daran ging, die alte Seegeltung zurückzugewinnen und weiter auszubauen.
Am 4. Januar 1535 wurde Christoforo Grimaldi, vormals Rosso, neuer Doge der Republik. Das nun voll eingespielte Verfahren der Regierung erwies sich als dauerhaft und hatte längst auch die anfänglichen Kritiker überzeugt. Ganz Genua schien wieder aufzublühen. Handel und Bautätigkeit nahmen rapide zu, der Wohlstand wuchs.
Nunmehr rüstete sich Karl V. auf einen Kreuzzug, mit dem Ziel, das 1534 von Barbarossa eroberte Tunis zurückzugewinnen. Dazu stellte er eine Armee von 8000 Deutschen, 8000 Italienern und 14.000 Spaniern auf. 1.500 Adelige seines Hofes, an der Spitze der Herzog von Alba, begaben sich zum Einschiffungshafen Barcelona. Am 3. April traf der Kaiser dort ein. Die spanische Flotte hatte sich bereits versammelt und am 10. April erschien auch Generalkapitän Doria mit seinen 16 genueser Galeeren.
Obwohl die Vorbereitungen in aller Geheimhaltung durchgeführt wurden, erfuhr Franz I. davon und ließ Chaireddin durch seinen Geheimsekretär, einen Priester aus Florenz, warnen.
Zur Teilnahme an diesem Kreuzzug wurde auch Frankreich aufgefordert. Papst Clemens VII. versuchte, zu diesem Zweck nach Marseille reisend, Franz I. für diesen Plan zu gewinnen. Dieser winkte ab. Er verlangte vielmehr die Rückgabe von Mailand und Genua an Frankreich. Kaiser Karl V. lehnte dies ab, und Franz I. drohte damit, sich zum Bundesgenossen der Türken zu machen. Dies hat er dann auch mit der Warnung an Barbarossa getan.
Portugal hatte 25 Caravellen für den Kampf gegen die heidnischen Seeräuber geschickt. Papst Paul III., der 1534 nach Clemens VII. Tod neues Oberhaupt der christlichen Kirche geworden war, stellte 12 Galeeren zur Verfügung.
An Bord der Schiffe befanden sich bekannte Historiker, die den Auftrag hatten, die Geschichte dieses großen Kreuzzuges niederzuschreiben, darunter der Bischof von Pamplona als Prominentester. Er berichtete in seinem Werk »Les derniers jours de la marineà rames«, (Paris 1886) ausführlich über diesen Krieg Karls V., der als erster großer Kolonialfeldzug der Neuzeit gilt. Karl V. wurde von seinem Leib- und Hofmaler Jan Verweyn begleitet, der 12 prächtige Gemälde schuf. Die erste Feldpost wurde mit Schnellsegler nach Europa geschafft.
Von den Maltesern wurde Karl V. das damals größte Schlachtschiff im Mittelmeer als Capitana zur Verfügung gestellt. Dieses Schiff wird im »Verstand der Schiffahrt«, dem 1774 in Breslau erschienenen Typenbuch der Seeschiffe, folgendermaßen beschrieben:

»Es ist eyne Galeere, die man den Schiffen des syrakusischen Dyonysos beygesellen kann. Sie hat sieben Decks, 30 Zimmer vor die Ritter, sechs Säle vor den Großmeister, eyne Ratsstube. Ihr Mast ist so groß daß ihn sechs Männer mit Mühe umklaftern können.«

Am 2. März verließ Karl V. Madrid und traf am 3. April in Barcelona ein. Hier hatte sich die spanische Flotte bereits auf der Reede vor dem Hafen versammelt. Am 10. April erschienen auch die 16 genueser Galeeren. Die in Italien und Deutschland aufgestellten Truppen sollten in den sardischen Gewässern zu dem Gros stoßen.

Am 30. April segelte die Flotte unter Musik mit gesetzten Flaggen, Wimpeln und Standarten aus dem Hafengebiet heraus in die offene See.

Bei Cagliari trafen sie mit der anderen Flotte zusammen, die eine Stärke von 75 Galeeren aufwies. Nunmehr betrug die Gesamtzahl der Truppen 60.000 Mann. Den Oberbefehl über die Flotte erhielt Andrea Doria, die Landtruppen befehligte der Marquis del Vasto.

Da Tunis ein Stück landein gelegen war, schlug Andrea Doria vor, sich zuerst einen Hafen freizukämpfen, um die Truppen ungefährdet landen zu können. Man wählte La Goleta aus. La Goleta aber war als Haupthafen von Chaireddin Barbarossa stark befestigt und bestückt.

Beim alten karthagischen Hafen begann am 14. Juni 1535 das Ausschiffen der Truppen. Zuerst wurde die Infanterie an Land geschafft. Diese ging vor und bildete einen Brückenkopf, in den die nunmehr ausgeschiffte schwere Artillerie vorgeschafft wurde. Zum Schluß folgten die Reiterverbände.

Vorgeschickte Späher meldeten die Flotte Chaireddins im Hafen, unter dem Schutz der vielen Kanonen der Festung. Während die Kaiserlichen langsam auf die Festung vorrückten, eröffneten diese Kanonen das Feuer. Nach erbittertem Kampf wurden die vorgelagerten Grabenstellungen erobert. Hier blieben die Angreifer liegen. Von den Mauern peitschte ihnen dichtes Abwehrfeuer entgegen.

In der unerträglichen Hitze, unter den schweren Eisenpanzern beinahe unbeweglich, von einer ausbrechenden Ruhrepidemie dezimiert, schien plötzlich alles am Ende. Die vorgezogenen Belagerungsgeschütze schossen so schnell wie möglich. Dann ließ Andrea Doria die gesamte Flotte dicht an die Mauern von La Goleta heranfahren und das Feuer eröffnen. Jeweils drei Schiffe liefen nebeneinander und schossen von den hohen Decks auf die Festung. In Rauch und Flammen ging La Goleta unter. Sechs Stunden lang kreuzten die Schiffe und schossen die Festung zusammen.

In der Zwischenzeit hatten sich die spanischen »Tercios« unter Marquis del Vasto zum Sturmangriff bereitgemacht. Als die letzten Kanonenschüsse verhallt waren, griffen sie an. Es wurde ein blutiger Kampf, der mit dem Sieg der Angreifer endete.

La Goleta war in der Hand der Kaiserlichen. Hier wurde eine gewaltige Beute gemacht. Wichtigster Teil der Beute waren die 84 Galeeren Chaireddin Barbarossas. Dem türkischen Herrscher über Tunis und Algier war mit seinen Vertrauten die Flucht nach Tunis hinein gelungen.

Im kaiserlichen Kriegsrat wurde nun der Vorschlag gemacht, nach diesem Sieg wieder zurückzufahren, weil die Jahreszeit zu weit fortgeschritten sei. Doch davon wollte Karl V. nichts wissen. Er befahl den Angriff auf Tunis selber.

Tunis, nur sechs Meilen von La Goleta entfernt, wurde nun angegangen. Es begann ein Kampf, der mit einer spanischen Niederlage zu enden schien. Doch dann gelang es den in den Bagnos von Tunis liegenden 22.000 christlichen Sklaven, sich mit Hilfe einiger Renegaten des Chaireddin, die hier ihre Chance witterten, zu befreien. Sie stürmten in die Burg und öffneten den bis an die Mauern vorgedrungenen Kaiserlichen die Tore.

Tunis fiel. Die Sieger zogen in die Stadt ein und mit ihnen begannen die Plünderungen und Massaker. Nach zeitgenössischen Berichten sollen zwischen 30 und 40.000 Einwohner umgekommen sein. Der mit Kaiser Karl V. nach Tunis zurückgekehrte, von Chaireddin Barbarossa vertriebene Sultan Muley Hassan schritt nicht gegen die Massaker ein. Er mußte die von den Spaniern gefangengenommenen eigenen Untertanen für zwei Dukaten je Kopf zurückkaufen.

Chaireddin Barbarossa war mit seinen Elitetruppen in die Wüste entkommen. Von Cap Bon gelang es ihm, auf den dort stationierten Schiffen nach Algier zu entkommen.

Unmittelbar darauf setzte Chaireddin Barbarossa seine Seeräuberfahrten fort. Bei Mallorca lauerte er den aus Tunis zurückkehrenden kaiserlichen Schiffen auf, wurde aber abgewiesen. Auf Menorca gelang es ihm, das dortige Lazarett zu erobern, wo ihm 3700 verwundete spanische Soldaten in die Hände fielen.

In Tunis waren Karl V. Dokumente zugespielt worden, aus denen hervorging, daß Franz I. mit den »Erzfeinden der Christenheit« ein Bündnis abgeschlossen hatte. Damit war vorerst Franz I. ausgeschaltet.

Im November 1536 landete die große Flotte mit Kaiser Karl V. an Bord der Capitana im Hafen von Genua und legte dort an. Es wurde ein triumphaler Einzug des Kaisers in die Stadt. Karl V. war überrascht von den Fortschritten, die Genua in der kurzen Zeit der Ruhe gemacht hatte. Er fand alles in ausgezeichneter Verfassung und lobte die rege Bautätigkeit, die Andrea Doria inzwischen auf der Strada Nuova und anderswo angeregt und in Gang gesetzt hatte.

Am 4. Januar 1537 wurde in Genua der neue Doge gewählt. Sein Name lautete Giambattista Doria di Agostino. Die Bautätigkeit setzte sich fort und der Handel kam in Schwung. Es sah ganz so aus, als sei Genua nun auf dem richtigen Wege. Mit nur 28 Galeeren lief Andrea Doria im Sommer 1537 zum Kampf gegen türkische Seeräuber nach Messina. Wenige Tage darauf erbeutete er in einem Vorstoß gegen Paxos 10 vollbeladene Schiffe aus Alexandria und ließ sie in Brand schießen, nachdem das Wertvollste heruntergeholt worden war.

Nahe Paxos stieß seine kleine Flotte am 22. Juli 1537 auf ein türkisches Geschwader. Der Angriff begann. Auf dem Vorderkastell des Admiralschiffes stehend, ganz in Purpur gekleidet, um ihn geschart in weißen Mänteln die Männer aus den vornehmsten genuesischen Familien, nahm Doria den Kampf auf.

Die gegnerischen Schiffe wurden zusammengeschossen, geentert und versenkt. Brände flammten auf. Im Regen der Pfeile und Speere, dem grellen Flammenwurf der Feuertöpfe und dem Geschmetter einhauender Kugeln stand Andrea Doria auf dem Vorderkastell seines Schiffes und befahl die einzelnen Angriffszüge.

Verwundet stürzte er schließlich nieder und wurde nach unten in seine Kajüte geschafft. Alle türkischen Schiffe, die noch seetüchtig waren, wurden in Schlepp genommen und nach Messina gschafft.

Als im Februar 1538 zwischen dem Heiligen Stuhl, Venedig, Karl V. und Ferdinand, dem Bruder des Kaisers, die Heilige Liga gegen die Türken geschlossen wurde, mit der Absicht, in einem Angriff über See Konstantinopel zurückzuerobern, wurden binnen kurzer Zeit 200 Galeeren zusammengebracht. 40.000 Mann zu Fuß und 4500 Reiter sollten gemustert werden. Den Oberbefehl über die Flotte erhielt Andrea Doria.

Der Krieg brach nicht aus, aber die Flotte lief in die Gewässer um Prevesa und schloß dort die türkische Flotte ein. Die Seeschlacht, die sich anschloß, endete, ohne daß eine Entscheidung herbeigeführt worden wäre.

Chaireddin Barbarossa blieb der moralische Sieger, weil herauskam, daß kaiserliche Diplomaten mit dem Versuch an ihn herangetreten waren, ihn zu ködern.

Lediglich die Eroberung des dalmatinischen Hauptstützpunktes Castelnouvo in der Bucht von Cattaro war als Erfolg zu buchen. Spanier setzten sich in dem Kastell fest.

Sultan Soliman ließ durch Chaireddin Barbarossa das Kastell angreifen. Francisco Sarmiento, der spanische Befehlshaber des Tercio-Verbandes, lehnte jede Übergabe ab. Das Kastell wurde angegriffen und im Sturm genommen. 4000 Spanier fielen.

In Nizza war es im Mai 1538 nach einem Zusammentreffen zwischen Karl V. und Franz I., sowie zwischen Karl V. und Papst Paul III. zum Abschluß eines zehnjährigen Waffenstillstands zwischen den beiden Kontrahenten gekommen.

Von Nizza aus fuhren Paul III. und Karl V. über See nach Genua, wo sie sich trennten.

Die Türken, ihres Verbündeten Frankreich beraubt, schlossen im März 1539 mit Venedig einen Waffenstillstand.

Andrea Doria setzte aber dennoch und ohne die venezianische Flotte den Kampf gegen die türkischen Seeräuberschiffe fort. Sein Neffe Gianettino, der von Doria auf sein Amt als späterer Nachfolger vorbereitet wurde, schlug in einem Seegefecht den Reis Dragut, einen Unterführer Chaireddins, entscheidend. Dragut geriet in Gefangenschaft. Erst zwei Jahre später gelang es Chaireddin, seinen Vertrauten gegen eine hohe Lösegeldsumme von Andrea Doria freizukaufen.

Während dieser Scharmützel, die zeigten, daß Genua bereits wieder auf der vollen Höhe seiner Macht stand, verlief das Leben in der Hafenstadt normal. Dem am 4. Januar 1539 gewählten Dogen Andrea Giustiniano di Baldassare folgte genau auf den Tag zwei Jahre später Leonardo Cattaneo di Angelo auf den Dogensessel nach.

Als Karl V. im Jahre 1541 abermals nach Italien kam, ging er zuerst nach Mailand. Sein Sohn Philipp II. war im Jahre zuvor zum Herzog von Mailand ernannt worden. Von Mailand aus reiste er nach Genua, wo er fürstlich empfangen wurde. In Lucca traf er sich mit dem Papst und 1542 begann erneut der Kampf zwischen Spanien und Frankreich auf italienischem Boden. Franz I. hatte am 12. Juli Karl V. den Krieg erklärt.

Karl V. legte in Genua seinen Plan vor, daß er erneut gegen Afrika fahren wolle, um den zweiten Kreuzzug gegen die Ungläubigen zu führen. Er gab Andrea Doria Befehl, die Galeeren einsatzbereit zu machen. Der Generaladmiral warnte eindringlich vor diesem Vorhaben, für das die Jahreszeit zu spät sei. Er sagte, daß bei dem üblichen stürmischen Wetter keine Truppenlandungen bei Algier erfolgen könnten.

Doch der Kaiser war fest zu diesem zweiten Kreuzzug entschlossen. Doria ließ die Flotte einsatzbereit machen.

Von Mallorca aus ging die kaiserliche Flotte, insgesamt 74 Galeeren und 200 Transportschiffe ankerauf. 22.000 Soldaten, der größte Teil des spanischen Adels, und 100 Malteserritter wurden aufgeboten.

Die Stürme zwangen die riesige Flotte immer wieder, in Ausweichhäfen einzulaufen. Am 20. Oktober erreichte man das Seegebiet vor Algier. Hier regierte, als Vertreter Chaireddins, Hassan Aga, einer der wüstesten Piratenkapitäne.

Als die Ausschiffungsmanöver begannen, setzte schwerer Sturm ein. Die gelandeten Truppen sahen sich der schnellen Reiterei Hassan Agas gegenüber. Erst als die Schiffsartillerie das Feuer eröffnete und einige Volltreffer erzielte, wichen die Reitertrupps zurück.

Die Truppe marschierte zwei Tage später in Richtung auf Algier los und erreichte 48 Stunden darauf die Mauern der Stadt.
Dicht unter den Mauern von Algier legte sich die Flotte von Andrea Doria vor Anker. Von hier aus sicherte der Generalkapitän mit dauerndem Geschützfeuer den Vormarsch der Truppen.
Schließlich brach der befürchtete Sturm los. Binnen weniger Minuten rissen sich 150 Fahrzeuge Dorias, darunter 12 Galeeren, von den Ankern los und wurden auf die Klippen geschleudert. Etwa 8000 Soldaten und Besatzungsmitglieder ertranken. Der noch nicht ausgeschiffte Teil der Belagerungsgeschütze ging verloren.
Dann sahen die an Land befindlichen Soldaten, daß alle Galeeren plötzlich ihre Ankertaue kappten, in einer verzweifelten Fahrt durch die hochgehenden Wogen der freien See entgegenstrebten, und schließlich hinter dem Horizont verschwanden.
Hernando Cortez bat den Kaiser, den Angriff auf Algier durch ihn ausführen zu lassen. Doch dieser befahl – vier Tage waren seit der Landung vergangen – den Rückzug. Vorerst aber wurde weitergekämpft.
Am nächsten Tag tauchten zur grenzenlosen Erleichterung der Soldaten die Galeeren Dorias wieder auf. Sie wurden jubelnd begrüßt. Durch seinen schnellen Entschluß auszulaufen, hatte Doria das Gros seiner Flotte gerettet.
In dem Augenblick, als die Malteserritter bis an eines der Tore kamen, unternahmen die Belagerten aus einem anderen Tor einen Ausfall. Die Angreifer flohen.
Das zum Teil in den Regengüssen und dem Nebel naß gewordene Pulver brachte sie um den Vorteil der Feuerwaffen. Die Spanier flohen und nur durch die eiserne Härte des Kaisers, des Hernando Cortez und der deutschen Landsknechte, konnte eine allgemeine kopflose Flucht verhindert und der Gegner zurückgeschlagen werden.
Vier Tage dauerte der Rückzug. Dann waren alle an Bord und Doria drängte zur Heimfahrt, weil ein zweiter Sturm neue Opfer fordern würde.
Als erste segelten die »Landsknechte« los, einen Tag darauf die spanischen Schiffe und den Schluß machten der Kaiser und die Galeeren Dorias, in deren Schutz sich der Kaiser begeben hatte. Karl V. und sein Admiral landeten wohlbehalten auf Mallorca. Im Vorfrühling 1542 kündigte Franz I. den 10-jährigen Waffenstillstand, weil Mailand an den Infanten Philipp II. gegeben worden war.
Mit dem Beginn der Kämpfe ließ Andrea Doria seinen Neffen Gianettino der von den Franzosen bedrohten Stadt Perpignan zur Hilfe eilen. Er sollte mit zehn Galeeren Verpflegung und Mannschaften dorthin führen und sie dem Herzog von Alba, der die Stadt verteidigte, übergeben. Das gelang.

Wenige Wochen später fuhr Doria mit seinen Galeeren persönlich nach Spanien und kehrte dann nach Genua zurück.
Im Mai 1543, seit dem 4. Januar war Andrea Centurione già Pietrasanta di Taddeo Doge, fuhr Admiral Doria abermals nach Spanien, um den Kaiser nach Italien zu bringen. In Barcelona ging Karl V. mit seinem Gefolge an Bord, und als er Genua erreichte, wurde er mit großen Freudenausbrüchen begrüßt. Der Doge empfing seinen hohen Gast mit allem Pomp.
Während der Kaiser nach Deutschland weiterreiste, liefen Dorias Schiffe gegen einen französischen Schiffsverband, der sich Nizza genähert hatte.
Der Kampf wurde in der Nacht ausgefochten, eine Reihe französischer Galeeren in Brand geschossen und vier gekapert und nach Barcelona geführt.
Während die Kämpfe zwischen dem Kaiser und Frankreich weitergeführt wurden, übernahm Giambattista de Fornari di Raffaele im Januar 1545 die Führung Genuas als Doge.
Der Ruhm Andrea Dorias hatte sich über ganz Europa verbreitet. Dies zog im Herbst 1546 jene Persönlichkeit nach Genua, die als einer der geheimsten Widersacher der Dorias galt: Gian Luigi Fiesco. Dieser ging nun daran, den Aufstand gegen Genua und Doria vorzubereiten, nach dessen Pfeife offenbar alles zu tanzen schien. Unterstützt wurde Gian Luigi Fiesco durch den Papst und dessen Sohn, Pier Luigi Farnese, dem Herzog von Piacenza und Parma, sowie den Kardinal Trivulzio, der als Anhänger Frankreichs bei der Kurie in Rom galt.

Die Verschwörung der Fieschi in Genua

Der Fiesco, Graf von Lavagna und Herr von Pontremoli, faßte nunmehr den festen Entschluß, die Macht in Genua an sich zu reißen und den Einfluß der Familie Doria zu beenden.
In der Republik Genua fand er viele Unzufriedene, die mit ihm gleicher Meinung waren. In seinen Besitztümern versammelte er im Winter 1546 eine Menge kampf- und waffenfähiger Männer. Unter dem geschickt ausgestreuten Vorwand, Galeeren gegen die türkischen Seeräuber ausrüsten zu wollen, ließ er eine große Galeere bauen und ausrüsten und warb 200 Söldner an.
Als Wohltäter der Stadt auftretend, fand Gian Luigi Fiesco viele Freunde. Er erwies den Handwerkern und dem niederen Bürgerstand viele Wohltaten und gewann sie durch Geldspenden für sich.

Während er noch geheime Schmähschriften gegen die Unterdrückung des Volkes durch den Adel verfaßte, versicherte er sich auch – geübt im Ränkespiel – jener jungen Nobili, die nicht zu den Anhängern Dorias gehörten.
Andrea Doria und sein Neffe, die ansonsten immer mißtrauisch waren, ahnten nichts von dem sich anbahnenden Aufstand, denn zum einen war Gian Luigi Fiesco immer wie ein Sohn des Hauses Doria behandelt worden, und zum anderen ging er im Palazzo der Doria in Fassolo ein und aus.
Es war Ferrante Gonzaga, kaiserlicher Statthalter in Mailand, der die Dorias durch einen kaiserlichen Kurier vor einem gewissen Fiesco warnen ließ.
Am Nachmittag des 1. Januar 1547 war Gian Luigi Fiesco noch Gast im Palazzo der Dorias. Er gab sich heiter und liebenswürdig wie immer, und Andrea Doria zog heimlich den kaiserlichen Gesandten, der ihm die Warnung überbracht hatte, zur Seite.
»Meinen Sie, daß dieser junge offene und liebenswürdige Mann auch nur den Anschein eines Verdachtes erweckt?«
Der Gesandte verneinte, so offenkundig war die Verehrung die Gian Luigi Fiesco für den alten Admiral hegte.
Während des Festes bat Graf Fiesco Generalleutnant Gianettino Doria, Befehl an die Hafenwache zu geben, seine Galeere, die zum Türkeneinsatz ankerauf gehen wollte, unbehelligt auslaufen zu lassen.
Gianettino Doria stimmte zu. Und der Fiesco schmiedete sein Eisen weiter:
»Lassen Sie sich nicht im Schlaf stören, verehrter General. Wenn Sie Getöse vom Hafen hören sollten, dann ist das nur die Unruhe, die von den an Bord gehenden Bewaffneten verursacht wird.« (Siehe Czibulka, Alfons von: Andrea Doria der Freibeuter und Held).
Gianettino Doria sicherte dies zu. Er ahnte keinen Verrat.
Gegen Abend begab sich Gian Luigi Fiesco in seinen Palazzo zurück. Dorthin hatte er alle jungen Leute Genuas, die zu seinen Mitverschworenen zählten, zu abendlicher Stunde eingeladen.
Er enthüllte ihnen, nachdem der Saal hermetisch abgeriegelt war, die bisherigen Vorbereitungen und erklärte, daß noch in dieser Nacht der Umsturz gewagt und gewonnen werden würde. Jeder, der mitmache, sei ein reicher Mann.
Als einige nicht mitmachen wollten, ließ er zwei Adelige einsperren. Die anderen sagten ihre Teilnahme zu. Ein Kanonenschuß sollte den Auftakt zum Angriff geben. Er würde von jener Galeere aus abgeschossen werden, die die Erlaubnis zum Auslaufen erhalten hatte.
Die Menge im Saal rief im Chor: »Fiesco – Freiheit!«
In zwei Kampfgruppen aufgeteilt, von denen Gian Luigi Fiesco die eine und dessen Brüder Girolamo und Ottobuono die andere führten, griff die erste die für

den Winter vor Anker gelegten 20 Galeeren Dorias und die zweite das Stadttor St. Thomas an.

Um dort Ruhe zu schaffen und die Aufrührer festzunehmen, eilte Gianettino Doria nach dem Losbrechen der Verschwörung mit einem Diener dorthin. Als er das Tor erreichte wurde er von einigen Vermummten angegriffen. Einer davon sprang den Generalleutnant an und stieß ihm einen Dolch ins Herz. Tot stürzte Gianettino Doria, der erklärte Erbe Andreas, zu Boden.

Die Verschwörer siegten auf der ganzen Front. In letzter Sekunde von Freunden gewarnt, gelang es Andrea Doria auf einem Maultier aus der Stadt zu entkommen. Er floh in den Palazzo der Familie Spinola nach Masone.

Nun hätte tatsächlich Gian Luigi Fiesco die Herrschaft über Genua antreten können, doch der war um diese Zeit bereits tot. Im Begriff, sich auf seine Galeere zu begeben und damit die anderen Galeeren Dorias zu kapern, war Gian Luigi auf den glatten Holzplanken des Steges ausgeglitten und mit seiner schweren Rüstung ins Wasser gestürzt und ertrunken.

Mit dem Tode ihres Anführers war der Verschwörer Geschlossenheit im Handeln dahin. Alle Planmäßigkeit des Handstreiches ging verloren. Die Aktionen verzettelten sich und wurde dann ganz eingestellt. Die Verschwörer wagten nun nicht mehr, den Dogenpalast zu besetzen, obgleich ihnen dies zweifelsohne gelungen wäre.

Der Bruder von Gian Luigi, Geronimo, versuchte das Steuer noch herumzureißen, doch das Volk begann sich bereits wieder in seine Häuser zurückzuziehen.

Die Stadtwachen zogen wieder auf, die Signoria versuchte zu verhandeln und sicherte allen Aufrührern – mit Ausnahme der Rädelsführer – Straffreiheit zu. Die letzten Aufrührer ergaben sich, und Girolamo und Ottobuono Fiesco flohen nach Montobbio. Die Hauptverschwörer, Verrina, Calcagno und Sacco, sowie einige weitere Verschwörer entkamen auf einem Schiff nach Marseille.

Am nächsten Tag tauchte Generalkapitän Andrea Doria wieder mit einer starken Gruppe Bewaffneter in der Stadt auf. Er, ein alter Mann, umstellt von hinterhältigen Rebellen, mit Meuchelmord und Gift bedroht, von Frankreich und anderen Feinden umlauert, war durch den Tod seines Erben außer sich geraten.

Als man vier Tage nach dem Aufruhr die Leiche von Gian Luigi Fiesco fand, ließ Doria sie zwei Monate lang auf der Hafenmole liegen und verwesen und anschließend ins Meer werfen.

Unbeschadet dieser Ereignisse fand am 4. Januar 1547 die Wahl des neuen Dogen statt. Es war Benedetto Gentile già Pevere, ein Mann Dorias.

Die zugesagte Amnestie interessierte Andrea Doria nicht. Er wollte seine Rache und – bekam sie auch. Niemand wagte es, sich dem großen Alten der Republik entgegenzustellen.

Die Herrschaftssitze von Gian Luigi Fiesco wurden eingezogen. Sein Palazzo in Genua dem Erdboden gleichgemacht. Die Familie Fiesco war von diesem Zeitpunkt an für Andrea Doria stets Zielscheibe seines blindwütigen Hasses.
Der Papst schrieb an Doria einen hohntriefenden Beileidsbrief zum Tode seines Erben Gianettino. Dies versetzte den Generalkapitän des Kaisers in blindwütigen Zorn. Die gesamte Familie Fiesco wurde verbannt und ihre Güter beschlagnahmt. Doria bat beim Kaiser um zwei Schlösser der Fieschi und bekam sie auch. Die übrigen Güter sollten an die Republik Genua fallen, einschließlich des Felsenschlosses Montobbio, auf das sich die beiden geflohenen Brüder von Gian Luigi Fiesco geflüchtet hatten.
Dieses Schloß, an der Mündung der Scrivia hoch auf einem Felsen gelegen, wurde von Girolamo Fiesco verteidigt. Hierher waren auch die Hauptverschwörer Verrina, Calcagno und Sacco, zurückgekehrt.
Andrea Doria bewog Cosimo von Florenz, ihm bei der Eroberung dieses Schlosses zu helfen. Die Signoria sagte den Verteidigern Gnade zu, wenn sie Montobbio räumen würden. Doch man glaubte Doria nicht. Die Belagerung begann. Kanonen wurden herbeigeschafft und mehrere Tausend Kugeln in das Schloß gefeuert. In Genua wurde die allgemeine Wehrpflicht aller 17–80-jährigen Männer eingeführt, um Soldaten zur Eroberung zu haben.
Sieben Wochen hielt Montobbio den Angreifern stand. Dann verlegten sich die Hauptdrädelsführer aufs Verhandeln. Geronimo Fiesco, Calcagno, Verrina und Sacco wurden gefangengenommen, und in einem kurzen Brief an den Kaiser meldete Doria:
»Nach bedeutenden Schwierigkeiten und einem großen durch die Belagerung verursachten Geldaufwand hat es Gott gefallen, daß sich der feste Platz Montobbio heute auf Gnade oder Ungnade ergeben hat. Eine große Anzahl jener Männer, die in den Verrat verwickelt waren, sind gefangen.
Morgen werden in Genua Offiziere und Richter beordert werden, um zu prüfen, ob man etwas Neues in der Angelegenheit der Umtriebe, über die ich Eurer Majestät bereits berichtet habe, erfahren kann. Ich werde über alles Meldung erstatten.
Hierauf wird man bestrebt sein, volle Gewähr dafür zu schaffen, daß diese Leute ein anderesmal nicht gleiches Böses tun können.«
Die Aufrührer wurden schließlich nach Genua geschafft, »peinlicher Befragung« unterzogen und gefoltert. Vier Wochen später fielen die Köpfe von Geronimo Fiesco und Verrina unter dem Schwert des genueser Henkers. Vier Helfershelfer der Fieschi hatte Andrea Doria ohne großes Federlesen und ohne Prozeß durch einen Gerichtsbeamten hinrichten lassen.
Das war die Rache des Generalkapitäns Doria, dem der Aufstand in der ersten

Nacht viele seiner Galeeren gekostet hatte. Die Galeerensklaven hatten sich gemeinsam mit den Verschwörern in dem allgemeinen Tumult vieler Galeeren bemächtigt und waren mit ihnen auf die offene See geflohen und nach Nordafrika zu den Barbaresken entkommen.
Zum Nachfolger seines toten Neffen ernannte Andrea Doria seinen reichen jüngeren Freund Adamo Centurione, der ihn reichlich mit Geld unterstützt hatte und nun auch tatkräftig daranging, die Flotte des Generalkapitäns wieder aufzubauen.
Der Sohn des Papstes, der Herzog von Piacenza, der am Netz der Verschwörer mitgewirkt hatte, wurde ebenfalls von den Truppen Dorias gefangen genommen. Kaiser Karl V. hatte dieser Gefangennahme zugestimmt, mit dem Vorbehalt, daß dem Papstsohn kein Leid geschehe.
Pier Luigi Farnese wurde auf Betreiben Dorias und unter tatkräftiger Mithilfe des kaiserlichen Statthalters in Mailand, Ferrante Gonzaga, erdolcht. Seine Leiche wurde durch das Fenster seines Palastes hinuntergeworfen und durch die Straßen von Piacenza geschleift.
Doria sandte an den Vater des Ermordeten, Paul III., gewissermaßen als Retourkutsche, einen Brief, der beinahe auf das Komma genau jene Worte enthielt, die Paul III. ihm geschrieben hatte.
Damit war die Rache des Greises Andrea Doria aber noch nicht gestillt, wie die folgenden Jahre zeigen werden.

Weitere Verschwörungen in Genua

Aber auch der Aufstand war noch nicht endgültig begraben. Die Verschwörungen setzten sich fort. Sie wurden zu einer Art von Kettenreaktion, die in beinahe ununterbrochener Folge ausbrachen, niedergeschlagen wurden, um abermals auszubrechen.
Diese Verschwörungen wurden von den Adorno ebenso angezettelt, wie von den Fregoso, von den Spinola und von Nicolò Doria, der mit einer Schwester des Grafen Gian Luigi Fiesco verheiratet war. Dieser Doria beschloß mit den beiden noch lebenden männlichen Abkommen der Familie Fiesco, die sich in Frankreich aufhielten, Genuas Herrschaftssystem zu stürzen. Heinrich II. und der Herzog von Farnese waren mit im Komplott.
Wieder war es der kaiserliche Gesandte in Mailand, der Doria eine Warnung zukommen ließ. Dieser ließ über den Senat Nicolò Doria vor dessen Schranken zi-

tieren. Nicolò floh und mit ihm ein Spinola, der sich dem jungen Doria angeschlossen hatte. Sie gingen nach Venedig und Spinola war es, der offen zugab, daß man den Generalkapitän ermorden wollte.

Danach trat ein neuer Verschwörer auf. Sein Name war Giulio Cibo. Er war mit den Fieschi verschwägert und Marquis von Massa und Carrara.

Giulio hatte die Schwester von Gianettino Doria geheiratet und war so auch Andrea Dorias Verwandter geworden. Er war als Page am Hofe Karls V. erzogen worden. Im Alter von 20 Jahren kehrte er nach Genua zurück, um die Güter seiner Mutter zu übernehmen.

Giulio Cibo's Mutter war jedoch nicht damit einverstanden. Sie setzte ihren zweitgeborenen Sohn Alberico als Erben ein. Nun versuchte es Giulio mit Gewalt und schrieb an Cosimo de Medici ebenso, wie an die Marchesi von Lunigiana und an Andrea Doria.

Nachdem er Hilfe erhalten hatte, gelang es ihm im September 1546, Massa und Carrara zu erobern. Im folgenden Jahr heiratete er, obwohl er als an der Verschwörung der Fieschi beteiligt verdächtigt wurde, die Schwester von Gianettino Doria.

Cibos Mutter wandte sich nun an den Kaiser, der die Übergabe des Besitzes an den Kardinal Innocenzo Cibo befahl. Giulio gehorchte nicht. Er wurde in Pisa gestellt und in Arrest genommen und die Übergabe ohne seine Einwilligung vorgenommen.

Nach langen Verhandlungen mit dem Kardinal und durch dessen Vermittlung wurde zwischen Giulio Cibo und seiner Mutter vereinbart, daß Giulio nach Zahlung einer Summe von 40.000 Scudi die Güter erhalten sollte.

Giulio bezahlte die Hälfte und bat Andrea Doria, ihm die fällige Mitgift seiner Frau von 20.000 Scudi zu zahlen, die noch ausstand.

Doria lehnte schlankweg ab. Niemand wollte Giulio Cibo zur Hilfe kommen oder ihm das Geld leihen; seine Mutter aber bestand auf der Zahlung der restlichen 20.000 Scudi.

In Rom tobte sich der junge Cibo derweilen in Begleitung von Ottavio Farnese aus. Er kam hier auch mit dem Kardinal Bellay zusammen, der ihm die Hilfe des französischen Königs versprach, wenn Giulio zu Gegenleistungen bereit sei.

Der Kardinal und einige andere schlugen ihm vor, eine neue Verschwörung in Genua anzuzetteln und sich an die Spitze der Republik zu setzen. Als Belohnung wurde ihm der Titel eines Oberst der französischen Reiterei und eine Pension von 2000 Scudi zugesagt. Vorerst erhielt er erst einmal 4000 Dukaten.

Während eines rauschenden Festes im Hause des Kardinals Bellay verabredete sich Cibo mit Cornelio Fiesco, Tommaso Assereto und Paolo Spinola, nunmehr loszuschlagen und die Macht an sich zu reißen. Beschlossen wurde ferner, An-

drea Doria zu beseitigen, weil er lebend eine dauernde Gefahr für jeden der Aufrührer war. Desgleichen sollte sein Nachfolger Adamo Centurione umgebracht werden.
Das nächste Treffen der Verschwörer fand in Venedig statt. Dort wurde das weitere Vorgehen beschlossen. Alle Operationen sollten von dem französischen Gouverneur von Mondovi überwacht und gesteuert werden.
Nach dieser letzten Zusammenkunft reisten die Verschwörer wieder nach Genua zurück, soweit sie in der Stadt wohnten. Die übrigen hielten sich in ihren Heimatstädten bereit.
Giulio Cibo wähnte sich kurz vor dem Ziel. Man hatte ihm für den Fall des Gelingens noch einmal zuverlässig die Herrschaft über Massa und Carrara zugesichert.
Giulio Cibo reiste mit einer Gruppe von Freunden nach Ferrara. Nachdem er den Po überquert hatte, traf er sich mit Kardinal Guisa, der ihn noch einmal in seinem Staatsstreichplan bestärkte und alle Hilfe zusicherte. Nach Parma weiterreisend, wurde Cibo dort durch einen Boten mitgeteilt, daß sein Umsturzvorhaben bereits Ferrante Gonzaga zu Ohren gekommen sei. Einer seiner Freunde habe ihn verraten. Cibo glaubte dies nicht und reiste weiter. Die Häscher waren ihm bereits auf den Fersen.
Paolino di Castiglione d'Arezzo, einer seiner Freunde und Vertrauten, hatte tatsächlich den ganzen Plan dem Mailänder Gouverneur des Kaisers, Ferrante Gonzaga, mitgeteilt und sich volle Straffreiheit zugesichert.
Als Cibo mit zehn seiner engsten Freunde Pontremoli erreichte, wurden sie von dem spanischen Gouverneur dieser kleinen Stadt und dessen Soldaten angegriffen. Cibo wehrte sich bis zuletzt, fiel aber dennoch verwundet in die Hände seiner Häscher. Er wurde nach Mailand geschafft. Dort machte man ihm den Prozeß. Obgleich er sich sofort der Majestätsbeleidigung für schuldig bekannte, wurde er gefoltert. Man wollte seine Hintermänner und die weiteren Namen der Verschwörer wissen. Am 18. Mai 1548 wurde Giulio Cibo enthauptet.
Einer seiner Vertrauten, Ottavio Zino aus Genua wurde in Genua festgenommen und ebenfalls enthauptet. Sein Leichnam wurde zur Abschreckung öffentlich zur Schau gestellt.
Alle anderen, die sich ins Ausland hatten flüchten können, oder sich dort befanden, wurden zu Rebellen erklärt. Dies bedeutete, daß jedermann sie fangen und nach Genua oder in eine kaiserliche Stadt bringen konnte und daß ihre Güter konfisziert wurden. Unter ihnen befand sich auch der junge Conte Scipione Fiesco, ein Bruder von Gian Luigi, der erst 17 Jahre zählte. Dies war mehr eine Präventivmaßnahme, als daß sich der Verdacht bestätigt hätte. Aber es war zugleich auch ein Vorwand, sich der Fieschi-Güter und Schlösser zu bemächtigen.

Philipp und Andrea Doria

Zwanzig Jahre, nachdem Kaiser Karl V. Genua als Belohnung für die treuen Dienste Dorias die völlige Freiheit zugesichert hatte, versuchte auch er insgeheim, dem alten Kampfgefährten vieler Seeschlachten und treuen Begleiter über See, die Stadt doch noch abzunehmen.
Es sollte nämlich sein Sohn Philipp anläßlich einer Reise dorthin zum König von Italien gekrönt werden. Der Herzog von Alba sollte den Weg vorbereiten. Philipp würde nach Genua fahren und dort ein vorbereitetes Patent verlesen, in dem ihn sein Vater zum Herrn der Stadt machte.
Auch diesmal war Andrea Doria gewarnt worden, doch er spielte den Ahnungslosen. Er ignorierte auch die Fühler, die Franz I. Nachfolger, Heinrich II., ausstreckte, der ebenfalls ein Auge auf Genua geworfen hatte und auf die Hilfe der großen Flotte Dorias spekulierte. Andrea Doria war jedoch nicht der Mann, jetzt das Roß zu wechseln. Er blieb trotz der geschickt eingefädelten Intrige seinem Kaiser treu. Der Generalkapitän kam mit seinem Geschwader nach Barcelona, um den Infanten Philipp aufzunehmen und nach Genua zu geleiten, das ja stets Ausgangspunkt kaiserlicher Reisen in Italien gewesen war. In einer Sturmfahrt lief die ganze Flotte im späten Herbst 1548, angeführt von spanischen Schiffen unter Garcia de Toledo mit den Galeeren Neapels, gefolgt von der Hauptflotte unter Doria und als Nachhut durch die Schiffe Mendozas gedeckt, für jeden Feind unangreifbar, in Richtung Genua.
Auf See forderte der Infant, wie dies mit seinem Vater abgesprochen war, daß er im Palast der Signoria wohnen wollte. Doch Doria wehrte ab. Seine Antwort lautete:
»Ich kann Euer Hoheit nicht die Erlaubnis geben, im Palazzo der Signoria Quartier zu nehmen. Sobald Ihr zu Genua angekommen seid, werdet Ihr Euer Begehren stellen. Solltet Ihr die Erlaubnis von der Signoria bekommen, so werde ich gehorchen. Doch ich fürchte, daß die edlen Herren, die dort wohnen, den Palazzo nicht werden räumen wollen.« (Siehe Czibulka, Alfons von: Andrea Doria – Freibeuter und Held).
Das war eine Sprache, wie Philipp sie noch nie gehört hatte. Und sie kam von dem ungekrönten Herrn einer Stadtrepublik, die von Dogen verwaltet wurde. Der Prinz brach die Unterhaltung kurzerhand ab und verließ den Saal.
Als die Flotte die Reede von Genua erreichte, wurde sie mit donnerndem Salut empfangen. Fahnen wurden geschwenkt, Girlanden schmückten die Tore. Alle im Hafen auf Reede liegenden Schiffe hatten über die Toppen geflaggt. Auf dem Hauptanleger warteten die Herren der Stadt, in ihrer Mitte der Doge, Benedetto

Gentile già Pevere di Giovanni. Der päpstliche Nuntius in Genua und die Gesandten der kaiserlichen Provinzen waren zur Begrüßung herbeigeeilt und standen auf der Landungsbrücke, die über und über geschmückt war. Die Kapitana vertäute daran und Philipp wurde von allen hohen Herren begrüßt und dann in den Palazzo der Doria nach Fassolo geleitet.

Weder Gonzaga, der auch zur Stelle war, noch der Herzog von Alba konnten Andrea Doria dazu bringen, sich das Patent vorlesen zu lassen, das Philipp in seinem Gepäck mitführte und das das Ende der freien Stadt Genua bedeutet hätte.

Als in der Nacht kaiserliche Soldaten im Hafen erschlagen wurden, murrte das Volk und rief immer wieder nach Andrea Doria. Damit war die Sache entschieden. Man wußte, wie ein Versuch, die Macht in Genua an sich zu reißen, ausgehen würde und beließ es bei der alten Regelung.

Über Genua reiste Philipp nach Mailand weiter, wo er sich huldigen ließ. Im Januar 1549 zog er von Mailand mit großem Gefolge nach Mantua weiter und von dort aus gen Brüssel.

Andrea Doria hatte sich behauptet, die Unabhängigkeit Genuas wurde nicht angetastet. Die Republik erhielt noch einmal eine Gnadenfrist.

Letzter Kampf Dorias gegen die Seeräuber

Der von seinem Befehlshaber Chaireddin Barbarossa freigekaufte Seeräuber Dragut hatte bereits 1549 wieder damit begonnen, die nordafrikanischen Küsten zu verheeren und sich in den Besitz großer Gebiete zu setzen. Die in Susa und Monastir liegenden spanischen Truppen und Niederlassungen, die von Tunis abhängig waren, wurden durch diese Piratenakte immer wieder gestört und bedrängt.

Karl V. kam nach einer Beratung mit seinen Experten zu dem Entschluß, einen Angriff gegen die Seeräuber zu unternehmen. Auf Seiten der Spanier wurde der Herzog von Alba dazu befohlen. Die Führung hatte Andrea Doria, der mit zwanzig seiner schnellsten und bestbewaffneten Galeeren in Richtung nordafrikanische Küste fuhr. Ziel seines Geschwaders war Mehadia bei Tunis. Dort saß der Seeräuber Torguth, der durch die Gnade seines Sultans ein Königreich in Tunis errichten sollte, aber erst nachdem er den Spaniern und Portugiesen die Besitzungen an der nordafrikanischen Küste entrissen hatte.

Es war Ende März 1550, als die Flotte lossegelte und zunächst in Neapel und

dann auf Sizilien eine Rast einlegte. In Tunis angelangt, nahm Andrea Doria den Herrscher Muley Hassan auf, der inzwischen von seinem Sohn vom Thron gestoßen und geblendet worden war. Dann wurde der Kurs auf Mehadia gelegt und diese Hafenstadt, die sich verbissen wehrte, mit einem dichten Belagerungsring umgeben. Dragut hatte die Festung stark bewaffnen lassen. Dennoch gelang, nach mehrfacher Beschießung durch die Flotte Dorias, am 10. September 1550 der Sturmangriff. Die Truppen drangen in Mehadia ein und nahmen Stadt und Festung in Besitz.
Zwei Wochen später kehrte Andrea Doria nach diesem großen Sieg mit seiner Flotte nach Genua zurück, wo ihm ein begeisterter Empfang bereitet wurde.
Anfang 1551 lief Doria abermals mit seiner Flotte nach Mehadia. Man ging nun daran, diesen Stützpunkt noch besser zu befestigen, damit der Gegner ihn nicht zurückgewinnen konnte. Danach ließ er in Richtung zur Insel Djerba laufen, wohin sich Dragut mit einem Teil seiner Flotte zurückgezogen hatte. Dragut entging durch einen geschickten Trick der Gefangennahme, indem er sich eines Schiffes bemächtigte, das aus Sizilien kam und von Doria für eines der seinen gehalten wurde. Damit konnte er unangefochten entkommen.
Andrea Doria kehrte mit der Flotte nach Genua zurück. Er ließ jedoch nicht ab in der Bekämpfung der Korsaren und lief auch 1552 wieder zu einer Unternehmung in Richtung Afrika aus, die das Ziel hatte, die Korsaren zu vernichten. Bei der Insel Procida trafen die Flotten der beiden großen Gegner aufeinander. In dieser Seeschlacht verlor Genua sieben Galeeren und Doria mußte, zum erstenmal in seiner Laufbahn als Generalkapitän des Meeres, dem Gegner die Hecklaterne zeigen und fliehen, um nicht ebenfalls in Gefangenschaft zu geraten.

Kampf um Korsika

Inzwischen war ein anderer Teil der genuesischen Besitzungen Kriegsschauplatz geworden: Korsika. Heinrich II., der Franz I. auf den französischen Königsthron gefolgt war, hatte als Verbündeter von Sultan Suleiman mit einer Flotte die Belagerung von Korsika übernommen. Korsika war wegen seiner exponierten Lage im Mittelmeer ein begehrter Stützpunkt für die Franzosen, und man trachtete danach, ihn den Genuesern abzunehmen, die ja durch den Banco di San Giorgio im Besitz der Insel waren.
Die französischen Truppen, geführt vom Marquis de Termes, gingen am 22. August 1553 nahe Bastia an Land. Draguts Flotte sicherte diese Landungen und unterstützte sie.

Die wenigen genuesischen Soldaten und Söldner der Gouverneure und Grundbesitzer hielten dieser starken Übermacht von 25.000 Mann nicht lange stand. Vor allem war es dem Führer der Angreifer, Sampiero Bastelica zu danken, daß die Landung und die ersten Besitznahmen so schnell gelangen.

Binnen kurzer Zeit waren alle Hauptplätze der Insel, vor allem Ajaccio und Bonifacio in französisch-türkischer Hand. Lediglich Calvi verteidigte sich noch verbissen. Nicht weniger als 7000 Franzosen und Korsen berannten diese Stadt, die von Christoforo Palavicini mit nur 1200 Mann verteidigt wurde.

Die Signoria in Genua bat Andrea Doria, mit der Flotte einzuschreiten. Der Banco di San Giorgio schloß sich dieser Bitte an.

Jetzt erst wurde Doria, der bereits vorher vor einem bevorstehenden Überfall gewarnt und um eine Verstärkung der Truppen auf der Insel gebeten hatte, Glauben geschenkt. Im Herbst 1553 übernahm er das Generalkapitanat über die Flotte gegen Korsika und lief mit seiner Flotte aus Genua aus. Vorher hatte er sich noch um Hilfe an den in Brüssel weilenden Kaiser gewandt. Er argumentierte in seinem Brief folgendermaßen:

»Wenn erst Korsika französisch geworden ist, dann ist für Genua alles verloren, denn Korsika bildet eine Art uneinnehmbares Raubschloß mitten im Meer auf dem Weg der Schiffahrtslinien, und die Superba wäre ebenso verloren, wie möglicherweise die Vorherrschaft des Kaisers in Italien.«

Karl V. ließ alle nicht benötigten kaiserlichen Schiffe zur Verfügung stellen und Dorias Flotte zuführen. Damit schaffte Andrea Doria immer wieder neue Truppenkontingente zu der Insel. In einem groß aufgezogenen Gegenangriff durch einige seiner Hauptleute wurde Calvi befreit.

Doria selbst lief mit seiner Armada in die Bucht von San Fiorenzo und belagerte die feindbesetzte Stadt. Außerdem ließ er Streifkorps über die Insel ziehen und auf Rebellen und französische Soldaten Jagd machen, die die Dörfer plünderten.

Der Kampf auf der Insel dauerte drei Monate, dann war Korsika bis auf die festen Plätze Corte und Ajaccio, die noch vom Feind gehalten wurden, frei.

Jene 300 Korsen aber, die als Rädelsführer der Erhebung galten und von Dorias Truppen gefangen genommen worden waren, wurden an die Galeeren-Ruderbänke geschmiedet.

Im nächsten Frühjahr wurde auch Corte unter der persönlichen Führung Dorias erstürmt. Insgesamt dauerten die Kämpfe um Korsika zwei Jahre, denn immer wieder tauchten türkische Flotten auf und versuchten, verlorengegangenes Gelände zurückzugewinnen.

Als sich Doria beispielsweise gegen Ajaccio wenden wollte, stießen die Korsaren abermals aus ihren Schlupfwinkeln hervor und bedrohten die italienische Küste.

Der Befehl Kaiser Karls V. rief Andrea Doria nach Italien zurück, um dort den Kampf gegen die Korsaren aufzunehmen.

In mehreren Seegefechten gelang es dem Generalkapitän, die Küsten freizukämpfen und die Korsaren zu verjagen. Dann lief die Flotte ein weiteresmal nach Korsika zurück, wo Calvi erneut vom Gegner eingeschlossen worden war. Seinen Truppen gelang es, Calvi zu entsetzen und den Belagerungsring zu zerschlagen.

Für Philipp II. führte Doria wenig später noch einmal eine große Flotte gegen die Schiffe Heinrichs II. Er brachte Truppen von Spanien nach Genua. Dies war seine letzte Fahrt. Als er vernahm, daß der Friede mit Frankreich bevorstehe, bat er Philipp, er möge Frankreich zur Herausgabe von Korsika an ihren alten Besitzer, Genua, zwingen. Dies geschah auch.

Andrea Doria starb am 25. November 1560 in seinem Palast in Genua. Er hatte sein 94. Lebensjahr fast vollendet. In der folgenden Nacht wurde er gemäß seinem Wunsche in aller Stille in der Kirche San Matteo beigesetzt. Montorsoli schuf sein Grabmal, in dem Andrea Doria, der große Condottiere des Meeres und größte Sohn Genuas, auch heute noch ruht.

Mit Andrea Doria ging ein Zeitalter zu Ende. Der amtierende Doge Geronimo Vivaldi di Agostino hielt eine ehrende Ansprache vor dem Senat, das war alles, was der Adel Genuas zu Ehren des großen Alten unternahm.

Genuas Niedergang

Genua als Reichsfeind

Nach der Wahl von Paolo Batista Calvi già Giudice di Giorgio am 4. Januar 1561 zum neuen Dogen sah es zunächst so aus, also sollte die friedliche Zeit sich fortsetzen. Aber die Empörung der Stadt Finale gegen ihren Herrn, den Marchese Alfons da Carreto, die mit Unterstützung Genuas angezettelt worden war, weil die Superba sich Finale sehr gern einverleibt hätte, nahm eine überraschende Wende. Nachdem der Marchese zunächst geneigt schien, Genua die Stadt zu übergeben, wandte er sich in letzter Sekunde um Hilfe an das Reichsgericht. Dies war ein natürlicher Weg, weil ihm diese Besitzung vom Kaiser zu Lehen gegeben worden war.
Genua wurde zur Rückerstattung der bereits besetzten Stadt an den Marchese verurteilt. Dazu sollte sie alle dem Marchese verlorengegangenen Einkünfte ersetzen und die Prozeßkosten tragen. Genua nahm dieses Urteil nicht an. Man war im Senat der Meinung, daß man dem Kaiser die Stirn bieten solle, wie dies bereits mehrfach geschehen war. Doch Andrea Doria, den der Kaiser brauchte, war tot, und Ferdinand, Karl V. Bruder und Nachfolger und seit Februar 1558 Kaiser Ferdinand I., erklärte Genua zum »Reichsfeind«. Diese Erklärung hatte jedoch auch nur symbolischen Charakter, weil niemand da war, der dies hätte durchsetzen können.
Einer der korsischen Feinde Genuas, Sampiero Bastelica, der 1553 viel zur Eroberung Korsikas durch die Franzosen beigetragen hatte, indem er seine korsischen Brüder zum Aufstand gegen Genua anstachelte, war nach dem Frieden von Chateau-Cambresis, der die französischen Truppen unter von Termes zum Rückzug von Korsika zwang und die Insel wieder zu Genua und zum Banco di San Giorgio schlug, nach Frankreich gegangen. Dort versuchte er Stimmung für eine neue Eroberung Korsikas zu machen und die Genueser von der Insel zu vertreiben.
Nach dem Tode von König Heinrich II. und der Machtübernahme durch den unmündigen Franz II., dessen Vormund Caterina de Medici war, schien Frankreich geneigt, dem Korsen Unterstützung angedeihen zu lassen.
Als sich nun auch noch Vannina d'Orano, die Frau von Bastelica, von einem Abgesandten der Republik Genua verführen ließ und versuchte das Haus ihres Mannes in Marseille zu verlassen und an Bord einer Galeere nach Genua zu flie-

hen, kannte sein Zorn keine Grenzen mehr. Seine Frau wurde von einem Vertrauten aufgehalten und zu ihrem Manne zurückgebracht, der sie kurzerhand erwürgte.

Nun kannte der blindwütige Haß Sampiero Bastelicas keine Grenzen mehr. Er versuchte überall Hilfe für seinen Kampf gegen Genua zu erhalten, wurde aber allerorten abgewiesen.

Am 12. Juni 1566 fuhr er mit seinen Getreuen nach Korsika, obgleich er verbannt worden war und man ihn bei Ergreifen eingesperrt hätte. Mit einer Gruppe wildentschlossener Partisanen versuchte er, den Aufstand anzuheizen.

Dies gelang, als die genuesischen Verwalter eine neue Steuer einführen wollten. Der Kampf der Aufständischen entbrannte. Einer der großen Partisanen dieses Kampfes war Piero Ornano. Er bot seinem früheren Herrn Cosimo von Florenz die Insel an, weil die Genueser den Vertrag gebrochen hätten. Doch Cosimo wagte es nicht, offen gegen Philipp aufzubegehren, der die Insel Genua zugesprochen hatte.

Die Genueser erhielten im Kampf gegen die Aufständischen auf der Insel spanische Hilfe und eroberten nacheinander alle Rebellenstützpunkte. Noch 1567 wurde S. Piero bei Ajaccio zurückerobert. Der Sohn des Rebellenführers Alfonso Ornano schloß 1568 mit Genua einen Vertrag, laut dem die Republik ihm die ganze Insel abkaufte und ihn mit diesem Erlös nach Frankreich ausreisen ließ.

Während der Kämpfe mit Korsika ging auch Chios den Genuesern verloren. Am 14. April 1566 tauchte nämlich dort eine Flotte von 70 türkischen Schiffen auf, die vom Kapoudan-Pascha Piali geführt wurde. Die 12 genuesischen Regenten, die die Geschicke der Insel lenkten, wurden gefangengenommen, der sich regende Widerstand binnen kurzer Zeit gebrochen und Chios für Suleiman II. in Besitz genommen. Zur Belohnung wurde der Seeräuber Piali von Suleiman II. zum Wesir der Kuppel ernannt.

Genua hatte inzwischen auf den Kopf von Sampiero Bastelica einen Preis ausgesetzt. Sampiero wurde von einigen seiner Widersacher in einen Hinterhalt gelockt und von Raffaele Giustiniani und Vitello d'Ornano durch Schüsse in den Rücken getötet.

Die letzten Rebellen legten die Waffen nieder, als Giorgio Doria, einer der fähigsten Gouverneure der Insel, die Oberhand gewonnen hatte. Eine Generalamnestie machte die Korsen friedensbereit, und eine Gesandtschaft wurde nach Genua geschickt, um die Unterwerfung unter die Republik feierlich zu verkünden.

Bereits 1563 überließ Genua das Gebiet von Finale, das der Stadt aberkannt worden war, Alfonso II. von Carreto. Finale entwickelte sich in den kommenden Jahren zu einer Zufluchtsstätte für alle Arten von Schurken, Dieben und Mördern, die aus Genua fliehen mußten.

Nach dem Verlust von Chios war es mit der ruhigen Aufwärtsentwicklung in Genua vorbei. Außerdem hatten sich wieder starke Gegensätze unter den großen Familien herauskristallisiert.

Kämpfe im Innern

Jene Alberghi in Genua, in denen der alte und der neue Adel untereinander vermischt worden war, zerstritten sich in einer Reihe von Positionskämpfen untereinander und zwar widersetzten sich einige Alberghi der in der Verfassung verankerten Verordnung, alljährlich sieben Personen, die weder in den Alberghi noch als Vollbürger Platz gefunden hatten, in ihre Alberghi zu übernehmen.
Die Neueinführung von jeweils sieben Bürgern jedes Jahr fand schließlich nur noch in 23 Alberghi statt, während sie in den fünf übrigen unterblieb. Wenig später wurden die Einführungen auch in allen anderen Alberghi erschwert, da der Aufzunehmenden zu viele wurden und damit die Exklusivität der Alberghi aufgeweicht wurde.
Um das Maß voll zu machen, waren auch unter den Mitgliedern der Alberghi zwei Fronten entstanden, die aus den alten edlen Familien und den anderen neuen Adeligen bestanden. Die alten Nobili, die der spanischen Regierung Geld geliehen hatten, neigten naturgemäß zu Spanien. Die neuen wiederum, unter denen sich eine Reihe der reichsten Kaufleute der Stadt befanden, rissen die korsischen Interessen an sich und versuchten mit Frankreich ins Gespräch zu gelangen.
Diese Entzweiung führte 1571 zu dem Plan, die Mitglieder der höchsten Behörden, den Dogen und alle Männer vom alten Adel umzubringen. Führer dieser Verschwörung war Aurelio Fregosi.
Vorausgegangen war die Zwietracht in den beiden großen Zonen der Stadt, S. Pietro und S. Luca, die zunächst in schriftlicher Form genährt, dann aber auch mit den Waffen ausgetragen wurde. Die Gruppe von S. Luca gehörte dem alten Adel an, die von S. Pietro dem jungen. Letzterer wurde von S. Luca mit einer gewissen Überheblichkeit betrachtet. Das Volk jedoch nahm die Partei für S. Pietro.
Es kam zum Kampf, und nach kurzer Zeit erschienen kaiserliche Abgesandte in der Stadt, die die gewählten Vertreter der beiden Gruppen in San Domenico zu einer Schlichtungsverhandlung einluden. Das Volk bestand auf der Abschaffung der Gesetze von Garibetto aus dem Jahre 1547. Der Senat erfüllte schließlich diese Forderung, und nach langen Jahren des Haders wurden am 15. März 1575,

von Fanfarenbläsern angekündigt, die Gesetze und die Weinsteuer abgeschafft. Die Adeligen von S. Luca suchten zum Teil Schutz in Finale, dem Sammelpunkt der Rebellen und Abtrünnigen.

Fürst Doria, ein Nachkomme Andrea Dorias, hatte den König von Spanien gebeten, ihm eine Flotte zu schicken, um die Stadt unter Kontrolle halten zu können. Aber weder der Papst noch die spanische Flotte hatten vermocht, die Ruhe in Genua wiederherzustellen. Zwar hatte die Flotte sich demonstrativ vor der Hafeneinfahrt von Genua versammelt, sich aber wieder zurückgezogen, als man den großen Volksaufruhr sah. Diese spanische Flotte wurde von Juan d'Austria geführt. Aber Juan d'Austria verließ das Hafengebiet wieder und lief auf die offene See hinaus.

Ein Teil der alten Adeligen war bereits durch Morddrohungen, nächtliche Brandstiftungen und andere Übergriffe derart entnervt, daß er die Stadt verlassen hatte.

Sie hatten in Spanien, beim Papst oder in Finale Zuflucht gesucht. Doch Philipp schlug sich nicht offen auf ihre Seite, weil er befürchtete, daß dann Genua zu den Franzosen überlaufen werde.

Philipp erwirkte bei Papst Gregor XIII., daß dieser Kardinal Moroni als Unterhändler nach Genua entsandte, mit der Weisung, zwischen den beiden untereinander verfeindeten Adelsgruppen zu vermitteln.

Ehe es aber zu Unterhandlungen kam, hatten die aus der Stadt gewichenen Adeligen bereits Portovenere, Chiavari, Rapallo, Sestri und Novis in ihren Besitz gebracht und damit den Möglichkeiten zu Verhandlungen selbst ein Ende gesetzt.

Die Signoria Genuas erklärte sich dennoch damit einverstanden, einen schiedsrichterlichen Spruch der durch den Papst, den Kaiser und König von Spanien gefällt werde, anzuerkennen. Zunächst hatte sich der alte Adel noch geweigert, sich einem solchen Spruch zu beugen. Er wurde aber durch den Großherzog der Toskana zur Annahme des Schiedsspruches gebracht.

So wurde schließlich am 17. März 1576 eine neue genuesische Verfassung aus der Taufe gehoben, die die Interessen beider Seiten berücksichtigen sollte. Sie bestimmte, daß zwischen dem alten und dem neuen, ernannten Adel in Genua kein Unterschied mehr gemacht werden dürfe. Das Adelsprädikat sollte auch in Zukunft wieder einigen verdienten Bürgern der Republik erteilt werden. Dem Adel selber sollte wie bisher die Tätigkeit im Großhandel freigestellt bleiben, allerdings dürfe kein Nobile einen öffentlichen Laden oder ein Handwerk betreiben. (Siehe Graevius thes. I.p. 1471 sq.)

Die 400 zu wählenden Senatoren der Stadt sollten ohne Unterschied aus dem gesamten Adel gewählt und durch sie wiederum sollten alle Staatsämter besetzt werden. Alle Wahlen sollten geordnet werden. Alle Beamten wurden einer Rechenschaftspflicht unterworfen. Dem Volk eröffneten sich einige Stellen der öffentlichen Verwaltung. Eine Heiratsbehörde wurde eingerichtet, die dafür Sorge zu tragen hatte, daß die alt- und neuadeligen Familien durch die Ehe ihrer Angehörigen untereinander vermischt würden. Diese Maßnahmen sollten die Unterschiede nivellieren und allem mehr Halt geben.

Das Tragen von Waffen wurde untersagt. Für das Kriminalgericht wurde eine Rota eingerichtet, ein eigener Gerichtssitz, der mit drei ortsfremden Richtern besetzt wurde.

Diese neue Verfassung, die praktisch die Alberghi aufhob, wurde angenommen und durchgeführt. Daß dies geschah, war Matteo Senarega zu verdanken, einem Nobile aus dem neuen Adel, der mit der Führung der Verhandlungen beauftragt worden war und sich dieser Verpflichtung mit Bravour entledigte. In die Republik Genua kehrte Ruhe ein.

Der Doge, der diese Entscheidungen mittrug, war Prospero Centurione già Fatinati di Agostino, der am 17. Oktober 1575 gewählt worden war.

Die Verschwörungen des Coronato, Vassallo und Leveratto

Bartolomeo Coronato, der zum Adel des Bezirks S. Pietro gehörte, durch seine Mutter aber auch zu jenem von S. Luca, war ein Anhänger des neuen Adels. Er genoß im Volk ein hohes Ansehen, war redegewandt und mutig und zudem von einer überragenden Intelligenz und Schläue.

Als sich das Volk 1574 erhob, war er sein wichtigster Führer. Danach wurde er beauftragt, Geld unter das Volk zu verteilen, um dessen Zuneigung zu gewinnen. Er sollte ferner die Adelstitel aller jener prüfen, die zum Adel gehören wollten. Aufgrund aller dieser Aufträge gewann er mehr und mehr an Ansehen.

Dies nutzte er aus und verband sich mit Tommaso Carbone, einem Feind des alten Adels, der auf Seiten des Volkes stand. Sie zettelten eine offene Schlacht gegen die Nobili von S. Luca an.

Als Don Juan d'Austria damit begann, Genua mit der Flotte zu belagern, setzte die Regierung der Stadt eben diesen Bartolomeo Coronato durch Wahl zum Vorsitzenden eines sechsköpfigen adeligen Magistrats ein. Dieser sollte über alle Kriegsangelegenheiten entscheiden.

Coronato wußte auch in dieser Position das volle Vertrauen des Senats zu erwerben und alle Mitglieder seines Magistrats für sich einzunehmen. Damit war er gewissermaßen zum Schiedsrichter der Republik geworden. Wenn er etwas riet, dann wurde es durchgeführt.

Es gab damals viele Stimmen in Genua, die ihn verdächtigten, eine Diktatur unter seiner Führung anzustreben. Aber davor standen einige andere Bürger von großem Ansehen, die ihm dies verwehrten. Dennoch kämpfte Coronato weiter gegen den alten Adel, indem er sich selber gegen den von den Collegi festgesetzten Kompromiß wandte und das Volk dazu aufforderte, sich ebenfalls dagegen aufzulehnen.

Dieser Kompromiß, so ließ er jeden wissen, der es hören wollte, und insbesondere allen, die es nicht zu hören wünschten, bedeutete, daß die Republik im Fall seiner Annahme von der Gnade des Kaiserreiches und Spanien abhängig werden würde.

Als nun unmittelbar nach der feierlichen Amtseinführung des neuen Dogen Prospero Centurione già Fatinanti die Agostino ein gewisser Silvestro de Fazio, Arzt in Genua, eine dogenfeindliche Rede hielt und das geschlossene Abkommen tadelte, und außerdem das Volk dazu aufrief, den Kampf fortzusetzen, wurde er von Häschern des Senates gesucht. Es gelang ihm, zu fliehen. Aber seine Rede und die Reaktion darauf zeigte den Herrschenden in Genua, daß man mit dieser Regelung zutiefst unzufrieden war.

Nachdem die neuen Gesetze durch Casale erlassen worden waren, entdeckte man eine Verschwörung, deren Führer eben jener Bartolomeo Coronato war.

Coronato war es gelungen, einige führende Popolani um sich zu sammeln, denen er den Plan eines Aufstandes des Volkes gegen die Herrschenden in Genua vortrug. Sein Ziel sei es, den Staat demokratisch neu zu ordnen.

Daß dieser Plan die Zustimmung vieler erhielt, die mit den neuen Gesetzen nicht einverstanden waren, ließ den Anführer auf ein günstiges Ergebnis seines Aufstandes hoffen. Er begann mit den Vorbereitungen.

Einer seiner Mitstreiter aber bekam Angst und sprang ab, das heißt: er verriet Coronato. Dieser wurde ergriffen und vor Gericht gestellt. Man machte kurzen Prozeß mit ihm. Er wurde aller Ehren und Würden für verlustig erklärt und zum Tode verurteilt. Einige seiner Komplizen erlitten das gleiche Schicksal, mit ihrem Anführer enthauptet zu werden. Eine Reihe anderer Männer, die vom Gericht freigesprochen wurden, wurden durch einen Beschluß des Senats verbannt.

In Portofino lernte Maria von Medici, die von Florenz aus auf dem Wege nach Frankreich war, um Heinrich IV. zu ehelichen, einen jungen Mann mit Namen Gianbattista Vassallo kennen. Dieser folgte ihr an den französischen Hof, wo er seinen Plan vortrug, Frankreich die Republik Genua zuzuführen.

Es bedürfe nur einer gewissen finanziellen Unterstützung und er werde es schaffen, da er in Genua einflußreiche Freunde und Helfer habe.

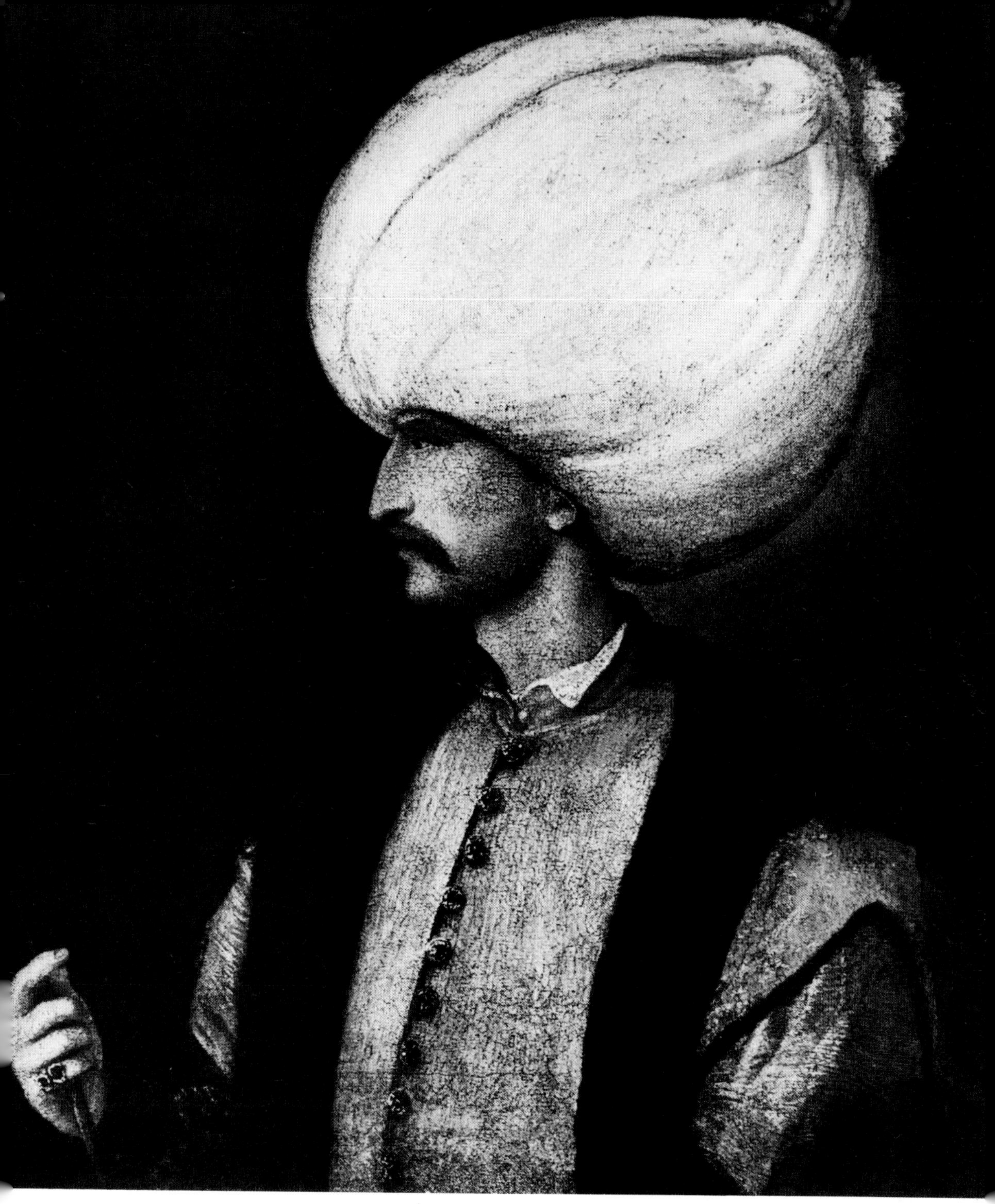

Sultan Suleiman II., der Prächtige (geb. 1494, gest. 1566) nach einem venezianischen Gemälde um 1525. Sein Admiral Cheireddin schlug Andrea Doria im Golf von Arta. (1)

In der Tat lebte in Genua ein Schwager Vassallos, der Arzt Giovanni Gregorio Leveratto. Beide Schwäger waren angesehen und gute Redner, die bereits einen Plan ausgekocht hatten, Genua zu überrumpeln, und zwar wollten sie zunächst das kleine Stadttor von Carignano, das zum Meer führte, in einem Handstreich in Besitz nehmen und die dort lauernden französischen Soldaten, die Heinrich IV. ihnen schicken sollte, in die Stadt führen.

Genua erlebte nach der Verschwörung des Coronato eine Zeit der Ruhe, die durch den seit dem 19. Oktober 1577 im Amt befindlichen Dogen Giambattista Gentile di Giacomo gepflegt und durch seinen Nachfolger im Amt, Nicolò Doria di Giacomo fortgesetzt wurde.

Allerdings raffte die schwere Pestepidemie des Jahres 1579 allein in Genua 28.250 Personen hinweg. An der Levanteküste waren es weitere 14.000 und an der westlichen Riviera 5000 Menschen, die durch diese Geißel der Menschheit getötet wurden.

Die Pest hatte besonders schlimm unter den Truppen Genuas gehaust, und es würde eine ganze Weile dauern, ehe diese Verluste ausgeglichen werden konnten.

Alles dies gab den Plänen der beiden Schwäger einen durchaus realistischen Hintergrund. Ein Umstand jedoch verriet diesen Plan. Leveratto mußte alle Meldungen für seinen Schwager an einen Mittelsmann, Antonio Marasso, weitergeben, der allein im Stande war, sie an Vassallo zu übermitteln.

Dieser Marasso deckte das Komplott auf. Leveratto wurde verhaftet und gestand unter der Folter die gesamte Aktion und gab die Namen aller Helfer preis. Er wurde zum Tode verurteilt und auf der Piazza von Vastato enthauptet.

Da man Vassallo nicht fassen konnte, weil er sich klugerweise am französischen Hof aufhielt, wurde er zum Rebellen erklärt, mit allen Folgen, die dies für ihn hatte. Das heißt: fiele er der Republik in die Hände, wann immer dies auch sein mochte, dann würde er gehenkt werden. Seine Güter verfielen der Republik.

Man schrieb das Jahr 1604, als in Monaco Ercole Grimaldi, der monegassische Fürst, ermordet wurde. Dies sah man in Genua als günstiges Zeichen an, sich Monacos und der übrigen grimaldischen Besitzungen zu bemächtigen. Man rüstete vier Galeeren aus, die unter Führung der Kapitäne Giorgio Centurione und Orazio Lercaro standen, und segelte dorthin. Unter dem Vorwand, des Getöteten Sohn, Onoratio, schützen zu müssen und dessen Stellung gegenüber dem Herzog von Savoyen sicherzustellen, wollte man sich diesen fetten Bissen einverleiben.

Der König von Spanien kam Genua zuvor und legte eine Schutztruppe nach Monaco, die unter dem Befehl des Grafen Compiano, einem Onkel Onorato Grimaldis, stand.

Daß auch der Herzog von Savoyen diesen ausgezeichneten Hafen in Besitz zu nehmen versuchte, sei der Vollständigkeit wegen erwähnt.
Zwischen Savoyen und der Republik Genua hatte es bereits seit dem XV. Jahrhundert Reibereien gegeben, als die Savoyaner versuchten, ihr Gebiet weiter auszudehnen und einen solchen Hafen wie Genua zu gewinnen trachteten. Nun eskalierten die Schwierigkeiten und führten schließlich zum ersten savoyanisch-genuesischen Krieg.

Genuas Krieg gegen Savoyen

Während im gesamten XVI. Jahrhundert zwischen Genua und dem Hause Savoyen Friede herrschte, nicht zuletzt wegen der Stärke Genuas in dieser Zeit, die von Andrea Doria maßgeblich bestimmt wurde, änderte sich dies im XVII. Jahrhundert rasch. Als schließlich Genua 1625 auf das Gebiet von Zuccarello Anspruch erhob, das der Herzog von Savoyen Carlo Emanuele I. 1623 vom Kaiser gekauft hatte, kam es zu Reibereien.
Der Herzog hatte mit Frankreich einen Pakt geschlossen, nach dem die Spanier aus Italien vertrieben, und die italienische Republik unter Carlo Emanueles Führung ausgerufen werden sollte. Dazu wollte der Herzog 14.000 Reiter mobilisieren. Die Franzosen sagten zu, mit der Armee Lesdiguières und jener des Marschalls von Crequi den Angriff mitzutragen.
Genua, wohl in der Lage, sich gegen Savoyen allein zu behaupten, wäre bei diesem Aufgebot an Feinden nicht zu halten gewesen.
Die beiden starken Heere griffen 1625 an. Sie nahmen Novi Voltaggio und Gavi in Besitz und standen damit bereits kurz vor Genua. In der abschließenden Beratung vor dem Sturm auf die Stadt, verteilte man schon das »Fell des Bären, den man noch nicht erlegt« hatte.
Doch diese Teilungsvorhaben zerstoben wie Spreu vor dem Wind, als plötzlich die spanische Flotte mit 70 Galeeren die Reede von Genua erreichte, zum Teil in den Hafen einlief und Truppen landete. General Lesdiguières zog sich mit seinen Truppen zurück.
Unter tatkräftiger Mithilfe der aus Mailand zum Entsatz geschickten Truppen nahm Genua das strittige Zuccarellogebiet wieder in Besitz. Als Carlo Emanuele I. versuchte, dieses Gebiet zurückzugewinnen, erlitt er eine Niederlage und mußte sich zurückziehen und verlor seine ganze Artillerie auf der Flucht.
Damit war für den Herzog klar, daß er Genua nicht mit Waffengewalt überwin-

den konnte. Er besann sich auf die Neigung vieler Genueser zur Revolte und zum Aufruhr und wandte sich an Claudio de Marini, einen Genueser Nobile, der 1607 wegen »staatsfeindlicher Umtriebe« aus der Republik ausgewiesen worden war. Dieser befand sich als französischer Botschafter in Turin.
Claudio de Marini war von dem Plan, die Regierung in Genua zu stürzen, begeistert. Sogleich nahm er engeren Kontakt zu seinen Freunden und Helfern auf. Der einflußreichste dieser Freunde war sein Vetter Vincenzo de Marini, der es zum Direktor der genuesischen Post gebracht hatte.
Aber auch hier gab es Verräter, die den Plan vorzeitig aufdeckten. Vincenzo de Marini wurde nach kurzem Prozeß enthauptet, Claudio de Marini in Abwesenheit zum Tode verurteilt. Auf seinen Kopf wurde eine hohe Summe gesetzt. Sein Haus in Genua, an der Piazza dei Salvaghi, wurde niedergerissen und an dieser Stelle die Kirche S. Bernardo errichtet.
Der französische König protestierte gegen das Urteil, das ja gegen seinen Botschafter in Turin ausgesprochen worden war. Er setzte eine Belohnung für denjenigen aus, der es schaffte, einen der Richter, die diesen Spruch gefällt hatten, zu ermorden. Darüberhinaus befahl er die Festnahme sämtlicher Genueser, die in Frankreich lebten, und ließ deren Güter konfiszieren.
Durch diese Maßnahme ließ sich weder das Volk noch der Senat mit dem derzeit amtierenden Dogen Giacomo Lomellino di Niccolò beirren. Der Gerichtsspruch war und blieb gültig.
Der Friedensschluß von Moncon am 5. Mai 1626 beendete diesen ersten Krieg, der fast zum Untergang für Genua geworden wäre.
In einem Artikel des Friedensvertrages wurde sowohl Genua als auch Savoyen auferlegt, sich dem Spruch eines neutralen Schiedsrichters zu unterwerfen, wie immer dieser auch ausfallen mochte.
Doch dieser Schiedsspruch konnte aus Mangel an einem Schiedsrichter, der beiden Seiten genehm war, nicht durchgeführt werden. Während der Herzog de Marini als Schiedsrichter wünschte, waren die Genueser nicht mit ihm einverstanden, weil sie wußten, daß de Marini bestimmen würde, daß Genua alle im Kriege eroberten Gebiete zurückerstattete.
Carlo Emanuele I. von Savoyen ging nun sogar so weit, sich einmal mit Spanien zu verbünden und zum anderen in aller Heimlichkeit auch ein Bündnis mit Frankreich abzuschließen. Da er sich nicht entschließen konnte, wem er sich öffentlich zuwenden sollte, erreichte er die Rückgabe des von ihm gekauften Gebietes nicht.
Stattdessen versuchte er abermals, einen Rebellen zu dingen, der Genua zum Aufruhr zu bringen vermochte. Diesmal verfiel er auf Giovanni Antonio Ansaldo, einen Kaufmann, der inzwischen die Grafenkrone erlangt hatte und von Car-

lo Emanueles I. Gnade in Turin lebte. Dieser versicherte dem Herzog, daß er durchaus in der Lage sei, in Genua einen Umsturz herbeizuführen.

Ansaldo fuhr nach Genua, um sich dort nach Gleichgesinnten umzusehen. Er nahm, dort angekommen, mit einigen ihm bekannten Adeligen und Kaufleuten Verbindung auf. Einer davon war Giulio Cesare Vacchero aus Nizza, der bereits in seiner Jugend nach Korsika verbannt, schließlich aber nach Genua zurückgekehrt war. Ein reicher junger Kaufmann mit Namen Fornari, der die Adeligen haßte, weil er ihnen nicht ebenbürtig war, schloß sich ebenfalls den Aufrührern an. Hinzu kam der genuesische Arzt Martignone. Indem er allen die volle Hilfe und Unterstützung des Herzogs von Savoyen versprach, brachte Ansaldo diese Männer dazu, sich seinem Komplott anzuschließen.

Im Hause des Vacchero trafen sich die Verschwörer zu einer Reihe von Besprechungen. Dann reiste Vacchero heimlich mit Ansaldo nach Turin, um mit dem Herzog zu besprechen, was geschehen sollte und wie hoch ihre Belohnung ausfallen würde.

Der Herzog stattete die Aufrührer reichlich mit Geld aus, so daß sie ein paarhundert Soldaten anwerben konnten. Diese Soldaten sollten den Palast des Dogen erstürmen. Carlo Emanuele I. versprach die rechtzeitige Inmarschsetzung der eigenen Kavallerie unter Führung seines Sohnes, die genau dann vor den Toren Genuas eintreffen würde, wenn sie sich ihnen öffneten.

Nach Genua zurückgekommen, warb Vacchero mehr und mehr Personen an. Es gelang ihm eine Reihe guter Haudegen zu gewinnen, die die einzelnen Kampfgruppen führen sollten.

Der genaue Plan von Vacchero sah folgende Maßnahmen vor: »Am 1. April 1628 wird der Palast der Republik erstürmt. Die Senatoren werden aus dem Fenster gestürzt, alle in das goldene Buch des Adels eingeschriebenen Nobili ermordet.« Vacchero sollte zum neuen Dogen gewählt und Genua unter den Schutz des Hauses Savoyen gestellt werden.

Als damit Tag und Stunde des Aufruhrs bereits festgelegt waren, ging einer der Verschwörer – es war Gianfrancesco Rodino – am 30. März zu dem amtierenden Dogen Gianluca Chiavari, »figlio del doge Geronimo«, und deckte diesen unmittelbar bevorstehenden Aufruhr auf.

Der Doge berief unverzüglich die Collegi des Senats ein. Als er ihnen den Plan vortrug, waren sie derart verschreckt, daß sie nicht einmal wagten, das Haus des Vacchero, worin die bewaffneten Verschwörer sich inzwischen versammelt hatten, anzugreifen.

Der Polizeihauptmann der Stadt wurde gerufen und der Doge gab ihm den Befehl, Vacchero ohne Angabe von Gründen festzunehmen. Der Polizeihauptmann, der die Bekanntheit Vaccheros fürchtete, war unschlüssig. Unterwegs

sprach er mit zwei Freunden die er traf, über die beabsichtigte Festnahme. Diese aber, zwei von Vacchero angeworbene Anführer von Teilgruppen, eilten dem Hauptmann voraus und machten Vacchero Mitteilung von seiner bevorstehenden Verhaftung. Vacchero floh mit seinen Getreuen aus der Stadt in die Berge.
Die Polizei stellte das ganze Haus Vaccheros auf den Kopf und entdeckte eine Menge belastendes Material, das auch eine Reihe genueser Bürger kompromittierte.
Die sofort in Gang gesetzte Verfolgung erzielte ebenfalls Teilerfolge. Eine Reihe der Flüchtlinge wurde gefaßt, nach Genua zurückgeschafft und vor Gericht gestellt.
Vacchero, der sich mit seinem Mitverschwörer Fornari in ein einsam gelegenes Landhaus zurückgezogen und dort versteckt hatte, wurde wegen der hohen Belohnung, die der Senat zu seiner Ergreifung aussetzte, verraten. Er und Fornari wurden ergriffen und ebenfalls in Genua vor Gericht gestellt. Sie wurden wie alle anderen Rädelsführer zum Tode verurteilt.
Zwar hatte der Herzog von Savoyen versucht, die Richter durch massive Drohungen von der Todesstrafe abzubringen und Genua sogar Repressalien angedroht, falls die Männer getötet würden, doch das fruchtete nichts. Der Gouverneur von Mailand ließ einen Boten nach Genua senden, um ebenfalls für die Freilassung und Abschiebung der Aufrührer zu plädieren. Doch die Richter hoben das von ihnen gesprochene Urteil nicht auf.
Alle Aufrührer wurden zum Schafott geführt. Die Besitztümer der Geköpften fielen an die Republik Genua. Das schöne Haus von Giulio Cesare Vacchero in der Piazza del Campo wurde dem Erdboden gleichgemacht.
Der Haß des Hauses Savoyen gegen Genua und umgekehrt wurde auf diese Art und Weise geschürt. Bereits im Jahre 1629 kam es zu einem weiteren Versuch, in Genua den Aufruhr zu entfesseln. Ein Bandit aus Voltri erbot sich, mit einigen Verbündeten nach Genua zu gehen und den Palast des Senats in Brand zu setzen, während der Senat tagte.
Als dem Banditen das Gewissen schlug, beichtete er sein Vorhaben bei dem genueser Pater Barnabita. Dieser brach das Beichtgeheimnis, weil es sich um eine Angelegenheit handelte, die viele Hundert Tote kosten konnte, und benachrichtigte den Dogen. Dieser erließ im Einvernehmen mit dem Senat dem Banditen wegen seiner tätigen Reue die Strafe und setzte ihm eine jährliche Pension aus.
Nach dem Tode von Carlo Emanuele I. von Savoyen trat eine Zeit der Ruhe zwischen den beiden verfeindeten Staaten ein. Sein Nachfolger Vittorio Amedo I. unterzeichnete am 5. Juli 1633 den endgültigen Friedensvertrag, den von genuesischer Seite der Doge Leonardo Torre di Batista unterfertigte, um wenige Tage

darauf am 9. Juli seinem Nachfolger Gianstefano Doria di Niccolò den Dogensessel freizumachen.
Der Vertrag sah vor, daß alle gemachten Gefangenen freigelassen und alle Waffen und besetzten Gebiete ihren rechtmäßigen Eigentümern zurückgegeben würden, bis auf den Zankapfel selber, Zuccarello, das genuesisches Gebiet blieb. Allerdings zahlte Genua dem Herzog von Savoyen eine bestimmte Summe, die aus der Bewirtschaftung des Onegliatales stammte. Damit schien vorerst Ruhe eingekehrt. Genua, das sich in den ersten drei Dezennien des XVII. Jahrhunderts weiter verändert hatte, konnte seinen Aufbau fortsetzen.

Kunst und Bautätigkeit in Genua – Öffentliche Arbeiten

Während der Zeit Andrea Dorias war in ganz Ligurien, mit Schwerpunkt in Genua, die Kunst in allen Richtungen gefördert worden. Besonders intensiv wurde jedoch die Baukunst vorangetrieben. Damit verbunden war vermehrtes Schaffen der Bildhauer und Maler, die an der Inneneinrichtung der Palazzi arbeiteten. Montorsoli beispielsweise, der von Doria nach Genua geholt worden war, arbeitete wie besessen mit seinen Gehilfen.
Während auf dem Gebiet der Malerei die Werke toskanischer, sienesischer und pisanischer Meister und deren Schulen im Genua des XIV. und XV. Jahrhunderts dominierten, kamen mit den ligurischen Künstlern Barnaba di Modena, Taddeo di Bartolo, Nicolà da Voltri und Turino Vanni, in der ersten Hälfte des XV. Jahrhunderts bereits lombardische und flämische Meister hinzu, was auf den regen Schiffsverkehr, den Genua mit Brügge und anderen Städten unterhielt, zurückzuführen war.
Diese alle schufen schließlich jene Malerei, die im XVI. Jahrhundert, dem Zeitalter Dorias, mit Carlo Braccesco, Mazone Foppa, den Brüdern Biazaci und Giovanni Canavesio die bekanntesten Künstler hatte. Ludovico Brea brachte schließlich die nizzardische Schule nach Genua und Ligurien.
Nachdem Perin del Vaga die malerische Erneuerung der römischen Renaissance hervorbrachte, wurde diese bald auch von ligurischen Künstlern nachvollzogen. Einer von ihnen, vielleicht der Bekannteste, war Luca Cambiaso; ferner noch dessen Zeitgenosse G. B. Castello, genannt il Bergamasco.
In den ersten Jahrzehnten des XVII. Jahrhunderts wurden viele berühmte ausländische Künstler nach Genua gerufen, so Rubens, Anthonis van Dyck, die

Brüder de Wael und weitere Flamen. Diese arbeiteten mit einheimischen Künstlern wie Bernardo Strozzi, Domenico Fiasella, G. Andrea de Ferrari und Giacchino Assereto zusammen. Als die genueser Malerei um diese Zeit auch die Stilrichtung des Barock aufnahm, zeichneten sich in ihr besonders Domenico Piola und Gregorio de Ferrari aus.

Lassen wir an dieser Stelle aber auch jene Aktivitäten Genuas einfließen, die sich mit der Stadtgestaltung und Stadtsicherung befaßten.

Der Senat begann nach dem Friedensschluß mit Savoyen mit der Erweiterung des Stadtgürtels, in der Absicht, auch die die Stadt umgebenden Hügel in sie einzubeziehen. Der Bau der neuen Mauern war bereits 1630 begonnen worden und wurde 1632 beendet. Von nun an erstreckte sich Genua von der Mündung des Bisagno bis zur Lanterna und umfaßte alle umliegenden Hügel bis zu einer Distanz von 10 Meilen. Die dazu aufgewandten Gelder beliefen sich auf 10 Millionen Lire.

Bereits zwischen 1606 und 1617 wurde die Via Balbi, die zweite Prunkstraße Genuas gebaut. 1632 wurde vom Tor S. Tommasio aus eine Straße bis zum Strand von Sampierdarena gebaut. Im Jahre 1635 eröffnete die Republik eine weitere Straße zwischen Pegli und Voltri für den Kutschendienst. Die Zahl der Postkutschen war nämlich auf 25 angestiegen, und um einigermaßen ungefährdet und rasch von einem Ort zum anderen zu kommen, wurde der Straßenbau forciert.

Die Erweiterung des Hafens war ebenfalls in Angriff genommen worden. Nunmehr erstreckte er sich von der kleinen Bucht bei Giano unterhalb der Höhe von Sarzano bis nach Santa Limbania.

Da die alte Mole nicht mehr den gestiegenen Anforderungen des verstärkten Verkehrs größerer und großer Seeschiffe genügte, plante man 1637 den Bau einer neuen, von Ansaldo de Mari konstruierten Mole. Die Arbeiten begannen am 1. Mai 1638 und dauerten insgesamt vier Jahre. Die dazu voraus veranschlagten 500.000 Scudi reichten bei weitem nicht aus. Wieder sprang der Banco di San Giorgio ein und ließ dem Staat große Geldsummen zur Vollendung der regen Bautätigkeit zukommen.

Nach Fertigstellung war diese Mole mit einer Länge von 410 Meter die größte der Welt. Dennoch wurde sie bereits 1651 um 50 Meter erweitert, weil der Hafen Genua einen stürmischen Aufschwung nahm.

Neben der Mole hatten auch die alten Lagerhäuser im Hafen den Strom der Waren nicht aufnehmen können. Dies zwang 1642 zum Bau neuer größerer Lagerhäuser in Portofranco. 1644 wurde die Straße gebaut, die S. Domenico mit S. Stefano verband. Sie wurde nach ihrem Erbauer und Konstrukteur Giulio della Torre »Via Giulia« genannt.

Der Handel nahm mit und nach diesen Arbeiten einen ungeahnten Aufschwung.

Alles florierte in Genua. Es gab keine arbeitslosen Menschen mehr, im Gegenteil: aus allen Teilen Liguriens und der Lombardei wurden neue Arbeitskräfte nach Genua gezogen.

1650 wurde der Bau des großen Hotels von Carbonara begonnen. Sieben Jahre später war er vollendet. Zur Finanzierung dieses Baues zeichneten genueser Bürger den Betrag von 2 Millionen Lire.

Die öffentliche Wasserleitung, seit geraumer Zeit schon im Gespräch, wurde 1657 erheblich ausgebaut. Dies war nach der Errichtung des Aquäduktes im Jahre 1274 durch Marino Boccanegra auf einer ursprünglich schon dort vorhandenen Wasserleitung die fünfte Verbesserung und Erweiterung der Wasserversorgung Genuas.

Vorher schon, und zwar 1637, fand ein Ereignis statt, das nicht unter der Rubrik Bauwesen stand und deshalb an den Schluß gesetzt werden soll. Eine große Versammlung aller Beamten und Würdenträger der Republik beschloß, Genua und ganz Ligurien unter den Schutz der Jungfrau Maria zu stellen. In der Heiligen Jungfrau glaubten die Genueser ihre Rettung aus Kriegsgefahr und Epidemien zu sehen.

Am 25. März 1637 wurde eine neu gestickte Standarte mit dem Wappen der Republik auf dem Turm des Rathauses aufgepflanzt und Fahnen mit dem Bildnis der Madonna mit der königlichen Krone auf allen Festungen und auf der Capitana, dem Staatsschiff Genuas, gehißt.

In der Kathedrale S. Lorenzo fand die feierliche öffentliche Ehrung der Jungfrau und Schutzpatronin der Republik statt. Der Doge Gianfrancesco Brignole di Antonio übergab unter Assistenz durch zwei Senatsmitglieder dem Kardinal Giovanni Domenico Spinola das Szepter und die königliche Krone mit den Schlüsseln der Stadt in einem goldenen Becken.

Der Kardinal legte diese Insignien der neuen Herrscherin über Genua auf den Altar und bot sie der Madonna als Zeichen ihrer Herrschaft dar. Der Kanzler der Republik schrieb einen Bericht über diese Einsetzung der neuen Herrscherin.

Zur Erinnerung an diesen Tag prägte die genueser Münze neue Silber-Scudi. Auf der einen Seite, wo sonst der Greif mit der Inschrift Conradus rex zu sehen war, prangte nunmehr das Bildnis der Madonna mit der Umschrift:

»et rege eos«

An den Toren von Lanterna und Bisagno, die ja 1643 neu errichtet waren, wurde das Bildnis der Madonna angebracht mit der Inschrift:

»Stadt der heiligsten Maria.«

Lassen wir an dieser Stelle abschließend noch einen Ausblick in die weitere Entwicklung der Kunst in Ligurien folgen.

Das 18. Jahrhundert beschloß mit der eigentümlichen und modernen künstleri-

schen Tätigkeit von Alessandro Magnesco den Jahrhunderte andauernden Zyklus genuesischer Malerei. Dieser hatte auch die Künstler aus der Provinz in seinen Bann gezogen. Mit dem romantischen Zeitalter fand die kurze Epoche der ligurischen Kunstmalerei mit Nicolò Barabino ihren Abschluß.
Von den ersten künstlerischen Betätigungen der Urjäger in den Höhlen der Balzi Rossi, mit den Felsgravierungen am Monte Bego und den groben Festungen und Burgen als erste architektonische Formen, bis hin zur Romantik spannt sich der beinahe unendliche Bogen ligurischer Kunst. Römische, toskanische und provencalische Einflüsse haben die ersten künstlerischen Betätigungen ergänzt und vervollkommnet und in Genua eine Fülle wertvoller Zeugen der Vergangenheit zurückgelassen, die zu sehen sich lohnt.

Vier Verschwörungen in Genua

In der Zeit der großen Anstrengungen auf dem Bausektor war es jedoch in der Stadt keineswegs immer ruhig geblieben, im Gegenteil. Im Mai 1648 erhielt der Senat Genuas die vertrauliche Mitteilung eines ihrer Spitzel, daß der Nobile Gianpaolo Balbi bereits seit etwa zwei Jahren mit den Vorbereitungen für eine Verschwörung gegen die Republik beschäftigt sei.
Auf den Namen eines seiner Freunde, Gianbatista Questa, hatte Balbi in Sarzano nahe der Chiesa S. Antonio ein Haus gemietet. Von dort aus hatte er mit einigen Arbeitern, die durch reiche Belohnung zum Schweigen verpflichtet waren, einen unterirdischen Tunnel zum Meer graben lassen. Durch diesen Tunnel sollten französische Truppen nach Sarzano hineingelassen werden.
Balbi trug diesen Plan Stefano Questa, dem Bruder des Freundes vor. Questa diente als Hauptmann in der Armee des Großherzogs der Toskana und galt als Erzfeind Genuas, da er von den Richtern der Stadt verbannt worden war.
Stefano Questa nahm Verbindung mit einem hohen französischen Offizier auf und bat ihn, den Plan zur Kenntnis der maßgeblichen französischen Stellen zu bringen.
Der Offizier teilte Kardinal Giulio Mazarin mit, was geplant war. Dieser hielt den Plan für völlig undurchführbar und lehnte eine französische Beteiligung daran ab.
Um der Idee dennoch zum Durchbruch zu verhelfen, reisten daraufhin die Brüder Questa nach Frankreich, um Kardinal Mazarin persönlich zu berichten.
Als der Kardinal die Grundzüge erfuhr, schien er plötzlich nicht mehr so abge-

neigt, den Handstreich Balbi's zu unterstützen. So wurde der Plan folgendermaßen geschmiedet:
Während die französische Flotte in die Bucht von Vado lief, sollten sich zwei oder drei der Schiffe dieser Flotte den Mauern von Sarzano nähern. Durch den Tunnel sollten sich bei Nacht französische Truppen bis zum Haus vorarbeiten, wo sie von Balbi's Leuten empfangen und eingewiesen werden würden. Auf diese Weise sollten in einer Nacht etwa 1000 Soldaten in die Stadt eindringen, die öffentlichen Gebäude, einschließlich Dogenpalast, besetzen, dann von innen her eines der Tore öffnen und den mit den Schiffen einlaufenden Truppen den Weg in die Stadt freimachen.
Als Belohnung forderte Balbi, zum Regierungschef in ganz Ligurien eingesetzt und mit dem Titel eines Erzherzogs von Genua belehnt zu werden. Außerdem sollte ihm Korsika übergeben werden. (Siehe Federigo Donaver: Geschichte Genuas)
Da gerade in dieser Zeit zwischen Frankreich und Spanien der Friede ausgehandelt wurde, sah sich Mazarin außerstande, seinen König zu einem solchen Schritt zu veranlassen, da dieser neue Kriegsgefahr mit Spanien heraufbeschworen hätte. Allerdings forderte er die Brüder Questa auf, ihrem Anführer Balbi zu sagen, daß dieser die Vorbereitungen weitertreiben möge, da er durchaus die Chance einer späteren Verwirklichung des Planes sehe.
Stefano Questa kehrte nach Genua zurück. Er wußte, daß damit der ganze Plan gestorben war. Da sich Balbi zur Zeit gerade in Mailand aufhielt, nutzte Questa die Chance, der Regierung Genuas gegen eine hohe Belohnung und Zusicherung völliger Straffreiheit den Balbischen Plan zu enthüllen.
Über die spanische Botschaft forderte der Doge von Genua die Auslieferung Balbis. Dieser aber blieb nicht in der spanisch regierten Stadt, sondern floh in die Schweiz. Er kam beim französischen Botschafter unter und begleitete ihn nach Paris.
In Abwesenheit des Hauptträdelsführers wurde Balbi von den Inquisitori di Stato am 7. Juli 1648 zum Tode verurteilt. Jedermann, der Balbi tötete oder ihn töten ließ, erhielt völlige Straffreiheit zugesichert und 40.000 Lire Kopfprämie. Demjenigen aber, der Balbi lebend nach Genua brachte, winkte ein Kopfgeld von 10.000 Lire.
In Paris fanden mehrere Begegnungen zwischen Mazarin und Balbi statt, bei denen es immer um den geplanten Staatsstreich ging, den Balbi noch nicht aufgegeben hatte. Aber Mazarin lehnte nun kategorisch ab. Balbi wandte sich wenig später mit dem gleichen Plan an Spanien. Auch hier blitzte er ab. Er ließ sich schließlich in Amsterdam nieder, wo er 1675 starb.
Zwei Jahre nach diesem nicht durchgeführten Staatsstreich-Vorhaben wurde wie

ein Blitz aus heiterem Himmel einer der reichsten Bürger Genuas, Stefano Raggio, auf Anordnung der Inquisitori di Stato verhaftet.
Dieser Raggio galt als Feind der Republik, weil einer seiner Söhne wegen eines begangenen Verbrechens verhaftet und verbannt worden war. Raggio ließ sich dazu hinreißen, den seit dem 2. August 1648 amtierenden Dogen Giacomo de Franchi di Federigo in aller Öffentlichkeit zu verleumden.
Gegen ihn erfolgte Anzeige. Man bezichtigte ihn, mit einem Adeligen zusammengekommen zu sein und ihn beauftragt zu haben, die Regierung zu stürzen.
In der Nacht, nachdem die Anzeige erfolgt war, wurde Raggio auf Weisung des Kollegiums verhaftet und mit seiner gesamten Familie in den Turm neben dem Dogenpalast eingesperrt. Seine Villa wurde durchsucht und eine Menge Schriftstücke beschlagnahmt.
Dies reichte aus, um den Prozeß gegen ihn zu eröffnen, auf dem drei Nobili aussagten, durch Raggio zur Intrige gegen die Regierung aufgefordert worden zu sein. Man verlas einen gefundenen Brief von Gianpaolo Balbi an Raggio, aus dem man zu erkennen glaubte, daß Raggio mit Balbi im Komplott gegen den Staat gewesen sein mußte.
Raggio leugnete und erklärte, daß er lediglich von seinem Recht als freier Bürger Gebrauch gemacht habe, offen seine Meinung zu äußern. Als er aber von zwei Zeugen schwer belastet wurde, brachte er sich in seiner Zelle mit einem kleinen scharfen Messer eine tödliche Verletzung bei. Er starb am 21. Juli 1650 und behauptete bis zu seinem Tode, unschuldig zu sein.
Dennoch wurde Raggio wegen Majestätsbeleidigung verurteilt. Dies wiederum berechtigte die Republik dazu, seine Güter einzuziehen.
»Der Name Raggio wurde aus dem Adelsregister gestrichen. Seine Söhne gingen in die Verbannung und sein Haus bei San Donato wurde niedergerissen. An dieser Stelle wurde eine Tafel zur Erinnerung an seine Verurteilung und als abschreckendes Beispiel aufgestellt. Diese Tafel wurde erst im Jahre 1816 entfernt.« (Siehe Federigo Donaver: a.a.O.)
Die Leiche von Stefano Raggio wurde auf der Piazza neben dem Gerichtsgebäude zur Abschreckung für alle öffentlich zur Schau gestellt.
Einer jener Verschwörer, denen es gelang, mit einflußreicher Hilfe von außen Genua in Gefahr zu bringen, war Raffaele della Torre, der als Anführer einer großen Bande Räuber ein großes, voll beladenes genuesisches Handelsschiff, das auf dem Wege von Genua nach Livorno war, angriff und kaperte.
Er wurde in einem Prozeß zum Tode durch den Henker verurteilt, konnte sich aber nach Marseille in Sicherheit bringen. Seine Güter in Ligurien wurden eingezogen.
Von Marseille reiste della Torre nach Oneglia. Hier erfuhr er von seiner Verur-

teilung und beklagte sich beim Gouverneur, der wiederum dem Herzog von Savoyen darüber berichtete.
Als della Torre im Gespräch mit dem Marquis von Livorno, Carlo di Simiane, erklärte, daß er sich an Genua rächen wolle, lud dieser ihn ein, mit ihm nach Turin zu reisen, wo er ihn dem neuen Herzog Carlo Emanuele II. von Savoyen vorstellen wolle.
Der Herzog hörte den Bandenchef an, machte ihn hoffähig, indem er ihn zum Hauptmann der Kürassiere beförderte, und regte an, für ihn gegen Genua tätig zu werden. Der Marquis de Simiane fungierte von nun an als Mittelsmann zwischen diesen beiden Männern und versprach della Torre eine reiche Belohnung falls es ihm gelänge, in Genua einen Umsturz herbeizuführen.
Della Torre reiste nach Finale. Hier bat er seinen Geschäftsfreund Giovanni Prasca, der von dem Vorhaben wußte, auch Angelo Maria Vico auf ihre Seite zu ziehen. Dieser wohnte in Mallare und war bereit, mitzumachen.
Nun wurde verabredet, daß das savoyische Heer Savona und das Kastell Vado überfallen und in Besitz nehmen sollte, während della Torre selber aus dem Großraum Parmigiano mit seinen Männern durch das Bisagnotal auf Genua vorstoßen und die Stadt im überraschenden Handstreich in Besitz nehmen würde. Er habe in der Stadt eine große Schar vertrauenswürdiger Freunde, die ihm die Stadttore öffnen würden.
Geführt von dem Grafen Catalano Alfieri drangen die savoyischen Truppen nach Altare und Carcare ein, währen della Torre verabredungsgemäß durch das Bisagnotal zog.
Angelo Maria Vico hatte inzwischen den Senat von Genua informiert. Dieser handelte unverzüglich. Er schickte neue Truppen nach Savona und befahl dem dortigen Gouverneur Girolamo Spinola, die Grenzdörfer in Verteidigungszustand zu versetzen.
Unter der Führung von Marco Doria marschierte ein anderer genuesischer Kampfverband ins Bisagnotal, während eine dritte Kampfgruppe unter Gianbattista Gentile das Polceveratal sicherte.
Raffaele della Torre mußte fliehen und gelangte nach Turin. Alle anderen aber, die zu della Torres Verschwörung gehörten, wurden gefangengenommen, vor Gericht gestellt und endeten am Galgen.
Ende September wurde della Torre zum zweitenmal in Abwesenheit zum Tode verurteilt. Derjenige, der ihn tötete oder lebendig auslieferte, sollte eine Belohnung von 20.000 Scudi erhalten. Seine Söhne wurden verbannt.
Della Torre lebte mit einer Pension des Herzogs von Savoyen mehrere Jahre im Aostatal und hatte zur Tarnung seiner Identität den Namen Graf Rosa angenommen. 1681 wurde er in Venedig ermordet.

Alle diese Ereignisse, bei denen immer wieder Savoyen seine Hand mit im Spiele hatte, führten schließlich zum zweiten Krieg Genuas gegen Savoyen.

Der zweite Krieg gegen Savoyen

Carlo Emanuele II. von Savoyen ließ nun seine Truppe weitermarschieren. Die unter der Führung von Simiane auf Savona angetretenen Soldaten erfuhren am 25. Juni davon, daß der Putschversuch in Genua gescheitert war. Dennoch ließ Simiane weitermarschieren. In Sichtweite von Ca di Bona und der Ferriera stieß er auf genuesische Truppen. Der offene Kampf begann.
Auf dem Turm von Bona verteidigten sich 100 korsische Freiwillige Genuas eisern. Der Vorstoß wurde gestoppt und Simiane ließ gegen Saliceto abdrehen. Er erreichte Ormea, besetzte die Brücke bei Nava und drang in Pieve ein. In zwei Kampfgruppen aufgespalten, zog seine Truppe schließlich in Richtung Albenga und Porto Maurizio weiter.
In Genua hatte der amtierende Doge zu einem Kriegsrat gerufen, dem vier Senatoren und vier Mitglieder der kleinen Staatsversammlung angehörten. Sie organisierten die Verteidigung und erließen einen Aufruf zur Spende. Adelige und Händler, Kaufleute, Handwerker und selbst alte adelige Damen gaben Geld und Schmuck her, um die Mittel zur Anwerbung weiterer Truppen und zum Kauf von Waffen und Munition beizubringen.
Die Galeeren wurden aufgerüstet und zur Verteidigung in das Gebiet der Riviera ponente in Marsch gesetzt, das Heer binnen weniger Wochen zu einem kampfstarken Verband aufgestockt, der den herzoglichen Kriegstruppen entgegenzog.
Unter der Führung von Gabriele von Savoyen, der die Führung aller Streitkräfte des Gegners übernommen hatte, wurde den Genuesern Castelvecchio genommen. Im Gegenzug griffen die Genueser an und machten 1500 Gefangene, darunter den Marquis de Parella, den Grafen von Castellamont, den General der savoyischen Artillerie sowie etwa 40 adelige Herren. Ein weiterer Vorstoß befreite Oneglia und das Onegliatal. Hier fielen ihnen 800 Gefangene in die Hände, zudem sechs Standarten und die gesamte Artillerie.
Ludwig XIV. mischte sich nun in den Streit ein und entsandte 9 seiner Schiffe in den ligurischen Golf. Die Forderung des französischen Königs lautete, daß die beiden Gegner seinen Schiedsspruch annehmen und inzwischen einen Waffenstillstand vereinbaren sollten.

Als Abgesandter Ludwigs XIV. erschien der Herr von Gaumont. Ihm erklärte der Herzog von Savoyen, er fordere Oneglia zurück, ehe er sich einem Schiedsspruch beugen würde. Gaumont forderte Genua auf, dies zu tun. Genua lehnte ab.
Der französische Abgesandte nahm mit seinen Truppen Ovada in Besitz und zog in Oneglia ein, von der Seeseite her durch die aufgefahrene französische Flotte gedeckt.
Genua mußte sich beugen. Der Waffenstillstand wurde unterzeichnet und am 18. Januar 1673 wurde durch Gaumont der Schiedsspruch gefällt und der Friede geschlossen.
Es war Ludwig XIV., der im weiteren Verlauf der Ereignisse den von ihm erzwungenen Frieden brach, indem er Genua aufforderte, jedes in den Hafen von Genua einlaufende französische Schiff mit einem Kanonenschuß zu grüßen. Der Brauch aber war umgekehrt, daß jedes einlaufende Schiff mit einem Schuß Salut zu grüßen hatte.
Als 1679 die Flotte des Admirals von Mans in den Hafen von Genua einlief, wurde der Begrüßungsschuß verweigert, weil diese Flotte auch im Hafen von Villafranca nicht zuerst gegrüßt worden war.
Der Sieur von Mans aber lief nach Sampierdarena weiter und ließ diesen Ort beschießen. Als er sich San Remo näherte wurde er zwar begrüßt, beschoß aber dennoch die Stadt, drang in den Hafen ein, kaperte 10 Schiffe und führte sie als Beute nach Frankreich.
Der genuesische Botschafter, der Ludwig XIV. alle Vorkommnisse meldete, erhielt zur Antwort, daß Genua nun mit Repressalien zu rechnen habe. Um zu erkunden, was er alles Genua auferlegen konnte, schickte der französische König den Sieur von Damcourt nach Genua, der alles in Erfahrung zu bringen hatte, was Genua besonders kennzeichnete. Dieser meldete:
»Genua ist als Tor Italiens zu bezeichnen. Derjenige, der Genua besitzt, ist Herr des Friedens in diesem Teil Europas.« (siehe Federigo Donaver: a.a.O.)
Ludwig XIV. forderte nun von Genua die Rückerstattung des konfiszierten Besitzes der Fieschi, von denen sich Sinibaldo Fiesco nach Frankreich geflüchtet hatte. Die Republik lehnte ab. Als Genua wenig später vier Galeeren ausschickte, um sie gegen die Algerier einzusetzen, deren Piraten die Schiffahrtswege unsicher machten, betrachtete Ludwig XIV. dies als unfreundlichen Akt gegenüber Frankreich, weil er annahm, daß die Galeeren nach Spanien sollten.
Wieder wurde Genua attackiert. Dort war man sich darüber im Klaren, daß der neue Krieg gegen Frankreich nur noch eine Frage der Zeit war. Deshalb begann man in Genua zu rüsten. Der Senat wandte sich an Giovanni Andrea Spinola, ihren Botschafter in Madrid, mit der Bitte, einen Beistandspakt vorzubereiten.

Es kam zu einem Bündnis mit Spanien. Dieses Land verpflichtete sich, starke Truppen im Raume Mailand zu konzentrieren und eine starke Flotte unter dem Herzog von Tursi nach Genua und in den ligurischen Golf zu entsenden.
Im Gegenzug streckte Genua und vor allem der Banco di San Giorgio Spanien riesige Summen für seine Kriegsanstrengungen vor.
Dieser Vertrag blieb dem französischen Botschafter in Genua Graf Saint-Olon nicht verborgen. Er berichtete sofort seiner Regierung. Inzwischen aber hatte die spanische Flotte den ligurischen Golf erreicht, womit Genua vorerst in Sicherheit war.
Ludwig XIV. ließ nun als eine Art Täuschungsmanöver den Botschafter zurückrufen, über den sich Genua bereits mehrfach berschwert hatte, und entsandte den Sieur von Jouvigny nach Genua.
Vor seiner Abreise forderte Saint-Olon von der Republik, daß sie das Bündnis mit Spanien aufzukündigen und sich sofort unter den Schutz des »Christianissimus – des allerchristlichsten Königs – zu begeben habe.
Der Doge erwiderte, daß dies nicht in Frage komme, man aber dennoch in Frieden mit Ludwig XIV. zu leben wünsche.
Der genuesische Botschafter in Paris, Paolo de Marini, wurde nicht zurückgerufen. Ludwig XIV. ließ ihn, entgegen den Spielregeln des Völkerrechts, in der Bastille einkerkern.
Im Jahre 1683 beschloß Ludwig XIV., Genua abermals zu beschießen. Aber auch diesmal lag ein Teil der spanischen Flotte im Hafen und auf der Reede, sodaß die Beschießung unterblieb. Als sich aber im kommenden Frühjahr, nach den französischen Siegen auf dem Festland, die spanische Flotte zurückzog, beschloß Ludwig XIV., durch seinen Minister Colbert angestachelt, Genua zu vernichten. Colbert erklärte dem Monarchen, daß erst nach der Vernichtung von Genua der eigene große Hafen Marseille die Herrschaft im Handel des westlichen Mittelmeeres übernehmen könne. Die französische Flotte wurde ausgerüstet und lief am 6. Mai 1684 aus den Häfen der Provence aus.
Insgesamt nahmen 16 große Kriegsschiffe, 20 Galeeren, 10 kleinere Kriegsschiffe, 27 Tartanen, acht Zweimaster und 70 andere Schiffe und 2 Brander mit einem insgesamt 8000 Mann starken Truppenkontingent Fahrt auf. Der Verband wurde vom Marquis Seignelai geführt.
Auf See wurde am 15. Juni der Befehl Ludwigs XIV. verlesen, in dem der Krieg gegen Genua erklärt wurde. Zwei Tage darauf erschien die Spitzengruppe der französischen Flotte vor dem Hafen.
In Genua war man in der Zwischenzeit nach den ersten Agentenmeldungen nicht faul gewesen, sondern hatte sich um Hilfeleistung an Madrid, Neapel und Mailand gewandt. Die sofort neugebildete Kriegskommission, bestehend aus acht

Vertretern des Senats unter der Führung des amtierenden Dogen Francesco Maria Imperiale Lercaro di Franco, einem der fähigsten Dogen überhaupt, setzte alle zu treffenden Maßnahmen fest und beauftragte Carlo Tasso, den Cavaliere von S. Giacomo, mit der Führung der Landesverteidigung.
Als die französische Flotte vor Genua Anker warf, begann das damals übliche Ränkespiel und der Marquis Seignelai erklärte, daß der König nicht mit der Republik und deren Verhalten zufrieden sei. Er überreichte der an Bord des Admiralschiffes gekommenen Delegation ein Dokument seines Königs, das in der Forderung gipfelte:
»Genua wird aufgefordert, die vier zuletzt gebauten Galeeren, eine davon mit Mannschaften und fahrbereit, unverzüglich an Frankreich auszuliefern. Die Stadt wird ferner vier Senatoren nach Paris entsenden, die den König von Frankreich um Vergebung zu bitten haben. Sie haben ihm die Unterwerfung der Republik Genua unter seine auch in der Vergangenheit erteilten Pläne zu versichern. Dies gilt auch für alle in Zukunft erteilten Pläne. Die Antwort wird bis zur fünften Stunde nach Mittag erwartet. Sollte sie bis dahin nicht eingegangen sein, wird die Stadt zerstört werden.« (Siehe Federigo Donaver: a.a.O.)
Genua ließ sich nicht einschüchtern. Der Befehl zur Herstellung der vollen Verteidigungsbereitschaft wurde gegeben. Die Kriegskommission gab General Carlo Tasso Weisung, mit den Kampfhandlungen gegen die französischen Schiffe zu beginnen, die inzwischen in das Genueser Hoheitsgebiet eingelaufen waren und dicht vor den Mauern kreuzten.
Nach den ersten Kanonenschüssen zogen sich die Schiffe zurück. Als sie außerhalb der Reichweite der Stadt-Geschütze waren, eröffneten sie mit ihren größten und weiterreichenden Geschützen das Feuer. Vier Tage dauerte der Beschuß an. Viele Häuser und Palazzi gingen in Flammen auf oder wurden zerstört. Der Tod hielt in der Stadt reiche Ernte. Aus dem Regierungspalast mußte die Signoria in das Armenhaus nach Carvonara umziehen.
Nach diesem vernichtenden Bombardement schickte der Marquis von Seignelai abermals einen Gesandten in die Stadt. Dieser forderte die bedingungslose Kapitulation.
»Wenn sich Genua wehrt, werden wir weitere zehntausend Schuß in die Stadt feuern«, erklärte er.
Der Senat wurde einberufen und beschloß, sich auch durch diese Drohung nicht einschüchtern zu lassen.
Die französische Flotte nahm das Bombardement wieder auf. In der Nacht des 22. Mai 1684 wurde ein Handstreich auf die Stadt versucht, der abgewiesen wurde. Die an Land gelangten Franzosen wurden gefangen genommen.
Am 28. Mai wurde der Beschuß ein drittesmal aufgenommen. Als die französi-

sche Flotte alle Munition verschossen hatte, verließen die Schiffe den Hafenbereich von Genua und liefen nach Toulon zurück.
Der genuesische Widerstand gegen einen weitaus überlegenen Feind war das letzte grandiose Aufflackern des Widerstandswillens dieser Stadt, die durch zwei Jahrtausende eine Schlüsselstellung im westlichen Mittelmeer eingenommen hatte.
Genua war die einzige Stadt Italiens, die sich nicht dem französischen König gebeugt hatte.
La superba erneuerte nunmehr ihr Bündnis mit Spanien und vereinbarte, daß sie immer in Friedensverträge zwischen Spanien und Frankreich aufgenommen wurde. Doch Spanien spielte hier falsch. Im Frieden von Regensburg am 10. August 1684 wurde Genua ausgeklammert; und zwar deshalb, weil dies den Plänen von Ludwig XIV. gelegen kam, denn nun war Genua so etwas wie Freiwild, das sich der Stärkere aneignen konnte.
Frankreich erpreßte die Zusage der Unterwerfung der Republik Genua, der Zahlung von 100.000 Lire an den Grafen Fiesco, die endgültige dauernde Entwaffnung der vier Galeeren und die Verzichtserklärung auf jedes Bündnis. Die Salzmagazine in Savona sollten dem König zur Verfügung gestellt werden; alle Schäden die Frankreich in diesem Kriege entstanden waren, hatte Genua zu zahlen.
Genua mußte nachgeben. Der genuesische Botschafter, der aus der Bastille geholt werden mußte, unterschrieb am 12. Februar 1685 in Versailles dieses Diktat.
Am 25. April 1685 reisten von Genua aus der Doge Francesco Maria Imperiale Lercaro di Franco mit den Senatoren Gianettino Garibaldo, Agostino Lomellini, Paride Salvago und Marcello Durazzo – begleitet von vielen berittenen Nobili – nach Frankreich. Sie wurden am 15. Mai mit großem Gepränge von Ludwig XIV. in Versailles empfangen und boten die Unterwerfung Genuas an. Nach vielen Feiern kehrten sie am 19. Juni 1685 nach Genua zurück.
Genua war am Ende. Von dieser Schlappe würde sich die Stadt nie wieder erholen, sondern nur immer wieder Spielball in den Händen der Mächtigen bleiben.

La Superba – Das Ende einer Stadtrepublik

Der lange Krieg auf Korsika

Als Papst Innozenz XII. am 27. September 1700 starb, war man sich in ganz Europa darüber einig, daß die Kirche so rasch wie möglich ein neues Oberhaupt erhalten sollte, denn es bestanden starke Spannungen in Italien. Sein Nachfolger wurde Gian Francesco degli Albani aus Urbino. Er nahm den Namen Clemens XI. an.

Der amtierende Doge, Girolamo Maria di Stefano, ließ in allen Kirchen der Stadt Messen lesen. Unter seiner und seiner beiden Nachfolger Regentschaft wurde in Genua eine Politik der vorsichtigen Neutralität praktiziert.

Als das französische Kabinett 1706 den Beschluß faßte, dem Herzog von Savoyen, der in Turin residierte, alle Besitzungen zu entreißen und Mitte Mai dieses Jahres ein französisches Heer unter Feuillade Turin belagerte, floh die herzogliche Familie nach Genua, der härtesten Widersacherin, von der man wußte, daß sie sich keinem Druck beugte. Sie wohnte für mehrere Monate im Palazzo von Ignazio Pallavicino in S. Bartolomeo degli Armeni.

In den nächsten Jahren lebte Genua in relativer Ruhe. 1713 übergab Karl VI. Finale Ligure an die Republik, und das Volk feierte diesen letzten großen Zugewinn mit einem Freudenfest.

Die Dogen kamen und gingen in zweijährigem Turnus, und nach der Wahl von Girolamo Veneroso di Giambernardo am 18. Januar 1726 begann 1727 eine neue schwere Revolte auf Korsika.

Die genuesischen Familien, die sich seit Generationen auf dieser Insel festgesetzt hatten, waren für die Einwohner der Insel zu Feinden geworden. Sie hatten sich in einem für alle Korsen grausamen Egoismus dem Handel und dem damit verbundenen hohen Verdienst gewidmet, der meistenteils zu Lasten der Insel und ihrer Bewohner ging. Korsika wurde ausgebeutet.

Auf der Insel lebten derzeit 150.000 Korsen, die sich eher den Erzfeinden aller Christen, den Türken, oder sogar dem Teufel selbst verschrieben hätten, als noch länger das genuesische Joch zu schleppen.

Da Ligurien ebenfalls nur 400.000 Einwohner hatte, war Genua nicht imstande, den Kleinkrieg im Gebirge Korsikas allein und dazu noch erfolgreich zu führen. Man mußte sich fremder Hilfe bedienen. Nachdem man zuerst die Spanier und den Kaiser bemüht hatte, folgten nunmehr die Franzosen.

Genua, dies hatte sich am Beispiel von Korsika in den vergangenen Jahrhunderten gezeigt, war nicht in der Lage, die unterworfenen Menschen und Völker – wie dies beispielsweise Venedig so gut verstand – in ihren republikanischen Staatsverband zu integrieren. Selbst die eigene Republik Ligurien wurde durch eine Reihe von Staatsmonopolen ausschließlich zum Vorteil des genuesischen Adels ausgebeutet und litt unter schlechten Lebensbedingungen. Was aber Korsika anlangte, so war die Lage der Insel so unvorstellbar schlecht, die Situation der Menschen derart am Rande des Existenzminimums, daß Rebellionen bereits vorprogrammiert waren.

Da die alte Verfassung von 1575, die nach dem venezianischen Muster mit im zweijährigem Turnus zu wählenden Dogen aufgestellt worden war, große Verfallserscheinungen aufwies, war auch die Verteidigungsbereitschaft Genuas nicht mehr sehr hoch. Gegenüber Venedig bestand in Genua jener grundlegende Unterschied, daß die Nobili keine geschlossene Gesellschaft bildeten, sondern auch bürgerliche Mitglieder aufnahmen, die zu Wohlstand gelangt waren.

Zwar war der genuesische Handel stärker als der Venedigs und zielstrebiger nach dem Westen orientiert, waren die Menschen fleißiger und auch tüchtiger als in den Lagunenrepublik, aber sie besaßen eine Eigenschaft, die in diesem Maße in keiner anderen Stadt ganz Italiens vorherrschte: ihre adeligen Familien waren von einem krankhaften Ehrgeiz besessen, die Macht zu ergreifen und ihre Widersacher zu vernichten. Dies war der Grund für die immerwährenden Familienfehden und die stets erneut aufflackernden Rebellionen, die Genuas Position fortlaufend schwächte.

Ohne diese dauernden Bruderkriege wäre Genua mit Sicherheit die größte und beherrschendste Stadt Italiens geworden. La Superba hatte Königen und Kaisern getrotzt und sich nie unterkriegen lassen. Letztendlich aber beschworen diese Kämpfe im Innern Zerfall und Untergang der Republik Genua herauf.

Doch zurück zum Jahr 1728. Am 22. Januar bestieg Luca Grimaldi di Niccolò den Sessel des genuesischen Dogen. Um diese Zeit war bereits klar, daß Korsika einmal mehr zum Wendepunkt in der genuesischen Geschichte zu werden drohte.

Der Aufstand, der sich bereits um diese Zeit ankündigte, brach mit aller Gewalt im Frühjahr 1730 los. Von einer großen Zahl Verbannter unterstützt, erhoben sich die Bewohner und marschierten schwer bewaffnet gegen Bastia. Um sie zu stoppen, wurde den Rebellen buchstäblich das Blaue vom Himmel herunter versprochen. Doch gewitzt durch viele vorausgegangene Versprechen, die nicht eingehalten waren, legten die Korsen ihre Waffen nicht nieder, sondern griffen weiter an.

Genua schickte Girolamo Veneroso als neuen Statthalter auf die Insel. Er war früher einer der wenigen genuesischen Statthalter gewesen, der die Zuneigung der Korsen erwerben konnte. Nun hoffte man, durch ihn der Aufrührer Herr zu werden.

Doch auch ihm war es unmöglich, die aufgebrachten Rebellen zur Niederlegung der Waffen zu bringen, denn neben ihm waren andere Genueser dabei, kleine korsische Gruppen zu vernichten, wo sie sie fanden.

Die Sache wurde ernst, als die ersten Städte in die Hände der Rebellen fielen. Genua entschloß sich, Kaiser Karl VI. um Hilfe anzugehen. Dieser schickte 1731 eine Truppe von 8000 Mann unter General Wachtendonk auf genuesischen Galeeren und Transportschiffen nach Korsika.

Sie landeten nahe Bastia und zerschlugen den Belagerungsring, den die Rebellen zur Aushungerung um die Stadt gelegt hatten. Als sie ins Landesinnere vordrangen, wurden diese Truppen aus vielen Bergverstecken attackiert und erlitten schwere Verluste. Im Gefecht bei S. Pellegrino, Ende Oktober 1731, betrugen die Verluste die Hälfte des Bestandes. Die Reste flohen zur Küste und schifften sich hier Ende des Jahres wieder nach Genua ein.

Nunmehr stellte Kaiser Karl VI. ein neues Expeditionskorps auf, das zahlenmäßig und in der Bewaffnung noch schlagkräftiger war. Geführt wurde es von Prinz Ludwig von Württemberg und erreichte 1732, von Genua ausgelend, die Insel. Zur gleichen Zeit schlug Karl VI. eine Amnestie für die Korsen und einen Vertrag zwischen ihnen und Genua vor. Dafür wollte er dann die Bürgschaft übernehmen.

Kaiser Karl VI., zweiter Sohn Kaiser Leopolds I., war nach dem Aussterben der spanischen Habsburger als Karl III. 1703 zum König von Spanien ausgerufen worden. 1711 wurde er römisch-deutscher Kaiser. Er hatte sich nach dem Frieden von Utrecht 1713 und dem Frieden von Rastatt im Jahr darauf mit den spanischen Niederlanden und Neapel, Mailand und Sardinien begnügen müssen. Er hatte das größte Interesse an Genua, da er bemüht war, seine Wirtschaftspolitik auf Übersee auszudehnen. Nachdem er Triest, Fiume und schließlich auch Ostende zu großen Häfen hatte ausbauen lassen, wäre ihm Genua als größter Mittelmeerhafen sehr willkommen gewesen.

Seiner Überzeugungskraft gelang es, den korsischen Rebellenführer Luigi Giafferi dazu zu bringen, mit der Republik Genua einen Vertrag zu schließen. Der Friede schien wiederhergestellt, die kaiserlichen Truppen zogen sich nach der Lombardei zurück und die Rebellenführer kamen zur Vertragsunterzeichnung nach Genua.

In dieser Situation, da Genua es in der Hand hatte, im Schutze eines mächtigen Herren weiter zu wachsen und vor allem die Kämpfe auf Korsika rasch zu beenden, schlug die Meinung um. Der Doge Domenico Spinola di Christoforo, seit dem 29. Januar dieses Jahres Oberhaupt in der Stadt, ließ die Rebellen einsperren.

Dieser Vertragsbruch sollte die Republik teuer zu stehen kommen. Die Rebellen machten sich zur Fortsetzung des Kampfes bereit und Prinz Ludwig von Württemberg, der Führer der kaiserlichen Truppen in Mailand, beklagte sich bei Karl VI. über diesen genuesischen Verrat, der auch den Ehrenschild des Kaisers befleckte.

Karl VI. verlangte die sofortige Freilassung aller Gefangenen. Die Genueser mußten wohl oder übel gehorchen, und Karl VI. bestätigte ausdrücklich den abgeschlossenen Frieden. Dennoch waren die Korsen wutentbrannt. Sie dachten nicht daran, diesen Frieden, der von Genua gebrochen worden war, ihrerseits zu halten.

Der neue Aufstand brach im September 1733 los. Diesmal hatten die Korsen den Zeitpunkt ausgezeichnet gewählt, denn Karl VI. lag mit Frankreich im Krieg. Während französisch-sardische Truppen Pavia und Mailand den Kaiserlichen entrissen und dann auch Lodi, Novara, Tortona und Cremona in Besitz nahmen, sammelten sich die kaiserlichen Truppen unter dem Infanten Carlos im Raume Parma. Die Kämpfe auf dem Festland dauerten bis 1736 an.

Diese Chance, ungestört losschlagen zu können, ließen sich die Korsen nicht entgehen. Anfang 1734 nahmen sie den offenen Kampf gegen Genua wieder auf, in dem Bewußtsein, daß niemand Genua helfen könne.

In den nächsten Wochen und Monaten wurden die Genueser an den verschiedensten Stellen Korsikas geschlagen, und noch im selben Jahr eroberten die Rebellen Corte. Die genuesischen Statthalter auf der Insel schlossen mit den Rebellen Ende 1735 einen Waffenstillstand, der von Genua verworfen wurde.

Das Jahr 1736 schwemmte dann eine zwielichtige Persönlichkeit nach Korsika. Es war der westfälische Freiherr Theodor Anton von Neuhoff, der von Tunis aus, von einigen nach Landbesitz auf Korsika spekulierenden Kaufleuten unterstützt, nach Korsika segelte. Die Korsen, die über ihn Wunderdinge hörten, riefen ihn am 15. April 1736 zum König ihrer Insel aus. Diese Rolle spielte der Freiherr eine ganze Zeitlang ausgezeichnet, bis ihm seine Mittellosigkeit zum Verhängnis wurde.

Die Korsen begannen nun, ihn zu verfolgen, so daß er sich am 4. November 1736, unter dem Vorwand Unterstützung hereinzuholen, einschiffte und am 12. November, als Mönch verkleidet, in Livorno an Land ging. Von dort reiste er in die Niederlande.

Dieser Fehlschlag mit dem neuen König hielt die Korsen nicht davon ab, die Genueser von der Insel zu vertreiben. Sie konnten sich schließlich nur noch in einigen stark besetzten und befestigten Ortschaften halten.

Als sich die endgültige Vertreibung der letzten großen Genueserkolonien von Korsika anzeigte, wandte sich die Republik an Ludwig XV. Die Korsen versuchten ihrerseits durch ihren Botschafter am Hofe Frankreichs die Franzosen von einer Unterstützung der schlimmsten Banditen der Erde (womit sie die genueser Herren auf Korsika meinten) abzubringen.
Ludwig XV. ließ jedoch Truppen zusammenziehen und schickte 3000 Mann unter dem Grafen de Boissieux nach Korsika. Am 5. Februar 1738 gingen diese Truppen bei Bastia an Land.
Die Korsen stellten den Kampf ein. Sie unterwarfen sich der Entscheidung Ludwigs XV. und stellten Geiseln, aber der Kampf wurde dennoch weitergeführt. Als Graf de Boissieux im Dezember 1738 versuchte, die Unterwerfung aller Aufständischen mit Waffengewalt zu erzwingen, erlitt er eine schwere Niederlage. Er starb wenig später, und sein Nachfolger, der Marquis de Maillebois, führte neue Truppen nach Korsika und unterwarf im Sommer 1739 den Großteil der Insel.
Er knüpfte neue Verhandlungen mit den Rebellen an, die in der Hoffnung, nun unter französische Herrschaft zu kommen, die Waffen streckten und vorerst außer Landes gingen. Wer von nun an auf Korsika mit einem Gewehr angetroffen wurde, der wurde gehängt. Die Franzosen räumten die Insel nicht. Dennoch war Ende 1743 der Friede in Korsika wiederhergestellt.
Als der fortdauernde Krieg auf dem Festland nun auch Genua erreichte und die Franzosen dort stark engagiert waren, brach auf Korsika erneut der Aufstand aus, weil man auf den Beistand Englands hoffte.
Die Spanier hatten sich, mit den Franzosen vereinigt, an der Riviera di Ponente den Österreichern gestellt, die unter Lobkowitz bei Parma standen. Es gelang General Lobkowitz, den Spaniern eine schwere Niederlage beizubringen und sie zum Rückzug nach Genua zu zwingen. In der Stadt Genua fanden die Spanier einen unerwarteten Bundesgenossen. Die Genueser hatten unter dem Vorwand, ihre Grenzen sichern zu müssen, ein Heer aufgestellt. Die Stadt erhielt die Zusicherung Spaniens, daß man ihr das Marchesat Finale Ligure zurückgeben werde, das man kurzerhand zum Reichslehen gemacht hatte.
Nunmehr vereinigte sich das genuesische Heer mit dem spanischen. Mit den genuesischen Truppen belagerte Gianfrancesco Brignole das Schloß von Serravalle und nahm es in Besitz. Der Kommandant übergab Tortona und am 3. September auch die Festung. Im weiteren Vorgehen wurde auch Piacenza und Parma genommen. Dafür erhielt Genua von den Spaniern und Franzosen das Marchesat Oneglia.
In der Folgezeit versuchte die englische Flotte auch Genua anzugreifen und beschoß diese Stadt ebenso, wie Finale Ligure. Der Erfolg war nicht groß. Anders

war es in San Remo, das von den englischen Schiffsgeschützen völlig zusammengeschossen wurde.
Im November befand sich dieser Flottenverband vor Korsika und unterstützte durch die Beschießung der von den Genuesern verteidigten Stadt Bastia die Rebellen. Der genuesische Kommandant der Stadt zog sich zurück, als dort einer der Rebellenführer, Domenico Rivarola, mit etwa 3000 Mann auf die Stadt losmarschierte. Der Aufruhr, nur notdürftig eingedämmt, brach nun wieder mit aller Macht los. Genua war außerstande, ihn rasch und auf Dauer niederzuwerfen.
Dieser Domenico Rivarola hatte übrigens früher als Bandit eine genuesische Kasse auf Korsika geraubt. Nach seiner Flucht hatte er dem König von Sardinien als Werbeoffizier gedient. Nunmehr setzte er sich in Bastia und Torrione di S. Fiorenzo fest und versuchte, eine neue Republik nach genuesischem Muster einzurichten.
Neben ihm standen in anderen Teilen der Insel die Rebellen Gianpietro Gafforio und Alerio Francesco Matra an der Spitze selbständiger Rebellengruppen, die untereinander zerstritten waren.

Genuas Staatsverfassung zur Zeit der Kämpfe auf Korsika

In dieser Zeit dauernder Kämpfe auf Korsika und in Ligurien stellte sich die genuesische Staatsverfassung folgendermaßen dar:
Ein alle zwei Jahre gewählter Doge stand an der Spitze der Republik und repräsentierte den Staat. Er wurde vom Großen Rat gewählt und mußte mindestens 50 Jahre alt sein. Nach Vollendung seiner Amtszeit wurde er als Procuratore perpetue (dauernder Bevollmächtigter oder Berater) in das Kammerkollegium der Republik gewählt.
Der Senat, der die Justizangelegenheiten zu bearbeiten, darüber hinaus auch im Verein mit dem Dogen einen großen Teil der polizeilichen Maßnahmen zu regeln hatte, besonders in Kriminalfällen, in denen sofort gehandelt werden mußte, bestand aus 12 Governatori, die ebenfalls alle zwei Jahre wechselten, und von denen jeweils zwei immer vier Monate lang im Dogenpalast wohnen mußten.
Das Kammerkollegium, das mit der Verwaltung der Finanzsachen beauftragt war, bestand aus allen noch lebenden Dogen als lebenslängliche Mitglieder, oder Procuratori perpetui, außerdem aus acht Procuratori die alle zwei Jahre neu gewählt wurden.

Die eigentliche politische Gewalt wurde in Genua vom Senat und dem Kammerkollegium gemeinsam ausgeübt. Sie bildeten in den vereinigten Sitzungen einen größeren Senat, den man in Genua wegen seiner Zusammensetzung »i collegi« – nannte. Auch solche Angelegenheiten, in denen kein Beschluß gefaßt werden konnte, gingen vorher durch diese Kollegien und wurden von ihnen zum Vortrag im kleinen Rat vorbereitet.

Der minor consiglio bestand aus 200 genuesischen Nobili, die über 40 Jahre alt sein mußten. Sie hielten gewissermaßen die höchste Staatsgewalt in Händen, weil sie zum Beispiel über Krieg und Frieden zu entscheiden, Bündnisse zu schließen oder zu kündigen hatten. Sie konnten einen rechtskräftigen Beschluß nur dann fassen, wenn 130 von ihnen anwesend waren und vier Fünftel der Anwesenden sich dafür entschieden.

Der Doge und die Kollegien waren sowohl in diesem Kleinen, als auch im Großen Rat vertreten, der aus allen Nobili bestand, die 22 Jahre und darüber, keine Geistliche, nicht Diener eines fremden Staates, oder Glieder eines Ritterordens waren.

Der Kleine und der Große Rat wurden in ihrer Vollzähligkeit erhalten und von unpassenden Mitgliedern gesäubert, indem man jedes Jahr 30 neue Mitglieder hineinwählte. Diese 30 wurden vom Kleinen Rat gewählt.

Besondere Beamte Genuas waren die supremi Sindicatori, welche die Staatskontrolle ausübten, die Inquisitori di Stato, die eine Art von Staatspolizei darstellten, die Inquisitori di Guerra, denen alle militärischen Belange unterstanden, die Aufseher über die Getreidevorräte und andere mehr.

Außer diesen Staatsbeamten nahmen noch sämtliche Beamte des Banco di San Giorgio eine herausragende Stellung ein.

Kampf gegen Österreich
Ein Junge mit Namen Balilla

Als es den mit den sardischen Truppen vereinigten Österreichern gelang, Ende 1745 weiter nach Westen vorzudringen und Novi und Serravalle zu erobern, geriet auch Genua ins Schußfeld dieser Auseinandersetzungen, denn über Voltaggio zielte der österreichische Vorstoß direkt auf Genua. Die sardischen Truppen marschierten durch das Bormidatal gegen Savona und durch das Orbatal gegen Finale Ligure.

Als sich schließlich die Spanier zurückzogen und die Österreicher bereits bei

Sampierdarena standen und ihnen ganz Ligurien offen zu Füßen lag, nahm Genua Verhandlungen mit den Österreichern auf.

Bota Adorno, der auf österreichischer Seite kämpfte, verlangte, daß ihm und seinen Truppen das Tor von S. Tommaso geöffnet werde. Dies geschah, und nachdem die Österreicher einmarschiert waren und das Fort Lanterna besetzt hatten, wurde die Kapitulationsurkunde unterzeichnet.

Alle genuesischen Truppen wurden zu Kriegsgefangenen erklärt, sämtliche Militärmagazine den Österreichern übergeben. Gavi mußte ebenfalls an die kampflos zum Siege gelangten Österreicher übergeben werden.

Die Bedingungen für den Waffenstillstand sahen vor: Der Doge Gianfrancesco Brignole Sale di Antongiulio, der am 3. März 1746 gewählt worden war, sollte mit sechs seiner Senatoren binnen vier Wochen nach Wien reisen, um die Kaiserin Maria Theresia wegen des Vergehens der Republik gegen Ihre Majestät um Verzeihung zu bitten.

Alle in genuesischer Gewalt befindliche Kriegsgefangene mußten freigelassen werden und sofort 50.000 Genovinen (eine Genovine waren drei Gulden) an das Heer Österreichs gezahlt werden. Weitere Kontributionen behielt man sich vor. Die Kapitulation sollte erst durch die in Wien erfolgende Ratifizierung in Kraft treten.

Die später durch den Gesandten Österreichs in Genua, den Grafen Chotek, im Namen der Kaiserin geforderten Kontributionen beliefen sich auf 3 Millionen Goldgenovinen, gleich 9 Millionen Goldgulden.

Das war mehr, als selbst die reichsten Familien Genuas mit dem Banco di San Giorgio gemeinsam tragen konnten. Falls diese Summe nicht gezahlt werde, ließ die Kaiserin die Plünderung und Niederbrennung Genuas in Aussicht stellen.

Das sardische Heer erreichte ebenfalls sein Ziel, Savona, in das ihr König, vom dortigen Bischof und den Behörden feierlich empfangen, am 9. September 1746 einzog. Im Kastell, das sich noch verteidigte, hielt sich »ein Adorno, seiner tapferen Ahnen würdig.« (Siehe Heinrich, Leo: a.a.O)

Finale ergab sich ebenfalls und am 14. September zog König Carlo Emanuele von Sardinien dort ein. Wenige Wochen später war die gesamte Riviera ponente, mit Ausnahme der Städte Ventimiglia, Villafranca und Montalbano, in der Gewalt des sardischen Königs. Lediglich die Zitadelle von Tortona hielt sich bis zum 25. November.

Das von dem Grafen Broune geführte österreichische Angriffskorps überschritt den Var und erreichte Cannes. Am 15. Dezember fiel ihm auch Frejus zu.

In dieser Zeit kam es in Genua noch einmal zu einer Erhebung, die nicht durch Bruderzwist, sondern durch den patriotischen Geist der Genueser hervorgerufen wurde.

In der Umgebung Genuas hatten sich 8000 Österreicher einquartiert. Sie lagen in Sarzano, Sampierdarena und La Spezia. Die sardischen Truppen hielten die Riviera Ponente besetzt, mit Ausnahme von Savona. Gavi war ebenfalls von Österreichern besetzt.
Trotz dieser Einschnürung von beiden Seiten funktionierte die Republik Genua besser, als dies oftmals in Freiheit der Fall gewesen war.
Die einzige besonders schwere Last waren die gigantischen Kontributionen welche die Genueser, vom Handwerker bis zum Nobili, drückten. Der Unwille über »diese österreichischen Blutsauger« und die Wut gegen einzelne Gruppen von Soldaten, die trotz des allgemeinen Verbots in die Stadt kamen, Plünderungen veranstalteten und genuesische Mädchen schwängerten, machte sich schließlich in einem offenen Aufruhr Luft.
Bis zu diesem Zeitpunkt hatte Graf Chotek bereits zwei Millionen Genovinen eingetrieben und forderte nun die noch fehlende dritte Million, von den erpreßten Verpflegungsgeldern nicht zu reden. Für seine Expeditionsgruppen in die Provence forderte Botta Adorno von Genua schwere Geschütze, die er sich, da Genua ihm freiwillig keine gab, mit Gewalt nahm.
Als sich dann die Gerüchte verdichteten, daß die Österreicher Genua plündern wollten, um neben dem erlangten Geld auch noch alle privaten Wertgegenstände in ihren Besitz zu bringen, bedurfte es nur noch eines leisen Anstoßes. Dieser ergab sich dadurch, daß eine österreichische Gruppe am 5. Dezember 1746 einen schweren Mörser aus der Stadt wegschaffen wollte. Unter dem Gewicht dieses transportierten Riesengeschützes brach ein unterirdisches Abwasserrohr. Die Menschen, die herbeieilten, wurden von den Österreichern gezwungen, den Mörser aus dem Loch herauszuwuchten.
Einer der Österreicher schlug schließlich mit einem Stock auf einen der Helfer ein. In diesem Augenblick hob ein junger Bursche einen Stein auf und schleuderte ihn auf den Österreicher.
Dies wurde der zündende Funke, der ins Pulverfaß fiel. Alle Menschen bückten sich, rissen Steine aus dem Pflaster und warfen sie auf die entsetzt fliehenden Österreicher, die von den Bewohnern aus der Stadt gejagt wurden.
Der Junge, der diesen ersten Steinwurf gegen die Österreicher geschleudert hatte, hieß Balilla. Sein Name gab dem gesamten Aufstand den Namen.
In der Nacht durchgellte immer der gleiche Ruf: »Agli armi – zu den Waffen!« die Straßen der Stadt.
Dazwischen wurde »Viva Maria!« gerufen und die Österreicher antworteten mit »Viva Maria Theresia!«
Der Doge und der Senat versuchten vergebens, die Ruhe wiederherzustellen. Immer zahlreicher und schwerer bewaffnet tauchten die Menschen aus ihren

Häusern auf. Die von den Österreichern nicht besetzten Stadttore wurden von ihnen besetzt, die Läden der Waffenschmiede geplündert und schließlich das vom Feind besetzte Tor S. Tommaso berannt. Österreichische Kavallerie ritt die Angreifer nieder.
In der folgenden Nacht verbarrikadierten die Aufrührer die Straßen und igelten sich im Jesuitengebäude ein. In diesem provisorischen Hauptquartier setzten sie einen Generalkommissar und mehrere Generalleutnante ein, die die neue Behörde bilden sollten. Gleichzeitig damit erklärten sie alle vom genuesischen Adel abgeschlossenen Verträge, auch die Kapitulation, für Null und nichtig.
General Botta Adorno ließ die einzelnen in den Küstenstädten verstreut untergebrachten Truppenkontingente zusammentrommeln.
Inzwischen hatten sich die Bewohner des Bisagnotales am 7. Dezember dem genuesischen Aufstand angeschlossen. Ebenso die Bewohner des Quartiers S. Vincenzo, die sich der österreichischen Kanonen bemächtigten und damit das Feuer auf den Feind eröffneten.
Am 8. Dezember schlossen sich alle Kaufleute und Gewerbetreibende dem Aufstand des Volkes an. Nun kam Geschlossenheit in die Handlungen der Aufständischen. Auf der Via Balbi kam es zu einem Schußwechsel mit Kanonen mit den Österreichern.
In den Unterhandlungen des 9. Dezember spielten die Österreicher, vertreten durch Botta Adorno, auf Zeit, weil sie das Eintreffen von Entsatztruppen erhofften. Ihm wurde bis zum Morgen des 10. Dezember Bedenkzeit gegeben.
Am Morgen dieses Tages läuteten die Sturmglocken in San Lorenzo und den anderen Kirchen und Türmen der Stadt. Die Kanonade begann. Die Österreicher wurden aus der Stadt vertrieben. Sie zogen sich in Richtung Bocchetta zurück. Viele wurden einzeln oder in Gruppen von den nachdrängenden Bürgern gefaßt. Wer sich wehrte, wurde in Stücke gehauen. Alle österreichischen Magazine und die Bagagewagen fielen in die Hände der Aufständischen.
Die Nachricht von der Flucht der Österreicher pflanzte sich wie ein Lauffeuer entlang der ganzen Küste fort. Die Piemonteser verstärkten ihre Besatzung in Savona. Die österreichische Provencearmee mußte den Rückzug antreten, da ihre Nachschublinien abgeschnitten waren. Teile dieses Heeres hielten sich bis zum Januar 1747, ein anderer Teil desertierte und der Rest zog sich über den Var nach Osten zurück. Damit hatte Genua diesen Vorstoß Österreichs zum Erliegen gebracht.
Botto Adorno wurde aus der Armee Österreichs entlassen. Ebenso General Broune, der gesagt hatte, daß Genua nicht zu überwinden sei. An Stelle Brounes trat General von der Schulenburg.
Genua wurde nun von Frankreich mit Geld und tüchtigen Offizieren unter-

stützt. Von Toulon aus gingen einige Tausend Söldner in See, die Genuas Truppen verstärken sollten. Etwa 4000 trafen nach und nach in Genua ein.
Am 10. April 1747 setzte sich das österreichische Heer über die Bocchetta in Richtung Genua in Bewegung, und am 15. forderte ein Parlamentär die Stadt auf, sich zu ergeben. Man überreichte ihm ein Schriftstück folgenden Inhalts:
»Wir hoffen, uns in der Freiheit zu erhalten, in die Gott uns hineingeboren hat.«
Am 30. April landete der Duc de Bouflers in Genua, um den Oberbefehl über die inzwischen eingetroffenen 4000 Franzosen zu übernehmen. Als nun eine zweite Armee Frankreichs und Spaniens unter den Generalen Belleisle und de la Mina das Tal von Demont bedrohte, bekam es König Carlo Emanuele von Sardinien Anfang Juni mit der Angst zu tun und befahl seinen Truppen den Abzug aus der Belagerungsarmee vor Genua. General von der Schulenburg sah sich nunmehr außerstande, die Belagerung fortzusetzen. In der Nacht zum 6. Juli schiffte sich sein Truppenverband ein und begab sich nach Novi und Gavi. Die Piemonteser zogen nach Sestri Ponente.
Im Winter 1747–48 lagerten die österreichischen Truppen in der Lombardei. Sie erhielten aus Deutschland einige Verstärkungen und beabsichtigten im Frühjahr 1748 gegen die Riviera di Levante anzutreten. Zu weiteren Kämpfen kam es aber nicht, da sich in den ersten Monaten des Jahres 1748 die Bevollmächtigten aller kriegführenden Mächte in Aachen versammelten. Dort legten die Gesandten Frankreichs, Hollands und Englands Maria Theresia einen Friedensentwurf vor, der von der Kaiserin genehmigt wurde.
Die Feindseligkeiten der Österreicher an der genuesischen Grenze und jene der Engländer in den genuesischen Gewässern dauerten jedoch noch bis zum Tage des Waffenstillstands, dem 25. Mai 1748, an. Erst am 18. Oktober 1748 wurde in Aachen der Friedensvertrag unterzeichnet.

Weiterer Kampf auf Korsika

Auf Korsika war es zwischen den miteinander rivalisierenden Rebellengruppen zu einem wilden Gemetzel gekommen. Während dieser Zeit riefen die Bürger von Bastia die Genueser zurück, weil sie lieber unter diesen leben, als unter den Rebellen sterben wollten.
Genua aber konnte erst nach dem Aachener Friedensschluß wieder auf der Insel aktiv werden. Sie selber waren von dem Widerstand gegen Österreich so erschöpft, daß wieder einmal französische Truppen gen Korsika transportiert wur-

den. Sie richteten sich in Bastia ein, und im Frühjahr 1751 erwirkte ihr Befehlshaber ein Zusammentreffen aller korsischen Häuptlinge. Er bewog sie, unter günstigen Bedingungen die Republik Genua wieder anzuerkennen, was sie auch taten. Die Gemeinden aber ratifizierten diese Abkommen nicht. Der Kampf auf der Insel ging weiter.

Im März 1753 rief der französische König seine Truppen aus Korsika zurück und gab damit das Zeichen zum neuen Aufstand, denn nun hofften die Rebellen, die genueser Kaufherren endgültig zu verjagen. Zu diesen Kämpfen kamen noch eine Reihe Blutrachen unter den Rebellenführern.

Erst 1756 gelang es Genua und dem amtierenden Dogen Giangiacomo Grimaldo di Alessandro, den französischen König erneut zur Entsendung von 3000 Soldaten nach Korsika zu überreden. Sie wurden von dem Grafen de Vaux geführt und trafen im November auf der Insel ein.

Die Rebellen, die sich ein Jahr zuvor endlich zur Einheit durchgerungen und Pasquale Paoli zu ihrem Anführer gewählt hatten, traten nun gegen die Franzosen an. In den nächsten Jahren blieb Paoli immer wieder siegreich und Genua lief Gefahr, bis 1764 ganz Korsika zu verlieren.

Frankreich, das dem Banco di San Giorgio eine riesige Summe schuldete, war nun gezwungen, ein neues Heer unter dem Grafen de Marbouef in Marsch zu setzen, das den Genuesern bei der Rückeroberung von Ajaccio, Calvi, Agajolas und S. Fiorenzo den Rücken freihalten sollte. Die Truppen blieben bis 1768 dort, ohne daß die Rebellen endgültig geschlagen worden wären, im Gegenteil: sie hatten wesentliche Vorteile errungen und die Insel Capraia besetzt.

In der Überzeugung, daß es unmöglich sei, Korsika in Zukunft allein zu halten, schloß Genua mit König Ludwig XV. am 15. Mai 1768 in Versailles einen Vertrag, dessen Hauptpunkte folgendermaßen lauteten:

»Französische Truppen besetzen alle Festungen und Häfen auf der Insel und legen in alle Ortschaften Truppen, in denen dies notwendig ist, eine Rebellion und eine weitere Schädigung von Genua zu verhindern.

Frankreich behält alle Plätze und Städte, die Festungen und Häfen der Insel so lange, bis Genua alle Kriegskosten erledigt hat.

Ludwig XV. darf nicht zu Gunsten Dritter über Teile, Städte und Häfen der Insel verfügen, ohne Genuas Einwilligung. Er gibt Capraia bis spätestens 1771 an Genua zurück, nachdem seine Truppen den Rebellen diese Insel entrissen haben.«

Aufgrund dieses Vertrages räumte Genua Korsika ganz. Die Korsen setzten den Kampf gegen Frankreich fort. Im Frühjahr 1769 erreichte das Korps des Generalleutnant de Vaux Korsika und griff die Rebellen in drei Gruppen an. Rebellenführer Paoli sah sich gezwungen, auf Rostino auszuweichen. Auch hier wurde er geschlagen, verlor Corte, den Hauptsitz der Rebellen, und floh mit anderen Anführern nach Livorno und von dort weiter nach England. Ganz Korsika unterwarf sich den Franzosen. Dies war praktisch die Trennung Korsikas von Genua.

Streiflichter bis zum Ende

Nach dem Verlust von Korsika registrierte die Geschichte von Genua keine besonderen Vorkommnisse mehr. Giambatista Negrone di Ambrosio übernahm am 16. Februar 1769 die Dogenwürde. Die Stadt blieb von nun an neutral, selbst als sie zum Tummelplatz feindlicher Auseinandersetzungen der großen Mächte Österreich, Frankreich und England wurde. Allerdings wurde eine Bürgermiliz zur Selbstverteidigung aufgestellt.
Die französische Revolution strahlte auch nach Ligurien aus. Neapel hatte im Juli 1793 Frankreich den Krieg erklärt und Napoleon Buonaparte, dem der Oberbefehl über die in Italien zum Einsatz kommenden Truppen übertragen wurde, griff sofort an.
Durch den Sturz von Robespierre fiel aber auch Napoleon in Ungnade. Er wurde zurückberufen und etwa ein Jahr lang zur Disposition gestellt. Als Barras in das Direktorium der Französischen Republik berufen wurde, übergab er Napoleon das Kommando über die neu aufzustellende Italienarmee, nachdem dieser die Putschversuche der Aufständischen niedergeschlagen und sich dadurch qualifiziert hatte.
Die »Italienarmee« bestand aus 30.000 zerlumpten Gestalten. In seinem ersten Tagesbefehl an sie sagte Napoleon:
»Von nun an führe ich euch in die fruchtbarsten Ebenen der Welt. Große Städte und überreiche Provinzen werden euch in die Hände fallen.«
In den Kreuzzug gegen Frankreich waren bis dahin fast alle italienischen Staaten hineingezogen worden, wie Piemont, die Toskana, der Kirchenstaat, Neapel und die Herzogtümer. Genua hatte auf seiner Neutralität beharrt. Als aber Napoleon am 27. März 1796 als neuer Befehlshaber der Italienarmee, die aus sechs Divisionen bestand, in Nizza die Führung übernahm, drohte er Genua, das in seiner korsischen Heimat und auch von ihm gehaßt wurde. Er ließ durch den französischen Gesandten in dieser Stadt Genua auffordern, den Übergang über die Bochetta offenzuhalten und auch die Festung Gavi nicht zu verteidigen.
Beaulieu eilte sofort nach diesen Ankündigungen in Richtung Genua. Von seinem Hauptquartier in Noli aus sicherte er die Stadt und nahm den Franzosen

Voltri fort. Die englische Flotte unter Admiral Nelson legte nahebei an. Wieder kämpften Franzosen gegen Österreicher und Engländer.

Napoleon stürmte am 11. April 1796 durch die feindlichen Stellungen bei Montenotto. Er schlug die Piemontesen bei Millesimo und warf die Österreicher am 13. bei Dego zurück. Am 27. April schloß der König von Sardinien mit ihm einen Waffenstillstand ab, und als Napoleon in Mailand einzog, verkündete er dort die Freiheit. Frankreich ging daran, die eroberten Republiken und Herzogtümer zu demokratisieren, wozu es sich der rebellierenden Demokraten dieser Länder bediente.

Während dieser Zeit wurde Genua als neutrale Republik hin- und hergerissen. Als die Engländer am 11. September 1796 auf der Reede von Sampierdarena eine französische Tartane kaperten und Genua pro forma einige Kanonenschüsse auf diesen Agressor abfeuerte, erklärte Admiral Nelson dies für einen Angriff und verlangte Satisfaktion. Der französische Resident Faypoult in der Stadt aber erklärte die Neutralität Genuas für verletzt.

Um die eigene Haut zu retten, schloß Genua den Engländern bis auf weiteres alle ligurischen Häfen. Hierauf ließ Admiral Nelson nach Capraia segeln und den Genuesern diese Insel wegnehmen.

Durch einen Vertrag mit Frankreich erklärte Genua am 9. Oktober 1796 die Ausschließung aller englischer Schiffe, bis Frieden eingekehrt sei. Der Doge Giacomo Maria Brignole entschloß sich nach Konsultierung der beiden Räte dazu, Frankreich zu bitten, Truppen zur Verteidigung von Genua und seines Hafens zur Verfügung zu stellen. Im Gegenzug garantierte die Regierung in Paris die Unantastbarkeit genuesischen Territoriums.

Alle Lehensbeziehungen Genuas wurden aufgehoben. Dafür schenkte Genua wiederum Frankreich 2 Millionen Francs und gab noch einmal soviel durch den Banco di San Giorgio als zinsloses Darlehen, bis zum endgültigen Frieden.

Der französische Resident in Genua, Faypoult, unterstützte dort die Demokraten. Diese kamen im Laden des Apothekers Morando zu ihren Besprechungen zusammen. Als Napoleon den Wunsch aussprach, daß Genua das gleiche Schicksal wie Venedig erleiden sollte, war die Aristokratie in der Stadt schon so gut wie verloren. Nicht einmal den mit außerordentlichen Machtbefugnissen versehenen Staatsinquisitoren gelang es, die Nobili und deren Familien zu retten. Die Revolutionäre bekamen es nun selber mit der Angst zu tun, als zwei der ihren festgenommen wurden. Sie flohen aus der Stadt.

Der Doge schickte nun Gianluca Durazzo und Francesco Cattaneo zu Faypoult, um gegen dessen Übergriffe zu protestieren. Dieser verhöhnte die beiden Nobili. Die Revolutionäre ihrerseits verlangten vom Senat der Stadt am 21. Mai 1796 die Freilassung der beiden Revolutionäre. Nachdem sie hier abgewiesen waren,

wandten sie sich an Faypoult. Er machte ihnen Hoffnung und sagte sein Nichteinschreiten zu, wenn sie sich ihre beiden Freunde selber aus dem Gewahrsam holten.
Am 22. Mai zogen etwa 800 Revolutionäre mit der Kokarde an Mützen und Hüten zum Gefängnis und befreiten ihre beiden Freunde. Sie drangen zum Schiffsarsenal vor und erstürmten seine Tore. Die Truppen der Republik, die sich den Revolutionären entgegenstellten, fanden in den Bürgern Hilfe. Diese bewaffneten sich und entwaffneten die »Dreifarbigen« (wie die kokardentragenden Revolutionäre genannt wurden).
Nun erklärten die genuesischen Behörden, daß sie zu einer Verfassungsänderung zum Wohle des Staates bereit seien. Als Faypoult diese günstige Entwicklung bekanntgeben wollte, wurde er durch Schüsse daran gehindert, den Dogenpalast zu verlassen.
Das Volk begann den Kampf und brachte den Revolutionären eine schwere Niederlage bei. Alles dies wurde Napoleon gemeldet, der an den Dogen Giacomo Maria Brignole schrieb:
»Sie sind verpflichtet, für die Ruhe in Genua und für die Sicherheit der in dieser Stadt lebenden Franzosen Sorge zu tragen. Binnen 24 Stunden müssen alle verhafteten Franzosen auf freiem Fuß, das Volk entwaffnet und dessen Anführer bestraft sein. Falls Genua dieser Forderung nicht nachkommt, wird der französische Gesandte die Stadt verlassen und Frankreich den Krieg gegen sie beginnen.«
Am 30. Mai erschien Napoleons Adjutant Leutnant La Valette in Genua. Er wurde zum Senat geführt und verlas dort das oben zitierte Schreiben seines Generals.
Die Senatoren stimmten der Entwaffnung des Volkes, die ganz in ihrem Sinne war, zu und ließ die festgesetzten Franzosen frei.
Der Forderung des französischen Gesandten Faypoult aber, die beiden Staatsinquisitoren Francesco Maria Spinola und Francesco Grimaldi, sowie den Nobile Niccolò Cattaneo, als namhafte Führer des Volkes verhaften zu lassen, stimmte der Senat nicht zu. Schließlich mußte man jedoch auch dieser Forderung nachgeben.
Danach wurden Michelangelo Cambiaso, Luigi Carbonara und Girolamo Serra mit weitgehenden Vollmachten zu Napoleon geschickt, um die neue Verfassung auszuarbeiten. Man hatte ihnen mit auf den Weg gegeben, daß alles verändert werden könne, lediglich die Kirche und das Privateigentum dürften unter keinen Umständen angetastet werden.
Am 4. Juni 1796 begannen die Beratungen dieser Abordnung mit Napoleon in Montebello. Sehr bald wurde darüber Einigkeit erzielt, daß Genua hinfort nicht

mehr aristokratisch, sondern eine Bürgerrepublik sein werde, in der jeder Bürger die gleichen Rechte hätte.
Festgelegt wurde die Schaffung eines gesetzgebenden Gremiums, bestehend aus zwei Räten, von denen der erste 150 und der zweite 300 Mitglieder haben sollte. Die exekutive Gewalt sollte einem Senat, bestehend aus 12 Mitgliedern übertragen werden, denen ein Doge vorstehen müsse. Vom 14. Juni an sollte eine Staatskommission, bestehend aus dem Dogen und 22 Mitgliedern, regieren. Eine zweite Kommission würde die Details der neuen Verfassung ausarbeiten. Sie sollte die katholische Religion, den Freihafen, die Staatsschuld und den Banco di San Giorgio schützen.
Der Republik Genua wurde vollständige Amnestie versprochen. Napoleon persönlich ernannte durch eine Note alle jene Regierungsmitglieder, die am 14. Juni ihr Amt antraten. In dieser Note wurde außerdem für Genua die Demokratie ausgerufen. Die alten Reichslehen im ligurischen Gebiet wurden der genuesischen Republik angeschlossen.
Als der Adel gegen diese Maßnahmen opponierte und nach der Verhaftung einiger seiner Vertreter Anfang Juli 1796 mit dem Landvolk gemeinsam im Bisagnotal zu den Waffen griff und Genua schließlich von allen Seiten bedroht wurde, schritt Napoleon ein.
Er schickte General Duphot nach Genua. Dieser schlug am 5. Juli die Aufrührer im Bisagnotal. Zwei andere Aufrührergruppen erzielten zunächst kleine Erfolge; auch sie wurden nacheinander gestellt und zerschlagen.
General Lannes traf am 13. Juli bereits mit einer Kavallerieschwadron in Genua ein und stellte die Ruhe in der Stadt wieder her.
Nachdem einiges an der Verfassung geändert worden war, setzte der Senat eine legislative Körperschaft mit zwei Räten ein. Eine hatte 30, die andere 60 Mitglieder. Hinzu kam ein Direktorium nach französischem Muster mit fünf Mitgliedern.
Am 2. Dezember 1797 erhielt diese Verfassung endlich die Billigung des Volkes und trat am 1. Januar 1798 in Kraft. Die ersten Direktoren der Republik hießen Cittardi, Corvetto, Costa Maglione und Molfino. Der Stadtstaat Genua in seiner alten Form bestand nicht mehr.
Am 5. August 1799 kam General Joubert nach Genua und löste General Moreau ab, der den Oberbefehl am Rhein übernahm. In Genua waren inzwischen starke Truppenverbände eingetroffen, es wimmelte in der Stadt von französischen Soldaten, die gegen die heranziehenden österreichischen Truppen unter General Suwarow antreten sollten, die inzwischen Mailand, Turin, Alessandria, Ferrara, Ravenna, Imola, Forli, Cesena und Rimini erobert hatten.
Von Genua aus zog der französische General Joubert mit seinen Truppen in

Richtung Tortona. Er drang bis Novi vor, wurde dort am 15. August 1799 von Suwarows Truppen angegriffen und fiel in der Schlacht. Moreau übernahm die französischen Streitkräfte.

Napoleon, der zu seiner Expedition nach Ägypten aufgebrochen war, kehrte rasch zurück und ordnete die Streitkräfte unter neuer Führung um. (Siehe Mémoires de Napoléon par le Général Gourgaud).

Am 6. und 7. April 1800 ließ General Melas die Österreicher zum Großangriff auf der gesamten Front antreten und drang bis Savona vor. Die Bocchetta wurde besetzt, und am 21. April waren die französischen Truppen bis unterhalb der Mauern von Genua zurückgewichen. Am 30. April wurde Genua von Land und See aus angegriffen. Erst als die Generale Massena und Soult in den Kampf eingriffen, wurden die Österreicher zurückgedrängt.

Bei dem Mangel an Lebensmitteln schien es nur noch eine Frage der Zeit, wann Genua aufgeben mußte. Die österreichischen Soldaten unter Otto von Hohenzollern blieben vor Genua liegen. Melas ließ mit dem Gros der Österreicher auf Taggia und den Var angreifen und legte Besatzungen nach Ventimiglia, Villafranca und Montalbano. Am 11. Mai zog Melas in Nizza ein. Aber am 21. rief ihn der Übergang Napoleons über den Großen St. Bernhard wieder zurück.

Genua litt an Hunger. General Massena verteidigte die Stadt verbissen und konnte eine Kapitulation des Volkes verhindern. Die Engländern beschossen die Stadt von See her. Als aber Munition und Verpflegung zur Neige gingen, ließ Massena mit Otto von Hohenzollern Verhandlungen aufnehmen. Dieser gewährte Massenas Truppen freien Abzug nach Nizza. Alle Leute, die nicht marschieren konnten, und die Artillerie, wurden im Schiffstransport dorthin gebracht, wozu die Genueser Schiffe dienten.

Genua selber erhielt sofort die ersten Lebensmittelsendungen. Am Abend des 4. Juni wurde der Übergabevertrag unterzeichnet. Das Tor della Lanterna wurde den Österreichern übergeben. Am 6. Juni zogen die Franzosen ab und die Österreicher kamen mit 10.000 Soldaten in die Stadt.

Napoleon aber führte vom 17. bis 20. Mai seine Truppen über den großen St. Bernhard und zog am 2. Juni 1800 in Mailand ein. Nach den Siegen bei Montebello und Piacenza wurde Österreich zwischen dem 9. und 15. Juni bei Alessandria vernichtend geschlagen. Am 16. Juni wurde ein Vertrag geschlossen, der die Österreicher verpflichtete, die Festen Plätze Tortona, Alessandria, Turin, Mailand, Arcona, Pizzighettone und Piacenza zu übergeben. Bis zum 24. Juni sollten dann auch Cuneo, Ceva, Savona und Genua und bis zum 26. Forte Urbano übergeben werden.

Am 29. September 1800 wurde in Castiglione zwischen beiden führenden Generalen ein auf 45 Tage befristeter Waffenstillstand beschlossen, aber erst am 16. Ja-

nuar 1801 in Treviso unterzeichnet. Über den Vertrag von Luneville am 26. Januar wurde schließlich am 9. Februar der endgültige Frieden geschlossen.
Die Stadt Genua wurde im Mai 1801 von den Franzosen geräumt und unabhängige Ligurische Republik. Am 30. Juli 1802 wurde Girolamo Durazzo di Marcello zum neuen und letzten Dogen von Genua gewählt. Er war aber im wesentlichen nichts anderes als ein Amtmann von Napoleons Gnaden. An die Spitze der neugegründeten italienischen Republik setzte sich Napoleon selber. Als ihm von seinem Vizepräsidenten Melzi am 13. März 1803 vorgeschlagen wurde, die Republik in ein Königreich umzuwandeln und sich selber zum erblichen König von Italien zu machen, tat er dies. Am 17. März nahm er die Krone an, und Melzi leistete ihm am 18. den Treueid. Eine italienische Verfassung wurde nach dem Muster der französischen erarbeitet. Die Zeit der freien Städterepubliken war für immer vorbei. Genua – La Superba – hatte damit ihr Ende gefunden.

Die Dogen Genuas und Liguriens

1339 Simone Boccanegra, der erste vom Volk am 28. September gewählte Doge, wird vom Parlament am 24. 10. bestätigt. Den Akt der Wahl setzte der Notar Conradeo Mazurro, Kanzleischreiber der Gemeinde, auf.

1345 Giovanni de Murta di Antonio, zweiter Doge, wird am 25. Januar gewählt.

1350 Giovanni Valente, dritter am 9. Januar gewählter Doge, scheidet im Jahre 1353 aus dem Magistrat aus. Der Sessel des Dogen bleibt drei Jahre verwaist.

1356 Simone Boccanegra wird am 15. November zum zweitenmal zum Dogen gewählt. Gestorben durch Gift im Jahre 1363.

1363 Gabriele Adorno di Daniele wird am 14. März vierter Doge der Republik.

1370 Domenico Fregoso, Besitzer von Campofregoso, wird am 13. August fünfter Doge.

1378 Antoniotto Adorno di Adornino wird am 17. Juni neuer Doge. Er bleibt nur wenige Stunden im Amt.

1378 Niccolò Guarco, siebter Doge, verließ sein Dienstzimmer fluchtartig.

1383 Federigo Pagana, wurde am 8. April 1383 zum Dogen gewählt. Er besetzte das Amt nur zwei Tage.

1383 Leonardo Montaldo, neunter Doge, kam am 7. April an die Macht. Er starb ein Jahr darauf.

1384 Antoniotto Adorno bestieg am 16. Juni zum zweitenmal den Dogensessel. Er gab das Dogat im Jahre 1390 ab.

1390 Giacomo Campofregoso wird am 3. August 10. Doge. Er verließ das Dogat im Jahre 1391.

1391 Antoniotto Adorno wird am 9. April zum drittenmal Doge von Genua und beendet sein Amt 1392.

1392 Antoniotto Montaldo, Sohn des Dogen Leonardo Montaldo, wird am 16. Juni Doge.

1393 Pietro Fregoso, Bruder des Dogen Domenico, wird am 13. Juli neuer Doge. Er starb vor Verleihung der vollen Würde noch am selben Tage.

1393 An diesem Tage wurde Clemente Promontorio neuer Doge; er regierte nur einen Tag.

1393 Francesco Giustiniano wird am 14. Juli Doge. Er verließ sein Amt im selben Jahr.

1393   Antoniotto Montaldo wird am 1. November zum zweitenmal Doge und verzichtet im Jahre 1394.

1394   Niccolò Zoagli di Gottifredo wird am 24. Mai neuer Doge; Er legt sein Amt im selben Jahr nieder.

1394   Antonio Guarco wird neuer Doge und behält dieses Amt nur bis zum 3. September dieses Jahres.

1394   Am selben Tage wird Antoniotto Adorno zum viertenmal zum Dogen gewählt. Er behält das Amt bis Ende 1396. In den folgenden Jahren bleibt der Dogensessel verwaist.

1413   Erst am 27. März dieses Jahres übernimmt Giorgio Adorno di Adornino, Bruder des Dogen Antoniotto, das Dogenamt. Er legt die Würde Ende März 1415 nieder.

1415   Barnaba Goano di Ottobuono übernimmt das Dogenamt am 29. März und legt sein Amt am 3. Juli desselben Jahres nieder.

1415   Am 4. Juli wird Tommaso Campofregoso di Pietro zum neuen Dogen gewählt. Er beendet sein Amt am 2. Dezember 1421. (In den nächsten 15 Jahren blieb das Amt des Dogen in Genua unbesetzt.)

1436   Isnardo Guarco wird neuer Doge in Genua, er regiert nur sieben Tage.

1436   Ihm folgt nach einer Woche Tommaso Campofregoso, der damit zum zweitenmal das Dogenamt übernimmt.

1437   Batista Campofregoso wird am 24. März neuer Doge, er ist der Bruder seines Vorgängers Campofregoso. Er eignete sich das Amt widerrechtlich an, konnte sich aber nur für wenige Stunden behaupten, ehe er verjagt wurde. Anschließend wurde der legitime neue Doge gewählt.

1437   Es ist der vorvorige Doge Tommaso Campofregoso, der die Dogengeschäfte fortlaufend bis zum Ende des Jahres 1442 führt.

1443   Raffaele Adorno, Sohn von Giorgio und Neffe von Antoniotto, den beiden Dogen, wird am 28. Januar neuer Doge. Er verzichtet zum Wohle des Vaterlandes am 4. Januar 1447.

1447   Barnaba Adorno di Raffaele wird am 4. Januar neuer Doge. Er dankt bereits am 30. dieses Monats ab.

1447   Am selben Tage wird Giano Campofregoso neuer Doge. Er stirbt in dieser Würde im Dezember 1448.

1448   Am 16. Dezember wird Lodovico Fregoso, Bruder von Giano, neuer Doge. Er verstirbt auf diesem Posten im Jahre 1450.

1450   Am 8. Dezember wird Pietro Campofregoso di Batista neuer Doge. Er bekleidet dieses Amt bis zum Abend des 11. Mai 1450. (Elf Jahre lang blieb der Dogensessel unbesetzt).

1461	Prospero Adorno di Barnaba wird am 12. März zum Dogen von Genua ernannt und bleibt in diesem Amt bis zum 7. Juli desselben Jahres.
1461	Spineta Fregoso di Pietro wird am 8. Juli neuer Doge. Auch er ist der Aufgabe nicht gewachsen und gibt sein Amt nach nur drei Tagen Regierungszeit wieder ab.
1461	Lodovico Fregoso kommt am 8. Juli zum zweitenmal auf den Dogensessel und regiert bis Mitte Mai 1462.
1462	Sein Nachfolger Paolo Fregoso, Erzbischof von Genua, regiert vom 14. Mai an ebenfalls nur wenige Tage.
1462	Am 8. Juni übernimmt Lodovico Fregoso dieses Amt, und ist damit zum drittenmal Genueser Doge. Er regiert bis zum Beginn des folgenden Jahres.
1463	Mit Paolo Fregoso kommt abermals ein Vertreter der Familie Fregoso auf den Dogensessel. Er regiert bis zum Ende des kommenden Jahres. (Von da an war der Dogensessel, der sich als wahres Katapult erwiesen hatte, das neue Dogen fortschleuderte, über 14 Jahre verwaist).
1478	Am 17. August dieses Jahres wird Prospero Adorno zum zweitenmal zum Dogen gewählt, jedoch nur für drei Monate.
1478	Batista Fregoso di Pietro folgt ihm am 25. November nach und bleibt bis November 1483 im Amt.
1483	Der 25. November dieses Jahres sieht die Wahl von Paolo Fregoso, Kardinal-Erzbischof, der damit zum drittenmal auf dem Dogensessel sitzt. Er regiert bis Ende 1488. (Nach ihm blieb der Sessel des Dogen für weitere 19 Jahre unbesetzt).
1507	Am 10. April wird Paolo da Nove di Giacomo durch das Volk von Genua zum Dogen gewählt und behält dieses Amt für etwa vier Jahre.
1512	Giano Fregoso di Tommaso wird am 29. Juni neuer Doge. Er dient Genua bis zur Mitte des folgenden Jahres.
1513	Am 11. Juni erfolgt die Wahl von Ottaviano Fregoso di Agostino zum neuen Dogen. Er bleibt bis zum Jahre 1515 im Amt. Der Sessel des Dogen blieb in den folgenden sieben Jahren unbesetzt, dann wird Ottaviano Fregoso zurückgerufen und bis 1522 königlicher Gouverneur.
1522	Am 2. Juni dieses Jahres wird als letzter seiner Familie Antoniotto Adorno di Agostino neuer Doge. Er bleibt bis 1527 im Amt. Im folgenden war der Dogensessel wieder vakant. Die Periode der zweijährig zu wählenden Dogen:
1528	Am 12. Dezember dieses Jahres erfolgte die Wahl von Oberto Cattaneo, vormals Lazaro di Batista, als erster Doge nach der Befreiung durch An-

drea Doria. Er bildet aus den 28 vornehmen Häusern der Stadt und einigen anderen zusammengerufenen Männern aus allen übrigen Familien der Nobili die Regierung der Republik Genua.

1531   Am 4. Januar wird Batista Spinola di Tommaso zum neuen Dogen ernannt.

1533   Genau zwei Jahre später am 4. Januar erfolgt die Wahl von Batista Lomellino di Girolamo zum neuen Dogen.

1535   Abermals zwei Jahre darauf, am 4. Januar, tritt Christoforo Grimaldi, ehemals Rosso, das nächste Dogenamt an.

1537   Gianbatista Doria di Agostino wird am 4. Januar neuer Doge.

1539   Andrea Giustiniano di Baldassare wird neuer Doge.

1541   Leonardo Cattaneo di Angelo wird ebenfalls am 4. 1. gewählt.

1543   Andrea Centurione genannt Pietrasanta di Taddeo wird am 4. Januar zum Dogen gewählt.

1545   Seine Nachfolge tritt Gianbatista de'Fornari di Raffaele an.

1547   Ihm wiederum folgt Benedetto Gentile, ehemals Pevere di Giovanni, auf den Dogensessel nach.

1549   Nunmehr wird Gasparo Grimaldi, ehemals Bracelli di Andrea, neuer Doge.

1551   Den Zweijahreszyklus setzt Luca Spinola di Batista fort.

1553   Diesmal fällt die Wahl auf Giacomo Promontorio di Pietro.

1555   Ihm wiederum folgt Agostino Pinello di Ardimento.

1557   Pietro Giovanni Cibo, ehemals Ciavega di Bartolomeo, wird neuer Doge.

1559   Die Wahl, wie immer seit 1531 am 4. Januar, fällt auf Vivaldi di Agostino.

1561   Die letzte am 4. Januar abgehaltene Wahl fällt auf Paolo Batista Calvi, vormals Richter di Giorgio. Gestorben im Amt im ersten Jahr.

1561   Am 4. Oktober wird Batista Cicala, ehemals Zoagli di Giorgio, neuer Doge.

1563   Der 7. Oktober sieht die Wahl von Gianbatista Lercaro di Stefano zum neuen Dogen der Stadt und der Republik.

1565   Am 11. Oktober wird Ottavio Gentile, ehemals Oderico di Niccolò, neuer Doge.

1567   Simone Spinola di Gianbatista erhält am 15. Oktober seine Ernennung zum Dogen.

1569   Der 6. Oktober dieses Jahres sieht die Wahl von Paolo Giustiniani, vormals Moneglia di Stefano, zum neuen Dogen.

1571   Am 10. Oktober fällt die Wahl auf Gianotto Lomellino di Meliaduce.

1573   Giacomo Grimaldi, vormals Durazzo di Giovanni, wird am 16. Oktober neuer Doge.

1575 Prospero Centurione, vormals Fatinanti di Agostino, erhält am 17. Oktober die Dogenwürde.
1577 Am 19. Oktober wird Gianbatista Gentile di Giacomo neuer Doge der Republik.
1579 Mit der Wahl von Niccolò Doria di Giacomo nimmt wieder ein Doria am 20. Oktober den Dogenplatz ein. Er erhält als erster den Titel eines Serenissimo.
1581 Am 21. Oktober wird Geronimo de Franchi di Cristoforo neuer Doge.
1583 Geronimo Chiavari di Luca wird am 4. 11. zum Dogen gewählt.
1585 Der 8. November sieht die Wahl von Ambrosio di Negro di Benedetto zum planmäßig neuen Dogen.
1587 David Vaccà di Giacomo erhält seine Bestallung am 14. 11.
1589 Am 20. November wird Batista Negrone di Batista neuer Doge.
1591 Gianagostino Giustiniano, vormals Campi di Niccolò, kommt am 27. November auf den Dogensessel.
1593 Antonio Grimaldi, vormals Cebà di Bernardo, erhält seine Ernennung am 27. November.
1595 Am 5. Dezember wird Matteo Senarega di Ambrosio zum Dogen gewählt.
1597 Der 10. Dezember sieht die Wahl von Lazaro Grimaldi, vormals Cebà di Domenico.
1599 Am 22. Februar erhält Lorenzo Sauli di Ottaviano das Dogenamt.
1601 Am 22. Februar erfolgt die Wahl von Agostino Doria di Giacomo zum Dogen der Republik.
1603 Pietro di Franchi, vormals Sacco di Gianbatista, erhält die Dogenwürde am 26. Februar.
1605 Am 1. März wird Luca Grimaldi, vormals de Castro di Francesco, neuer Doge.
1607 Silvestro Invrea di Bernardo wird am 3. März zum Dogen gewählt. Er stirbt noch vor seiner Krönung.
1607 Am 22. März erfolgt die Wahl von Geronimo Assereto di Giambatista zum Dogen.
1609 Agostino Pinello, vormals Luciano, wird neuer Doge.
1611 Am 6. April erfolgt die Wahl von Alessandro Giustiniano, vormals Longo di Luca, zum Dogen.
1613 Tommaso Spinola di Antonio wird Doge. Damit übernimmt zum erstenmal ein Glied dieser Aristokratenfamilie das Dogenamt.
1615 Bernardo Clavarezza di Leonardo wird am 23. April Doge.

1617	Am 29. April übernimmt Giangiacomo Imperiale di Vincenzo das Dogenamt.
1619	Pietro Durazzo di Giacomo folgt ihm am 2. Mai in diesem Amt nach.
1621	Am 4. Mai wird Ambrogio Doria di Paolo neuer Doge.
1623	Der 25. Juni sieht die Wahl von Giorgio Centurione zum Dogen. Er nimmt die Wahl nicht an.
1623	Am selben Tage wird Federigo de'Franchi di Geronimo neuer Doge.
1625	Giacomo Lomellino di Niccolò erhält seine Bestallung am 16. Juni.
1627	Am 28. Juni erfolgt die Wahl von Gianluca Chiavari, Sohn des Dogen Geronimo, zum neuen Dogen.
1629	Andrea Spinola di Cristoforo wird am 26. Juni Doge.
1631	Am 30. Juni wird Leonardo Torre di Batista Doge.
1633	Gianstefano Doria di Niccolò wird am 9. Juli Doge.
1635	Gianfrancesco Brignole di Antonio übernimmt dieses Amt am 11. Juli.
1637	Agostino Pallavicino di Stefano wird am 13. Juli Doge.
1639	Der 28. Juli ist Wahltag für Giambatista Durazzo di Vincenzo.
1641	Gianagostino de Marini di Gironimo wird am 14. 8. Doge.
1643	Ihm folgt am 4. Juli Giambatista Lercaro di Domenico.
1645	Am 21. Juli wird Luca Giustiniano gewählt, der Sohn des Dogen Alessandro. Er stirbt im Amt nach einigen Tagen.
1645	Sein Nachfolger wird am 24. Juli Giambatista Lomellino di Stefano.
1648	Am 2. August löst Giacomo de Franchi di Federigo seinen Vorgänger ab.
1650	Agostino Centurione di Stefano wird am 23. August Doge.
1652	Am 8. November wird mit Geronimo de Franchi di Federigo der neue Doge gewählt.
1654	Alessandro Spinola di Andrea erhält die Dogenwürde am 9. Oktober.
1656	Am 12. Oktober folgt ihm Giulio Sauli di Bendinello im Amt nach.
1658	Der 15. Oktober sieht die Wahl von Giambatista Centurione di Giorgio zum Dogen.
1660	Giambernardo Frugone di Giambatista wird am 28. Oktober gewählt. Er scheidet vorzeitig aus dem Amt aus.
1661	Am 29. März wird Antoniotto Invrea di Giambatista sein Nachfolger im Amt.
1663	Stefano Mari di Francesco erhält die Würde am 12. April.
1665	Am 18. April wird Cesare Durazzo di Pietro gewählt.
1667	Cesare Gentile di Pietro wird am 10. Mai sein Nachfolger.
1669	Francesco Garbarino di Raffaele wird am 18. Juni Doge.
1671	Am 27. Juni erfolgt die Wahl von Alessandro Grimaldi di Pietro in dieses Amt.

1673	Agostino Saluzzo di Giacomo wird am 5. Juli gewählt.
1675	Der 11. Juli sieht die Wahl von Antonio Passàno di Niccolò.
1677	Gianettino Odone di Baldassare wird am 16. Juli Doge.
1679	Agostino Spinola di Felice erhält die Würde am 29. Juli.
1681	Am 13. August wird Luca Maria Invrea di Tommaso Doge.
1683	Francesco Maria Imperiale Lercaro di Franco wird am 18. August gewählt.
1685	Pietro Durazzo di Cesare wird am 23. August Doge.
1687	Am 27. August folgt ihm mit Luca Spinola di Luciano wieder ein Mitglied der alten Familie Spinola nach.
1689	Am 31. August wird Oberto Torre di Leonardo gewählt.
1691	Giambatista Cattaneo di Niccolò erhält das Amt am 4. 9.
1693	Am 9. September wird Francesco Invrea di Antoniotto Doge.
1695	Bendinello Negrone di Batista wird am 16. September Doge.
1697	Am 17. September folgt ihm Francesco Maria Sauli di Gianantonio nach.
1699	Gerolamo Maria di Stefano wird am 3. Juni gewählt.
1701	Federigo de Franchi di Cesare erhält sein Amt am 7. Juni
1703	Antonio Grimaldi di Niccolò wird am 7. August gewählt.
1705	Am 12. August besetzt Stefano Onorato Feretto di Bartolomeo das Dogenamt.
1707	Der 9. September ist der Tag der Wahl von Domenico Maria Mari di Stefano zum neuen Dogen.
1709	Vincenzo Durazzo di Giammateo wird am 14. September Doge.
1711	Francesco Maria Imperiale di Giacomo erhält am 17. September die Dogenwürde.
1713	Gianantonio Giustiniano di Giovanni wird am 22. 9. Doge.
1715	Am 26. September erhält Lorenzo Centurione di Giorgio die Stimmen der Wahlmännser.
1717	Benedetto Viale di Agostino wird am 30. September Doge.
1719	Am 4. Oktober wird Ambrogio Imperiale di Federigo Doge.
1721	Der 8. Oktober ist Wahltag für den Dogen Cesare de Franchi di Federigo.
1723	Domenico Negrone di Bendinello wird am 13. Oktober Doge.
1726	Am 18. Januar wird Girolamo Veneroso di Giambernardo zum Dogen gewählt.
1728	Der 22. Januar ist Wahltag für Luca Grimaldi di Niccolò.
1730	Francesco Maria Balbi di Giacomo wird am 25. Januar Doge.
1732	Domenico Spinola di Cristoforo wird am 29. Januar gewählt.
1734	Am 3. Februar wird Stefano Durazzo di Pietro Doge.

1736	Der 7. Februar sieht die Wahl von Niccolò Cattaneo di Giambatista zum Dogen.
1738	Am 11. Februar wird Costantino Balbi di Giacomo gewählt.
1740	Niccolò Spinola di Francesco wird neuer Doge.
1742	Domenico Canevaro di Niccolò erhält am 20. Februar das Dogenamt.
1744	Am 27. Februar wird Lorenzo Mari neuer Doge.
1746	Der 3. März sieht die Wahl von Gianfrancesco Brignole Sale di Antongiulio zum Dogen.
1748	Am 6. März wird Cesare Cattaneo di Giambatista Doge.
1750	Am 10. März fällt die Wahl auf Viale di Benedetto.
1752	Stefano Lomellino di Gianfrancesco nimmt die Wahl am 28. März an. Er dankt aber bereits Anfang Juni desselben Jahres ab.
1752	Am 7. Juni übernimmt statt seiner Giambatista Grimaldo di Pierfrancesco das Dogenamt.
1754	Am 11. Juni wird Giangiacomo Veneroso di Girolamo zum Dogen gewählt.
1756	Giangiacomo Grimaldo di Alessandro wird am 22. Juni Doge.
1758	Die Wahl des Dogen fällt am 22. August auf Matteo Franzone di Stefano.
1760	Agostino Lomellino di Bartolomeo wird am 10. September zum Dogen gewählt.
1762	Am 25. November tritt Rodolfo Emilio Maria Brignole Sale di Antongiulio das Dogenamt an.
1765	Francesco Maria Rovere di Clemente wird am 29. Januar neuer Doge in Genua.
1767	Am 3. Februar wird Marcello Durazzo di Gianluca gewählt.
1769	Giambatista Negrone di Ambrosio übernimmt am 16. Februar die Dogenwürde. Er stirbt im Amt am 26. Januar 1771.
1771	Am 16. April wird Giambatista Cambiaso di Giammaria Doge. Auch er stirbt während seiner Amtszeit am 21. Dezember 1772.
1773	Am 7. Januar wird Ferdinando Spinola di Gherardo ins Dogenamt berufen. Er legt die Würde wegen seines hohen Alters bereits am 12. desselben Monats nieder.
1773	Am 26. Januar folgt ihm Pierfrancesco Grimaldo di Giambatista auf den Dogensessel nach.
1775	Brizio Giustiniano di Giambatista wird am 31. Januar Doge.
1777	Am 4. Februar fällt die Wahl auf Giuseppe Lomellino di Niccolò Maria.
1779	Giacomo Maria Brignole di Francesco Maria wird am 4. März zum neuen Dogen gewählt.
1781	Marcantonio Gentile di Filippo folgt ihm am 8. März nach.

1783   Giambatista Airolo di Agostino wird am 6. Mai neuer Doge.
1785   Giancarlo Pallavicino di Paolo Girolamo übernimmt am 6. Juni das Dogenamt.
1787   Am 4. Juli wird Raffaele de Ferrari di Girolamo Doge.
1789   Der 30. Juli sieht die Wahl von Aleramo Pallavicino zum Dogen.
1791   Michelangelo Cambiaso di Francesco Gaetano wird am 3. September neuer Doge.
1793   Giuseppe Doria wird als letzter seiner Familie am 16. September zum Dogen gewählt.
1795   Am 17. November erfolgt die Wahl von Giacomo Maria Brignole, der damit zum zweitenmal dieses Amt antritt.
1802   Als letzter Träger dieses Amtes wird Girolamo Durazzo di Marcello am 30. Juli zum Dogen gewählt.
1814   Am 26. April wird Girolamo Serra di Giacomo zum Präsidenten der Regierung Genuas ernannt. Er stellt sein Amt am 26. Dezember dieses Jahres wieder zur Verfügung. Mit ihm ist der Katalog aller Dogen Genuas abgeschlossen. Insgesamt haben sich 188 Dogen um das Amt beworben oder wurden in dieses Amt gewählt.
(Die Aufstellung geht auf die Urschrift von Abt Sbertoli zurück, der dieses wichtige Dokument Genueser Geschichte neben vielen anderen Dokumenten Liguriens gesammelt und aufbewahrt hat. Er gilt als einer der besten Kenner und Sammler der Ligurischen Geschichte).

Das neue Matrikul Liguriens und das Verhältnis der Teilnahme der Städte an der Ausrüstung der genuesischen Flotte im Krieg 1290 gegen Pisa:

Albenga 62, Bistum Albenga 45, Andoria 30, Arcole 10, Arbizola 6, Bisagnotal 100, Carpena 75, Carrara 100, Cardona soprano e sottano 5, Castellaro 15, Celle 50, Cerina 60, Cervo 15, Chiavari 100, Chiavesana 40, Cosse 8, Finale 62, Lagneto 3, Laigueglia 15, Lerici 20, Levanto 70, Loano 40, Matarana 5, Mentone 3, Noli 25, Bistum Noli 3, Passano 3, Pietra alta sottana e soprana 10, Porto Maurizio 50, Portovenere 25, Polceveratal 75, Pozzo Rinaldi 3, Quiliano 10, Rapallo 30, Roccabruna 2, Recco 20, Sanremo 60, San Stefano 5, Sestri 75, Savona 62, Taggia 25, Trebiano 3, Triore 50, Voltri 100, Ventimiglia 50, Grafen von Ventimiglia 33, Vezano 18, Voraggio 50.

Quellen- und Literaturverzeichnis

Alvarez, Manuel Fernandez: Karl V. – Herrscher eines Weltreiches, München 1980
Aquarone, Filippo: Genova, presentemente in: Corriere Mercantile, Nr. 99, Genova 1841
Archivio Generale de Simancas: Leyva an Karl, Mailand, 13. Mai 1529, Valladolid 1553
Belgrano, L.T. u. Imperiale C.: Annali Genovesi di Caffaro e de suoi continuatori, per la Storia Italia, Torino 1890
Bernardi, Enzo: Reiseführer durch Ligurien, Genua 1981
ders.: La preistoria in Liguria, Genova 1977
Berry, Edward u. Margret: Alla porta Occidentale d'Italia, Bordighera 1979
Bianchi, Carlo: Storia d'Italia sotto ai barbari, Firenze 1856
Brandi, Karl: Berichte und Studien zur Geschichte Karls V., Göttingen 1935–1942
ders.: Kaiser Karl V., München 1937
Brockelmann, Carl: History of the Islamic Peoples, New York 1947
Brofferio, A.: Tradizioni italiane, Torino 1847
Byrne, E. H.: Genovese shipping in the 12th and 13th centuries, Cambridge Mass. 1930
Callegari, Antonio: Tipi di navi, che furono nel porto, della Tririme romana alla Andrea Doria, Milano 1953
Carbone, Giunio: Compendio della Storia Ligure dall'Origine, fino al 1814, Genova 1837, 2 Bd.
Comune di Genova: Catalogo delle Ville Genovesi, Genova 1967
Cozzani, E.: Genova, Torino 1961
Czibulka, Alfons Frhr. v.: Andrea Doria der Freibeuter und Held, München 1925
Dante Aligheri: Divina Commedia, Ausg. L. Dolce 1555
Donaver, Federigo: La Storia della Repubblica di Genova, 2 Bd. Genova 1913 u. 1980
Druffel, A. von: Briefe und Akten zur Geschichte des 16. Jahrhunderts, 4 Bd. München 1873–96
Durant, Will u. Ariel: Kulturgeschichte der Menschheit, 12 Bd. München 1978
Fincati: Le perdita di Negroponte, Archivio Veneto, T 32, parte II
Formentini U. u. Scarsella A. R.: Storia di Genova dalle origine al tempo nostro, 3 Bde. Milano 1941–42

Friedell, Egon: Kulturgeschichte der Neuzeit, München 1960
Giacchero, Giulio: Storia ecconomica del Settecento genovese, Genova 1951
ders.: Pirati barbareschi Schiave e Galeotti, Genova 1970
Grosso, O.: Genova e la Riviera Ligure, Roma 1951
Guglielmino, Enrico: Genova dal 1814 al 1849, Genova 1940
Guide di Genova: Palazzo Ducale, Palazzo Tursi, Palazzo Doria-Spinola, Palazzo Reale, Palazzo Doria, Forti di Genova I, II, III, Villa Spinola di San Pietro, Galleria Nazionale di Palazzo Spinola, Palazzo San Giorgio, Porto di Genova, Galleria Palazzo Rosso, Galleria Palazzo Bianco, Museo del Tesoro di San Lorenzo, Pegli: Villa Pallavicini, Sampierdarena: Villa Grimaldi, Sampierdarena: Palazzo Centurione, Arte Organaria a Genova e in Liguria; alle Genova, Editrice SAGEP 1975–1980
Guizo: Fr.: History of France, London 1872, 8 Bd.
Haussig, H. W.: Kulturgeschichte von Byzanz, Stuttgart 1966
Herre, Paul: Weltgeschichte im Mittelmeer, Potsdam 1930
Howard, Edmund: Genova, Storia ed Arte di un approdo millenario, Genova 1978
Knowles, M. D.: Archbishop Thomas Becket, London 1949
Kurowski, Franz: Venedig – das tausendjährige Weltreich im Mittelmeer, München 1981
ders.: Andrea Doria – der Condottiere des Meeres, München 1955
Labò, M.: I Palazzi di Genova di Pietro Paolo Rubens, Genova 1970
Lamboglia, Nino: Albenga Romana e Medioevale, Cuneo 1975
Lanz, K. Hrgb.: Korrespondenz des Kaisers Karl V., 3 Bd. Leipzig 1844–1846
Leo, Dr. Heinrich: Geschichte der italienischen Staaten, Bd. I–V, Hamburg 1829
Lopez, R.: Genova marinara nel duecento, Messina 1933
ders.: Storia delle colonie genovesi Mediterraneo, Bologna 1938
Luppi, Bruno: I Saraceni in Provincia Liguria e nelle Alpi Occidentali, Bordighera 1973
Malnate, N.: Il porto di Genova in relazione al Traffico marittimo mondiale, Genova 1897
Manfroni, Camillo: Genova, Roma 1929
ders.: Storia della marina italiana, Livorno 1899
Mann, Golo u. Nitschke August: Weltgeschichte, 12 Bd. Gütersloh 1979
Miller, W.: The Genovese in Chios, in: English Historical Review, London 1915
Negri, T. O. de: Storia di Genova, Milano 1968
Noberasco, F.: I Saraceni in Liguria, Savona o.J.

Omodeo, Adolfo: Die Erneuerung Italiens und die Geschichte Europas 1700–1920, Zurüch 1950

Pamplona, Bischof von: Les derniers jours de la marinea rames, Paris 1886

Petraccio, Francesco: Opera omnia, 4 Bd. Basel 1554, Nachdruck 1965

Pevsner, N.: History of European Architecture, London 1945

Podesta Francesco: Il Porto di Genova dalle origine fino alla caduta delle Repubblica genovese, Genova 1913

Portigliotti, G.: Genova, Genova 1956

Raineri, L.: Porto Maurizio e i suoi dintorni, Porto Maurizio 1869

Ranke, Leopold von: Die Geschichte der Päpste, Hrgb. W. Andreas, Wiesbaden–Berlin 1957

Rassow, P. u. Schalk, F.: Karl V. – der Kaiser und seine Zeit, Köln–Graz 1937

Rossi, G.: Storia della Città di Albenga, Albenga 1870

Rubens, Peter Paul: Palazzi di Genova, Antwerpen 1622

Ruddoch, A. A.: Italian Merchants and Shipping in Southampton, Southampton 1951

Salzer, E.: Über die Anfänge der Signorie in Oberitalien, Berlin 1900

Seidlmayer, Michael: Geschichte Italiens, Stuttgart 1962

Semerau, Alfred: Die Condottieri, Jena 1909

Seppelt, F. X. u. Schwaiger G.: Geschichte der Päpste, 1968

Shug-Wille, Christa: Byzanz und seine Welt, München 1979

Sieveking, Heinrich: Genueser Finanzwesen mit besonderer Berücksichtigung der Casa di San Giorgio, Freiburg 1899

ders.: Zur Handelsgeschichte Genuas in: Studium Lipsiense, Berlin 1909

Varchi, Benedetto: Della Fiorentina Storia, libr. II, Florenz, o.J.

Varese, Carlo: Storia della Repubblica di Genova dalla sua Origine al 1814, Bd. 1–8, Genova 1835–1838

Vitale, Vito: Breviario della Storia di Genova, 2 Bd. Genova 1955

ders.: Diplomazio genovese, Milano 1941

Waley, Daniel: Die italienischen Stadtstaaten, München 1969

Ziegler, P.: The black Death, London 1969

Danksagung

Der besondere Dank des Autors gilt allen Freunden und Helfern, die durch diverse Quellenhinweise, Berichte, Manuskripte und Unterlagen aller Art, sowie Empfehlungen und Voranmeldungen zur Bestgestaltung dieses Werkes beitrugen.
Insbesondere ist zu danken:
Herrn Egidio Bellingeri, Genua
Herrn Dr. Giovanni Cavagna, Cisano di Bardolino
Herrn Roberto Delferro, Porto Maurizio
Herrn Dr. Antonio Dellarocca, Rom
Herrn Ingenieur Franz Tampier, Mailand
Als Übersetzerinnen:
Fräulein Barbara Regina Kes
Frau Diplom-Übersetzerin Gesa Kühn
Besonders hilfreich zur Quellenfindung und Beschaffung wichtiger Quellen waren:
Verlag Editrice SAGEP, Genua
Istituto Internazionale di Studi Liguri, Abt. Albenga
Stadt- und Landesbibliothek Dortmund, Herr Dr. Alois Klotzbücher.
Wie schon so oft vorher besorgte meine Frau Johanna die gesamte Reinschrift und las das Manuskript kritisch.

Dortmund-Oespel, im November 1981

Franz Kurowski